兴山县行政区划图

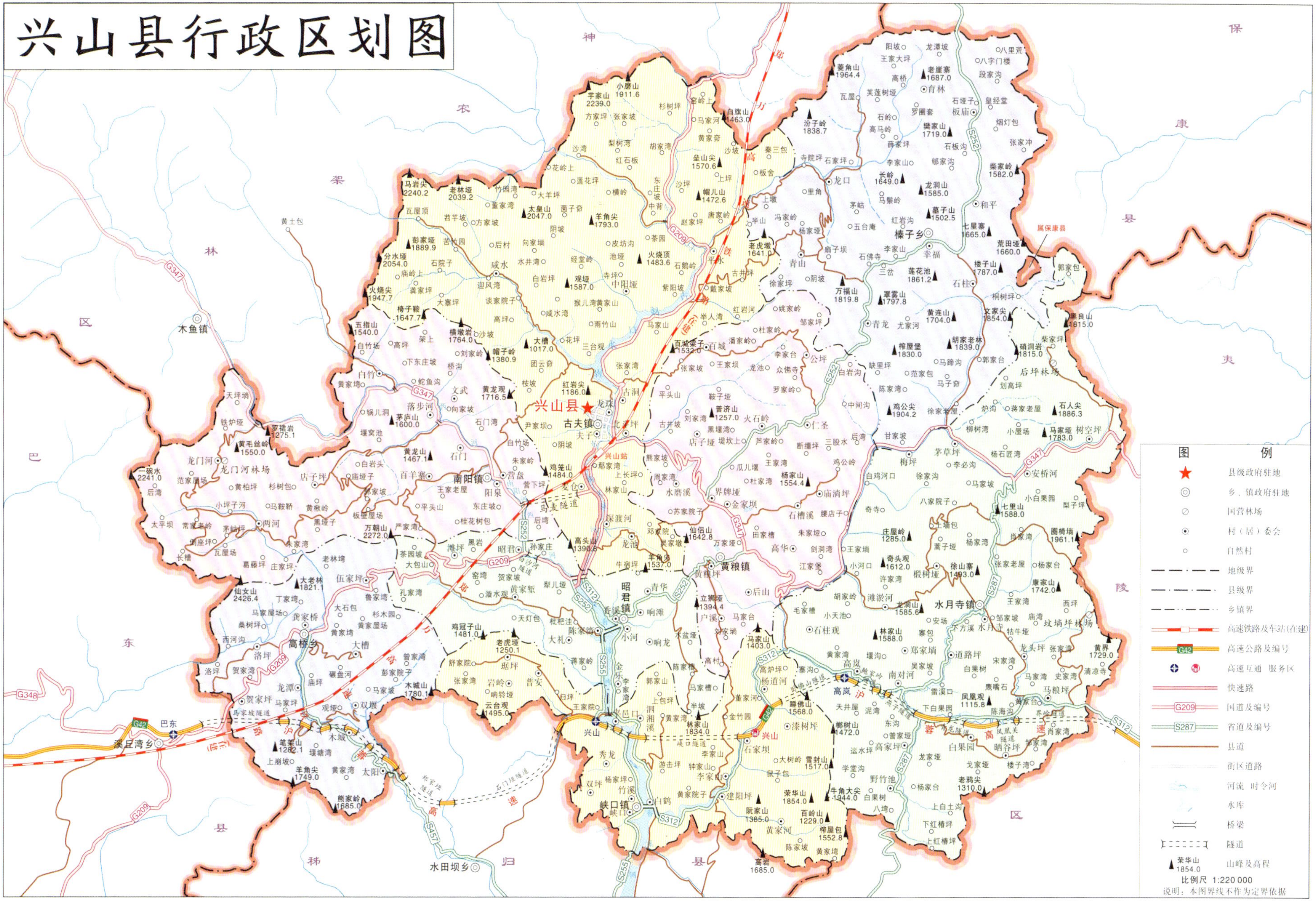

兴山县民政局 中晟地理信息有限公司 编制 审图号：宜昌市S（2019）006号 2019年6月

比例尺 1:220 000

说明：本图界线不作为定界依据

图例

县政府驻地
乡、镇政府驻地
闸口农林场
村（社区）委会
自然村
地级界
县级界
乡镇界
高速铁路及火车站（在建）
高速公路及编号
高速公路出口 服务区
快速路
国道及编号
省道及编号
县道
乡道
隧道
河流 时令河
水库
桥梁

▲ 荣华山 1854.0 山峰及高程

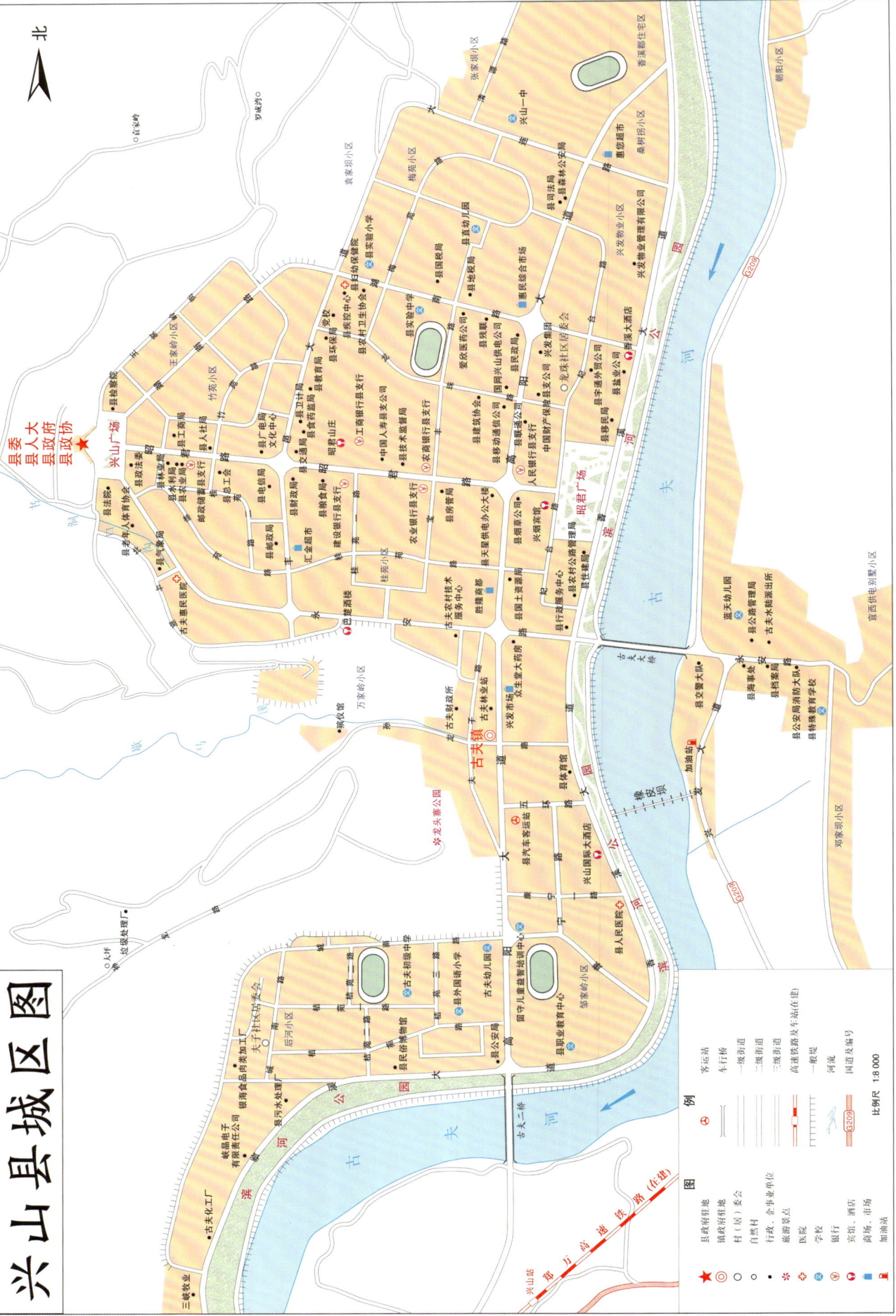

兴山县城区图

北

兴山县民政局 中晟地理信息有限公司 编制 审图号：宜昌市S（2019）006号 2019年6月

县委 人大
县政府
县政协

兴山广场

县法院
县政法委
县林业局
县水利局
县木审计局
邮政储蓄县支公司

县老年人体育协会
古夫惠民医院
巴东超市

县教育局
县卫生局
县财政局
县粮食局
县电信局
汇金超市
建设银行县支行
农业银行县支行
农村商业银行办公楼

县计生局
县交通局
县广电局
县纪委监督局
县农业局
县环保局

中国人寿县支公司
工商银行县支行
县技术监督局
农商银行县支行

县妇幼保健院
县实验小学
县农村卫生协会
县实验中学

县住建局
县建筑公司
县烟草公司
县邮电公司
县移动通信公司
县联通公司
人民银行县支行

国网兴山供电公司
龙珠社区居委会
县盐业公司
县地税局
鑫民综合市场
兴发林业有限公司
兴发物业管理公司

县司法局
县森林公安局
兴发集团

香溪大酒店
兴发集团居委会

县车辆管理所
县国土资源局
县行政服务中心
县公路公寓管理局
县世建局

古夫镇
兴发市场
兴发大药房
众生堂

蓝天幼儿园
县公路管理局
古夫木陈派出所
县林业局
县档案局

古夫大桥
县公安局消防大队
县特殊教育学校

县人民医院
兴山国际大酒店

第二儿童英语培训中心
第二初级中学
古夫外国语小学
古夫幼儿园

富宁民俗博物馆
县民俗教育培训中心
县公安局
太子村社区居委会

峡晶电子有限责任公司
银海食品肉类加工
县污水处理厂
古夫化工厂

三峡牧业
县垃圾处理厂

万家岭小区
梅苑小区
张家岭小区
香溪郡住宅区
桑树坪小区
朝阳小区
宜西供电别墅小区
邓家坝小区
邹家岭小区
后坪村
竹苑小区
王家岭小区

汉溪
古夫河
香溪河
G209
昭君广场
昭君大桥
橡胶坝

冷头头赛公园
龙头赛公园

图例

符号	名称
★	县政府驻地
◎	镇政府驻地
○	村（社）委会
•	自然村
✤	行政、企事业单位
✕	临时驻足点
✚	医院
Ⓥ	学校
Ⓥ	银行
■	宾馆、酒店
■	商场、市场
⛽	加油站

Ⓑ	客运站
	车行桥
	一级街道
	二级街道
	三级街道
	高速铁路及车站（在建）
	一般公路
	河流
G209	国道及编号

比例尺 1:8 000

兴山站

湖北省地名文化丛书

兴山县地名典故录

兴山县地名志编纂委员会　编

武汉大学出版社

图书在版编目(CIP)数据

兴山县地名典故录/兴山县地名志编纂委员会编.—武汉:武汉大学出版社,
2019.12

湖北省地名文化丛书

ISBN 978-7-307-20872-8

Ⅰ.兴…　Ⅱ.兴…　Ⅲ.地名—介绍—兴山县　Ⅳ.K926.34

中国版本图书馆 CIP 数据核字(2019)第 076086 号

责任编辑:路亚妮　　责任校对:杨赛君　　装帧设计:吴　极

出版发行:**武汉大学出版社**　　(430072　武昌　珞珈山)

　　　　(电子邮箱:whu_publish@163.com　网址:www.stmpress.cn)

印刷:武汉市金港彩印有限公司

开本:880×1230　1/16　　印张:19　　字数:442 千字　　插页:3

版次:2019 年 12 月第 1 版　　2019 年 12 月第 1 次印刷

ISBN 978-7-307-20872-8　　　　定价:285.00 元

前言

　　兴山县物华天宝,人杰地灵;香溪水源远流长,世代飘香。

　　地名是基础地理信息。地名,不只是一地之称谓,更有其独特的文化内涵。查清地名文化基本情况,掌握地名文化基础数据,对于弘扬和传承优秀民族文化,激励人们奋发向上,加快经济社会协调发展,共同建设和谐社会,具有重大意义。

　　兴山县历史悠久,文化底蕴丰厚,尤其是以王昭君为代表的汉文化,植根于民间的巴楚文化,世代相传的地方文化,快速发展的现代文化,相互渗透,相得益彰,基本形成了具有兴山地方特色的文化体系。这无疑是兴山人民勤劳智慧的结晶,是兴山人民宝贵的精神财富。

　　时逢盛世,全国开展第二次地名普查,我们按照"图、录、典、志"的总体要求,从普查到的4912条地名中精选出具有一定兴山文化特色的地名858条,采用走访、座谈、实地调查等方式,广泛收集地名文化资料,进行地名文化的深入挖掘,经过筛选整理,反复修改,最终审核定稿557篇,按照地名文化属性,结合地名故事情节,共分为概述、乡村典故、人文景观、陆地地形、陆地水系、交通运输设施、水利水电设施、地名散文、地名诗词等9章34节。本书集思想性、文化性、知识性、趣味性、娱乐性为一体,有较强的可读性,对研究兴山的历史、经济、社会、人文、地理等具有参考作用,有一定的适用价值和收藏价值。

　　自2016年开始,时近三载,兴山县第一部由政府统一领导、统一组织编纂的地方地名文化丛书之一《兴山县地名典故录》终于和大家见面了,可喜可贺。

兴山县地名图录典志编辑部

2018 年 10 月

目录

第一章 概述

兴山县

兴山县,宜昌市辖县。东经110°44′,北纬31°21′。位于湖北省西北部,长江西陵峡北侧。东邻夷陵区,南接秭归县,西连巴东县,北靠神农架林区,东北与保康县相交。县城古夫镇距省会武汉市530千米,距宜昌市中心区138千米。东西最大距离66千米,南北最大距离54千米,总面积2328平方千米。辖古夫、昭君、峡口、南阳、黄粮、水月寺6镇,高桥、榛子2乡,89个村民委员会,7个社区居民委员会,507个村民小组,62个居民小组,2454个居民点。5.89万户,17.56万人。县人民政府驻古夫镇。《兴山县志》记载,距今七八千年前,兴山这块土地上已有人类繁衍生息。三国吴景帝永安三年(260年),析秭归北界置兴山县,属建平郡;西晋太康元年(280年)仍属之;南北朝,北周建德六年(577年)属秭归郡;隋开皇元年(581年)属巴东郡;唐武德三年(620年)属归州;天宝初年复属巴东郡;乾元初年属山南东道;五代十国(907—960年)复属归州;元朝至元十六年(1279年)属湖广行中书省;明洪武九年(1376年)属夷陵州;正统九年(1444年)复属归州;清雍正十三年(1735年)属宜昌府;中华民国元年至二十年(1912—1932年)属荆南道后改荆宜道;中华民国二十一至二十四年(1933—1935年)属湖北省第九行政督察区;中华民国二十五至三十八年(1936—1949年)属湖北省第六行政督察区;1930—1932年,建立巴(东)兴(山)(秭)归苏维埃政权,属湘鄂西革命根据地之一。1949年8月兴山解放。中华人民共和国成立后,隶属湖北省宜昌行政专员公署;1951年隶属湖北省宜昌区专员公署;1958年隶属宜都工业区;1961年隶属宜昌地区专署;1978年隶属宜昌地区行政公署;1992年隶属宜昌市。因三峡工程需要,县城于2002年由高阳镇迁至古夫镇。《兴山县志》(光绪版)记载:"环邑皆山,县治兴起于群山之中",故名。属大巴山余脉,普遍为构造性地貌、岩溶地貌。山脉走向由东南向西北伸展,地势为东西北三面高,南面低,呈现崇山峻岭、沟壑纵横、岩多坡陡地势特征。最高峰为县西高桥乡仙女山,海拔2426.9米;最低点为县南峡口镇游家河,海拔109.5米。属亚热带大陆性季风气候,受长江峡谷暖流影响,"小气候"十分明显。年均气温16.8℃,年均降水量1010.3毫米,平均无霜期低山272天,半高山215天,高山163天。境内河道属长江流域,有香溪河、高桥河两大水系,大小溪河156条,流域面积3191平方千米,其中客水流域面积864平方千米。

兴山县物产丰富,境内已探明的矿产有 9 类 40 多种。矿石远景储量 10 亿吨以上的有花岗岩、白云岩等;鲜家河瓦屋磷矿矿带长 28 千米,面积 120 多平方千米,矿石最高品位含五氧化二磷 35.1%,属中国已探明的三大磷矿矿床之一。水月寺镇白果园银钒矿,地质总储量5851.8 万吨,其中钒矿储量 2340.2 万吨,银矿储量 2319.3 万吨,伴生硒矿 1192.3 万吨,为亚洲最大矿床。有 22 座水库,总库容 1.6 亿立方米,可灌溉面积 5052 公顷。已建成 78 座水电站,装机 21.4 万千瓦,年发电 6.1 亿千瓦·时。荣获国家第一批小水电建设先进县称号。兴发集团在中国大企业集团 500 强中排名第 31 位,1999 年在上海证券交易所上市,是目前世界上最大的六偏磷酸钠和中国最大的三聚磷酸钠生产企业,六偏磷酸钠产能占全球总产能的25% 以上,"兴发牌"三聚磷酸钠为中国名牌。兴山县是湖北省 7 个森林资源大县之一,林地17.26 万公顷,森林覆盖率 61.8%。境内针、阔叶树是森林资源的主体,主要乔木有 57 科 232种,素有"天然树木园"和"绿色宝库"之称。境内有遗存的远古残遗、濒于灭绝的孑遗物种和国家已颁布的保护植物 56 种,如珙桐(鸽子树)、红豆杉(喜杉)等。薄壳核桃在古代被列为朝廷贡品。《兴山县志》(光绪版)记载:"核桃——胡桃,邑产颇多,桃米可以选贸。"2009 年注册"兴山薄壳核桃"地理标志商标,"楚兴"牌核桃在首届中国核桃节上被评为金奖。大宗土特产为柑橘、茶叶、香菌、黑木耳。兴山县是湖北省第一个种植夏橙的县,兴山脐橙、夏橙多次在全国脐橙出口样品鉴评会、全国夏橙鉴评会上被评为优良单株、外贸部优良品种奖,"昭君村"牌柑橘获国家绿色食品认证。茶叶有"昭君白茶""炒青王茶""万朝山茶""白鹤茶""界岭云雾茶"等10 多个品牌。有机茶认证面积 5580 亩。

交通发达。郑万高铁途经,在县城设兴山站。境内有 G209 苏北线、G347 南德线两条国道通过,G42 沪蓉高速公路兴山境内长 49.957 千米。S312 宜兴线、S252 欧南线、S255 兴五线、S287 白土线、S457 高水线等 5 条省道过境。有 II 级通航河道,总长 21.2 千米。沿 G209苏北线、G347 南德线北上神农架林区、武当山;S255 兴五线、香溪河航道直通长江三峡,距三峡大坝 90 千米;沿 G42 沪蓉高速东达宜昌、武汉,西进重庆。境内古夫至昭君县道公路被誉为"中国最美水上公路"。

兴山文化底蕴丰厚,素有"昭君故里"美名,有国家首批 AAA 级昭君村人文景观风景名胜区,国家级风景名胜区龙门河国家森林公园,国家名录省级万朝山原始森林保护区。高岚自然风景区,"天下第一卧佛"形态逼真,世人称奇。境内共 100 多处自然景观,组成前十里画廊和后十里画廊,漫步二十里画廊,移步换景。原国家旅游局局长韩克华游后赞道:"桂林高岚皆仙境,山光水色各不同,四处云峰极妙趣,犹如神笔绘丹青。"国家 AAAA 级朝天吼漂流区位于宜昌至神农架的途中,是"一江两山"黄金旅游线上的重要节点,漂流惊险刺激。沿途可观太公钓鱼、孔雀岭、骆驼峰、昭君石、卧佛山、八缎锦、将军柱等景观。李来亨抗清遗址属全国重点文物保护单位;昭君村及楠木井、古夫民居、洋房子、王家祠堂、川汉铁路桥及其桥墩属湖北省文物保护单位;邹家岭汉墓群、下湾苏维埃革命旧址、圆钦石塔等 10 处属宜昌市文物保护单位;县级文物保护单位有 200 多处。《兴山县志》(乾隆版)记载有著名的古八景:妃台晓日、五指列秀、屈洞寒烟、仙侣春云、橘林驯鹿、珠潭秋月、双戟摩空、扇岭啼猿。2017 年,全国第二次地名普查,兴山新八景应运而生:古城新韵、御米三丘、犀牛望月、太公钓鱼、龙门秋色、寒洞喷水、凤凰展翅、仙人度桥。"兴山民歌""薅草锣鼓"等被列入国家非物质文化遗产保护名录。兴山县以及黄粮镇、榛子乡、高桥乡被文化部命名为"民间艺术之乡"。有文化艺术团体 25 个,各类艺术表演团体 15 个,剧院(场)9 座,电影放映单位 9 个,电影院 1 座。文化馆(站)9 个,公共图书馆(室)102 个,民俗博物馆 1 个。幼儿园(所)18 所,小学 14 所,初中 6 所,普通高中 1 所,中等职业学校 1 所,特殊教育学校 1 所,各级各类民办学校和教育培训机构 6 所。有独立科研与技术开发机构 6 个,其中国家级重点实验室 1 个,工程技术研究中心 2 家;有县林业科学研究所、农业科学研究所、夏橙科学研究所 3 个县级科研机构。有各级各类医疗卫生机构 159 个。建有兴山县体育馆。电视综合覆盖率 99.5%。

古夫城区全景

兴山县城

兴山县城位于古夫镇,《兴山县志》(乾隆版)记载:"高阳城,县北四十里丰邑坪,按一统志,楚自称高阳氏之后,故筑城,名高阳,即此地也,旧为邑治。"《兴山县志》(1997 年版)记载:"周成王时期(公元前 1042—前 1020 年),封楚子熊绎以子男之田(原丰邑坪,现为主城区),姓芈氏,居丹阳。周厉王时期,熊绎后裔,熊渠之子熊挚因病不能继王位,封至兴山,筑城高阳,名县堂坪。"三国吴景帝永安三年(260 年)析秭归县以北置兴山县,县城设今昭君镇,因三峡工程需要,2002 年搬迁至古夫镇。兴山县是民族和平使者王昭君(王嫱)故里,楚文化发祥地的重要组成部分。位于三峡大坝上游,湖北省"一江两山"国际旅游线中心腹地,区位优势独特,水陆交通方便,有"神农门户"之称。辖龙珠、夫子、北斗坪 3 个社区,1.18 万户,3.53 万人。新县城面积 2.14 平方千米,其中中心区面积 1.668 平方千米,按"山水园林城、旅游文化城、生态环境城"理念设计,自 1995 年开始建设,2002 年基本建成。主要街道为三横四纵格局。三横:香溪大道、高阳大道、丰邑大道;四纵:永安路、昭君路、湖南路、大连路。大道与路呈南北与东西纵横交错。公共设施按行政办公区、文化教育区、金融贸易区、商业区、公园游乐区、居住区功能分区布局,分竹苑、梅苑、桂苑、桔苑四个小区,城市绿化率达 40%。地标性建筑有县人民政府办公大楼、兴发集团总部大楼、文化中心广场、昭君山庄、盛隆商都、郑万高铁兴山站等。城区驻有县直单位 144 个,企事业单位 186 个,有兴山一中、实验中学等 11 所幼儿至高中阶段的教育机构。

这座年轻的移民县城,无处不向人们展示着她的魅力。街道宽敞,新楼栉比。草青绿,花似锦,景迷人,色亮丽,游人如织,商贾云集。广场乐,公园笑,置身其间,心旷神怡。2004 年,兴山县城被国家建设部(现为住房和城乡建设部)授予"中国人居环境范例奖";荣获"全国文明村镇""全国卫生城""国家园林县城"称号。这座现代化新城,是三峡库区乃至湖北省的一颗璀璨明珠。古夫河自北向南穿城而过。古夫河西岸,为县城主城区,西端建有兴山广场,东端为昭君广场,在昭君路与丰邑大道交叉处,建有文化广场。古夫河西岸河堤总长 6800 米,底宽 3 米,顶宽 1.5 米,高 5 米。堤上安装汉白玉栏杆、照明路灯,建有绿化带。堤上建滨河公园,是市民休闲娱乐的绝佳去处。河中建有橡胶坝,长 180 米,高 5 米,蓄水 120 万立方米,正常挡水位海拔 219 米,设计泄洪流量 2350 立方米/秒。橡胶坝将河水拦腰截断,水漫坝顶飞流直下,形成巨大瀑布,尤为壮观。坝上形成宽大水面,清澈见底,似明镜镶嵌于城中。上游设 6 组音乐喷泉,夜幕降临,华灯初上,整个音乐喷泉流光溢彩,把一座崭新的县城装扮得五彩缤纷,为山水园林城增添了重要一景。漫步新城,蓝天白云下,青山碧水间,柳垂金线,桃吐丹霞,生机盎然,是休闲旅游之胜地,无数中外游客慕名而来。2017 年,全国第二次地名普查,兴山县城以"古城新韵"收录为新八景之一。

兴山县城夜景

第二章 乡村典故

第一节 古夫镇

　　古夫镇,兴山县辖镇,兴山县人民政府驻地。位于县境中北部,东邻黄粮镇,南接昭君镇,西连南阳镇,北与神农架林区交界。总面积446平方千米,耕地3.5万亩,山林49.04万亩。1.67万户,5.05万人,汉族。辖10个村(居)民委员会,97个村(居)民小组,333个居民点。源于宋朝,明、清时期属公坪乡;1940年属三区;中华人民共和国成立时,沿袭民国建制;1955年命名为古夫区;1958年成立古夫人民公社;1987年建古夫镇;2001年平水乡、古夫镇合并建古夫镇,镇人民政府驻夫子社区夫子路82号。古夫,系古代夫子的简称,宋徽宗时期,此地出了头名状元凫谷珍,尊称夫子,以此命名古夫镇。地处大巴山余脉,地势呈东、西、北高,中南部低的"倒葫芦"形。熔岩地貌。特点是四季分明。年平均气温17.4℃,无霜期215天,降水量1100毫米。境内咸水河、平水河自北向南在古洞口汇集成古夫河,经白岩口注入香溪河。按三峡工程175米正常蓄水位,境内深渡河至沙坝沟形成长3.11千米,平均宽约300米的水面。最高点雷家岭,海拔2259.7米,最低点白岩口,海拔170米。矿产资源主要为磷矿;药材有313个品种;野生动物有熊、豹、黄羊等16科34种。特产柑橘、核桃、香菌、黑木耳等。文化活动中心、图书室、小学、中学各一所,各类医疗卫生机构19个,公共绿地面积30万平方米,城区绿地率40%。重要建筑物有胜隆商都、橡胶坝、音乐喷泉、体育馆等。名胜古迹主要有:古城新韵、橘林驯鹿、仙侣春云、书洞、书洞文笔、龙头寨公园、百城、毛家河自然风光等。长坪凤凰寨遗址、老寨子遗址、干龙洞寨遗址、深渡河洞寨遗址为全国重点文物保护单位;后河古民居、唐君命墓为湖北省文物保护单位;邹家岭汉墓群、黄家山圆钦石塔为宜昌市文物保护单位。经济以城镇商业贸易、集市贸易、农业、加工业、运输业等为主。郑万高铁过境,兴山站设于城区北斗坪;G209苏北线、G347南德线途经,设兴山汽车客运站。

古夫镇人民政府办公楼

夫子社区

位于古夫镇人民政府驻地以南 0.7 千米处,县城中心区,古夫镇人民政府驻地,社区居委会驻城南路 1 号。《兴山县志》(光绪版)记载:"邹家岭有夫子岩,宋状元奂谷珍墓在焉",命名夫子社区。1958 年名夫子岩居民委员会,隶属古夫公社;1987 年古夫公社更名为古夫镇,隶属;2001 年平水乡、古夫镇合并建古夫镇,仍隶属;2002 年县城搬迁至古夫镇后,将夫子岩居民委员会所辖范围命名为夫子社区居民委员会,仍隶属;2008 年,快马村、夫子社区合并建夫子社区居民委员会,隶属古夫镇。东临北斗坪社区,南接麦仓村,西至古洞村,北靠龙珠社区。面积 7.65 平方千米。辖 11 个居民小组,11 个居民点,4 个居民住宅小区。2974 户,7452 人。驻有镇直机关以及学校、幼儿园、卫生院、县体育馆、县汽车客运站、县人民医院、县职高、县工业园。耕地 1566 亩,种植柑橘、蔬菜。主要街道有高阳大道、香溪大道、永安路、北斗街、夫子路、孙龙路、五环路、康宁路、康宁一路、康宁二路、桔苑路、桔苑一路、桔苑二路、桔苑三路、城南路。

《兴山县志》(乾隆版)记载:"状元墓,县西三十五里,传奂谷珍葬此,按通志奂字作曼字,令其后人聚族郧阳之保康,以缓为姓。"奂谷珍,男,生卒年代不详,北宋时状元,所处年代在 1084—1119 年之间,居处为古高阳城故地,故号高阳生。家贫,十岁就给财主做工。幼时好学,他白天上山砍柴,晚上点"油亮子"(将富含油脂多的松树劈成细条,晾干后作照明用)读书。世传奂谷珍英俊潇洒,风流倜傥,才识超卓。宋徽宗时,奂谷珍在众多学子中名列第一,夺得状元。奂谷珍考取状元后,因不肯当驸马,弃官而归,被皇帝赐五马分尸。1940 年兴山知县石凌生为奂谷珍立碑,篆体竖刻"宋状元奂谷珍之墓"。家乡人为了纪念奂谷珍,将埋葬他的地方称为"夫子岩",古夫镇龙池、快马、城堡、书洞、金字山等许多地名都与奂谷珍民间传说有关。清举人吴翰章《双溪文钞》中有《奂谷珍别传》:"宋高阳生奂谷珍,徽宗时登鼎甲,其事迹与世族不经见,所居为高阳城故址,故号高阳生。考姓篆诸书,奂姓绝少,惟明永乐景泰间有奂忠、奂进者,倘其族姓耶?世传高阳生美风姿、善修饰、喜远游,所至多有诗歌著述,辄自弃遗以故湮没不可见。常夜读书山寺中,有白发老人,衣冠甚古,与之谈,辄久不去,高阳生诘之,曰:吾老龙也,以山斋岑寂来伴读耳。其后往来日密。会大旱,田禾槁死,高阳生责之曰:君之司云雨,讵不可为澍耶?老人曰:河水皆为神禁。高阳生指砚中示之曰:即此可行云否?俄见黑云四起,大雨如注,原隰皆优渥沾足,赖以有秋。高阳生之故地不可考,旧志云:县北二十里有高阳生遗迹,山形如龙,其池阔十余丈,即洗墨池,至今父老犹有能指其处者;又县西北四十里丰邑坪,高阳生之墓在焉,墓前丰碑矗立,字磨灭不可认,顷为溪水冲圮,渐没于荒烟蔓草中,无复能寻其往迹,岂不惜欤?常有人晚行经墓下,见伟丈夫衣冠楚楚从一奚奴匹马徐行,近询之则曰:吾高阳生也。倏忽不见,闻堪舆家云:红崖崩,奂氏兴。盖红崖在仙侣山侧,层峦叠嶂,高百丈有奇,嘉庆初崩,压田庐,相传有人夜祭其墓,遗金碗去。又按旧志云:谷珍死,后人聚族郧阳之保康,以缓为姓,今保康缓姓已为巨族,而马颡口又多奂姓,闲有登仕版者问之亦其裔也。夫有宋以制科取士称得人,高阳生以大魁闻意,其才识超卓,著作必有其传者,乃千百年来累经兵燹,残篇断简已付劫灰,仅以一二轶事流传于舆人之口,事虽不经备书之以识,不忘前贤之意云。"悼奂谷珍:漫说状元贵异常,文星初升遭落殃。后人欲问当年事,石墓丰碑在路旁。

古夫河橡胶坝

龙珠社区

位于古夫镇人民政府驻地北 0.9 千米处,居委会驻妃台路 8 号。县城中心区,县人民政府、县直机关、企事业单位驻地。1958 年命名为丰邑坪大队,隶属龙珠公社;1975 年隶属古夫公社;1984 年更名为丰邑坪村村民委员会,隶属古夫公社;1987 年古夫公社更名为古夫镇,隶属;2001 年平水乡、古夫镇合并建古夫镇,隶属古夫镇;2002 年县城搬迁至古夫镇后,将原丰邑坪村所辖范围命名为龙珠社区居民委员会,隶属古夫镇。东接北斗坪社区,南邻夫子社区,西、北靠古洞村。面积 4.85 平方千米。辖 10 个居民小组,2 个居民点,8 个居民住宅小区。0.72 万户,2.33 万人。主要街道有香溪大道、高阳大道、丰邑大道、昭君路、永安路、湖南路、大连路、桂苑路、桂苑一路、桂苑二路、妃台路、妃台一路、妃台二路、竹苑路、宝丰路、龙珠路、梅苑路、清源路、王家岭街。

古夫河西岸的丰邑坪,原坪中有一圆形土包,似珠,名珠包。因东岸百城梁子形似一条龙,龙头朝向珠包;而在河西岸的鸡笼山下又有一山岭直插河边,其形也似龙,珠包恰好位于两龙头中间,故有二龙戏珠之说。民间还有二龙争珠的故事。传说,不知道是何年何月,两条游龙同时发现了丰邑坪中之珠,戏耍一番后,都想独占此珠,戏珠变成了争珠。二龙竭力拼争,只搅得天昏地暗,日月无光。惊动了中梁蜈蚣山(万家岭)里的蜈蚣精,其也参与其中,三方互不相让,谁都不能得珠。由于三峡工程建设需要,昔日珠包已不复存在,取而代之的是一座现代化的新县城,龙珠地名也随之消失。2002年县城搬迁至古夫镇后,为保留传统历史地名,将一条街道命名为龙珠路,将其社区命名为龙珠社区。

兴发集团总部

北斗坪社区

位于古夫镇人民政府驻地东南1千米处,居委会驻黄家庄居民点。《兴山县志》记载:"此处为白渚坪,即河水冲刷形成的白色渚坝。"后演绎为北斗坪,故名。1958年命名为北斗坪大队,隶属古夫区北斗公社;1975年隶属古夫公社;1984年更名为北斗坪村村民委员会,隶属古夫公社;1987年古夫公社更名为古夫镇,隶属古夫镇;2001年平水乡、古夫镇合并建古夫镇,隶属;2008年邓家坝社区、长坪村、北斗坪村合并命名为北斗坪社区,隶属古夫镇。东至店子垭村、水磨溪村,南接深渡河村,西连夫子社区,北靠古洞村。驻古夫水陆派出所、县交警大队、县海事局、县档案局、县消防大队、县特殊教育学校、县残联、加油站和汽车修理厂等单位。辖14个居民小组,14个城镇居民点,3个居民住宅小区。1597户,4553人。面积18.6平方千米,耕地3567亩,其中旱地2428亩,水田1139亩。种植蔬菜、油菜、玉米等。特产核桃、柑橘。主要街道有兴发大道、永安路。郑万高铁出兴山隧道后,跨越寒溪口,在北斗坪设兴山站;G209苏北线、G347南德线途经。

北斗坪社区居民委员会

平水村

位于古夫镇人民政府驻地东北 12.8 千米处,村委会驻平水集镇。《兴山县志》(乾隆版)记载:"县北有平水河",以平水河河名命名。1958 年命名为金字山大队,隶属古夫区平水公社;1975 年撤区并社隶属平水公社;1984 年更名为金字山村村民委员会,隶属;1987 年平水公社更名为平水乡,隶属;2001 年平水乡、古夫镇合并建古夫镇,隶属古夫镇;2002 年金字山村、石鹅岭村、乔家岭村合并,命名为金字山村村民委员会,仍隶属;2008 年金字山村、竹园河村、马家河村、古井坪村合并建平水村村民委员会,隶属古夫镇。东邻榛子乡青山村,南接古洞村,西至咸水村,北靠神农架林区。辖 17 个村民小组,1 个村民小区,88 个居民点。902 户,3062 人。面积 142.4 平方千米,耕地 5447 亩,其中旱地 5209 亩,水田 238 亩,山林 13.58 万亩。主要种植玉米、水稻、小麦、蔬菜。特产核桃、黑木耳、香菌、紫皮大蒜、野生药材。

早在明清时期,这里已经形成集镇,是进出保康县和神农架林区的人行要道。1958—2001 年,曾是平水公社、平水乡人民政府驻地,一度成为重要集镇。集镇位于古洞口水库库尾,是古洞口电站、县城供水的水源地,属县级重点水源保护区。境内主要河流有马家河、毛家河、平水河、竹园河、红岩河。建有古洞口水库、沙湾水库、毛家河水库、胡家河水库,平水电站、马家河一级水电站、马家河二级水电站、沙湾电站、观音河电站、白龙沟电站、胡家湾电站、毛家河电站、鲁兴一级电站等。上游瓦屋磷矿的开发,郑万高速铁路的兴建,促使集镇更加兴旺起来。有加油站、金字山变电站、村级小学、卫生室、商铺、旅店等,逐渐发育成一个功能齐全的新集镇。G209 苏北线穿集镇而过,北上直达神农架林区;平水至瓦屋矿山专用公路途经;毛家河电站专用公路在两河口与 G209 苏北线相接;郑万高铁在新华隧道出口后,跨越竹园河,经甘家山隧道,跨越红岩河,进入兴山隧道。主要名胜有石鹅岭、天桥洞。

平水集镇

中阳垭村

位于古夫镇人民政府驻地东北8.8千米处,村委会驻中阳小河居民点,以境内中阳垭居民点命名。1958年命名为中阳垭大队,隶属古夫区红星公社;1975年隶属平水公社;1984年更名为中阳垭村村民委员会,隶属平水公社;1987年平水公社更名为平水乡,隶属;2001年平水乡、古夫镇合并建古夫镇,仍隶属;2002年中阳垭村、菌子畲村、黄家山村合并命名为中阳垭村村民委员会,隶属古夫镇。东邻平水村,南接古洞村,西至咸水村,北与神农架林区交界。辖6个村民小组,32个居民点。256户,773人。面积66平方千米,耕地1936亩,其中旱地1819亩,水田117亩,山林5.95万亩。种植水稻、小麦、玉米、蔬菜。特产核桃、柑橘、香菌、黑木耳、野生药材等。名胜古迹有圆钦石塔、飞龙观。建有绿色蔬菜基地。中阳垭乡村公路经沟二滩大桥与G209苏北线相连接。

中阳垭村居民小区

咸水村

位于古夫镇人民政府驻地西北 12.1 千米处,村委会驻三溪河居民点。以境内咸水河河流名称命名。1958 年命名为咸水河大队,隶属古夫区咸水公社;1975 年隶属古夫公社;1984 年更名为咸水河村村民委员会,属之;1987 年古夫公社更名为古夫镇,隶属;2002 年咸水河村、连界村、生银沟村合并命名为咸水河村村民委员会,隶属古夫镇;2008 年咸水河村、郑院村、坝子村合并命名为咸水村村民委员会,隶属古夫镇。东邻中阳垭村,南连南阳镇白竹村、文武村,西、北与神农架林区交界。辖 13 个村民小组,87 个居民点。808 户,2488 人。面积约 121.7 平方千米,耕地 7251 亩,其中水田 332 亩,旱地 6919 亩;山林 1.05 万亩。主要种植水稻、小麦、油菜、玉米。特产核桃、香菌、黑木耳、野生药材、蔬菜。主要河流有大坪河、八字沟汇入咸水河,注入古洞口水库。建有龙洞沟电站、锣鼓寨电站、八字沟电站、麻柳河电站、咸水电站、花坪电站。古夫至咸水乡村公路直达县城。

咸水村村民委员会驻地——三溪河小区

古洞村

位于古夫镇人民政府驻地东北 2.3 千米处,村委会驻朝阳小区,以境内古洞口居民点命名。1958 年命名为古洞口大队,隶属古夫区龙珠公社;1975 年隶属古夫公社;1984 年将古洞口大队更名为古洞口村村民委员会,属之;1987 年将古夫公社更名为古夫镇,隶属;2002 年古洞口村、朝阳村、郑家坪村合并,建古洞口村村民委员会,隶属古夫镇;2008 年古洞口村、书洞村合并命名为古洞村村民委员会,隶属古夫镇。东至黄粮镇百城村,南接龙珠社区,西抵咸水村和南阳镇石门村,北靠中阳垭村、平水村。辖 8 个村民小组,32 个居民点。1019 户,3016 人。面积约 39.4 平方千米,耕地 5431 亩,其中水田 719 亩,旱地 4712 亩。种植水稻、小麦、油菜、玉米等。特产柑橘、石榴、蔬菜等。有兴山古八景之一的"橘林驯鹿"、古洞口水库、加油站和天然气站。G209 苏北线途经;有朝阳观、公坪至朝阳观、梯子口至石门、张家湾至万家湾 4 条村级公路。

古洞,原古夫河西岸一溶洞,拱形,洞高约4米,宽约3米,深不可测。洞口有石鼓一对,直径1米有余,分列于洞口左右两侧。洞口右侧有一天然水井,水自洞内出,为地下泉水,清凉爽口,路人经此,必饮其水并作短暂休息。洞史不可考,当地人称之为古洞。因修建古洞口水库,被大坝占用。传说,远古时期,附近百姓遇红白喜事,可在此焚香祷告,借其器皿,用后如数归还。后来,一痴男听此美事,在还器皿时想一饱眼福,于是便避于洞门外,窥探虚实。须臾,忽见一美貌女子,款款而出,痴男忍不住笑出声来。女子受到惊吓,手中器皿落地,即刻闪入洞中。瞬时间,晴天炸雷,乌云密布,大雨滂沱,洞口在狂风暴雨中扭曲变形,轰然坍塌。自此,器皿不可复得。

古洞村村民委员会

麦仓村

位于古夫镇人民政府驻地西南4.3千米处,村委会驻麦仓口居民点,以境内麦仓口居民点命名。1958年命名为麦仓口大队,隶属古夫区北斗公社;1975年隶属古夫公社;1984年更名为麦仓村村民委员会,属之;1987年古夫公社更名为古夫镇,隶属;2002年麦仓村、高池村、高麦村合并命名为麦仓村村民委员会,隶属古夫镇。东接深渡河村、北斗坪社区,南邻深渡河村和昭君镇昭君村,西连南阳镇营盘村,北靠古洞村、夫子社区。辖6个村民小组,22个居民点。549户,1711人。面积15.6平方千米。耕地2129亩,其中水田540亩,旱地1589亩。主要种植水稻、小麦、玉米、大豆、土豆、油菜,特产柑橘、核桃及枇杷、樱桃等。G347南德线、古夫至昭君县道公路途经,马麦隧道位于G347南德线上。郑万高铁穿越鸡笼山山体,古夫隧道至南阳镇沙坪子出口。

麦仓来历有二:一是地理特征形似装麦的仓储;二是相传村口有一溶洞,时有流沙溢出,沙砾似麦,其洞似仓,寓意连年收成好,五谷丰登。

深渡河村

位于古夫镇人民政府驻地南 6.5 千米处,村委会驻水田坝居民点。《兴山县志》(乾隆版)记载:"深渡河,源出龙口潭,随山曲折,流二百余里,汇入南阳河(香溪河)。"村以河而得名。1958 年命名为深渡河大队,隶属古夫区龙池公社;1975 年隶属古夫公社;1984 年更名为深渡河村村民委员会,属之;1987 年古夫公社更名为古夫镇,隶属。东接龙池村,南邻昭君镇响滩村,西连麦仓村,北靠北斗坪社区。辖 3 个村民小组,12 个居民点。480 户,1391 人。面积约 9.6 平方千米,耕地 532 亩,其中水田 80 亩,旱地 452 亩。种植水稻、小麦、玉米、大豆、油菜。特产柑橘,有枇杷、樱桃、杏、桃、李等时令水果。深渡河洞寨遗址(寨子洞)为全国重点文物保护单位。有白岩口峡谷、古夫河出峡谷口与西河交汇成香溪河,著名的"水上公路"凌空飞架穿越整个峡谷,G209 苏北线紧邻东岸北上。修建有水田坝至杜家岩、深渡河至界牌垭乡村公路。

深渡河村村民委员会驻地——水田坝

龙池村

位于古夫镇人民政府驻地东南 8.5 千米处,村委会驻中湾居民点。以境内龙池居民点命名。1958 年命名为青草大队,隶属古夫公社;1984 年更名为青草村村民委员会,属之;1987 年古夫公社更名为古夫镇,隶属;2008 年青草村、城堡村合并建龙池村村民委员会,隶属古夫镇。东邻黄粮镇金家坝村,南接昭君镇青华村,西至深渡河村,北靠黄粮镇水磨溪村。辖 9 个村民小组,33 个居民点。665 户,1826 人。面积约 28.1 平方千米,耕地 5783 亩,其中水田 697 亩,旱地 5086 亩。种植水稻、小麦、玉米、大豆、油菜。特产核桃、柑橘等。有煤炭资源。龙池,曾设过龙池公社,因境内仙侣山山脊连绵起伏,状如游龙,山中由上龙池(青草池)、中龙池(莲花池)、下龙池(洗墨池,又称龙眼睛)三个部分组成,故名"龙池",有"神水仙山,魅力龙池"之称。相传,此地为宋朝状元朲谷珍读书洗笔砚之地,又名洗墨池。风景名胜有仙侣春云、双戟摩空、红庵。深渡河至界牌垭、满天星至红岩尖乡村公路途经。

龙池村龙眼

鹞子坪

位于古夫镇人民政府驻地西南 2.2 千米处,夫子社区居民点。此坪上空常有一种野生猛禽鹞子盘旋,故名。东临古夫河,南连麦仓口,西至孙王乡村公路,北靠大坪。45 户,163 人。面积 1.1 平方千米,耕地 170 亩,山林 115 亩。种植柑橘、水稻、玉米、油菜等。香溪大道在此与古夫至昭君县道公路相接,郑万高铁途经。具有独特的地理区位优势和交通优势,建有兴山工业园区,入驻工业园的企业有兴山县三峡牧业有限公司、湖北昭君生态农业有限公司、兴山保盛包装有限责任公司、宜昌鸿昌电子有限责任公司、湖北智慧果有限责任公司等。

兴山县鹞子坪工业园

马槽园

位于古夫镇人民政府驻地西北 16 千米处,咸水村居民点。东邻刘家湾,南至庄屋垭,西接小八里垭,北靠穿洞子。9 户,28 人。面积 1 平方千米,耕地 84 亩,山林 850 亩。种植玉米、土豆。特产香菌、木耳、板栗、苹果、梨及多种药材等。八字沟乡村公路经此。

马槽园,此处有一巨石,形似盛放草料的马槽。传说,过去有人曾在马槽里面捡到过银子,旧时一直称为"马槽银",后来演变为"马槽园"。有铁矿资源,中华人民共和国成立初期,大兴钢铁,曾建有国营马槽园铁厂。

古井坪

位于古夫镇人民政府驻地东北13千米处,平水村居民点。东至孔家湾,南连观包,西接显灵观,北靠甘家山。69户,244人。面积4.4平方千米,耕地302亩,山林3955亩。种植蔬菜、玉米、土豆。特产核桃、烤烟、紫皮大蒜、香菌、黑木耳、木材等。青山至弯洞河县道公路途经。

古井坪,以一饮用水井而得名。此井建于明朝,全手工建造,内空近似圆形,深约10米,直径约2米,从井底至井口全部用块石垒砌。左、右是高约5米的石砌挡土墙(称坎子),坎上是平整的土地,坎下是人行道路。正面看去,形似一石门,水井正好位于门内。在井口平面2米以上,以长约2.5米、厚约30厘米的石条过顶,内以块石依石坎采用反向叠瓦式方法,叠砌成高约3米的覆顶,将水井"藏"于石坎之内。

建造古井的来历有两种说法:其一,为解决当地百姓饮水,官府拨银造井;其二,当时袁氏族长命族人筹款而建。经多方查询,大多数人说是官方所建。直到20世纪末,此井一直是当地最重要的水源,井水为地下泉水,冬温夏凉,可直接饮用。当地人说井水来自古井上方约200米处的龙洞。龙洞是一天然洞穴,洞口近似椭圆形,高约3米,宽约2.5米,进入洞中,洞内岩石呈瓷白色,壁光滑,洞底呈现出大小不等的水坑,小者或似碗碟,大者或呈水潭,有的地方呈河滩状,曾有人探百余米。此洞到底有多深,尚无人知晓。平时有细流,水质清澈。雨季,泉水喷涌而出,形成巨大瀑布,轰然有声,数十里外可闻。

平水村——古井坪古井

沟二滩

位于古夫镇人民政府驻地东北7.6千米处,古洞村居民点。此处有两条季节性山沟,山洪暴发时,砂石被冲入东河河岸,自然形成两处险滩,故名。东至岭上,南连下弓包,西、北临古洞口水库。4户,15人。面积1.7平方千米,耕地60亩,山林924亩。主要种植玉米、小麦。沟二滩大桥横跨古洞口水库,与中阳垭乡村公路、G209苏北线相连。

沟二滩,原名狗儿瘫,后人说此名不雅,沿用读音并结合地理实体更名为沟二滩。狗儿瘫因一则民间传说故事而得名。据说很早以前,这里十分荒凉,人烟稀少。一天,年轻寡妇王二嫂瞅准熊财主老婆去了女儿家。傍晚,王二嫂早早关了店门,对着镜子将自己打扮一番,看着镜中姣好的容貌,苦笑一下。为了赡养年迈多病的公公婆婆,她壮着胆子到熊财主家求续种租田、缓还欠款事宜。于是提了两瓶酒,趁着黄昏赶往熊财主家。带了一条黄中带白花的母狗小花,小花下过一窝狗崽子,正值佳年。王二嫂提着礼物走在前面,小花便颠儿颠儿地跟在后面。刚走到熊财主家门口,院子里突然传来狗叫声,紧接着蹿出一条油黄发亮的大狼狗,它叫大黄。大黄凶神恶煞,冲着王二嫂嗷嗷狂叫,吓得她连连后退。转瞬间,奇事来了,只见王二嫂身后的小花跑了出来,对着大黄摇了几下尾巴,接着轻叫了几声,大黄即刻奔过来,逗着小花舔屁股,摇尾乞怜。两条狗一见钟情,悄悄躲一旁去了。熊财主抓着王二嫂的手一阵寒暄说:"你还带什么酒,咱俩啥关系,还兴这一套?你所说之事我允了。"后来,她家的小花下了一窝狗崽,全都金黄金黄的。这天,熊财主来到王二嫂家,对王二嫂说:"你家的小花成了我家大黄的媳妇。有人笑话我,说我与你正好结了狗亲家。"王二嫂说:"你不仅做了小花的公爹,还做了狗爷爷呢!"王二嫂厌烦熊财主借结狗亲,经常来调戏她,乡亲们痛恨熊财主横行霸道、鱼肉乡里,暗地里将那大黄打了,扔在这人迹罕至的路边,久而久之,人们管这里叫"狗儿瘫"。熊财主心知肚明,责问王二嫂:"为什么要残害我的大黄?"王二嫂指着熊财主的鼻子说:"我要和你断狗亲!"

三台观

位于古夫镇人民政府驻地西北4.6千米处,古洞村居民点。以宗教建筑得名。东、西邻古洞口水库,南至茅岵坪小区,北靠雨竹山。8户,29人。面积1.2平方千米,耕地92亩,山林816亩。种植玉米、小麦、土豆。

相传,明朝时期,在三重台地上建一道观,名三台观。建有牌坊、大殿等设施。大殿内供奉上清灵宝天尊神像,像前设有香案。建成之初,香火一度旺盛。到清朝末年,已基本无人朝拜。后因无人管理和修缮,此观自然坍塌。

判官宇

位于古夫镇人民政府驻地东北18.6千米处,平水村居民点。东至竹园河,南连茅草岭,西接杨家沟,北靠板舍。11户,40人。面积2平方千米,耕地48亩,山林2073亩。主要种植玉米、土豆,特产香菌、木耳等。

明朝末年,此处建一庙宇,塑判官神像,庙名判官宇,居民点以此得名。相传,判官姓崔名珏,乃隋唐间人,据说其"昼理阳间事,夜断阴府冤,发摘人鬼,胜似神明"。民间有许多崔珏断案的传说,其中以"明断恶虎伤人案"流传最广。据说潞州长子县西南与沁水交界处有一大山,名雕黄岭,旧时常有猛兽出没。一日,樵夫上山砍柴被猛虎吃掉,其寡母痛不欲生,上堂喊冤,崔珏即刻发牌,差衙役孟宪持符牒上山拘虎。孟宪在山神庙前将符牒诵读后供于神案,随即有一虎从庙后窜出,衔符至孟宪前,任其用铁链绑缚。恶虎被拘至县衙,崔珏立刻升堂审讯。堂上,崔珏历数恶虎伤人之罪,恶虎连连点头。最后判决"啖食人命,罪当不赦"。虎便触阶而死。

当年唐太宗因牵涉泾河老龙一案,猝然驾崩,前往阴司三曹对质。于是魏徵修书重托,崔珏不但保护唐太宗平安返阳,还私下给他添了二十年阳寿。在还阳途中,太宗又遇到被他扫荡的六十四处烟尘,七十二家草寇中惨死的成千上万的冤魂前来索命,崔珏又出面排解纠纷,帮助太宗代借一库金银安抚众鬼,太宗方得脱身。崔珏也因此声名大振。人们在此地修建一庙宇以示纪念。现仅存遗址。

寒溪口

位于古夫镇人民政府驻地东南 2 千米处,北斗坪社区居民点。此处既是山口又是河口,水寒山狭,故名。东、北至 G347 南德线,南抵董家坡,西接寒溪口小区。124 户,419 人。面积 0.9 平方千米,耕地 420 亩,山林 335 亩。种植玉米、水稻、蔬菜,特产柑橘、核桃。响水洞和水磨溪两条溪水汇流至此,东西流向,注入古夫河。建有寒溪口桥,G209 苏北线与 G347 南德线在此相交,北通兴发大道。郑万高铁跨越寒溪口。建有两处移动通信基站,泰丰液化气站以及兴发停车场。

寒溪口,位于古夫河东岸,源于汉景帝三年(公元前 154 年),汉景帝继皇位后,将其弟封侯于丰邑坪,故筑城。当地人以此处山口、河口地理实体,与西岸隔河相望的"美人晒羞",取地名"含鸡口",后复称"寒溪口"。唐朝诗人柳宗元的《古东门行》中有"鸡鸣函谷"之说。诗云:

汉家三十六将军,东方雷动横阵云。鸡鸣函谷客如雾,貌同心异不可数。

赤丸夜语飞电光,徼巡司隶眠如羊。当街一吒百吏走,冯敬胸中函匕首。

凶徒侧耳潜愯心,悍臣破胆皆杜口。魏王卧内藏兵符,子西掩袂真无辜。

羌胡毂下一朝起,敌国舟中非所拟。安陵谁辨削砺功,韩国诳明深井里。

绝胭断骨那下补,万金宠赠不如土。

众所周知,封建王朝的皇帝是至高无上的。历朝历代,臣下对皇上进谏,必须投其所好,只能用前朝故事或看似不相干的生活趣闻引喻取譬,转弯抹角地表达自己的意见,皇上才有可能恩准采纳。少有人敢触龙鳞,逆圣听。所以,自古以来,文武百官讽谏启奏都很讲究,唯恐龙颜大怒。柳宗元自然深谙此理,故其乐府《古东门行》几乎句句有典,并无锋芒。表面看来,所引者皆前朝之事,但细细琢磨,所射者乃当朝之政,言在此而意在彼也。孟尝君赖门客"鸡鸣函谷"之力出关逃逸之怪事,暗射王承宗之流居心叵测,意浑水摸鱼,刺杀忠良之歹心。柳宗元不赞成鸡鸣狗盗,因为"客如雾","貌同心异",潜伏着诸多危险,所以酿成了武元衡被刺的悲剧。用"鸡鸣"之典便有了一箭双雕的作用:既是一种否定,又是警策。

再看古夫河西岸,有一座山,名鸡笼山,海拔 1490 米。山腰间天生一水池,池水四季不竭,传说是龙王盘踞之地,谓龙王池。在龙王池的正下方,有一块风水宝地,名"美人晒羞"。自人们发现"美人晒羞"之后,无数风水先生闻讯而来,惊叹"此地不出天子必出状元!"果然不出所料,宋朝宋徽宗时期,此地方圆百里的地方,虽然未出天子,却出了个才华横溢的头名状元奂谷珍。

第二节　昭君镇

　　昭君镇,兴山县辖镇。位于兴山县人民政府驻地古夫镇南 12.5 千米处,全国重点镇。镇人民政府驻香溪社区。东邻黄粮镇,南接峡口镇,西连高桥乡,北与古夫镇交界。总面积 149 平方千米,耕地 1.2 万亩,山林 16.5 万亩。1.01 万户,2.4 万人,汉族。辖 2 个社区居民委员会,9 个村民委员会,53 个村(居)民小组,239 个居民点。《兴山县志》记载:"宋开宝元年(968 年)移县城于昭君院;端拱二年(989 年),徙县城香溪北岸"。1949 年 8 月兴山解放,设城关乡;1953 年置城关镇;1955 年隶属妃台区;1958 年成立城关公社;1981 年更名高阳镇;1984 年妃台公社、高阳镇合并建高阳镇;2002 年县城迁至古夫镇,仍置高阳镇;2009 年更名昭君镇。以汉明妃王昭君而得名。地处大巴山余脉,喀斯特山地地貌,多溶洞峡谷,四面环山,中间为河谷地带。属亚热带大陆性季风气候,年平均气温 17.5℃,无霜期 216 天,降水量 1100 毫米。河流有白沙河、耿家河、大礼溪,汇入香溪河,由北向南进入峡口镇。境内最高峰万朝山海拔 2272 米,最低点为与峡口镇交界的平邑口,海拔 132 米。有矿产资源 5 种,主要为煤矿。木本植物 57 科 218 种,森林覆盖率 64%。主要自然灾害有洪涝、旱灾、冰雹、崩山滑坡等。初级中学 1 所,小学 1 所,电视覆盖率 100%,各级各类医疗机构 15 个,建有镇文化广播电视服务中心,城镇绿化率 30%。农业主要为种植业和养殖业;工业主要为加工业、商业、集市贸易。重要建筑物有昭君大桥和高阳大桥。此地是汉明妃王昭君的出生地,有昭君故里之称;有兴山古八景中的妃台晓日、珠潭秋月、双戟摩空遗迹;有旅游胜地昭君别院;有田家坡、甘家坡、陈家湾东汉古文化遗址;"凤凰展翅"收录为兴山新八景。G209 苏北线、S312 宜兴线、S252 欧南线、S255 兴五线途经,沿县道古昭线达兴山县城,沿 S255 兴五线(昭君至峡口县道公路)至平邑口与 G42 沪蓉高速公路相接,设昭君汽车客运站。乡村公路 22 条,总里程 240 千米,其中国道 25.4 千米,省道 26.3 千米,乡村公路 188.3 千米。

昭君镇——集镇全景

昭君集镇

位于兴山县人民政府驻地南 12.5 千米处,昭君镇人民政府驻地。旧为县治,中华人民共和国成立之初至 2002 年为县人民政府驻地。辖香溪、小河 2 个社区。面积 3.3 平方千米。5522 户,1.05 万人。687 个工商户,驻镇属企、事业单位 60 余家。距兴山县峡口旅游码头 12 千米,距王昭君出生地昭君村 6.5 千米。S312 宜兴线、S252 欧南线、S255 兴五线途经,沿古夫至昭君县道公路至兴山县城古夫,昭君至峡口县道公路至平邑口接 G42 沪蓉高速。设昭君汽车客运站,开通昭君镇至县城公共汽车。它是一座千年古镇,是三峡库区移民新镇,又是昭君故里旅游重镇。位于"一江两山"黄金旅游线中间腹地,为"鄂西生态文化旅游圈"的重要节点,南出长江三峡,北上神农架林区、武当山。

昭君集镇全景新貌

香溪社区

位于昭君镇人民政府驻地西 0.5 千米处,昭君镇人民政府驻地,社区居委会驻和平大道 95 号。传说,王昭君恒于河中浣纱,河水变香,名香溪河,社区以此命名。东连小河社区,南接陈家湾村,西、北靠响滩村。1958 年隶属城关公社;1981 年更名为高阳镇,隶属;2009 年高阳镇移民迁建竣工,经湖北省人民政府批准,更名为昭君镇,隶属;2010 年原民主街、建设街、劳动街三个居民委员会合并,组建香溪社区居民委员会,隶属昭君镇。街道有和平大道、观澜路、琵琶路、书院路、思乡路、西关路、望月路、水晶街、珍珠路。辖 8 个居民小组,0.4 万户,0.81 万人。面积 0.85 平方千米,驻镇人民政府、邮政支局、烟草所、农合支行、幼儿园等行政、企事业单位。有 632 家个体工商户。有金顺酒店、香妃酒店、雅斯超市。S312 宜兴线、S252 欧南线途经。

香溪社区——和平大道

小河社区

位于昭君镇人民政府驻地东南 0.6 千米处,社区居委会驻和亲街 66 号。人们习惯把辖区内香溪河称为大河,耿家河流进集镇入大河河段称小河,故名。东接金乐村,南至陈家湾村,西连香溪社区,北靠响滩村。1958 年命名为小河蔬菜大队,隶属城关镇公社;1981 年更名为高阳镇,同时将小河蔬菜大队更名为小河居民委员会,隶属高阳镇;2009 年 8 月,高阳镇移民迁建竣工,高阳镇更名为昭君镇,隶属;2010 年将原小河街、劳动街、胜利街居民委员会调整为小河社区居民委员会,隶属昭君镇。面积 2.5 平方千米,其中集镇 0.5 平方千米。辖 5 个居民小组,2 个居民点。1522 户,0.24 万人。街道有仙侣路、皓月路、望亭路、浣纱路、凤凰街、长宁街、和亲街、复兴街。驻兴山县中医医院、镇中学、小学、供电所、派出所、自来水公司等单位。有个体经营户 55 家,从业人员 330 人,主要有家具厂、豆腐加工业、商业、餐饮业,雅佳明妃家具有限公司为宜昌具有代表性的优秀民营企业。S312 宜兴线、S252 欧南线、S255 兴五线途经。重要建筑有高阳大桥、耿家河桥,高阳大桥与 S255 兴五线相接。

陈家湾村

位于昭君镇人民政府驻地南 0.8 千米处,村委会驻陈家湾居民点,以境内陈家湾居民点命名。东接金乐村,南连大礼村,西接黄家堼村和昭君村,北靠昭君集镇。1958 年命名为陈家湾大队,隶属城关公社;1981 年隶属高阳镇;1984 年更名为陈家湾村村民委员会,仍隶属高阳镇;2002 年陈家湾村、向家河村、皂角树村合并建陈家湾村村民委员会,仍隶属;2009 年高阳镇更名为昭君镇,隶属。辖 3 个村民小组,24 个居民点。383 户,1067 人。面积 10.6 平方千米,耕地 1853 亩,山林 7719 亩。种植玉米、油菜,盛产柑橘。

陈家湾,原名昭君院,明弘治三年(1490 年)江西陈姓富商买下昭君院产业,更名为陈家湾。据《兴山县志》记载,宋开宝元年(968 年)县城迁于昭君院。又记:"昭君院,县南一里。"在陈家湾,关于王昭君幼年时的故事颇多。有王氏宗祠、上马台、绣鞋洞、古井、昭君台、昭君别院、古八景之一的妃台晓日等旅游景点。S252 欧南线、S255 兴五线(昭君至峡口县道公路)途经,沿昭君至峡口县道公路至平邑口接 G42 沪蓉高速。

陈家湾村——昭君别院

昭 君 村

位于昭君镇人民政府驻地西北 7.5 千米处,村委会驻白沙河居民点。以汉明妃王昭君命名。东邻响滩村,南连陈家湾村、黄家堑村,西接滩坪村,北靠古夫镇深渡河村、南阳镇营盘村。1958 年命名为宝坪大队,隶属妃台区;1975 年隶属妃台公社;1984 年妃台公社、高阳镇合并建高阳镇,同时将宝坪大队更名为宝坪村村民委员会,隶属高阳镇;2002 年将宝坪村、白沙河村、五童庙村合并建昭君村村民委员会,仍隶属;2009 年高阳镇更名为昭君镇,隶属。辖 3 个村民小组,28 个居民点。440 户,1532 人。面积 16.7 平方千米,耕地 2682 亩,山林 1.51 万亩。种植玉米、油菜等,特产柑橘、茶叶。注册"昭君村"牌脐橙,获得国家绿色食品认证。

昭君村,千年古村,是汉明妃王昭君的出生地,位于湖北省"一江两山"黄金旅游线上,是昭君故里旅游的核心景区,名胜古迹有王昭君汉白玉雕像、昭君纪念馆、昭君书院、昭君宅、紫竹苑、昭君后花园、娘娘泉、楠木井、浣纱处、琵琶桥等,建有昭君村旅游公路。G209 苏北线、S252 欧南线、S312 宜兴线、古夫至昭君县道公路途经,建有昭君大桥、香溪特大桥,是兴山重要的交通枢纽区域。有白沙河至汪家坡、邓家屋场至张家坪、李家坡至贺家坡 3 条乡村公路。驻兴发集团白沙河化工厂、加油站、液化气站。

昭君村——昭君故里旅游景区

响滩村

位于昭君镇人民政府驻地北约 100 米处,村委会驻香溪社区和平大道 196 号。1958 年以响滩居民点命名为响滩大队,隶属城关公社;1975 年隶属妃台公社;1981 年隶属高阳镇;1984 年更名为响滩村村民委员会,仍隶属;2002 年响滩村、耿家河村、后沟柑桔场合并建响滩村村民委员会,仍隶属;2009 年高阳镇更名为昭君镇,隶属。东邻响龙村,南连香溪社区,西接昭君村,北靠古夫镇深渡河村。辖 4 个村民小组,20 个居民点。578 户,1805 人。面积约 7.7 平方千米,耕地 2450 亩,山林 5322 亩。种植玉米、小麦、油菜,特产柑橘、蔬菜。沿 S312 宜兴线设有加油站、汽车修配厂、墓碑加工,主要矿产资源为石膏矿。G209 苏北线、S312 宜兴线、S252 欧南线途经。

响滩是古建筑集聚之地,建有飞檐翘角的天井屋六栋、陈伯炎老屋、吴翰章老屋,"文"字青砖筑就 30 米高的"文笔",均属兴山县第三批文物保护单位。因三峡工程建设需要,2003 年集农耕生产、手工技艺、节庆礼俗、民间信仰、清代兴山文化名人吴翰章及非物质文化遗产为一体,迁于古夫镇香溪大道 8 号,建兴山民俗博物馆。

响滩村——香溪河北岸

滩坪村

位于昭君镇人民政府驻地西北 11.3 千米处,村委会驻严家坡居民点。1958 年以滩坪居民点命名为滩坪大队,隶属妃台区五童公社;1975 年隶属妃台公社;1984 年妃台公社、高阳镇合并建高阳镇,同时将滩坪大队更名为滩坪村村民委员会,隶属高阳镇;2002 年滩坪村、茶园坡村、桐子树岭村合并建滩坪村村民委员会,仍隶属;2009 年高阳镇更名为昭君镇,隶属。东接昭君村,南邻黄家堑村,西抵高桥乡伍家坪村,北靠南阳镇阳泉村。辖 5 个村民小组,29 个居民点。447 户,1436 人。面积 27.5 平方千米,属半高山地区。耕地 2073 亩,其中水田 230 亩,旱地 1738 亩;山林 2.99 万亩。种植玉米、大豆、土豆、红薯等,特产茶叶。境内有红军四十九师会议遗址,孔庙、昭君望乡、香炉石、万朝山自然保护区等景区景点,建有滩坪水库。G209 苏北线途经,修有三里荒至庙垭、滩坪至黄家堑、徐家湾至柳树垴等乡村公路。

滩坪村村民委员会——严家坡

青华村

位于昭君镇人民政府东北 3.6 千米处,村委会驻徐家院子居民点。1958 年以青华观命名为青华大队,隶属妃台区响龙公社;1975 年隶属妃台公社;1984 年妃台公社、高阳镇合并建高阳镇,同时将青华大队更名为青华村村民委员会,隶属高阳镇;2002 年塘垭村、青华村、凤凰村合并建青华村村民委员会,仍隶属;2009 年高阳镇更名为昭君镇,隶属。东邻黄粮镇,南接响龙村,西连响滩村,北靠古夫镇龙池村。辖 7 个村民小组,26 个居民点。697 户,2290 人。面积 15.91 平方千米,耕地 2860 亩,山林 1.65 万亩。境内地势平坦,海拔 600~800 米。村民集中居住在蔡家垭、冯家湾、徐家坎、徐家院子、塘垭一带。种植小麦、油菜、玉米、大豆、土豆、红薯,特产核桃。有烟煤、石膏、硅石等矿产资源,有葛洲坝水泥集团硅石采集基地,在与古夫镇龙池交界的罩子垭处设县广播电视仙侣山发射台。大茶垭至冯家湾、塘垭至孟家陵乡村公路分别与 S252 欧南线相接。有古八景仙侣春云、双戟摩空，有古桥、蔡家花屋、碉堡、熊洞、寨子洞、牛头石等景点。2017 年全国第二次地名普查时，"凤凰展翅"收录为兴山新八景。

青华村村民委员会

黄家堑村

位于昭君镇人民政府驻地西北 6.8 千米处，村委会驻旱水田居民点。黄家堑河两岸，南岸地势较陡，北岸平缓，村民大多居住在黄家堑河北岸。1958 年以境内黄家堑河流命名为黄家堑大队，隶属妃台区大里公社；1975 年隶属妃台公社；1984 年妃台公社、高阳镇合并建高阳镇，同时将黄家堑大队更名为黄家堑村村民委员会，隶属高阳镇；2002 年黄家堑村、桃垭村、旱水田村合并建黄家堑村村民委员会，仍隶属；2009 年高阳镇更名为昭君镇，隶属。东邻大礼村，南连峡口镇琚坪村，西接滩坪村，北靠陈家湾村、昭君村。辖 4 个村民小组，28 个居民点。312

黄家堑村村民委员会

户,927 人。面积 25 平方千米,耕地 1527 亩,山林 2.61 万亩。种植玉米、土豆、红薯。境内有大礼长渠、滩坪至黄家堑乡村公路。

响龙村

位于昭君镇人民政府驻地东南 3 千米处,村委会驻沙塪居民点。以响龙洞命名。1958 年命名为响龙大队,隶属妃台区响龙公社;1975 年隶属妃台公社;1984 年妃台公社、高阳镇合并建高阳镇,同时将响龙大队更名为响龙村村民委员会,隶属高阳镇;2002 年响龙村、孟家岭村合并建响龙村村民委员会,仍隶属;2009 年高阳镇更名为昭君镇,隶属。东邻黄粮镇户溪村,南连金乐村,西接响滩村,北靠青华村。辖 5 个村民小组,23 个居民点。439 户,1357 人。面积约 21.7 平方千米,耕地 1717 亩,山林 2.08 万亩。种植玉米、水稻、土豆等。煤炭资源丰富。建有塘垭至孟家陵、昭君集镇至响龙村、昭君集镇至沙塪 3 条乡村公路。有"白龙挂须"景点。

大礼村

位于昭君镇人民政府驻地西南 3.8 千米处,村委会驻长模院居民点。1958 年以境内大礼溪口居民点命名为大礼溪大队,隶属妃台区大里公社;1975 年隶属妃台公社;1984 年妃台公社、高阳镇合并建高阳镇,同时将大礼溪大队更名为大礼村村民委员会,隶属高阳镇;2002 年大礼村、红岩村、长模院村合并建大礼村村民委员会,仍隶属高阳镇;2009 年高阳镇更名为昭君镇,隶属。东临金乐村,南连峡口镇平邑口村,西接黄家堑村,北靠陈家湾村。辖 5 个村民小组,42 个居民点。671 户,1995 人。面积约 14.4 平方千米,耕地 2407 亩,山林 1.04 万亩。种植玉米、小麦、水稻、油菜等,特产柑橘。有青柞树、柏树、栎树等 20 棵古树,挂牌保护。1968—1986 年,这里曾设立大里乡人民政府。S255 兴五线(昭君至峡口县道公路)途经,跨越大礼溪河口,有大礼溪口至长模院、陈家湾至长模院 2 条村级公路与滩黄乡村公路相连。

金乐村

位于昭君镇人民政府驻地南 4.7 千米处,村委会驻李家湾居民点。居民大多姓金,以庆祝翻身得解放的欢乐心情而得名。1958 年命名为金乐大队,隶属妃台区城关公社;1975 年隶属妃台公社;1984 年妃台公社、高阳镇合并建高阳镇,同时将金乐大队更名为金乐村村民委员会,隶属高阳镇;2002 年安乐村、金乐村合并建金乐村村民委员会,仍隶属;2009 年高阳镇更名为昭君镇,隶属。东接响龙村,南临峡口镇泗湘溪村,西连陈家湾村,北靠小河社区。辖 4 个村民小组,17 个居民点。452 户,1418 人。面积约 8.5 平方千米,耕地 1755 亩,山林 6520 亩。种植玉米、水稻、小麦,特产柑橘。地处香溪河东岸,昭君集镇东南郊区,以种植季节性蔬菜、柑橘为主。S312 宜兴线途经,建有昭君集镇至金乐、昭君集镇至安乐 2 条乡村公路。

金乐村村民委员会——金桔广场

五童庙

位于昭君镇人民政府驻地西北 9.2 千米处,昭君村居民点。东至吴家屋场,南连窑湾,西接卢家坪,北靠 G209 苏北线。20 户,75 人。面积 0.6 平方千米,耕地 125 亩,山林 630 亩。种植玉米、油菜等,特产茶叶。G209 苏北线途经。

据《兴山县志》记载,1931 年 4 月,中国工农红军第三军在贺龙军长的率领下,由湘西出发转战"巴兴归",4 月 4 日晨在巴东渡过长江,到达兴山,红三军路过兴山五童庙时,在院墙上写下"肃清巴兴归三县的反动武装"红色大幅标语。

相传,清末年间,有 5 位书生赴京赶考,因急于赶路,错过宿地,走到此处,天色已晚,便在路边小山包上相互依偎过夜,共同许愿:"将来如获成就,定在此处建庙。"京试,5 位书生均获得功名。为践行诺言,共同出资修建一庙,取名"五童庙"。庙建在一座小山顶上,坐北朝南,土木结构。占地 4500 平方米,建筑面积 800 平方米,可观四面八方。庙北有一棵挺拔的青柞树,四季常青,终生与庙为伴。

伍家碗厂

位于昭君镇人民政府驻地东 2.5 千米处,响龙村居民点。东邻"白龙挂须",南至响龙村,西接耿家河电站,北靠夏家湾。7 户,20 人。面积约 0.6 平方千米,耕地 30 亩,山林 370 亩。种植玉米、油菜等。

据《高阳春秋》记载,清道光年间,江西籍人伍崇儒,得知响龙的土质好,响龙洞的水质好,是开办陶瓷碗厂的好地方,便由恩施来到兴山,创建了陶瓷碗厂,名伍家碗厂,成功地制成碗、钵、缸、罐四大类陶、瓷商品器皿。到了咸丰年间,长子伍德泉继承,其规模、工艺质量、花色品种等方面均在原基础上不断扩大、提高。碗、盘、杯、碟呈乳白色,蓝边花纹图案,色泽明亮。仿制青狮、白象、奔马、卧牛、花瓶等古董器物。民国初年,由孙子伍纯义、伍纯志继承,因政局不稳、交通不畅等原因,碗厂发展受阻。1940—1942 年间碗厂极为兴盛,产品达 10 多种,远销房县、保康、南漳、恩施、巫山等地。1949 年 9 月,更名为"义生工厂",伍徽香任厂长,后转化为集体所有制企业,厂址迁至耿家河,一直延续到 1980 年。

大花栎树

位于昭君镇人民政府驻地西北 12.4 千米处,滩坪村居民点。东至肖家湾,南连香炉石,西接严家屋场,北靠三里荒。10 户,30 人。面积 1 平方千米,耕地 65 亩,山林 950 亩。种植玉米、油菜等,特产木耳、香菌、茶叶。

相传,明朝年间,此处生长着一大片樱桃树林,中间有一棵枝繁叶茂的大花栎树。江西填湖广时期,移民于此,为了扩大耕地,将樱桃树林砍掉开垦农田,有人想把大花栎树砍掉当柴烧,被百岁高龄的老人阻拦,说:"它已是一百岁了,长到这么大,多不容易啊!"就这样大花栎树被保留了下来。大花栎树生长在 G209 苏北线北侧 250 米处的山坡上。树高 32 米,胸径 3 米,冠幅 8 米,树龄约 500 年,树干 10 米以下无枝丫,部分枝干已呈现空洞,县林业部门挂牌保护。

烟灯垭

位于昭君镇人民政府驻地西北 14.5 千米处,滩坪村居民点。东至曹家屋场,南连柳树埫,西邻烟灯垭山口,北靠万朝山。6 户,15 人。面积 1.2 平方千米,耕地 30 亩,山林 1340 亩。种植玉米、土豆等,特产木耳、香菌、核桃。

万朝山南侧半山腰垭口,地势险要,垭口以东为昭君镇,以西为高桥乡。相传,古时在垭口设有烽火台,是古代军事报警设施,专为军情发出烟火信号,故名。抗日战争时期修建的巴柯(巴东—丹江口市柯家营)人行道就从这里通过,是运输抗战物资的重要通道。G209 苏北线经垭口通过。《兴山县志》记载,1930 年 5 月,鄂西游击大队首次攻克兴山城(现昭君镇),并在滩坪、烟灯垭一带展开游击战争 3 个多月,有效地阻击了敌人,为建立鄂西根据地和苏维埃政权起到了重要作用。

挖断山

位于昭君镇人民政府驻地西北 13.8 千米处,滩坪村居民点。东至杉树沟,南连贺家塆,西邻曹家屋场,北靠茶园坡。11 户,35 人。面积 1.2 平方千米,耕地 70 亩,山林 1210 亩。种植玉米、土豆等,特产茶叶。

传说,明帝朱元璋,夜梦百虎登殿,百龙绕堂,吓得面如土色,魂不附体。惊醒后浑身直冒冷汗,从此一病不起。即遣大臣遍寻名医,并诏示天下:"若能治好朕的病,揭下皇榜,赏银千两,并封官晋爵。"一日,一个名叫许达之人佯装"郎中",揭下皇榜,装模作样地诊视一番,向皇上献计,若要巩固皇位江山,须选派高明的阴阳先生,查清全国虎踞龙盘之风水宝地,并予挖断。皇上听后觉得很有道理,即诏告天下,"凡遇龙盘虎踞之地一律挖断"。经勘察,此类山脉在兴山就有四十八处。于是,命令当地百姓挖山断脉,百姓不敢怠慢,挖山不止,哪知白天挖,夜里山又长起来。一天晚上,有个憨厚的劳工到工棚寻工具,仿佛听见有人私语:"不怕千人万人挖,只怕桐油桐针扎。"此话传至官府,官府便派人带着桐油到挖断处,将一锅桐油烧开,又将桐树木桩钉在山脉中心点,将滚烫的桐油沿着桐树桩浇下,便听到地下撕心裂肺的惨叫声,至此山被挖断。

柳树垴

位于昭君镇人民政府驻地西北 16 千米处,滩坪村居民点。呈东西斜坡,中间形成平垴地,生长着一棵大柳树,故名。东至贺家塆,南连孔家湾,西接鲁家塆,北靠炭坑垭。18 户,58 人。面积 2.3 平方千米,耕地 80 亩,山林 2350 亩。种植玉米、土豆等,特产猕猴桃、茶叶。柳树垴乡村公路在徐家湾与 G209 苏北线相接。

1974 年,此地创办"兴山县共产主义劳动大学",属职业中专。共开办 9 届两年制的财会、农学、畜牧兽医、中医、农机、林业、园艺等 15 个专业班,培养中专毕业生 582 人。办学中,开展了猕猴桃的栽培研究,建立示范基地,选育了 46 个优良品系,其中最大单果重 151 克,居全省之冠。还进行了土豆实生籽栽培、牲猪人工授精、苹果选种等 21 个项目的科学研究。

欢喜岭

位于昭君镇人民政府驻地西北 5.2 千米处,黄家堑村居民点。东邻黑沟,南至黄樱树岭,西接黄家堑河,北靠黄丫树。4 户,12 人。面积约 0.3 平方千米,耕地 34 亩,山林 140 亩。种植玉米、油菜等。

相传,民国初期,为防止土匪偷袭,当地人自发组织了一支农民自卫队。在山岭上建了一座寨子,数百米开外,一览无余,并在寨上安装一门大炮。又用竹席卷成筒涂黑,佯装有多门大炮布设寨中,以假乱真迷惑土匪。一天,一伙土匪向寨子冲来,农民自卫队在有效射程内用真炮瞄准土匪就是一炮,土匪顿时被突如其来的炮声、呐喊声给吓蒙了,不辨东南西北,四处逃窜。农民自卫队首次打了一场漂亮仗,百姓欢呼雀跃,将此岭称为欢喜岭。

龙水井

位于昭君镇人民政府驻地西北 7.9 千米处,黄家堑村居民点。东邻阴坡,南至人字尖,西接肖家岩,北靠肖家岩山。21 户,60 人。面积约 0.8 平方千米,耕地 74 亩,山林 820 亩。种植玉米、油菜等。

龙水井东西两侧各有一个山包,形似两个龙头,正中有一水井,常年不干,冬暖夏凉,名龙水井。相传,清道光年间,在此居住的一对向姓夫妇四十多岁无子女,很是着急,便备酒席,请阴阳先生朱先生看地。朱先生既是向家的姑爹,又是邻居。他经常给周围百姓看地算命,听说算得很准。侄儿、侄媳妇请他看地,他又高兴又愁,愁的是怕治好后,他们一旦有了后人,会比自己的孩子强,会欺负他的孩子。就说:"与祖坟有关,我给治好后可以生两个儿子,但你的后人不能欺负我的后人,如果欺负怎么说?"向家当场发誓"谁欺谁死"。后来,向家果然生了两个儿子,也兑现了诺言,凿井为证,众人皆知,朱、向两家和睦相处。

皂角树

位于昭君镇人民政府驻地西北 3 千米处,陈家湾村居民点。东至香溪河,南连万家院子,西接向家坪,北靠龙家屋场。14 户,42 人。面积 0.4 平方千米,耕地 50 亩,山林 291 亩。主要种植玉米、油菜等,特产柑橘。S252 欧南线、古夫至昭君县道公路途经。

在香溪河西岸边,生长着一棵皂角树,据林业部门考察,高 30 米,树围 4.5 米,树龄 200 多年,后演绎为地名。据《兴山县志》记载,1928 年 8 月,中共兴山县委在皂角树召开扩大会议,传达了中共六大决议和鄂西特委扩大会议精神,研究部署兴山县开展武装斗争事宜。

严家山

位于昭君镇人民政府驻地北 2.7 千米处,青华村居民点。东至牛宿坪,南连石膏沟,西邻蔡家垭,北靠红庵。11 户,27 人。面积 0.5 平方千米,耕地 46 亩,山林 485 亩。种植玉米、小麦、油菜等。兴山古八景之一的"双戟摩空"即在此处。

严家山,原名罗镜山。明朝末年,有严姓人家自江西移民至此,更名严家山。早在明清年间,农历九月三十日,严家要举行 7 天的祭祀活动,活动一律免费,免费看戏,免费进餐,热闹非凡。相传,此活动的起源,与明代奸臣严嵩有关。严嵩本应满门抄斩,幸亏一位皇宫师爷说情于皇帝,只将严嵩革职,没收家产作罢。师爷便成了严家的救命恩人,被奉为家神。于是请工匠用上等黄杨木雕成师爷神像,平日珍藏于精致的木匣之中,每年逢农历九月三十日,即皇宫师爷生日,严家将师爷神像供奉起来,召集族人祭奠,以谢救命之恩。

蔡家花屋

位于昭君镇人民政府驻地东北 3.6 千米处,青华村居民点。东邻杨家岭,南至杨家包,西接石膏沟,北连熊洞。27 户,86 人。面积约 0.5 平方千米,耕地 74 亩,山林 450 亩。种植小麦、玉米、油菜、土豆。

经考查,蔡姓祖籍江西,明代崇祯年间移居此地。此屋由蔡正强所建。天井屋,汉式建筑风格。建筑面积约 400 平方米,坐北朝南,明三暗九格局,共两层。整个房屋设计精巧,造型别致,雕梁画栋,古色古香。

大茶垭

位于昭君镇人民政府驻地东 2.5 千米处,响龙村居民点。东邻敦家沟,南至夏家湾,西接乔家坡,北靠冯家湾。40 户,120 人。面积约 0.8 平方千米,耕地 130 亩,山林 520 亩。种植玉米、土豆等。

大茶垭,抗战时期巴柯(巴东—丹江口市柯家营)人行道从这里经过,住在这里的夏姓人家,瞄准南来北往、川流不息的人群商机,在山口设茶水站,为过往行人及客商提供方便,久而久之,人们称此处为"大茶垭"。

大茶垭驿站

李家湾

位于昭君镇人民政府驻地东南 4.7 千米处,金乐村居民点。东邻杨家院子,南至龚家湾,西抵香溪河,北靠神石马。55 户,180 人。面积约 0.4 平方千米,耕地 194 亩,山林 310 亩。主要种植水稻、玉米、小麦、油菜等。

据《李氏族谱》记载,李姓祖籍江西,明朝万历年间移民兴山。相传,一阴阳先生路过李家湾,发现此地很穷,是因北部山岭形似白虎,吃在李家湾,睡在金家湾。告知后,李家湾人即请教治理方法,先生说只要建一榨房,就走了。李家湾人便请来匠人,择定佳期,修建榨房,做起了食用油生意,从此李家湾人不再受穷。

太上庙

位于昭君镇人民政府驻地东南 4.8 千米处,金乐村居民点。东邻落霞坪,南至脚盆潭,西接 S312 宜兴线,北连徐家院子。18 户,54 人。面积约 0.4 平方千米,耕地 69 亩,山林 330 亩。主要种植玉米、土豆等农作物。S312 宜兴线途经。

清道光年间,修建一庙,取名太上庙。坐东朝西,占地 90 平方米,墙体用页砖灌斗浆砌而成,屋顶盖土瓦,高 2.5 米。三间正房,建筑面积 60 平方米,正中开一石门。基部用长 1 米、宽 0.25 米的石条砌成。正屋中央供奉太上老君神像,前面置香炉,供祭拜焚香之用。清朝末年,扩建成四合院,土木结构。1940—1949 年间,将庙里设施清除,改为"兴山县屈洞乡第十四保国民学校"。

杉树包

位于昭君镇人民政府驻地东南 3.8 千米处,金乐村居民点。东连黄家堖,南接金家湾,西至 S312 宜兴线,北邻徐家院子。7 户,20 人。面积约 0.4 平方千米,耕地 45 亩,山林 190 亩。主要种植玉米、油菜等。

山包上生长着一棵高大针叶乔木铁坚杉,经林业部门考察,这棵树已有 150 多年历史,枝繁叶茂,傲然挺立。树高 30 米,胸径 1.5 米,冠幅 15 米。村民休闲时,三五成群来到树下纳凉,二十世纪九十年代县林业局将其命为古树,挂牌保护。

第三节　峡口镇

峡口镇,兴山县辖镇。位于兴山县人民政府驻地古夫镇南 25 千米处,镇人民政府驻峡口集镇。东邻水月寺镇,南接秭归县,西连高桥乡,北靠昭君镇。总面积 216 平方千米,耕地 2.5 万亩,山林 18 万亩。0.74 万户,2.44 万人,汉族。辖 1 个居民委员会,15 个村民委员会,86 个村(居)民小组,332 个居民点。中华人民共和国成立时属兴山县一区,1950 年设妃台区;1958

年成立妃台人民公社;1975 年更名为峡口公社;1987 年设峡口镇;2001 年与建阳坪乡合并建峡口镇。以高岚河与香溪河交汇形成的大峡口而得名。地处大巴山余脉,属喀斯特地貌,多溶洞峡谷。境内最高峰牛角大尖,海拔 1944.2 米,最低点游家河 109.5 米。属亚热带大陆性季风气候,四季分明,高低山温差大,年均气温 16.9℃,年均无霜期 272 天,年均降水量 1100 毫米。属香溪河水系。纸坊河、秀龙河、黄家沟、螃蟹溪直接流入香溪河;黄家河、余家大沟、香坊沟,汇入高岚河,经大峡口注入香溪河。2009 年三峡蓄水,形成了平均宽 0.4 千米、长 18.7 千米的宽阔江面,为内河二级航道。已探明的地下矿藏有煤炭、硅石、花岗岩等 10 多种。主要自然灾害有洪涝、旱灾、冰雹、崩山滑坡等。有镇文化站、村级文化活动中心、图书室;有幼儿园 1 所,小学 3 所,镇卫生院及各类医疗卫生机构 17 个;设有镇广播电视服务中心。重要建筑物有峡口一桥、峡口二桥、峡口港区。重要名胜古迹有兴山古八景中的屈洞寒烟、五指列秀,新八景之一的御米三丘,大峡口峡谷,螃蟹溪川汉铁路桥墩、洋房子、王家祠堂为湖北省文物保护单位。经济以农业、加工业、运输业为主,还有商业、集市贸易。

G42 沪蓉高速公路在石家坝设兴山服务区,在平邑口设立体交叉互通;S255 兴五线(昭君至峡口县道公路)、S312 宜兴线途经;有香溪河Ⅱ级通航河道,可通行千吨级船舶,建有 10 座港口码头;乡村公路 34 条,总里程 74.2 千米。

大峡口

大峡口集镇

大峡口集镇位于大峡口,分布于香溪河东西两岸,峡口一桥、峡口二桥将集镇连接成一体。镇人民政府、镇直单位、峡口居民委员会驻地。面积 0.5 平方千米,379 户,1538 人。东、西面崇山峻岭,香溪河自北向南纵贯全境。《兴山县志》记载:峡口,早在清朝时期就已经形成集镇,名曰屈家铺。老街紧靠香溪河边,依山傍水而建,街道长 500 米、宽 3 米,石板路,吊脚楼,为木制构架板壁房屋,古香古色。据龚、钟姓氏族谱记载,江西填湖北时期,龚、钟二姓始祖移民兴山,选了许多地方都不如意,当来到屈家铺子时,一眼就相中了这个地方:"哎呀! 走尽天下路,赶不上屈家铺。"便定居下来,直到现在,此地居民大多为龚、钟二姓。

因三峡工程兴建,集镇在原址就地后靠搬迁,自1992年开始,2003年搬迁结束,一座崭新的集镇矗立在香溪河畔。街道宽敞明亮,建筑风格各异。驻有镇直机关及移民站、土管所、林业站、电信分局、工商所、广播电视服务中心、农村信用银行、中心小学、港航办事处、农业技术服务中心、柑橘公司、自来水公司、交警中队、公路管理站、畜牧兽医服务中心、司法所等20多家镇直单位。集镇迁建时,沿香溪河两岸筑堤造地。河堤始建于1993年,1995年竣工,混凝土结构,南北走向,总长8100米。西岸河堤起始于柑桔小区,止于游家河,总长4600米。集镇段长1500米,底宽10米,顶宽1.5米,堤高85米,堤上造地以建街道、镇直机关单位和部分居民住房为主。东岸河堤起于郑家河,止于大峡口桥头。全长3500米,底宽10米,顶宽1.5米,高85米。主要功能为集镇保护和港口建设。新集镇无不充满现代气息。地处"一江两山"国际黄金旅游线路的重要节点,水陆交通发达。沿香溪河两岸建有10座港口码头,1座旅游专用码头,乘游轮经香溪河直抵长江三峡。S312宜兴线接G209苏北线北上神农架、武当山,S255兴五线南出秭归,昭君到峡口县道公路途经。

大峡口集镇

峡口居民委员会

位于峡口镇人民政府驻地大峡口集镇。以境内大峡口峡谷命名,居委会驻峡口集镇。属三峡库区移民搬迁范围,居民在原址后靠搬迁。1958年命名为峡口大队,隶属峡口公社;1984年更名为峡口村村民委员会,仍隶属;1987年设峡口镇,同时将峡口村村民委员会更名为峡口居民委员会;2002年峡口、望南村合并,命名为峡口居民委员会。东接建阳坪村,南邻秭归县归州镇,西连双坪村,北靠白鹤村。辖7个居民小组,8个居民点,1个小区。536户,2128人。面积约6.76平方千米,耕地851亩,山林1826亩。特产柑橘、核桃、茶叶、油桐等。主要从事农业生产、运输业和集镇商业服务。S255兴五线(昭峡县道公路)、峡口至屈原镇县道途经,修建有峡口至游家垭、峡口至望南、小钟家湾至彭家槽乡村公路。有一座旅游专用码头,乘游轮经香溪河直抵长江三峡。

峡口居民委员会

杨道河村

位于峡口镇人民政府驻地东北 12 千米处,村委会驻杨道河居民点。相传,大约在清朝年间,三只野羊途经此地河边,人们便称这里为羊到河,亦名羊道河。后有杨姓人家到此居住,演绎为杨道河。1958 年命名为杨道河大队,属建设公社;1984 年更名为杨道河村村民委员会,仍隶属;1987 年建设公社更名为建阳坪乡,属之;2001 年建阳坪乡与峡口镇合并建峡口镇,属之;2002 年杨道河、升坪两村合并,命名为杨道河村村民委员会,隶属峡口镇。东接高岚村,南邻漆树坪村、李家山村,西、北靠黄粮镇户溪村。辖 4 个村民小组,24 个居民点。363 户,1024 人。面积约 18.85 平方千米,耕地 4095 亩,山林 1.36 万亩。种植水稻、小麦、油菜,特产柑橘、油桐、木梓等。建有兴发集团杨道河电站。S312 宜兴线途经,建有杨道河至漆树坪、马子岭至高家湾、水井湾至高炉坪乡村公路。杨道河至漆树坪村乡村公路接 S312 宜兴线。

琚坪村

位于峡口镇人民政府驻地西北 12.5 千米处,村委会驻琚坪居民点,以境内琚坪居民点命名。1958 年命名为琚坪大队,属峡口公社;1984 年更名为琚坪村村民委员会,仍隶属;1987 年设峡口镇,属之;2002 年琚坪、向家、凉棚三村合并,建琚坪村村民委员会,隶属峡口镇。东接普安村,南邻岩岭村,西连高桥乡双堰村,北靠昭君镇黄家堑村。辖 7 个村民小组,19 个居民点。625 户,1863 人。面积约 18.54 平方千米,耕地 2700 亩,山林 1.62 万亩。种植水稻、小麦、油菜,特产大米、茶叶。境内建有 3 条乡村道路。

岩岭村

位于峡口镇人民政府驻地西北 13.1 千米处,村委会驻岩岭居民点,以驻地岩岭居民点命名。1958年命名为岩岭大队,属峡口公社;1984年更名为岩岭村村民委员会,仍隶属;1987年设峡口镇,隶属;2002年岩岭、金竹两村合并建岩岭村村民委员会,隶属峡口镇。东接普安村,南抵秭归县,西、北靠琚坪村。辖6个村民小组,19个居民点。399户,1178人。面积约12.72平方千米,耕地3950亩,山林2685亩。种植玉米、水稻,特产茶叶。3条村级公路贯穿全境,建有茶叶、核桃基地。有李来亨抗清时训练骑兵的响铃垭遗址,黑虎观山寨。

普安村

位于峡口镇人民政府驻地西北11千米处,村委会驻普安寺居民点,以境内普安寺居民点命名。1958年命名为普安大队,属峡口公社;1984年更名为普安村村民委员会,仍隶属;1987年设峡口镇,隶属;2002年普安、棋盘、归坪三村合并,命名为普安村村民委员会,隶属峡口镇。东邻平邑口村,南接秭归县,西连岩岭村、琚坪村,北靠昭君镇大礼村。辖7个村民小组,29个居民点。725户,2179人。面积约5.76平方千米,耕地2284亩,山林4286亩。种植水稻、小麦、油菜,特产茶叶、油桐、核桃。普安大米旧时为贡米,"御米三丘"收录为兴山新八景之一。建有纸坊河至普安等3条乡村公路。

普安寺,清代建筑。《兴山县志》(光绪版)记载,"县南三十里,普安寺",寓意普天下安宁祥和。普安寺坐北朝南,进山门即一方形大天井,面积约200平方米。天井中央,置一座高3米的八角形石质化钱炉。天井左上方,植有一株合抱粗的木樨树,四季常青,芬芳四溢。有宽4米的石阶12级。登阶毕,即大雄宝殿,塑有一尊高3米的释迦牟尼佛像,端坐,两手合抱胸前,叠掌,掌心向上。佛像通体金身,头戴五佛冠冕,身披红绫袈裟,容貌端正怡然。两旁弟子塑像,合掌恭敬肃立,面朝佛祖。左侧下,即钟鼓地,悬有高1.6米的生铁钟,架上横放着直径约1.6米的革鼓。驻寺和尚早晚撞钟,钟声响彻云霄,环寺二十里,清晰可闻。左右塑有十二元爵,庄严肃穆。从大雄宝殿向后,是一纵形天井,两旁侧廊各为九尊罗汉,形态各异。走完天井,即三佛殿。再进,便是玉皇殿。寺东约200米,名曰塔坪,即普安寺高僧德意和尚安葬之地。德意和尚圆寂后,遗体放一瓮内,瓮上建一宝塔。塔用熟火砖砌成,石灰粉饰,彩颜描绘,高8米,八角玲珑,耸峙向天,莫可攀登。环塔用弯石砌一圆形罗围,直径约20米。沿罗围外一周,植有两人合抱粗的栎树。每当盛夏,浓荫蔽日。罗围东侧为2亩的大堰塘,池水清澈见底。抗战期间,此寺尚完好。二十世纪六十年代寺被毁,仅存遗址。

对于普安寺,民间流传着这样一个故事:菩提祖师云游四方,途经此地,听当地人讲,此地有一庙,若有人经过,十有八九下落不明,生不见人,死不见尸。菩提感到蹊跷,决心查个水落石出,便悄悄潜入庙中。可是,三天三夜过去了,啥事没有。第四天深夜,突闻马鸣,霎时,从地下钻出一匹金色大马,张开血盆大口,向菩提猛扑过来,说时迟那时快,菩提迎着马头一个翻身骑上了马背。这马根本没把菩提放在眼里,上蹿下跳,前蹬后踢,左摆右甩,企图将菩提摔下身来。菩提顺势从腰间抽出三尺神鞭,照准马头就是三鞭子,马应声倒地,冒出一股赤烟,现出原形,原来是一块金砖。菩提祖师卖了金砖,请来能工巧匠,修建此寺,并取名普安寺。从此以后,这里风调雨顺,五谷丰登,六畜兴旺,人们安居乐业。现如今,这里建起了茶场,漫山遍野的茶园郁郁葱葱,名牌"昭君白茶"享誉四方。

普安村村民委员会

平邑口村

位于峡口镇人民政府驻地西北 6 千米处,村委会驻平邑口居民点。在很早以前此处设有集贸市场,小市为邑,故名。1958 年属峡口公社平邑口大队;1984 年更名为平邑口村村民委员

平邑口兴山工业园、G42 沪蓉高速兴山互通

会；1987 年设峡口镇，隶属峡口镇；2002 年平邑口、团堡、大田槽三村合并，命名为平邑口村村民委员会，仍隶属。东接泗湘溪村，南邻秀龙村，西连秭归县，北靠昭君镇大礼村。辖 6 个村民小组，16 个居民点。429 户，1173 人。面积约 7.45 平方千米，耕地 1529 亩，山林 4852 亩。种植水稻、小麦、油菜，特产柑橘。

兴山县建有平邑口工业园，驻有葛洲坝兴山水泥有限公司、宜昌兴之新塑胶电子科技有限公司、宜昌科林硅材料有限公司、湖北嘉德普安涂料有限公司。G42 沪蓉高速设立体交叉互通。兴山平邑口至秭归水田坝县道公路、S255 兴五线（昭君至峡口县道公路）在此接 G42 沪蓉高速，经平邑口大桥东接 S312 宜兴线。

平邑口河堤，始建于 2005 年，2007 年竣工，起于纸坊河二桥，止于纸坊河与香溪河交汇处的平邑口，混凝土结构，局部为水泥块石浆砌，东西走向，长 2200 米，底宽 5 米，顶宽 1 米，高 3 米。主要功能是保护工业园区和码头建设。

泗湘溪村

位于峡口镇人民政府驻地西北 5.8 千米处，村委会驻泗湘溪居民点，以境内泗湘溪居民点命名。1958 年命名为泗湘溪大队，属峡口公社；1984 年更名为泗湘溪村村民委员会，隶属；1987 年设峡口镇，隶属；2002 年泗湘溪、上堡两村合并，命名为泗湘溪村村民委员会，隶属峡口镇。东接李家山村，南邻白鹤村，西连平邑口村，北靠昭君镇金乐村、响龙村。辖 7 个村民小组，14 个居民点。506 户，1634 人。面积 16.48 平方千米，耕地 4250 亩，山林 9952 亩。优质柑橘 2850 亩，核桃 1300 亩。种植水稻、小麦、玉米、油菜、蔬菜，特产烤烟、柑橘。建有 5 条乡村道路，泗湘溪至陈家坎乡村公路与 S312 宜兴线相接，建有黄家沟大桥；G42 沪蓉高速线上建有香溪河大桥。

泗湘溪村优质纽荷尔脐橙

漆树坪村

位于峡口镇人民政府驻地东北 11.3 千米处,村委会驻漆树坪居民点,以境内漆树坪居民点命名。1958 年命名为漆树坪大队,属建设公社;1984 年更名为漆树坪村村民委员会,隶属;1987 年建设公社更名为建阳坪乡,隶属;2001 年建阳坪乡与峡口镇合并建峡口镇,属之;2002 年漆树坪、天柱山两村合并,命名为漆树坪村村民委员会,隶属峡口镇。东、北接高岚村,南邻石家坝村,西连李家山村。辖 5 个村民小组,21 个居民点。374 户,1164 人。面积约 13.77 平方千米,耕地 2900 亩,山林 9397 亩。蔬菜 480 亩,烤烟 180 亩。经济以农业、畜牧业为主,种植水稻、小麦、玉米、油菜、蔬菜、烤烟等。建有车沟里至漆树坪、杨道河至漆树坪、天坑垭至曾家湾、魏家山至黄家台 4 条乡村公路。

相传,清朝乾隆年间,一四川油漆匠途经此地,见这里地势平坦,土地肥沃,气候宜人,便安顿下来,将随身携带的漆树籽种在地里。次年,漆匠安了家,在这里做了上门女婿,一家人和和睦睦,精心培育着幼小的漆树苗。转眼几年过去了,漆树苗长大成林。这漆树浑身是宝:漆树籽能榨油,是上好的木本植物食用油;树脂名生漆,是名贵的工业原料;树叶可以饲养牲畜;树枝做燃料。漆匠每天天不亮就去割漆(采集树脂),没几天工夫,家里就装满几大缸生漆。秋冬季节,漆匠将漆油、生漆拿到集市上变卖,一家人过上了幸福的生活。

石家坝村

位于峡口镇人民政府驻地东北 9 千米处,村委会驻宜巴家园小区,以境内石家坝居民点命名。1958 年命名为石家坝大队,属建设公社;1984 年更名为石家坝村村民委员会,仍隶属;1987 年建设公社更名为建阳坪乡,隶属;2001 年建阳坪乡与峡口镇合并建峡口镇,属之;2002 年石家坝、阮家山两村合并,命名为石家坝村村民委员会,隶属峡口镇。东接水月寺镇野竹池村,南邻黄家河村,西连李家山村,北靠漆树坪村。辖 7 个村民小组,30 个居民点。501 户,1378 人。面积约 20.19 平方千米,耕地 2460 亩,山林 1.43 万亩。以种植业、养殖业为主,种植水稻、小麦、玉米、油菜、豆类、薯类等。村级企业 5 个,主要生产砂石料、预制件。兴发集团建有石家坝电站。S312 宜兴线途经,G42 沪蓉高速设兴山服务区,3 条乡村公路贯通全村。

李家山村

位于峡口镇人民政府驻地东北 6 千米处,村委会驻石家坝电站小区,以境内李家山居民点命名。1958 年命名为李家山大队,属建设公社;1984 年更名为李家山村村民委员会,仍隶属;1987 年建设公社更名为建阳坪乡,隶属;2001 年建阳坪乡与峡口镇合并建峡口镇,属之;2002 年李家山、岩岭口两村合并,命名为李家山村村民委员会,隶属峡口镇。东接石家坝村,南邻建阳坪村,西连白鹤村,北靠杨道河村。辖 5 个村民小组,23 个居民点。334 户,1380 人。以农业、畜牧业为主,种植水稻、小麦、玉米、油菜、蔬菜等。面积 14.79 平方千米,耕地 4700 亩,森林 9935 亩。柑橘 1885 亩,核桃 1445 亩。2 条村级道路贯通全境。

李家山有许多经典的地名故事,流传着许多神奇的传说。相传古时候,一位阴阳先生,看了一辈子的风水,从没见过李家山的奇山异水,不由得发出感叹:"好一个岩岭口,可惜没封口,要是封了口,不出天子也出诸侯。"李家山的岩岭口处生长了两棵四人方能合围的银杏树,这地方真的要出大人物了?阴阳先生心生嫉妒,起了歪心,便想对这两棵古树下手,以此破坏风水。他找来利斧,亲自去砍银杏树。奇怪的是,白天砍,夜里又长还原,任他怎么砍,就是砍不倒。阴阳先生心生毒计,找来一口大铁锅,以熊熊大火将桐油烧开,砍一斧就对树口子倒上滚烫的桐油,砍了七七四十九天,银杏树终于被砍倒了。奇怪的是,树倒后,血流如注,还奇迹般地结了三年果。可恶的阴阳先生破坏了风水,李家山最终没有出天子,也没有出诸侯。然而,李家山人杰地灵,仍然出了不少人才。

李家山村村民委员会

建阳坪村

位于峡口镇人民政府驻地东北5.2千米处。《兴山县志》(同治版)记载:"建阳村,县东五十里,今名建阳坪。"故名。村委会驻建阳坪集镇。1958年命名为建阳坪大队,属建设公社;1984年更名为建阳坪村村民委员会,仍隶属;1987年建设公社更名为建阳坪乡,隶属;2001年建阳坪乡与峡口镇合并建峡口镇,隶属;2002年建阳坪、利方岩两村合并,更名为建阳坪村村民委员会,隶属峡口镇。东接黄家河村,南邻秭归县,西连峡口居民委员会,北靠李家山村。辖5个村民小组,16个居民点。946户,3606人。面积约17.78平方千米,耕地3200亩,山林1.27万亩。种植水稻、玉米、土豆,特产柑橘。S312宜兴线途经,建阳坪至秭归县屈原镇县道公路在此接S312宜兴线。2条乡村公路贯穿全境。开通县城至建阳坪公交车。景点有吊羊岩、滴水岩、三岔口瀑布、白龙洞等。

清朝时期,这里已经形成集镇。在清朝末年,有两个比利时神父曾在建阳坪集镇修建一座天主教堂,1951年被毁。2002年前,是建设公社、建阳坪乡人民政府、建阳坪村驻地。现在,集镇驻有农村合作银行、加油站、小学、变电站、浙兴矿业、兴山县建阳坪工业园区等。

建阳坪河堤,始建于2013年,2014年竣工。起于建阳坪电站,止于玉坊坪。河堤以建阳坪河流东岸为主,主要为工业园区河段筑堤造地。混凝土结构,局部为水泥块石浆砌,呈东北至西南走向。总长 2000 米,底宽 8 米,顶宽 1 米,高 5 米。主要功能是保护工业园区、S312 宜兴线,建阳坪集镇防洪。

建阳坪村村民委员会驻地——建阳坪集镇

黄家河村

位于峡口镇人民政府驻地东 9 千米处,村委会驻黄家河居民点,以境内黄家河居民点命名。1958 年命名为黄家河大队,属建设公社;1984 年更名为黄家河村村民委员会,仍隶属;1987 年建设公社更名为建阳坪乡,隶属;2001 年建阳坪乡与峡口镇合并建峡口镇,属之;2002 年黄家河、百岭山两村合并,命名为黄家河村村民委员会,隶属。东接夷陵区,南邻秭归县,西连建阳坪村,北靠石家坝村。辖 4 个村民小组,37 个居民点。339 户,960 人。面积约 34.3 平方千米,耕地 4140 亩,山林 2.68 万亩。种植水稻、玉米、土豆。矿产资源有铁矿、铅矿、大理石,古树名木有银杏树、黄连树、皂角树等,珍稀动物有獐子、猕猴等。建阳坪至黄家河、黄家河至学堂包 2 条乡村公路经此。境内名胜古迹有五指山,即兴山古八景之一的"五指列秀";省级文物保护单位洋房子。

黄家河村村民委员会

秀龙村

位于峡口镇人民政府驻地西北 3.6 千米处,村委会驻王家院子居民点,以境内秀龙山命名。1958 年命名为秀龙大队,属峡口公社;1984 年更名为秀龙村村民委员会,仍隶属;1987 年设峡口镇,隶属。东至泗湘溪村,南邻双坪村、竹溪村,西接秭归县,北靠平邑口村。辖 4 个村民小组,13 个居民点。297 户,823 人。面积约 8.86 平方千米,耕地 1153 亩,其中水田 265 亩,旱田 380 亩;柑橘 508 亩;山林 6899 亩。种植玉米、小麦、水稻、油菜等,特产柑橘。古树名木有黄连树等。建有秀龙电站。秀龙乡村公路在竹溪墓桥接 S255 兴五线(昭君至峡口县道公路)。

在秀龙,流传着一段美妙而又凄凉的神话故事。很久以前,此地十分荒凉,十几户人家种着几块挂坡地。遇雨,土被冲走;遇旱,轻则歉收,重则颗粒无收。乡亲们都搬走了,唯有一个叫王子兴的没有搬家。王子兴夫妇已四十好儿,膝下无一男半女,这可成了他们的心病。四处求方无果,他们商量决定去朝拜武当,这一去两个多月才得以返回。一打开屋门,忽见两条青蛇"哧溜"一声蹿出门外,径直向山下河中奔去。冬去春来,妻子终于怀孕了。常言道:十月怀胎,一朝分娩。王子兴见妻子月份已足,可就是不生。直到次年的三月初三,怀胎十二个月的妻子竟然产下龙凤双胎。正准备请名老先生给孩子取名时,家中忽来一长者,面如满月,五绺

秀龙亭

长须，说是专程前来为姐弟俩赐名的，女儿名秀花，儿子名龙儿。说来奇怪，姐弟俩长得特别快，两个月能吃饭，三个月会走路，四个月叫爹娘，才半岁，一顿能吃三大碗干饭，喝一桶水。随后，一缸水也不够喝，兄妹俩干脆跑到山下河里去喝水。娘在家做好晚饭，却不见了两孩子，便在房前屋后到处找，边找边喊："秀儿，龙儿，回来吃饭啦……"娘喊累了，也饿了，坐在饭桌前打盹儿。恍惚间，兄妹俩双双跪在娘的面前说："孩儿不孝，适才河中戏水，被老龙王发现，命我们速回龙宫，现给二老留下一条小河，一畈水田，供养二老。养育之恩不会忘记，待双亲百年归逝，孩儿定来迎驾。"姐弟俩饱含热泪，化作一缕轻烟飘然而去。夫妻二人思儿心切，终日以泪洗面，一边哭，一边喊："我的秀儿，我的龙儿……秀……龙……"

为解思儿之苦，两位老人便在山脚下修建一庙，取名秀龙庙，请来名匠，用上好的千年银杏木雕刻成秀和龙的模样，供奉于庙内。从此，年年风调雨顺，五谷丰登。小河也因秀龙而得名秀龙河，秀龙山便成了此处地名。如今，庙已不存。人们在秀龙河岸修建了秀龙亭，以示怀念。河上兴建了拦河大坝，建起了水电站，继续造福于人间。

竹溪村

位于峡口镇人民政府驻地西北 0.8 千米处，村委会驻龚家坡居民点，以境内竹溪墓命名。1958 年命名为竹溪墓大队，属峡口公社；1984 年更名为竹溪村村民委员会，仍隶属；1987 年设峡口镇，隶属。东接白鹤村，南邻峡口居民委员会，西连双坪村，北靠秀龙村。辖 4 个村民小组，15 个居民点。359 户，1340 人。面积 5.19 平方千米，耕地 1505 亩，其中水田 325 亩，旱田 600 亩；柑橘 580 亩；山林 3450 亩。以农业、畜牧业为主，种植水稻、小麦、玉米、油菜、蔬菜等。S255 兴五线（昭君至峡口县道公路）途经，有 3 条乡村公路。

竹溪墓，竹林溪边之墓。相传，清道光二十三年（1843 年），此地名人吴善兴之父去世后，其母终身未再改嫁，孀居而终。消息传至皇宫，道光皇帝为其守节称颂，赐其匾额，上嵌"御旨焊表"四个大字。吴善兴感皇恩浩荡，于是找来工匠，就地取材，凿成石条，取打土拱之法，立其

竹溪村村民委员会

牌坊。正当牌坊即将封顶时,最后一块石条怎么也安放不上去,工匠们煞是为难,便派人问吴善兴。吴出门,立于大门口,仅见一公鸡打水,而笑之。工匠会意返回,最后一块封顶的石条安放得严丝合缝。牌坊高17米,顶部为三层横梁结构,全部以青石条垒砌而成。每块条石上都雕刻有人物、山水、花鸟、禽兽等图案,牌坊设计精美,雕刻细腻。因三峡工程建设需要,竹溪墓永远沉睡于江底。建有竹溪墓大桥。

白鹤村

位于峡口镇人民政府驻地东北1.5千米处,村委会驻桑树坪居民点,以境内白鹤井命名。1958年命名为白鹤大队,属峡口公社;1984年更名为白鹤村村民委员会,仍隶属;1987年设峡口镇,隶属;2002年白鹤、下包两村合并,命名为白鹤居民委员会,隶属峡口镇。东接李家山村、建阳坪村,南邻峡口居民委员会,西连竹溪村,北靠泗湘溪村。辖4个村民小组,32个居民点。461户,2267人。面积约8.73平方千米,耕地3197亩,山林5020亩。种植小麦、玉米、油菜、蔬菜。有兴山古八景之一的"屈洞寒烟"。S312宜兴线途经,建有峡口一桥、峡口二桥,有牛草坡、峡口集镇至下包乡村公路。兴发集团建有刘草坡化工厂,建有宏昌港,国家电网建有座斗坪变电站。

村内有白鹤井,水质清纯,冬暖夏凉。传说,数百年前,每到冬季天寒地冻,总见井上云雾缭绕,似白鹤飞翔,自那时起,人们就称此井为白鹤井。说来也巧,人们用白鹤井之水泡林家山之茶,香气扑鼻,杯中形似蘑菇状气团,水蒸气上升似白鹤翱翔。最蹊跷的是冬天用井里冷水泡茶,竟有同样的效果。现如今,精品昭君白鹤茶享誉四方。

白鹤村——龚家院子居民点

双坪村

位于峡口镇人民政府驻地西北3.2千米处,村委会驻前狮子坪居民点。以境内前、后狮子坪称双坪而命名。1958年命名为前坪大队,属峡口公社;1984年更名为前坪村村民委员会,仍隶属;1987 年设峡口镇,隶属;2002 年前、后狮子坪两村合并,命名为双坪村村民委员会,隶属峡口镇。东接竹溪村,南、西至秭归县,北靠秀龙村。辖 6 个村民小组,16 个居民点。385 户,1240 人。面积约 5.84 平方千米,耕地 1502 亩,山林 3925 亩。种植水稻、玉米、小麦、油菜,特产柑橘。建有竹溪至双坪乡村公路,后坪水库。

石门湾

位于峡口镇人民政府驻地东北 3.9 千米处,白鹤村居民点。以房屋大门为石刻门框而得名。东邻架上,南至上李家院子,西接老林,北靠王家湾。8 户,31 人。面积 0.2 平方千米,耕地 60 亩,山林 150 亩。种植水稻、玉米、油菜等,特产核桃、柑橘。

传说,清朝年间,当地有一郑姓书生,家境并不富裕,但他读书十分用功刻苦。买不起灯油,就借火光读书。可谓是夏日囊萤,冬日映雪。功夫不负有心人,一举皇榜高中,在朝廷做了官。在任期间,他为政清廉,光明正大,勤政为民,在百姓中口碑极好,深得皇上恩宠和赏识。告老还乡时,皇帝赐他住宅一栋。四周院墙高筑,石雕大门框,左右石狮雕刻精美,房屋建筑古朴典雅。此建筑于二十世纪初被毁。

柑子沟

位于峡口镇人民政府驻地北 3.5 千米处,白鹤村居民点。东邻老七组,南至柑子沟桥,西临香溪河,北靠老鸦尖。37 户,186 人。面积 0.6 平方千米,耕地 171 亩,山林 300 亩。种植水稻、玉米、油菜等,特产核桃、柑橘。S312 宜兴线途经。

柑子沟,原名滩子沟。传说乙亥年,一连下了七天七夜的特大暴雨,洪水肆虐,突发崩山滑坡,郑家坪就是从山上滑落下来的。现经地质专家鉴定,证实此地为现代堆积体,故称滩子沟。因盛产柑橘,更名为柑子沟。

螃蟹面

位于峡口镇人民政府驻地东南 6.6 千米处,建阳坪村居民点。以山体形态酷似螃蟹背壳,故名。东邻台子上,南至易家垭,西接上文家山,北靠黄家河。10 户,45 人。面积 0.9 平方千米,耕地 53 亩,山林 720 亩。种植水稻、玉米、油菜等,特产柑橘。

螃蟹面,黄家河与上文家山交界处。远眺整体山脉,奇特异常,山体从东到西酷似螃蟹背壳,实为大自然之鬼斧神工。这里流传着一个美好的神话故事。传说,赤脚大仙手持拐杖云游到此,发现山体有下滑迹象,为防止滑坡殃及百姓,便用手中的拐杖向天、向地连画三条纵横交叉线,山脉顿时分成九大片,山体形成纵横交错的溪沟,成千上万、大大小小的螃蟹连滚带爬,四处逃命,大仙略施法术,将螃蟹全部收入他的神袋之中,免除了这次自然灾害,当地百姓安居乐业。

下文家山

位于峡口镇人民政府驻地东 5 千米处,建阳坪村居民点。文姓祖籍江西南昌,明朝移民兴山。东邻白龙洞,南至上文家山,西接吴家湾,北靠王家岭。61 户,248 人。面积 1.18 平方千米,耕地 321 亩,山林 710 亩。种植水稻、玉米、油菜等,特产柑橘。建阳坪至秭归县屈原镇县道公路经此。

清朝时期,文家山出了一位口才出众的人,名叫文晖,绰号文三猴子(1774—1841 年)。他具有超人的智慧和口才,才思敏捷,能言善辩,集娱乐性、趣味性、讽刺性于一体。少年时期笃志好学,但怀才不遇,42 岁中廪生。因家境贫寒,一生经历坎坷,长期生活在乡村庶民之间,看淡了人情冷暖、世态炎凉,与劳苦大众建立了深厚感情。文晖以独特的计谋,灵活的方式,出众的口才,向不合理的社会进行无情的鞭挞和嘲讽,积累了数不清的传奇故事、歇后语等,在民间文学史上留下宝贵的一页。乾隆十年(1745 年)春,湖北省考试学院发给文晖进士匾一块,至今仍保存在文家山。1994 年,中国民间文艺协会将他载入全国机智人物史册。县图书馆专门收集了文晖机敏故事集。

洪山寺

位于峡口镇人民政府驻地东 4.5 千米处,建阳坪村居民点。明朝年间,依山建有一寺,取名洪山寺。东邻王家岭,南至下文家山,西接玉坊坪,北靠建阳坪工业园区。44 户,150 人。面积 0.9 平方千米,耕地 140 亩,山林 760 亩。主要种植水稻、玉米、油菜等,特产柑橘。S312 宜兴线途经。

《兴山县志》(同治版)记载:"洪山寺,县东六十里,旧在建阳溪旁。溪水泛涨,廓宇倾圮,明崇祯年间邑人文焕然迁于山麓。寺前有古柞,高百尺,围丈许,干叶长青,碧荫左右。"洪山寺,始建于明代崇祯年间,清代重修。砖木结构,坐北朝南,有门厅、天井、侧屋及堂屋,平面呈纵长方形。堂屋的明间用抬梁式木构架,硬山屋顶,小青瓦屋面,封火山墙的墙头脊饰为如意式和人字式。彩绘正面檐口及门楣,纹饰为几何纹和卷草纹饰。洪山寺的排水系统非常讲究,出水口装饰别致。大门两旁的墙上嵌有清咸丰、光绪年间石碑各一块,分别记载着寺庙的历史和修缮该寺的功德人员。明清时期,洪山寺香火旺盛,曾多次修葺。洪山寺是兴山县佛教圣地,各地僧人来此学经交流,文人墨客游览后亦留下许多诗词。此寺因保护不周,后来改为民宅。

香坊沟

位于峡口镇人民政府驻地东北 7.5 千米处,石家坝村居民点。东至堖里,南连香坊沟河流,西接 S312 宜兴线,北靠窑场河。22 户,46 人。面积 0.8 平方千米,耕地 70 亩,山林 612 亩。种植玉米、大豆等。石家坝至上川堂乡村公路途经。

明清至民国时期,沟岸开有制造签香(亦称线香)的作坊,这种香以具有天然香味的植物为原料,经数十道工序加工而成,燃烧时散发出悠悠清香,沁人心脾,深得当地人喜爱。在当时,其产品销往秭归、巴东、宜昌、保康等地。现香坊已不复存在,地名沿用至今。

凉棚岭

位于峡口镇人民政府驻地西北 14.5 千米处,琚坪村居民点。东至棋盘垭,南连石浪,西接黄土包,北靠玉皇垭。31 户,98 人。面积 1 平方千米,耕地 124 亩,山林 2025 亩。种植水稻、玉米、油菜等,特产茶叶。

凉棚岭,中华民国时期为一自然村落,其中有一张姓农户,在此精耕细作,庄稼长势喜人,玉米秆子一人多高,每根玉米秆子腰间结出几个穗子,个大饱满,活脱脱像怀里抱着的胖娃娃。"今年又是一个丰收年啦!"张老汉喜在眉头笑在心。突然有一天夜里,山里来了一大群野猪,即将到手的粮食被可恶的野猪糟蹋殆尽。张老汉第二天到田里一看,一片狼藉,一年的辛苦几乎付之东流,欲哭无泪。为了防止害人的野猪再次侵袭,他找来木料、树枝、稻草搭起了一个守野猪的简易凉棚,备有土铳,日夜坚守在棚里,才保住了剩下的粮食。年复一年,人们习惯称此地为"凉棚岭"。

珍珠庄

位于峡口镇人民政府驻地西北 10.3 千米处,岩岭村居民点。东至纸坊河,南接秭归县,西邻吴家湾,北靠天坑岭。23 户,52 人。面积 0.8 平方千米,耕地 210 亩,山林 70 亩。种植玉米、小麦、油菜等。

村庄内有一巨石,形似珍珠,传说过去在漆黑的夜晚能够发出五颜六色的光芒,故名。不知是何年何月的一天夜里,从天上掉下这粒珍珠,正好落在村庄内的空地上。据说此珍珠是王母娘娘给幺女张七妹的。王母娘娘共有七个女儿,唯有七妹胆子大,不愿受天条束缚,一心想嫁人,非要下凡。王母娘娘为稳住七妹,便赐珍宝于她。七妹性格张扬,将珍珠在姐妹中显摆。六个姐姐心生嫉妒,便上前抢夺,你抓我抢,乱作一团。七妹手一松,珍珠滑脱,落入李家庄园内。珍珠夜晚发光,整个院子如同白昼。此事被对面吴家湾的人知晓,他们是既羡慕又嫉恨,便打了个歪主意。他们杀了一条大黑狗,装了满满一盆狗血,夜里来到珍珠前,将黑狗血泼在珍珠之上,珍珠顿时发出嘶嘶声响,一下子变成了灰白色,从此再不发光。

金竹

位于峡口镇人民政府驻地西北 10.6 千米处。以当地盛产金竹而得名。东至珍珠庄,南与秭归县接界,西邻岩上,北靠中间岭。10 户,32 人。面积 0.5 平方千米,耕地 210 亩,山林 300 亩。种植玉米、小麦、油菜等,特产茶叶。彭家岭至李家岭乡村公路途经。

此处地势平坦,海拔较高,山高林密,整天云雾缭绕,盛产金竹。传说,一日,王母娘娘站在南天门,忽见阳光透过云雾犹如层层薄纱披肩,于是差人下凡探个究竟。使者来到此地,只见翠竹满山,郁郁葱葱,果然人间仙境。便采集竹枝、竹叶带回献给王母娘娘,王母娘娘接过拿在手中,竹的清香令她爱不释手,说这东西太珍贵,于是赐名此竹为金竹。从此,云雾坪的金竹便出了名。后来,这个地方的名字也变成了"金竹"。

螺蛳转顶

位于峡口镇人民政府驻地西北 10.1 千米处,普安村居民点。东至罗家院子,南连归坪,西接胡家院,北靠刘家院。31 户,105 人。面积 0.3 平方千米,耕地 120 亩,山林 300 亩。种植水稻、玉米、油菜等,特产茶叶。纸坊河至普安寺乡村公路途经。

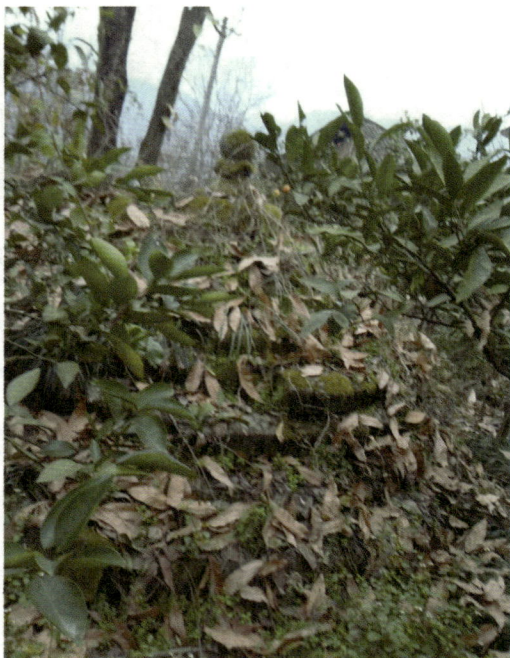

普安村——螺蛳转顶坟墓

此地有一坟墓,用石条砌成下大上小螺旋外形,似螺蛳背壳上的旋纹,名螺蛳转顶,又称叫花子坟。相传,清朝初年,不知来自何方的一个叫花子,有一身好功夫,听说普安是御米之乡,就索性在这里安顿下来,再不讨米。开始时人生地不熟,当地人张三送几顿饭,李四给几升米,加上自己劳动,生活有了着落。后来,随着不断交往,他和大家的感情也逐渐增加,叫花子的本事也日渐显露出来。武功高强,能飞檐走壁,还会用草药为乡亲们治病,外伤骨折、五劳七伤他都能治,为乡亲们解除了许多病痛之苦。因此,叫花子受到当地人的尊重和爱戴。叫花子姓易,死后有姓余的得了他的财产,为了厚葬他,余姓人家请来能工巧匠,开凿石头砌成了这座螺蛳转顶的坟墓。坟墓占地 26 平方米,弯形青石垒砌,共 11 层,呈圆锥形,石顶子封顶,坟前立有两层三面墓碑。这在当时、当地是特别气派的,也是唯一的特殊墓造。数百年过去了,螺蛳转顶坟墓仍保存完好。

马店溪

位于峡口镇人民政府驻地西北 6.9 千米处,平邑口村居民点。东临香溪河,南连朱家院,西邻鹰子岩,北靠狮子桥。36 户,93 人。面积 0.7 平方千米,耕地 90 亩,山林 425 亩。种植玉米、油菜等农作物,特产柑橘。S255 兴五线(昭君至峡口县道公路)途经。

《兴山县志》(乾隆版)记载,此地位于交通要道,曾有马姓人家在溪水边开设店铺,故名。民间相传:清乾隆年间,有一对马姓夫妻在此地开了一家客栈,为过往行人、客商和骡马运输队提供休息和食宿。马老板的妻子人长得漂亮,做事麻利,为人爽快,服务更是周到贴切,在这一带口碑很好,都夸她是个能说会道、为人善良、精明能干、美德贤惠的女人。一天,有两个住店的客人见老板娘长得实在漂亮,便想打她的歪主意。老板娘大方得体地说:"客人的心思我非常明白,但我有个条件,我们以'丑'字为题,每人作一句,只要说得对,说到我心口上,我便满足你。"客人满口答应:"那是自然嘛!"甲说"甲子乙丑",老板娘点了点头;乙说"丙子丁丑",老板娘又点点头。两个人说完瞪大眼睛望着老板娘。"该我说了吧!"两客人同时点头。老板娘不紧不慢地说:"你们说的也对,但是你们忘了根本一丑,那就是儿不嫌母丑。"两客人顿时羞得面红耳赤,扭头而去。逢人便说:"马店溪(妻)真是厉害呀!"

石佛寺

位于峡口镇人民政府驻地西北 6.5 千米处,泗湘溪村居民点。东至黄家沟,南、西接香溪河河流,北靠将军垭。75 户,228 人。面积 1.84 平方千米,耕地 554 亩,山林 1000 亩。种植水稻、玉米、油菜等,特产柑橘。S312 宜兴线途经,建有港口码头。

相传,清朝中叶,当地一老者得一梦,祖师佛爷要落到这个地方,人们无不欢欣鼓舞,于是请来工匠,开山凿石,筑窑烧砖瓦。人心齐,工匠贴心,很快,一座崭新的石佛寺于1803年落成。面积60平方米,中间是佛堂,供有石刻佛像,佛爷两边各有两尊金身罗汉,身后有两名站将,前面设有一个硕大的石香炉,供香客上香烧纸、磕头礼拜之用。门前一边一棵紫荆树,更增添了石佛寺的生机。曾一度时期,石佛寺香火旺盛,许愿祈福之人成群结队,人流如织。特别是每年的清明节、月半节,香火最为旺盛。两百多年过去了,由于三峡工程的兴建,石佛寺已没入江底。

秋千坪

位于峡口镇人民政府驻地北7.2千米处,泗湘溪村居民点。东至潭沟,南连黄家沟至将军垭乡村公路,西接将军垭,北靠陈家坎。45户,134人。面积1.84平方千米,耕地317亩,山林1920亩。种植水稻、玉米、油菜等,特产柑橘。潭沟至秋千坪乡村公路至此。

传说,在清朝中期,此坪居住一富豪,他家几代人有儿无女,在他四十多岁时喜得千金,欣喜之余,便请匠人制作秋千以及各种玩具供小姐娱乐,故名。

店子岭

位于峡口镇人民政府驻地东北6.8千米处,泗湘溪村居民点。东至半坡,南邻沙坡,西接黄家沟,北靠潭沟。12户,38人。面积0.8平方千米,耕地143亩,山林420亩。种植水稻、玉米、油菜等,特产柑橘、核桃。

店子岭,位于大山深处,店舍为吊脚楼,对合屋,背靠板壁岩,以木柱支撑,从正面看房子像吊在悬崖上,既悬又奇,南来北往的行人、商客、背脚子必在此客栈歇息。相传,这里曾出过一名武秀才,姓万名文刚,号湘赤,会武功。有人不信,几个力气大的背脚子要和万文刚比个高下。双方约定:谁赢,住客栈的钱由输家付。万文刚说:"我先来。"看热闹的人围了一大圈。只见他手提一把大刀,重120斤,要到尽兴时,只见刀叶上下翻飞,寒光闪闪,人刀合一,众人齐声叫好。突然一个不小心,刀柄脱手,说时迟那时快,只见万文刚飞起一脚把将要落地的大刀挑了起来,双手接住继续舞弄。围观的人谁也没看出破绽,以为是刀功娴熟。有人问他玩的叫什么名堂,万文刚笑着回答:"此招叫浪里捞鱼。"原来几个跃跃欲试的小伙子,摆手打起了退堂鼓,说万文刚的功夫太厉害了。为了铭记这位高人,在店子岭建一庙,专门供奉万文刚石刻雕像,每年的3月和9月有不少人去庙里烧香祈福保平安。

石当山

位于峡口镇人民政府驻地东北13.1千米处,杨道河村居民点。东至两河口,南邻朝天吼电站,西接前坡,北靠马家山。17户,44人。面积1.1平方千米,耕地242亩,山林830亩。种植玉米、油菜等,特产香菌、木耳。

据《兴山县地名志》记载:山腰悬钟乳石,击之叮当作响,清脆悦耳,故名。传说,很早以前,此地山大人稀,人们居住分散,土匪横行,因此人们以敲击此石为号,当当当、当当当……节奏感强而又急促的敲击声是告诉山民有土匪来了,赶紧躲避。若为当……当……当……声,即解除警报,人们平安无事。这天,一放牛娃去山上放牛,顺手在此石上连敲了几下,人们以为土匪进山了,年轻力壮的把守住山口要道,老弱病残以及女人和孩子们纷纷躲藏起来。后来才知道是放牛娃子敲着好玩的。果然有一天,土匪真的来了,山里又响起了"当当当、当当当"的响声,人们说又是放牛娃在捣鬼,根本不相信这是真的。土匪进门就猛抢东西,赶猪牵羊,还打伤了不少人,乡亲们惨遭劫难,石当山人教训深刻。

鼓楼山

位于峡口镇人民政府驻地东北 11.7 千米处,杨道河村居民点。东至高岚河,南连燕窝石,西接马家槽,北靠纱帽寨。16 户,47 人。面积 0.8 平方千米,耕地 271 亩,山林 510 亩。种植玉米、油菜等,特产油桐、木耳。

明朝末年,此处经常闹匪,于是人们便组织青壮年成立护卫队,并在山顶建一钟鼓楼,专供发信号之用。击鼓作用有二:一是召集护卫队员训练;二是遇匪患时,将大家集合起来共同抗匪。故名。

白虎观堂

位于峡口镇人民政府驻地东北 10.3 千米处,李家山村居民点。东邻潘家坪,南至响水洞,西接马家槽,北连大树垭。村民 25 户,118 人。面积 0.5 平方千米,耕地 253 亩,山林 300 亩。种植水稻、玉米、油菜等,特产香菌、木耳。建阳坪至李家山乡村公路途经。

据传,清乾隆年间,此处建有道观,因观临大路,另一侧有溪水长流,取名"白虎观堂"。现观已不存,但此地名沿用至今。

土地坪

位于峡口镇人民政府驻地东北 9 千米处,李家山村居民点。东邻响水洞,南至金竹园,西接林家山,北连白虎观堂。11 户,39 人。面积 0.3 平方千米,耕地 103 亩,山林 250 亩。种植水稻、玉米、油菜等,特产柑橘、核桃。建阳坪至李家山乡村公路途经。

土地坪,过去曾建有庙,用于供奉土地菩萨,祈求风调雨顺,五谷丰登,故名。传说,大唐盛世,建土地庙,农夫种地时祈求土地神保佑,希望有个好年成。每逢过阴历年,家家户户都要用猪头敬土地神。有一户人家,把猪头煮熟后送到土地庙,供奉在土地菩萨前,请土地神过年。他点燃三炷香,烧了几道纸,磕了几个头就转身回家了。躲在庙后面的懒汉出来说:"对不起了,土地老爷,你不吃,我吃了,我来吃猪脑壳。"三下五除二,猪头肉没了。但土地菩萨的嘴上竟沾满了油星子。其实是懒汉吃猪头肉时,用手摸了一下土地菩萨的嘴巴。自此,土地神吃猪头的故事在本地流传下来。

响水洞

位于峡口镇人民政府驻地东北 9.6 千米处,李家山村居民点。东邻董家河,南至燕窝石,西接土地坪,北连白虎观堂。14 户,63 人。面积 0.3 平方千米,耕地 129 亩,山林 250 亩。种植水稻、玉米、油菜等,特产香菌、木耳、核桃。建阳坪至李家山乡村公路途经。

约在明朝以前,此洞为一干涸洞穴。到明朝,流水轰然有声,故名。传说在明朝,一个远道而来的叫花子住进洞内,他能医治眼病。当地百姓知道后,便纷纷前往洞中求医,叫花子用所带的药水滴眼,一点就明,人们称之为神水。一传十,十传百,有的人为了看病要走好几天的山路才能到达这里,求医问药的病人与日俱增,没几个月工夫,叫花子带的药水就用完了,怎么办呢?夜入梦,见一翁,仙风道骨,手持拂尘,告诉他说"三三三"药水马上就会到来。叫花子心领神会。清晨醒来,即刻点燃三炷香,烧了三道纸,磕上三个头,然后闭上眼睛默默祈祷。片刻,忽听流水声,叫花子睁眼一看,一股清泉从洞中涌了出来,叫花子用这水继续为百姓医治眼疾,百治百验。后来,叫花子升天了,给乡亲们留下了这股神奇的泉水。

狮子口

位于峡口镇人民政府驻地东北 12.5 千米处,杨道河村居民点。东至高家湾,南连杨道河,西接白虎观堂,北靠朝天吼电站。16 户,45 人。面积 0.6 平方千米,耕地 202 亩,山林 120 亩。种植玉米、水稻、油菜等。S312 宜兴线途经。

自古以来,当地一直流传着这样一个神话故事。说卧佛大仙云游至此,发现此地山清水秀,胜似仙境,有心留在此山中,颐养天年。谁也没想到,一头狮子和一条神犬发生争斗,互不示弱,都想霸占此地,闹得卧佛大仙不得安宁。为征服它们,还地方一个清净,卧佛大仙使出神鞭,只抽得神犬仰头狂吠,瘫倒在地,朝天喘了几口粗气,凝固在那山峰之间,守望着两河口。狮子甚是凶猛,它仗着鼓锣山里神鼓神锣的势力,张牙舞爪,凶神恶煞,在地方横行霸道,鱼肉乡里,百姓谈狮色变。卧佛大仙决心征服这头狮子,为民除害。连战三天三夜,不分胜负。于是,卧佛大仙找西天如来佛祖借来令牌,当猛狮向他扑来时,他腾空而起,站在了狮子身后,没等狮子转过身来,卧佛大仙顺势将令牌掷向狮头,狮子招架不住,一头栽倒在鼓锣山下,化作谷口,凝视着天空。卧佛大仙征服了神犬和神狮,为当地百姓除了害,自己也该歇息了。于是便仰卧在这群山之巅,人们亲切地称此山为"卧(睡)佛山"。

升坪

位于峡口镇人民政府驻地东北 12.9 千米处,杨道河村居民点。东至阴坡,南连余家大沟,西接堰塘,北靠王家畈。16 户,46 人。面积 1.3 平方千米,耕地 171 亩,山林 1320 亩。种植水稻、玉米、小麦、油菜等,特产香菇、黑木耳。水井湾至高炉坪乡村公路途经。

升坪,以旭日东升、祥和太平和当地民谣"岁岁乐升平"的美好愿望而得名。

《兴山县志》记载,辛亥革命时期此地出现一名重要人物高尚志。高尚志(1888—1919年),字固群,兴山县峡口镇升坪高家湾人。祖父高家箴,系晚清举人,见尚志幼小聪明,便亲自

高尚志墓

启蒙识字，后入私塾读书。1900 年，肄业于县立高等小学堂。1904 年夏，高尚志投入新军十五协第二十九标当正兵。高仪表俊伟，操课颇佳，即由正兵选入湖北陆军特别小学堂信字斋肄业。1905 年，加入刘静庵领导的日知会。1906 年，武昌日知会遭到破坏，蔡济民、高尚志极力倡导组织士兵自治团，自治团由贺公侠任团长，规定入团士兵每周作文一篇，集体评阅，借以商讨时事，交流思想。后因有人告密，贺及一部分团员逃匿，工作陷于停顿，在汉成员则分别转入共进会和文学社。高与邓玉麟相熟，由邓介绍结识孙武，于 1908 年加入共进会。嗣后，高尚志、徐达明等人成为湖北籍著名的共进会会员。

辛亥武昌起义，高尚志担任二十九标副代表，蔡济民为代表，即该起义部队的正、副指挥官。1911 年 10 月 10 日晚，义军分三路向清督署进攻，途中遭清军顽抗，各路进攻义军伤亡不少。遂决定增派三路援兵，高尚志与刘炳福、蒋秉忠率领第二路援军会同进攻部队，奋勇击破敌人中段巡防营的防线，向督署东辕门进攻，拂晓攻下清督署，总督瑞澂逃走，武昌起义成功。11 日午间，各标营代表召开紧急会议，决定成立"军人民政府"，另组"谋略处"，一切重大事件须经谋略处议定，呈请核行。高尚志任谋略处重要职务。10 月 28 日凌晨，汉口清军向义军阵地猛扑，义军受挫，由三道桥退守六渡桥。军人民政府闻报，即派蔡济民、高尚志等 6 人赴前线督战，以安军心而壮士气。11 月 30 日，军人民政府召开军政会议，决定由高尚志担任近卫军统领。次年 3 月，撤销近卫军建制。高尚志后任都督府参议、军务部参议、稽查处总稽查等职。后改任淮盐汉口局总办。1913 年，高尚志积极参与孙中山领导的讨伐袁世凯的"二次革命"。

1919 年初，高尚志受孙中山之重托，以大元帅府参议名义视察川鄂军事。3 月 16 日，高由四川奉节赴湖北施南，途经戴溪十余里外之岩口子，忽有身着便服的七八人，均持手枪猛击，高中弹为国献身。有关当局电告广州，孙中山迅急回电表示哀悼："惊悉高君固群被狙殒命。高君起义元勋，有功民国，徒闻凶变，曷胜悲痛！前次蔡君幼香（济民）既已被戕，今兹高君重复遇害，以鄂军所在之地，迭出残害有功之人，凶暴横行，谁尸其咎！希即穷究主名，以昭国纪，而慰英灵"。时值南北混战，南军又互相倾轧，"穷究主名"徒托空言。高尚志遇害后，安葬于升坪高家湾。2007 年，兴山县人民政府对高尚志坟墓进行了修缮，并立碑撰文，碑面正中楷体阴刻"辛亥革命烈士高尚志之墓"，传承其不怕牺牲的民族精神。

寨垭子

位于峡口镇人民政府驻地东 8.9 千米处，黄家河村居民点。东邻黄家院子，南至庙岭，西接台子上，北靠陈家岭。9 户，22 人。面积 0.8 平方千米，耕地 92 亩，山林 690 亩。种植水稻、玉米、油菜等，特产香菌、木耳、药材。建阳坪至黄家河乡村公路途经。

此处两山相对,中间形成山口,人们为避匪患,确保生命财产安全,明末在此修筑石寨,遇土匪来袭,及时进寨子里躲避。寨子里修建有比较完备的配套设施,靠近寨门的区域为生活区,中后部为休息区,四周布有瞭望哨、射击孔,安放有土炮、土铳、弓箭等武器。故名。现仅存遗迹,地名沿用至今。寨垭子是人们出行的必经之路,有"一夫当关,万夫莫开"之势,地理位置十分险要。据说有一次土匪攻打寨垭子,寨子里早已做好了准备,对准土匪群就是一炮,鸡蛋大小的弹丸落到土匪面前的一个大石头上,石头当即被炸成碎片,土匪见势不妙,败下阵来,从此再也不敢攻打此寨。

第四节 南阳镇

南阳镇,兴山县辖镇,位于兴山县驻地古夫镇西南 8 千米处,镇人民政府驻南阳河集镇。东邻古夫镇,南接高桥乡,西连巴东县,北与神农架林区交界。总面积 276 平方千米,耕地 1.71 万亩,山林 36 万亩。0.39 万户,1.12 万人,汉族。辖 10 个村民委员会,53 个村民小组,281 个居民点。中华人民共和国成立时属湘坪区;1956 年高桥区并入,仍属之;1958 年成立湘坪人民公社;1961 年复置湘坪区;1987 年建南阳镇。以南阳河河流而得名。地处鄂西山区,地势四周高、中间低。最高点万朝山海拔 2272 米,最低点半峡海拔 198.2 米。属亚热带大陆性季风气候,其特点是四季分明,年平均气温17.4℃,年平均无霜期 272 天,年平均降水量 1076 毫米。两大水系,香溪河水系自神农架三堆河入境,由西向东,长 39 千米;高桥河水系源于龙门河村一碗水,由北向南,经高桥乡流入秭归注入长江,境内长 46 千米。矿产资源主要为硅矿。主要自然灾害有干旱、洪涝、冻害、冰雹和崩山滑坡。建有镇文化广播电视服务中心,村级文化活动室 10 个;图书室 15 个;小学 2 所,九年义务教育普及率达 100%;医疗卫生机构 10 个。南阳镇是湖北省旅游重镇。明末清初,农民起义军李来亨率部在南阳镇百羊寨安营扎寨达 12 年之久,现存有圣帝行宫之碑、棋盘亭、百羊寨、七步半、炮台等李来亨抗清系列遗址,被国家列为重点文物保护单位;有阳泉亭景区、温泉等;有万朝山、龙门河国家森林自然保护区;有兴山古八景之一的"扇岭啼猿"。龙门河以"龙门秋色"收录为兴山新八景之一。农业以种、养殖业及农副产品加工业为主,有商业、集市贸易。G347 南德线长 23.4 千米,S252 欧南线长 5.2 千米。乡村公路 22 条,总里程 188.5 千米,其中国道 23.4 千米,县道 5.2 千米,乡村道路 159.9 千米。

南阳河集镇

南阳河集镇为南阳镇人民政府、阳泉村村民委员会驻地,以南阳河而得名。东邻营盘,南至贾家祠堂,西接棋盘亭,北连礴石口。1958 年为南阳管理区机关驻地,隶属湘坪公社;1961 年为南阳公社驻地,隶属湘坪区;1975 年撤区并社为南阳公社驻地;1984 年区划调整时为南阳区机关驻地;1987 年建南阳镇,镇人民政府驻地。

明末清初为李来亨部抗清前沿哨所。境内有李来亨抗清遗址棋盘亭、阳泉亭等旅游景点，两岸为柑橘基地。驻派出所、中心小学、卫生院、银行和南阳水电站等企事业单位 20 多家。397 户,570 人。面积 0.4 平方千米。建有南阳大桥、南阳二桥、百羊寨大桥、卡子桥。G347 南德线途经;建有南阳河集镇至梦岩、南阳河集镇至三里荒、南阳河集镇至百羊寨、南阳河集镇至石门、南阳河集镇至双龙、南阳河集镇至营下坪乡村公路;古夫至南阳(湘坪)公交车途经集镇。

南阳河集镇

湘坪集镇

位于南阳镇人民政府驻地西北 5 千米处,以湘坪河而得名。1958 年为湘坪管理区驻地,隶属湘坪公社;1961 年为湘坪区、湘坪公社驻地;1975 年为南阳公社湘坪管理区驻地;1984 年

湘坪集镇

为南阳区湘坪乡人民政府驻地；2001 年乡镇合并建南阳镇，属落步河村村民委员会驻地。东邻向家坡，南至桑树垭，西接赵家垭，北靠龙王坪，面积 0.7 平方千米。150 户，450 人。集贸市场繁荣，有商业、饮食、旅宿、快递等服务行业。集镇地处"一江两山"黄金旅游线上，有配套的旅游服务设施，是新兴的旅游集镇。驻有南阳镇福利院、湘坪希望小学、湘坪变电站、落步河电站。建有湘坪大桥，G347 南德线途经。开通古夫至南阳（湘坪）公交车。

阳泉村

位于南阳镇人民政府驻地东 0.6 千米处，村委会驻南阳集镇。以境内阳泉亭景点命名。东邻营盘村，南接昭君镇滩坪村、昭君村，西、北靠百羊寨。1958 年命名为南阳大队，隶属南阳公社；1975 年将南阳大队划出一部分成立阳泉柑橘场，仍隶属；1984 年更名为阳泉村村民委员会，隶属南阳公社；1987 年建南阳镇，隶属；2002 年南阳、阳泉、天池头村合并建阳泉村村民委员会，隶属南阳镇。辖 5 个村民小组，24 个居民点。889 户，2230 人。面积 16.85 平方千米，耕地 2400 亩，山林 1.53 万亩。种植玉米、水稻、小麦、土豆等，特产柑橘。有阳泉亭、棋盘亭、明妃温泉、风洞亭、仙龙洞等景点。大多居民从事商业、农家乐、旅馆等服务行业。沿 G347 南德线设有小台农庄等农家乐。文化生活丰富，有薅草锣鼓、围鼓、狮舞、花鼓舞等，是南阳镇非物质文化遗产传承基地。建有南阳河集镇至梦岩、南阳河集镇至三里荒、沈家沟至天池头 3 条乡村公路。

阳泉村村民委员会

白竹村

位于南阳镇人民政府驻地西北 10.5 千米处，村委会驻二道水居民点。以境内白竹命名。东邻文武村，南连落步河村，西抵神农架林区，北靠古夫镇咸水村。1958 年命名为白竹大队，隶属湘坪公社；1975 年隶属南阳公社；1984 年更名为白竹村村民委员会，隶属湘坪乡；2001 年湘坪乡、南阳镇合并建南阳镇，隶属；2002 年高坪村、白竹村合并建白竹村村民委员会，隶属南阳镇。辖 4 个村民小组，22 个居民点。172 户，473 人。面积 16.76 平方千米，耕地 2638 亩，山林 1.18 万亩。种植玉米、土豆等，特产香菌、木耳。九冲河两岸，崇山峻岭，溪沟纵横。东岸有红石沟、七沟河、土鱼沟。山上松柏四季常青，山下河流浪花翻滚。境内九冲河流源于神农架老君山下红日湾，境内长 10 余里。山顶与河底海拔悬殊，最高海拔五指山 1540 米，最低海拔九冲河电站 330 米。有红军战士墓地碑湾、李来亨抗清遗址擂鼓台、清光绪年间的禁赌碑、古八景扇岭啼猿、千佛寺遗址、高坪观、天官庙等。高山盛产天麻、黄柏、杜仲等药材，半高山盛产桃、梨、枇杷、石榴等水果，沿河盛产土鱼、洋鱼。生态环境好，成群结队的猕猴随处可见，野生动物有黑熊、野猪、野羊、獐、麂、獾、锦鸡等。猴子包至神农架林区松柏镇县道公路穿村而过。

白竹村，以名胜古迹、自然景观、特色产业，打造乡村休闲旅游新村。沿河一带养殖冷水鱼，美丽的渔家农庄小区已建成，排排新楼立于河西岸。相思岩小区正在建设，逐步形成以小区为特色的民居环境。山上旅游公路正在修建之中。半高山水果采摘园初具规模，高山百亩千箱万斤蜜产业正式启动。已经成为全国亲子教育旅游基地。

白竹村昭君土著鱼养殖基地（湖北省示范家庭农场）

文武村

位于南阳镇人民政府驻地西北 6 千米处，村委会驻马鬃岭居民点。明朝时期，李氏族人中有两兄弟上京赶考，中得一文一武状元，故村由此得名。东、北与古夫镇咸水村交界，南临石门村，西接落步河村。1958 年命名为文武大队，隶属湘坪公社；1975 年隶属南阳公社；1984 年更名为文武村村民委员会，隶属湘坪乡；2001 年湘坪乡、南阳镇合并建南阳镇，隶属；2002 年西坪村、文武村、石门村 4 组划入文武村村民委员会，隶属南阳镇。辖 5 个村民小组，30 个居民点。313 户，940 人。面积 28.65 平方千米，耕地 2642 亩，山林 1.88 万亩。种植玉米、水稻、土豆、油菜，特产柑橘、香菌。境内重峦叠嶂，溪沟纵横，有大小溪河 4 条，建有九冲河电站。矿产资源有铁矿、磷矿、铅锌矿、白云岩、砖瓦黏土等。建有湘坪至九冲河电站、湘坪至上石鹅坪、湘坪至向家坡 3 条乡村公路。公用供水管道 20 千米，公共蓄水池 15 口，蓄水量 450 立方米。相传，明嘉靖年间，李氏老祖宗的坟地是经阴阳先生择的，后成为李氏家族祖坟聚集地，称老坟园。2011年,老坟园内的"李士光夫妇墓"被列入第四批县级文物保护单位。

龙门河村

位于南阳镇人民政府驻地西北20千米处,村委会驻龙门河居民点,以龙门河河流命名。东、北邻神农架林区,南连店子坪村,西与巴东县交界。1958年命名为龙门河大队;1976年建兴山县国营龙门河林场,隶属兴山县林业局管理;1984年更名为龙门河村村民委员会,仍隶属;2001年划归南阳镇管辖,隶属南阳镇;2002年龙门河村、五池村合并建龙门河村村民委员会,隶属南阳镇。辖3个村民小组,19个居民点。184户,530人。面积50.03平方千米,其中龙门河林场和自然保护区公用面积46.44平方千米,村民用地3.59平方千米。耕地1493亩,村民自留山林2730亩。以林为主,特产香菌、木耳、药材。建有龙门河电站。堰塘2口,蓄水量1500立方米,用于灌溉农田。建有铁路垭至天坪垴、龙门河至黄崩口、龙门河至五池、龙门河至茅岵乡村公路,G347南德线沿野猪岛河进入神农架林区,龙门河林场专用公路相接。

境内山川交错,峡谷险奇。海拔差异大,最高海拔一碗水山脊2241米,最低海拔野猪岛河350米。有乔木、灌木83科930种,草本植物200余种,藤本植物30余种。珍稀树木144种,其中古大珍稀树木19棵。原始森林6.97万亩,属完好的亚热带森林生态系统。中国科学院在此建有科研基地。被称为龙门河原始森林公园。2002年国务院三峡工程建设委员会启动龙门河亚热带常绿阔叶林自然保护工程,定名为"龙门河自然保护区"。野生动物有16目41科220余种,属国家重点保护动物69种。神龙洞以奇、美、优、绝著称。2017年地名普查时,龙门河以"龙门秋色"录入兴山新八景之一。

两河村

位于南阳镇人民政府驻地西南16千米处,村委会驻两河口居民点。以小坪子河与吊楼子沟汇合形成河口而得名。东邻店子坪村,南连高桥乡龚家桥村,西接巴东县,北靠龙门河村。1958年命名为两河口大队,隶属庙垭公社;1975年隶属南阳公社;1984年更名为两河口村村民委员会,隶属南阳镇;2002年两河口村、茅岵村、仓房岭村合并建两河村村民委员会,隶属南阳镇。辖7个村民小组,30个居民点。215户,702人。境内最高海拔仙女山2426.4米,最低海拔喷水洞480米,居民大部分居半高山地区。面积47.18平方千米,耕地3354亩,山林5.62万亩。种植玉米、土豆,特产香菌、木耳等。矿产资源有石灰岩、硅石、方解石、砖瓦黏土等。有袁家垭至两河口、龙门河至茅岵坪2条乡村公路。

店子坪村

位于南阳镇人民政府驻地西11.5千米处,村委会驻店子坪居民点,以店子坪居民点命名。东邻落步河村,南连百羊寨村,西接两河村,北与神农架林区交界。1958年命名为店子坪大队,隶属庙垭公社;1975年隶属南阳公社;1984年更名为店子坪村村民委员会,隶属南阳镇;2002年庙垭子村、店子坪村合并建店子坪村村民委员会,隶属南阳镇。辖4个村民小组,31个居民点。185户,569人。面积21.71平方千米,耕地2780亩,山林1.92万亩。种植玉米、土豆,特产香菌、木耳、烤烟、茶叶等。矿产资源有铁矿、石灰石、砖瓦黏土等。建供水管道 30 千米,蓄水池 7 口,蓄水量 180 立方米。建有落步河至店子坪、三里荒至庙垭子 2 条乡村公路。

百羊寨村

位于南阳镇人民政府驻地西 5 千米处,村委会驻百羊寨居民点,以百羊寨居民点命名。东、南接阳泉村,西连两河村,北靠落步河村、店子坪村。1958 年命名为百羊寨大队,隶属百羊公社;1975 年隶属南阳公社;1984 年更名为百羊寨村村民委员会,隶属南阳镇;2002 年堰塘坪村、百羊寨村、七连坪村合并建百羊寨村村民委员会,仍隶属。辖 8 个村民小组,38 个居民点。520 户,1606 人。面积约 36.11 平方千米,耕地 5167 亩,山林 3.6 万亩。种植玉米、小麦、土豆,特产烤烟、茶叶、香菌、木耳、药材。地处万朝山北端半高山地带,海拔 800 米左右,地势平缓。村民多居百羊寨、七连坪、后坪、山岚、堰塘坪等平地。建有万朝山茶场,规模经营已达 20 年之久,注册"万朝山"牌绿茶。百羊寨坪内修建千米涵洞,将百亩零散良田连成一片。筑堰塘 2 口,可灌溉农田 800 亩。供水管道 40 多千米。建有南阳至百羊寨、三里荒至庙垭、三里荒至后坪、百羊寨至堰塘坪、三块石至瓦屋场等 5 条乡村公路。

明末清初,农民起义军李来亨部扎营于此。其间,清兵为荡平山寨围剿李来亨部,将羊群角系灯笼,夜间佯攻山寨,被李部识破,遂将计就计,让过羊群,大破清兵,得名百羊寨。小闯王李来亨率领农民军扎营百羊寨,坚持抗清长达 12 年之久,留下百羊寨、圣帝行宫之碑、七步半、炮台等多处遗址,2013 年列入全国重点文物保护单位。境内的万朝山,是兴山县主要山峰之一,植被好,原生态,2014 年列入全国自然保护区名录。有灵武当庙、兴隆庵等遗址,有凌柱岙自然景观。

落步河村

位于南阳镇人民政府驻地西北 5.8 千米处,村委会驻湘坪集镇。以境内落步河河流命名。东邻石门、文武村,南连百羊寨村,西接神农架林区,北靠白竹村。1958 年命名为落步河大队,隶属湘坪公社;1975 年隶属南阳公社;1984 年更名为落步河村村民委员会,隶属湘坪乡;2001 年湘坪乡、南阳镇合并建南阳镇,隶属;2002 年原落步河村 4、5、6 组,茅庐山村、苍坪河村、赵家垭村合并为落步河村,建落步河村村民委员会,隶属南阳镇。辖 6 个村民小组,29 个居民点。605 户,1734 人。驻有南阳镇福利院、湘坪希望小学、格林农业、湘坪变电站。境内最高海拔茅庐山顶 1608 米,最低海拔落步河 260 米,大部分居民在半高山和高山一带。面积 28.56 平方千米,耕地 2654 亩,水域 705 亩,山林 1.88 万亩。种植玉米、土豆、水稻、油菜等,特产柑橘、茶叶。矿产资源有钒矿、硅石、方解石、石灰岩、板石、砖瓦黏土等。有李来亨抗清遗址茅庐山、大寨上、小寨上等。有落步河、黄龙洞、茅庐山、苍坪河 4 座电站。G347 南德线途经,建有落步河至店子坪、落步河至长龙岭、孙家湾至乔家湾、纸厂河至茅庐山 4 条乡村公路。

落步河村村民委员会

石门村

位于南阳镇人民政府驻地南阳河西北 4.1 千米处,村委会驻下盐寺桥头,以境内石门湾居民点命名。东邻古夫镇,南连营盘村,西接百羊寨村,北靠文武村。1958 年命名为石门大队,隶属南阳公社;1984 年更名为石门村村民委员会,隶属南阳镇;2002 年,原石门村 1 至 9 组、落步河村 1 至 3 组合并建石门村村民委员会,隶属南阳镇。辖 4 个村民小组,27 个居民点。284 户,800 人。面积 13.94 平方千米,耕地 2221 亩,山林 9070 亩。种植玉米、土豆、油菜,特产柑橘。境内有"一线天"、狮子堑等景点,有红豆树和古松。G347 南德线途经,建有教育湾至石门湾、下盐寺、邬家塆、梯子口至石门湾 4 条乡村公路,古夫至南阳(湘坪)公交车途经。

石门湾,曾经流淌着革命先烈的鲜血。解放战争时期,一解放军战士为掩护部队转移,受命阻击敌人,紧急之中连续跳过八道一米多高的菜园篱笆,敌兵紧随其后,不幸中弹,壮烈牺牲。当地百姓将这位烈士葬于石门湾。每年清明节,大家都自觉来这里扫墓,缅怀革命先烈。

营盘村

位于南阳镇人民政府驻地东 0.5 千米处,村委会驻营盘居民点。相传,明末清初,农民起义军将领李来亨初来兴山时,曾在此安营扎寨,屯兵数以万计,构筑工事,操练兵马,故名。东至古夫镇麦仓村、深渡河村,南连昭君镇昭君村,西接阳泉村,北靠石门村。1958 年命名为营盘大队,隶属南阳公社;1984 年更名为营盘村村民委员会,隶属南阳镇;2002 年双龙村、营盘村合并建营盘村村民委员会,隶属南阳镇。境内最高海拔鸡笼山 1484 米,最低海拔半峡198.2 米。辖 7 个村民小组,31 个居民点。673 户,2057 人。面积约 16.21 平方千米,耕地3517 亩,山林 1.12 万亩。种植水稻、玉米、小麦,特产柑橘、核桃。

驻南阳中心小学,南阳水电站,3 座桥梁与南阳集镇相连,设有旅店、农家乐等服务行业。营盘村已成为南阳集镇的重要组成部分。G347 南德线途经,设服务区,加油站,马麦隧道位于G347 南德线上。建有南阳至双龙、南阳至营盘、教育湾至石门湾、南阳至营下坪、沙坪子至马岩、教育湾至白营 6 条乡村公路。

营盘村村民委员会

碑垭子

位于南阳镇人民政府驻地西南 0.5 千米处,阳泉村居民点。东邻南阳河集镇,南连回龙湾,西接天池头,北靠礌石口。30 户,120 人。面积 0.7 平方千米,耕地 114 亩,山林 260 亩。主要种植玉米、水稻、小麦,特产柑橘。南阳河集镇至棋盘亭景点公路经此。

在阳泉至天池头的山口处,立有一石碑,故名。相传,明末清初,农民起义军李来亨部驻扎百羊寨时,率领军民修筑南阳河至百羊寨人行道,对地方乡民捐资、捐物、出力者,在山口立功德碑一块。建有李来亨抗清遗址棋盘亭。

回龙湾

位于南阳镇人民政府驻地西 2 千米处,阳泉村居民点。东至棋盘亭,南连仙龙沟,西接天池头,北靠礌石口。50 户,130 人。面积 0.5 平方千米,耕地 137 亩,山林 590 亩。主要种植玉米、水稻、油菜等农作物,特产柑橘。

回龙湾,原名背龙湾。山岭形似一条龙,意为山岭背后的山湾。后人以背龙不吉祥,更名为回龙湾。回龙有盘龙之意,寓意风水宝地。

小台农庄

位于南阳镇人民政府驻地北 1.5 千米处,阳泉村休闲农庄。此处青山绿水,小草怡人,游客白天在此赏花钓鱼,夜间聚会赏月,又称月亮湾。东临南阳河,南至礌石口,西接汪家坪,北靠 G347 南德线。15 户,68 人。面积 0.5 平方千米,耕地 100 亩,山林 340 亩。种植玉米、油菜等,特产柑橘。

小台农庄,在 G347 南德线上,具有特殊的地理优势、旅游优势、环境优势。一老板为抢抓旅游发展机遇,2012 年新建农家乐,集吃、住、停车一体化服务。在挂牌时,老板颇有一番用意,择用女儿名字中的"怡"字,将怡字分为"小"和"台",自谦店小,而合起来为"怡"字,即有客则怡,客怡,怡在其中。自挂牌以来,老板以诚信待人、热情周到为宗旨,接待四面八方宾客,生意做得红红火火,口碑甚佳。2013 年和 2015 年,分别获得"湖北省五星级农家乐"和"金牌农家乐"称号。

阳泉村小台农庄(月亮湾)

三里荒

位于南阳镇人民政府驻地西南 5.5 千米处,阳泉村居民点。东至羊石岩,南接大花栎树,西邻三里荒至庙垭公路,北靠三后公路。20 户,85 人。总面积 1.2 平方千米,耕地 106 亩,山林 930 亩。种植玉米、土豆、油菜等,特产香菌、木耳、茶叶、药材等。

过去,这里荒山野岭,人迹罕至。有民谣:"劝君莫进三里荒,尽是虎豹与豺狼,不带啄火(猎枪)进山岗,十有八九见阎王。"昔日的三里荒如今成了幸福的村庄。三里荒至庙垭、南阳河集镇至三里荒、三里荒至后坪乡村公路途经。

银娃湾

位于南阳镇人民政府驻地西北 3.3 千米处,石门村居民点。东邻老鸦沟,南连湘坪河,西接药王庙,北靠凤凰包。5 户,14 人。面积 0.3 平方千米,耕地 32 亩,山林 185 亩。种植玉米、土豆等,特产烤烟、香菌、木耳。下盐寺村级公路经此。

相传,明朝年间,有一王姓人家在建房之前,请风水先生在老屋附近选准地址,择定农历八月八日辰时动工。风水先生临走时给东家说:"这次你虽然花了不少银钱,但我看的是风水宝地,择的是金满斗吉日。你若按时动工,定将荣华富贵。"王家照其行事,请土匠师傅在百米之外,找到一处适合筑墙的好土。每天约 50 人以土筑墙,不到半月,墙有八尺来高。就在上午调整青石门磴安置大门时,挖出一块像娃娃的银子。当时人们惊讶不已,都说是个好兆头。王家便又杀猪宰羊,每日酒肉相待,不出两个月,三间土木结构房屋竣工。因此得名。住在这里的老人,每当讲起银娃湾的故事,总是津津乐道。

马槽

位于南阳镇人民政府驻地西北 10.2 千米处,落步河村居民点。1958—1984 年为苍坪河大队、苍坪河村村民委员会驻地。东至苍坪河,南连锅儿洞,西接神农架林区,北靠河坪。3 户,10 人。面积 0.5 平方千米,耕地 28 亩,山林 210 亩。种植玉米、小麦、土豆等,特产茶叶、药材。G347 南德线途经。

相传,明朝初年,当地一李姓商贩,以木耳等土特产到宜昌换食盐,往返一趟最快半月之久,有时甚至月余。常带马在路途驿站食宿,有时天黑赶不到驿站,就只能找个岩屋或能避风雨的地方露宿,饱受酷暑、严寒和劳累饥饿之苦。往返一趟,异常艰辛。他暗自琢磨,下宜昌这么辛苦,远跑不如近捞。于是他决定在此坪设置驿站,就地取材,用木材架起了三间草房。同时搭建了两间马棚,请石匠打了四个马槽,每棚放置两个石槽,以备客人饮马之便。由于马槽的容积大,加上粮草丰盛,马队商客乘兴而来,满意而去。从此马槽远近闻名。时过境迁,很多人在此苦寻四个马槽,只见河边乱石滩,不见当年马槽痕。还有一说,明末清初,农民起义军李来亨部扎营百羊寨时,也曾在此建有饲养战马的圈舍和槽具。

下石鹅坪

位于南阳镇人民政府驻地西北 5.9 千米处,文武村居民点。东邻上石鹅坪,南连湘坪至上石鹅坪乡村公路,西接兰花沟,北靠南坡。14 户,42 人。面积 1.7 平方千米,耕地 160 亩,山林 1000 亩。种植玉米、水稻、小麦、土豆等,特产柑橘。湘坪至上石鹅坪乡村公路途经。

长岭山间有一对巨石形似鹅,石鹅上下各有一坪,此坪位于石鹅下方,故名。相传明朝时期,山腰间的石头不是很大,石顶弯曲向上,似鹅饮水后以嘴挠痒模样,仰望着山顶。恰有一只雄性石鹅紧盯着这只雌鹅,一直坚守在长岭山巅。有趣的是,山下每年总要出现一些椭圆形且大小不一的卵石,远看,这些石头酷似鹅蛋。当地一位李姓牧人常年在此放牛放羊,发现石鹅逐年长大,蛋数增加,甚是奇怪。联想山巅有雄鹅,山腰有雌鹅,山下有鹅蛋,莫非是天降一对神鹅,常驻此地,保佑我们平安吉祥啊! 即兴编一段顺口溜:"天上神鹅来凡间,住在长岭腰和巅,鹅生鹅蛋为何事,保佑平安万万年。"

堰窝池

位于南阳镇人民政府驻地西北 7.5 千米处,落步河村居民点。东邻小寨上,南连纸厂河至茅庐山乡村公路,西接榭枣子树湾,北靠齐家湾。12 户,30 人。面积 1 平方千米,耕地 110 亩,山林 715 亩。种植玉米、小麦、土豆,特产香菌、木耳、药材。纸厂河至茅庐山乡村公路至此。

茅庐山腰,海拔 1000 多米的地带,地势平缓开阔,大面积可耕种。海拔 800 米左右的地带为悬岩陡岭,上下难攀。明末清初,农民起义军李来亨率部到百羊寨扎营后,便带几个护卫,寻找更好的安全地带。没几日便登上茅庐山顶,仔细勘查后,当机立断,此处就是大本营之地。返回百羊寨后,派出部分兵力,到茅庐山垦田种粮,修建营寨。不到三年,开垦田地数顷。为了旱涝保收,李来亨令部下在田之上方低洼处筑一堰池,将山泉引入池内,既可饮用,又可灌溉粮田,称堰窝池。

天符庙

位于南阳镇人民政府驻地西8.9千米处,店子坪村居民点。东邻袁家垭至两河口乡村公路,南连长岭,西接碾盘沟,北连三里荒至庙垭乡村公路。3户,10人。面积0.3平方千米,耕地61亩,山林210亩。特产香菌、木耳。三里荒至庙垭子乡村公路经此。

店子坪村一山梁,海拔1600米。相传,明末年间,村里遭风灾、水灾,百姓生活难济,期盼风调雨顺,吃上饱饭。时隔不久,一当地人王先生夜梦玉皇大帝对他说:"要想风调雨顺,五谷丰登,你若建庙,我派一神仙下来,保你们富康。"醒来,欣喜若狂,此乃天机,不便泄露。便组织当地百姓筹款捐物,请来有名的石匠、木匠、土匠等人,历时半载,庙建成。王先生按梦中玉皇大帝旨意,冠名天符庙。庙坐西朝东,土木结构,一层三间,正堂供天符菩萨,菩萨两旁分别站有两个小天神,后面还供有诸多小菩萨。天符菩萨面前置有拜台和香炉。南侧为厨房,北侧为宿舍。常年住和尚。说来凑巧,自庙建成,这一带连年喜获丰收。

仓房岭

位于南阳镇人民政府驻地西南14.4千米处,两河村居民点。东邻大梁子,南接纸厂河,西至夹石岩,北靠袁家垭至两河口乡村公路。7户,23人。面积1.3平方千米,耕地90亩,山林1700亩。特产香菌、木耳。1958—2000年先后为仓房岭大队、仓房岭村村民委员会驻地。袁家垭至两河口乡村公路途经。

相传,仓房岭曾是李来亨囤积军粮之地。李来亨率部扎营百羊寨时,虽有良田数顷,但粮食只能自给。自古道"兵马未动粮草先行"。李来亨带着两个部下,翻山越岭,来到两河口与喷水洞之间的山梁上,仔细勘查,见地域广阔,土地肥沃,为产粮之地。但距百羊寨有二十里山路,便决定在此山岭修建储粮仓库。连续在此种粮十多年,食陈储新。自李来亨部在山岭之上建粮库后,当地人们便称此地仓房岭。

堰塘坪

位于南阳镇人民政府驻地西北5.8千米处,百羊寨村居民点。东邻张家湾水库,南至万朝山茶场,西接大沟,北靠三块石至瓦屋场乡村公路。31户,90人。面积1.9平方千米,耕地286亩,山林1680亩。种植玉米、土豆,特产香菌、木耳、茶叶、烤烟。百羊寨至堰塘坪乡村公路至此。

明末清初,这里是农民起义军李来亨部驻扎骑兵的营地,用水非常困难。为了解决这一难题,李来亨令骑兵营挖堰蓄水,要求有三:一要平缓之地,四水归池首也;二要黄土无沙,可制砖瓦优也;三要日夜奋战,三旬蓄水速也。营部接令,不敢怠慢。立刻按令执行,派兵半百,日夜轮战,不到三旬,一口深达三丈,三丈见方的堰塘建成了。从此,不仅李部军营人畜饮水充足,而且当地百姓也吃上了近水。300多年过去了,堰塘依旧,当年李部筑堰,百姓共享的情景仿佛就在眼前。

平头山

位于南阳镇人民政府驻地西南 5.3 千米处,百羊寨村居民点。东邻躲子岭,南至红石窖,西接三里荒至庙垭乡村公路,北连靛池沟。11 户,35 人。面积 1.1 平方千米,耕地 123 亩,山林 1260 亩。种植玉米、土豆,特产香菌、木耳、烤烟。三里荒至庙垭乡村公路经过此地。

平头山,以山顶平坦而得名。居住的多为万姓人家。兴山素有"万半县"之称。万姓人祖籍江西,明朝洪武年间移民而来。传说这里的万姓人家,族间管理甚严,佳风代代相传,素有"三平之训",即平淡生活、平易近人、平等交易。告诫族人:勤俭节约,清平为本,不得奢侈浪费;谦逊,尊重他人,不得目高傲慢;诚信,买卖公平,不得欺善纵恶。清初,这里有一万姓后生,在用木耳换盐的过程中,不顾家训,强买强卖,与生意人发生口角,互不相让,后经旁观者好言相劝才了事。就为此事,这位年轻人在清明会上被处三十大板,还要给生意人赔礼道歉。消息传开后,一位王姓老人称赞道:"平头山啊平头山,山里住的都姓万。族规严厉好家风,清平正直人人赞。"

山岚

位于南阳镇人民政府驻地西南 3 千米处,百羊寨村居民点。东邻华章包,南至三里荒至后坪乡村公路,西接躲子岭,北连后坪。26 户,88 人。面积 1.1 平方千米,耕地 143 亩,山林 1060 亩。种植玉米、土豆,特产香菌、木耳、烤烟。三里荒至后坪乡村公路经此。

地形近似丘陵,有十多个大大小小的独立山包,常年云雾缭绕,故名。阮氏为此地大姓,祖籍四川,商户出身。相传,明朝末年,阮氏四兄弟为了躲避战乱,将家中一口铜制大锅一分为四,各揣一块,自奔前程。其中一人落籍于此后,吃苦耐劳,为人正直,擅经营,家境富裕。

教育湾

位于南阳镇人民政府驻地北 0.8 千米处,营盘村居民点。东邻大沟,南至营盘,西接南阳河,北连万家湾。10 户,30 人。面积 0.3 平方千米,耕地 42 亩,山林 255 亩。种植柑橘。

南阳中学实施以学为主,学工、学农、学军,实现全面发展。在距学校 1.5 千米处建学农教育基地,故名。当时南阳中学设初、高中部,在校学生 340 人左右。历经 13 年,老师带领学生在湾内沙滩上造梯田 20 多亩,种植粮食和蔬菜。每个星期六下午在这里上农课,老师一边讲土、肥、水、种、密、保、工、管农业八字宪法,一边手把手地教学生们如何整地、施肥、下种、盖土、打排水沟等,一边请老农民讲课,教育效果较好。

神隐寺

位于南阳镇人民政府驻地东北 3 千米处,营盘村居民点。东邻鸡笼山,南接李家墩,西至白营,北靠三步垭。4 户,17 人。面积 0.2 平方千米,耕地 56 亩,山林 80 亩。种植玉米、土豆,特产核桃。

相传,明朝崇祯年间,此地建一寺,名神隐寺。建寺之初,香火颇望。一天,匪首前来索取钱财,道长拒。三天后又来索取,道长仍未答应,匪首恼羞成怒,召集众匪趁着月光,蜂拥而至,举炬欲焚,却只见一巨石,不见寺。匪甚惊奇,怒骂而回。奇妙的是,匪去寺重现。

祠堂塝

位于南阳镇人民政府驻地东南 1.2 千米处,营盘村居民点。东邻王家湾,西、南连南阳河河流,北靠台子包。29 户,86 人。面积 0.6 平方千米,耕地 155 亩,山林 550 亩。种植玉米、土豆,特产柑橘。南阳河集镇至营下坪乡村公路途经。

祠堂塝原有李氏祠堂,建于清嘉庆年间,建筑面积约 160 平方米,土木结构,5 间,门额上书"李氏祠堂"四个黑色大字。祠堂供奉祖先牌位,供族人集会和祭祖。清明节,族人都要到祠堂祭祖,俗称办"清明会"。祭祖礼仪十分隆重庄严,要办酒席,祭祀完毕,族长还要当众处理族中的公共事务和救济事宜。若有违反族规的人,则要受到相应处罚。

太平坝

位于南阳镇人民政府驻地西南 22 千米处,龙门河村居民点。东至常家老岭,南邻火峰堆,西接巴东县,北靠黄家槽。3 户,8 人。面积 0.1 平方千米,耕地 37 亩,山林 100 亩。主要种植玉米、土豆,特产香菌、木耳、烤烟,有野生药材 100 多种。

早在民国时期以前,这里是一片原始森林,森林里有一大块平地,距一碗水山体较近,山泉清澈,动物种类繁多,随处可见。四面均离人行主干道甚远,是兴山西北一带百姓避乱的首选之地。相传,在战乱时期,周围百里的人常来此躲兵避匪,常年有几十人集体生活在这里。久而久之,他们种起了粮食,在山上猎取野物,寻找各种野菜,生活过得逍遥自在,人们习惯称为太平坝。

第五节 黄粮镇

黄粮镇,兴山县辖镇。位于兴山县人民政府驻地古夫镇东南 13 千米处,镇人民政府驻黄粮坪集镇。东邻水月寺镇,南接峡口镇,西连古夫镇,北与榛子乡交界。总面积 245 平方千米,耕地 4 万亩,山林 25.5 万亩。6800 户,2.01 万人,汉族。辖 14 个村民委员会,91 个村民小组,384 个居民点。中华人民共和国成立后,属永安乡;1955 年属妃台区;1958 年成立先锋人民公社,同年 12 月改为黄粮人民公社;1984 年置黄粮坪镇;1987 年更名为黄粮镇;2001 年火石岭乡与黄粮镇合并建黄粮镇。地处鄂西山区,地貌以山区丘陵为主。最高海拔红石寨 1764.9 米,最低海拔店子垭村两岔河 252 米。属亚热带大陆性季风气候,四季分明。年平均气温 12.5℃,年平均无霜期 272 天,年平均降雨量 1077 毫米。有两条河流:孔子河,发源于水月寺镇树空坪村石沟子,境内长 15 千米,汇入高岚河;寒溪河,发源于境内常家沟,全长 21.2 千米,经老龙洞沟、响水洞沟,流入古夫河。矿藏为硬质高岭土矿,是湖北省已查明的最优质高岭土矿床。珍稀树种有银杏、红豆杉、紫荆树等。野生药材有 200 多种。有国家级保护古树 57 棵。主要自然灾害有洪涝、冰雹、霜冻、崩山、滑坡等。小学、中学各 1 所；镇村文化活动中心 14 处，文化专业户 30 户；图书室 21 个；业余文学创作队伍 35 人；各级各类医疗卫生机构 15 个；电视覆盖率 100%；福利院 1 家。有"兴山民歌之乡"之称。有黄粮镇革命烈士纪念碑、高岚风景区、古八景仙侣春云、新八景太公钓鱼。农业以种、养殖业及农副产品加工业为主。G347 南德线、S252 欧南线途经。乡村公路 25 条，总里程 225.22 千米，其中国道 16 千米，省道 48 千米，县道 16 千米，乡村公路 145.22 千米。

黄粮坪集镇

坪地内原有棵大黄连树，名黄连坪。随着时间的推移，坪内逐步开垦成为稻田，入秋，成熟的稻子金黄一片，演绎为黄粮坪。《兴山县志》（同治版）记载："黄粮坪市，县东三十里。烟户甚繁，亦商贾辐辏处也。"清时已经形成集镇，街道长约 80 米，宽 3.5 米。有 3 家较大的百杂商店、摊贩及小吃店。抗日战争时期，国民党抗日部队在此设军粮、弹药中转仓库（又称联运站）。民国时期设月溪乡、胜利乡乡公所。黄粮镇人民政府、黄粮坪村村民委员会驻地。610 户，1050 人。面积 0.8 平方千米。两条街道：一条沿省道 S252 欧南线两旁分布，长 1600 米，宽 10 米，多为商业网点；一条为镇直机关驻地，长约 500 米，宽 8 米，驻有政府机关及企事业单位共 26 家。以农业为主，盛产水稻、油菜、玉米，特产核桃。有革命传统教育基地"黄粮镇革命烈士纪念碑"。集镇东有一棵大杉树，名铁坚油杉，经林业部门测定，高 32 米，胸径 1.6 米，冠幅 16 米，树龄约 600 年，依然苍翠挺拔，属国家一级古树，挂牌保护。G347 南德线、S252 欧南线途经。

黄粮镇人民政府驻地黄粮坪集镇

黄粮坪村

位于黄粮镇人民政府驻地西南 0.4 千米处，以驻地黄粮坪集镇命名。海拔在 450～1300

米,地形西北高、东南低,中心大部分地区为半高山小平原。东邻石柱观村,南至后山村,西连户溪村、昭君镇青华村,北靠金家坝村。1958 年命名为黄粮坪大队,隶属黄粮公社;1984 年更名为黄粮坪居民委员会,隶属黄粮坪镇;2002 年黄粮坪居民委员会、刘家坝村、冯家槽村、盐水河村合并命名为黄粮坪居民委员会,仍隶属;2008 年更名为黄粮坪村村民委员会,属黄粮镇。辖 10 个村民小组,32 个居民点。1446 户,3400 人,其中集镇 610 户,1050 人。面积 17.3 平方千米,耕地 3566 亩,山林 1.36 万亩,经济林 500 亩。建有拱桥湾水库,库容 37.5 万立方米;堰塘 14 口,可蓄水 15.88 万立方米;干支渠 8 条,总长 12.173 千米;灌溉农田 1500 亩。蓄水池 5 口,可蓄水 1450 立方米,管道 6.7 千米。种植水稻、玉米、油菜等,特产核桃、烤烟。经济收入有农、林、畜、交通运输、商贸、餐饮服务业等。G347 南德线、S252 欧南线途经。乡村公路 38 千米,硬化 22.2 千米。2017 年第二次地名普查时,风景点"太公钓鱼"编入兴山新八景之一。

黄粮坪村村民委员会

火石岭村

位于黄粮镇人民政府驻地东北 8.6 千米处,以驻地火石岭集镇而命名。海拔 1206 米,平均海拔 1000 米,半高山地带。有李家湾、黄家院子、火石岭 3 个较大的聚落点,人口相对集中。地质为石灰岩、沙石岩结构,岩石裸露,土地系沙石渣土,渗水性强。基本气候是春凉秋爽,夏热冬寒,四季分明。东邻仁圣村,南连石槽溪村,西接店子垭村、界牌垭村,北靠公坪村。1958 年命名为火石岭大队,隶属黄粮区宝龙公社;1984 年更名为火石岭村村民委员会,仍隶属;1987 年隶属火石岭乡;2001 年火石岭乡与黄粮镇合并,隶属黄粮镇;2002 年火石岭村、羊角尖村、向家湾村合并建火石岭村村民委员会,隶属黄粮镇。辖 7 个村民小组,49 个居民点。622 户,1718 人。面积约 24.26 平方千米,耕地 4480 亩,山林 2.25 万亩。种植玉米、蔬菜,特产核桃、香菌、木耳、烤烟等。S252 欧南线途经,建有陈家湾至白庙、老林业站至小垭子、火石岭至向家湾乡村公路。有少量水晶石矿。

火石岭集镇

坐落在一条山岭上,位于黄粮镇人民政府驻地东北 8.6 千米处,火石岭村村民委员会驻地。以产一种能取火的乳红色和胆黑色的燧石而得名。占地 0.5 平方千米,海拔 1206 米。东至老林业站,南连村卫生室,西接 S252 欧南线,北靠陈家沟。街道呈曲尺形,长 1000 米,宽 10 米。98 户,280 人。气候春凉秋爽,夏热冬寒,四季分明。驻有兴山县黄粮农村福利院、村卫生室,公共服务功能比较完善。过去,有宝华寺庙宇。1949 年后,为兴山县宝龙公社、火石岭乡和火石岭大队、火石岭村民委员会驻地。S252 欧南线途经。

百城村

位于黄粮镇人民政府驻地西北 13 千米处,村委会驻彭家院子居民点,以百城梁子命名。境内最高海拔 1582 米,最低海拔 450 米,属半高山平坦地,呈东北至西南走向,平均海拔在 950~1000 米。东至公坪村,南接店子垭村,西连古夫镇古洞村,北靠古夫镇平水村。1958 年命名为百城大队,隶属公坪公社;1975 年隶属宝龙公社;1984 年更名为百城村村民委员会,隶属宝龙公社;1987 年隶属火石岭乡;2001 年火石岭乡与黄粮镇合并命名为黄粮镇,隶属;2002 年百城村、潘家村合并建百城村村民委员会,隶属黄粮镇。辖 7 个村民小组,27 个居民点。356 户,1036 人。面积 29.63 平方千米,耕地 3229 亩,山林 2.35 万亩。种植玉米、水稻、蔬菜等,特产香菌、木耳、核桃、板栗、烤烟。平头山、王家坝、廖家院子、杜家岭等地为农业主产区。公坪至朝阳乡村公路途经。有百城梁子、城上、松木观、关口垭等李来亨抗清遗址。

公坪村

位于黄粮镇人民政府驻地东北 14 千米处,村委会驻公坪居民点。曾称"桑树坪",为商贾辐辏之地,"买卖公平"成为各路商家共同遵守的规则,取公平之意冠地名,后演变为"公坪",村委会以此而命名。最高海拔 1764 米,最低海拔 450 米。东邻仁圣村,南至火石岭村,西连百城村,北靠榛子乡青山村。清时在这里设公坪乡;1958 年命名为公坪大队,隶属公坪公社;1975 年行政区划调整时,隶属宝龙公社;1984 年更名为公坪村村民委员会,仍隶属;1987 年隶属火石岭乡;2001 年火石岭乡与黄粮镇合并,隶属黄粮镇;2002 年公坪村、龙池村合并建公坪村村民委员会,仍隶属。辖 6 个村民小组,27 个居民点。421 户,1268 人。面积 24.02 平方千米,耕地 5898 亩,山林 1.75 万亩,水域 30 亩。种植烤烟、蔬菜、玉米、油菜,特产香菌、木耳、核桃。建有仁圣至公坪、冯家垴与毛儿垴、公坪至龙池、公坪至朝阳乡村公路。

仁圣村

位于黄粮镇人民政府驻地东北 10.5 千米处,村委会驻店子居民点。周朝名将黄飞虎,死后谥号为"东岳仁圣大帝",南宋时在此山建庙,供奉黄飞虎塑像,取名仁圣庙,村依此命名。东邻榛子乡青龙村,南至庙淌坪村,西接火石岭村,北靠公坪村。1958 年命名为仁圣大队,隶属榛子区公坪公社;1975 年隶属宝龙公社;1984 年更名为仁圣村村民委员会,仍隶属;1987 年隶属火石岭乡;2001 年火石岭乡与黄粮镇合并建黄粮镇隶属;2002 年仁圣村、十字路村合并建仁圣村村民委员会,隶属黄粮镇。辖 7 个村民小组,30 个居民点。407 户,1268 人。面积 24.82平方千米,耕地 3109 亩,山林 1.84 万亩。种植玉米、蔬菜、烤烟,特产香菌、木耳、核桃、药材。S252 欧南线途经,有店子至断缰坪、三姓和至三股水、利农至仁圣庙、蒿坪至十字路等乡村公路与 S252 欧南线相接。生产的"利农"牌高山蔬菜畅销广州、武汉等大城市。

店子垭村

位于黄粮镇人民政府驻地西北 8.3 千米处,村委会驻经堂垭居民点,以境内店子垭居民点命名。海拔 400～1257 米,东邻火石岭村,南至界牌垭村、水磨溪村,西连古夫镇北斗坪社区,北靠百城村。1958 年命名为店子垭大队,隶属宝龙公社;1984 年更名为店子垭村村民委员会隶属;1987 年隶属火石岭乡;2001 年火石岭乡与黄粮镇合并,隶属黄粮镇;2002 年店子垭村、张家河村合并建店子垭村村民委员会,隶属黄粮镇。辖 7 个村民小组,35 个居民点。560 户,1686 人。面积 15.87 平方千米,耕地 2299 亩,山林 1.52 万亩。种植玉米、油菜,特产核桃、烤烟。G347 南德线途经,有白庙至两叉口桥、老龙洞至响水洞、徐家埫至店子垭 3 条乡村公路。

水磨溪村

位于黄粮镇人民政府驻地西北 5.9 千米处,村委会驻严家垭子居民点,以境内水磨溪河流而命名。海拔 250～1200 米,东邻界牌垭村、店子垭村,南至金家坝村,西接龙池村,北靠古夫镇北斗坪社区。1958 年命名为水磨溪大队,隶属黄粮区宝龙公社;1984 年更名为水磨溪村村民委员会,仍隶属;1987 年隶属火石岭乡;2001 年火石岭乡与黄粮镇合并,隶属黄粮镇;2002年水磨溪村、苏家岭村、红岩垭村合并建水磨溪村村民委员会,隶属黄粮镇。辖 8 个村民小组,26 个居民点。503 户,1593 人。面积 12.24 平方千米,耕地 2289 亩,山林 7930 亩。种植水稻、玉米、油菜、蔬菜,特产香菌、木耳、核桃。有高岭土矿资源,品质优良。有深渡河至界牌垭、水磨溪乡村公路,G347 南德线途经。

界牌垭村

位于黄粮镇人民政府驻地西北 4 千米处,村委会驻界牌垭居民点。界牌垭坐落于仙侣山支脉山岭的一个小山口。相传在唐代,垭上曾立地域界牌碑,故名。海拔 400～1200 米,东邻火石岭村,南至金家坝村,西接水磨溪村,北靠店子垭村。1958 年命名为界牌垭大队,隶属黄粮区宝龙公社;1984 年更名为界牌垭村村民委员会,仍隶属;1987 年隶属火石岭乡;2001 年火石岭乡与黄粮镇合并建黄粮镇,隶属;2002 年界牌垭村、白庙村合并建界牌垭村村民委员会,隶属黄粮镇。辖 6 个村民小组,23 个居民点。558 户,1730 人。面积 11.2 平方千米,耕地3283 亩,山林 9861 亩。种植玉米、水稻、油菜,特产香菌、木耳、核桃。境内建有兴山县界牌垭核桃专业合作社、村级水厂。G347 南德线、S252 欧南线途经北上经榛子乡进入保康县,有深渡河至界牌垭、白庙至两叉口桥、瓜儿堰至余家湾 3 条乡村公路。

界牌垭村界牌垭居民小区

石槽溪村

位于黄粮镇人民政府驻地东南 5.8 千米处,村委会驻石槽溪居民点。沟内有水侵蚀的石槽流水,名石槽溪。平均海拔 900 米,东邻庙淌坪村,南至高华村,西接金家坝村,北靠火石岭村。1958 年以境内石槽溪居民点命名。1958 年命名为石槽溪大队,隶属黄粮区高华公社;1975 年隶属黄粮公社;1984 年更名为石槽溪村村民委员会,仍隶属;1987 年隶属黄粮镇;2002年石槽溪村,土门垭村 2、3、4、5 组,窑村合并建石槽溪村村民委员会,隶属黄粮镇。辖 5 个村民小组,17 个居民点。371 户,1075 人。面积 17.03 平方千米,耕地 2032 亩,山林 6102 亩。种植烤烟、蔬菜、玉米、油菜等,特产香菌、木耳、核桃。有金家坝至石槽溪、剑洞,石槽溪至庙淌坪,石槽溪至朱家垭乡村公路。

石槽溪村村民委员会

庙淌坪村

位于黄粮镇人民政府驻地东北 7.5 千米处,村委会驻庙淌坪居民点。传说淌中曾建庙,村委会以此命名。海拔高差相对较大,最高点村北杨家山海拔 1554 米,最低点东南孔子河海拔 450 米。东邻水月寺镇梅坪村,南、西连石槽溪村,北靠仁圣村。1958 年命名为庙淌坪大队,隶属黄粮区高华公社;1975 年隶属黄粮公社;1984 年更名为庙淌坪村村民委员会,仍隶属;1987 年隶属黄粮镇;2002 年庙淌坪村、鸡公岭村、杨家山村合并,建庙淌坪村村民委员会,隶属黄粮镇。辖 5 个村民小组,21 个居民点。263 户,759 人。面积 14.54 平方千米,耕地 2730 亩,山林 7405 亩。种植玉米、油菜、蔬菜、烤烟,特产香菌、木耳、核桃、药材。有石槽溪至庙淌坪、庙淌坪至鸡公岭、庙淌坪至杨家山乡村公路。

庙淌坪村村民委员会

高华村

位于黄粮镇人民政府驻地东北 4.8 千米处,村委会驻孙家垭居民点,以境内高华岭居民点命名。原名高荒岭,中华人民共和国成立后人们憧憬美好的幸福生活,更名为高华岭。东至水月寺镇滩於河村,南邻水月寺镇石柱观村,西连黄粮坪村,北靠石槽溪村。1958 年命名为高华岭大队,隶属黄粮区高华公社;1975 年隶属黄粮公社;1984 年更名为高华村村民委员会,仍隶属;1987 年隶属黄粮镇;2002 年高华村、剑洞湾村合并建高华村村民委员会,隶属黄粮镇。辖 5 个村民小组,24 个居民点。386 户,1111 人。面积 11.07 平方千米,耕地 2020 亩,山林 8180 亩。种植玉米、油菜、烤烟、反季节蔬菜,特产香菌、核桃。有剑洞、簸箕垭至高华岭乡村公路,与 G347 南德线相接。

金家坝村

位于黄粮镇人民政府驻地北 3.3 千米处,村委会驻金家坝居民点,以金家坝居民点命名。海拔在 850～1300 米,中部地势平坦,良田连片。东邻石槽溪村、高华村,南至黄粮坪村,西连水磨溪村,古夫镇龙池村,北靠界牌垭村。1958 年命名为金家坝大队,隶属黄粮区黄粮公社;1984 年更名为金家坝村村民委员会,仍隶属;1987 年隶属黄粮镇;2002 年金家坝村、沙子岭村、金家岭村、土门垭村 1 组合并建金家坝村村民委员会,隶属黄粮镇。辖 9 个村民小组,24 个居民点。672 户,2152 人。面积 12.86 平方千米,耕地 3508 亩,其中水田 1237 亩,山林 1.05 万亩。以产粮为主,有烤烟、蔬菜、畜牧等。有兴山县昇农果蔬专业合作社、兴山县玉成石材有限公司、兴山安邦科技有限公司。建有杨家湾、金家坝两座小Ⅱ型水库,库容 60 万立方米。G347 南德线、S252 欧南线途经。有金家坝至沙子岭、金家坝至石槽溪、金家坝至史家岭、金家坝至杨家湾 4 条乡村公路。

金家坝村村民委员会

后山村

位于黄粮镇人民政府驻地东南 2.4 千米处,村委会驻万家院子居民点,地处黄粮坪集镇东南山后,故称后山,村以此命名。属半高山缓坡地带。东、西、北三面靠黄粮坪村,南连户溪村。1958 年命名为后山大队,隶属黄粮区黄粮公社;1984 年更名为后山村村民委员会,仍隶属;1987 年隶属黄粮镇。辖 3 个村民小组,16 个居民点。294 户,862 人。面积 9.5 平方千米,耕地 2395 亩,山林 5557 亩。以产粮为主,多种经济有烤烟、畜禽、蔬菜、药材等,特产核桃。有黄粮坪至后山、黄粮坪至张家垭 2 条乡村公路。

后山村村民委员会

户溪村

位于黄粮镇人民政府驻地南 3.6 千米处,村委会驻马家垴居民点。海拔 800～1439 米。东邻水月寺镇石柱观村,南至峡口镇杨道河村、李家山村,西接昭君镇青华村、响龙村,北靠黄粮坪村、后山村。1958 年命名为户溪大队,隶属黄粮区户溪公社;1975 年隶属黄粮公社;1984 年更名为户溪村村民委员会,仍隶属;1987 年隶属黄粮镇;2002 年户溪村、马家台村、柏岭村合并建户溪村村民委员会,隶属黄粮镇。辖 6 个村民小组,32 个居民点。605 户,1623 人。面积 20.28 平方千米,耕地 2895 亩,山林 1.29 万亩。种植玉米、水稻、油菜。特产香菌、木耳、核桃。村企业有兴山县仙侣山木艺厂,主要产品为"仙侣山"牌手工木椅。黄粮坪至户溪、凉风垭至陈家院子乡村公路与 S252 欧南线相连接。

户溪人杰地灵。《黄粮镇志》记载:该地是以陈家珍为代表的著名民歌村,兴山民歌、薅草锣鼓等被列入国家非物质文化遗产保护名录。陈家珍在 2011 年中国原生态民歌盛典暨中国民间文艺第十届山花奖(民族民间音乐类)系列活动中,一举捧回优秀传承人奖、传承人贡献奖、展演金奖三大奖项。民歌有《昭君思五更》《劝世歌》《两口子打架各睡各》《两个女娃子搭亲家》《郎在山上挖黄姜》等,声腔加肢体表演,丰富多彩,诙谐幽默;"地花鼓""舞龙灯"广泛见于喜庆场合;有绘画、刺绣、木雕、石刻、剪纸、泥塑等民间艺术。

龙池

位于黄粮镇人民政府驻地东北 12.6 千米处,公坪村居民点。东至横路上,南连陈家湾,西接老龙洞,北靠老龙洞沟河流。18 户,78 人。面积 1.5 平方千米,耕地 395 亩,山林 1100 亩。种植玉米、烤烟、蔬菜,特产香菌、木耳、核桃。公坪至龙池乡村公路至此。

居民点内有一圆形水池,水面 16.8 亩,深浅尚不得知,传说池中有龙,故名。相传,龙池这地方很早以前没有池,是一大块垴田,垴边住着一位老大娘。一天,老大娘惊奇地发现堂屋后墙根生出一对竹笋。她感到新奇，便浇水、看护，想看看会是什么结果。大娘家境贫寒，与一个未成家的儿子相依为命。俗话说"越有越挣，越无越困"，儿子几次试图改变贫困的家境，都无果而终。于是平常有些贪玩，在大娘心目中是个不争气的懒儿子。儿子见大娘很仔细地照看竹笋，心中埋怨道："竹笋又不是你儿子，你倒比对我还好。"大娘说："笋娃儿比你有灵性，你整天只吃不做，坐吃山空，我也老了，无能力照顾自己，哪还顾及得了你？你还是勤快些，做些事儿挣口饭吃，不然我死了，你也只有死路一条。"儿子不以为然。

大娘身体日渐衰弱，生活越来越艰难，很快到了无米下锅的境地。正犯愁时，墙角根突然金光闪闪，竹笋开口说话了："大娘，大娘，你莫愁，打开瓦罐看一下！"大娘急忙打开一看：白花花的大米装了一罐。儿子听说有这等奇事儿，欣喜若狂。心想有了这对宝物，自己什么事不用做了，要啥有啥。一开始，他只是让竹笋变些柴米油盐，后来胃口越来越大，不但祈祷变些日常用品，还要竹笋变金银财宝。大娘见儿子如此贪婪，心中很是生气，可又拿他没办法。一天，贪玩的儿子又向竹笋祈求：给他变出一个如花似玉的女子做老婆。竹笋没有显灵，儿子恼了，对竹笋又打又踢。大娘见状，一个劲儿地骂儿子："孽障，冤孽，你造的孽还不够多呀？干吗要伤害笋娃儿？"大娘骂完儿子照常纺线，一不小心，线坨被一只大黄狗叼走了。大娘一边追一边吵："讨嫌的野狗，看我不打死你！"一直追到山坡下，狗才丢下线坨跑了。大娘捡起线坨往回走，走到坎上一看，堰田变成了清澈的水池。儿子见有水池也高兴得不得了，便在池边建起了新家，水池养鱼，从此，日子一天天好了起来。

余仕坡

位于黄粮镇人民政府驻地西北 7.3 千米处，店子垭村居民点。东至余家湾，南连小花屋，西接陈家院子，北靠连珠田。35 户，110 人。面积 0.6 平方千米，耕地 137 亩，山林 530 亩。种植玉米、烤烟，特产香菌、木耳、核桃。徐家埫至店子垭乡村公路途经。

店子垭村余仕坡

余仕坡,原名余斯坡,清康熙年间,山东平度余登荣、余登榜兄弟落籍兴山,余登荣携妻、弟进入余斯坡。乾隆年间,余登荣的后人发迹,将余斯坡四支余姓并为一族,将余斯坡更名余仕坡。余登荣自落籍后,以耕读为本,仁义为怀,经过两代人的努力,人兴财发,富甲一方。清中期大兴土木,筹划兴建余家世袭庄院"伏龙庄"。因乱世虽未按计划完工,却也建成5个天井,39间房屋,亭台楼榭,雕龙画凤,人物花鸟、琴棋书画、渔樵耕读壁画,镂刻浮雕等。余二世,即余登荣之子余廷孝接替家长后,更是治家有方,传承优良家风。三世孙即余廷孝之后,长子余志烺居三品中议大夫;次子余志锐文官,居三品奉政大夫,曾任江苏省淮扬道道台。

断缰坪

位于黄粮镇人民政府驻地东北8.8千米处,仁圣村居民点。东至三股水,南连杨家山,西接朱家院子,北靠马家墒。11户,35人。面积0.4平方千米,耕地94亩,山林190亩。种植玉米、烤烟、蔬菜,特产香菌、木耳、核桃。

传说三国时期,五虎上将关羽得知荆州、江陵等长江要塞相继失守,异常震惊,即刻率部从樊城南撤。吕蒙进入江陵,释放了被关羽关押的于禁,并派人抚慰蜀军将士和家属。这些策略,使得蜀部军心涣散,斗志瓦解,许多将士半路而逃。关羽恨得咬牙切齿,大叫:"我生不能杀吕蒙,死了也要杀了他!"孙权的军队势如破竹,关羽节节败退,一直退到麦城以北,带着一小队人马连续走了数月,来到荆州南郡一带。时连日阴雨,将士们长途跋涉,又累又饿,身心俱疲。关羽依然骑赤兔马,手持青龙偃月刀,威风凛凛,不断鼓舞士气。突见不远处,有一四面环山的草坪,有几间茅草屋,正是歇息的好地方。关羽及其将士们心中大喜,决定到坪中停歇片刻,以作调整。此刻大雨骤停,关羽策马扬鞭,驰入坪中,手中的缰绳突然断了。关公心生疑云:"莫非我关云长叱咤一生,戎马生涯已尽?"不久,关羽被孙权所杀。此地谓断缰坪。

蟒蛇坪

位于黄粮镇人民政府驻地东北11.2千米处,庙墒坪村居民点。东临孔子河,南至孔子楼,西接鸡公岭,北靠后湾。8户,32人。面积0.5平方千米,耕地150亩,山林150亩。种植玉米、烤烟、蔬菜,特产香菌、木耳。

传说很早以前,一男子唤王二,家境十分贫寒。年仅十岁,父母便撒手人寰。幸好祖父是个私塾先生,见其聪明,带进学堂念了几年私塾,写得一手好字并能应对。不多久,祖父也因病去世。王二十三岁就撑起了这个家。他聪明,有文化、懂礼貌,得到乡邻关照,勉强度日。

王二貌端体健,乐于助人,深得乡亲们好评。年过十六,好心人时常提醒他该娶亲成家了。王二自知家境贫寒,从未想过娶妻。仲春的一天,王二上山打猪草,不料迎面走来一个身着绸缎的美女,一双水灵灵的大眼睛,身材婀娜多姿。王二不敢正视。他正欲抽身,美女问道:"哥是哪里人?贵姓名谁呀?"王二脸红脖子粗地答道:"回小姐,姓王名二,就住在山下坪里陋舍。"美女说:"我叫青青,就住在这山上!"说完一扭身,站立不稳,眼看美女就要跌倒,情急之中,王二一个箭步上前,一手托住青青的后腰,一手握住她的右手,将其揽在怀中。青青见王二不仅长得帅气,而且心眼儿好,对王二表露出爱慕之意。青青说:"我在山上住久了,寂寞得很,天气暖和了下山玩耍,今天遇上哥好高兴,我帮你去采猪草,我认识很多猪能吃的草呢!"王二从未跟年轻漂亮的女孩子交往过,实在不好意思,但又打心眼儿里高兴,两人便一同上了山。从此以后,王二和青青便在一起了,小两口朝夕相依,甜甜蜜蜜,小日子美满滋润。转眼到了深秋,青青决定回娘家住上一段时间。青青走后,虽是婚后半载,王二却是茶饭不思,彻夜难眠。已经是第十天了,王二决定去青青娘家看望爱妻。走到大山深处,见路边有一山洞,洞口溜光滑亮,王二好奇,想看个究竟。刚一进洞口,只见山洞深处盘绕一巨蟒,王二顿觉迷糊。不知过了多久,发现青青柔情似水地偎依在他怀中……

鸡公岭

位于黄粮镇人民政府驻地东北9.4千米处,庙堨坪村居民点,海拔1400多米。东临孔子楼,南至漆垭,西接韩家垭,北靠三股水。18户,50人。面积1.4平方千米,耕地140亩,山林910亩。种植玉米、烤烟、蔬菜,特产木耳、核桃。庙淌坪至鸡公岭乡村公路经此。

鸡公岭,以山形似雄鸡而得名。有诗云:"昂然山之巅,威武而悠闲。未鸣似有声,报晓数千年。"远眺鸡公岭,鸡喙尖勾,鸡冠突起,鸡尾高翘,形态十分逼真。不经意望去,似乎一只鲜活的公鸡踱步而来。相传,很久以前当地大地主家的一个放牛娃,常来对面山上放牧。一日,他闲来无事,下意识四周张望,恍惚看见前面大白色公鸡正在悠闲啄食。放牛娃生气地说:"我还饿着,你倒在逍遥填肚子!"说罢,随手捡起一石头朝公鸡砸去。公鸡闻风振翅,飞往山下落至河岸。后来此河称为白鸡河。

龙窝儿

位于黄粮镇人民政府驻地东北4.6千米处,石槽溪村居民点。东临雷打树垭,南至高华岭,西接土门垭,北靠鼓匠坡。27户,80人。面积1.2平方千米,耕地206亩,山林390亩。种植玉米、烤烟、蔬菜,特产香菌、核桃。金家坝至石槽溪乡村公路经此。

坪中一洞窝儿,有清泉水流出,传说洞中有龙,故名。相传,在很久很久以前,这里连续三年干旱无雨,庄稼几乎绝收,难民成群,正如当年施耐庵所吟:"赤日炎炎似火烧,野田禾稻半枯焦。农夫心内如汤煮,公子王孙把扇摇。"为祈求天降甘霖,受灾百姓集聚于坪,设坛祭天,求老天爷降雨赈灾,普救天下众生。说来也似乎灵验,不多时,见乌云密布,电闪雷鸣,雨至,并越下越大。霎时,忽见坪地中生一漩涡,龙腾云空。从此,这里年年风调雨顺,五谷丰登,百姓安居乐业。人们亲切地称这吉祥之地为龙窝儿。

盘古庙

位于黄粮镇人民政府驻地西北5.3千米处,水磨溪村居民点。东临雷打树垭,南至苏家院子,西接阳坡,北靠大堨堰塘。9户,37人。面积0.3平方千米,耕地68亩,山林180亩。种植玉米、烤烟、蔬菜,特产香菌、核桃。

境内原有一庙,名盘古庙。传说,这里古时常遭洪灾,水土流失,土地贫瘠。人们为了祈祷平安,求得地方兴旺,在山上建一庙,石砌为墙,顶盖片石,翘檐座脊。占地15平方米,供盘古和大禹神位。象形的石景有石狮子、盘古场、盘古垛、盘古爷的石箱子等。庙宇早已不复存在，其名悠然传称。

凉风垭

位于黄粮镇人民政府驻地西南2.2千米处，黄粮坪村居民点，以山口风柔气爽而得名。黄粮镇黄粮坪村与昭君镇青华村交界处，东临母猪头，南至龙头寨，西接罩子垭，北靠曹家岩。18户，50人。面积0.7平方千米，耕地130亩，山林610亩。种植玉米、水稻。S252欧南线途经。

凉风垭，山垭两边道路都为陡下坡，凡过往行人都要爬一段急上坡才能到达垭口。西南面临牛栏头沟，沟深谷峡，东北边是开阔的黄粮坪，垭间凉风习习。过往行人登至垭口，顿感心身舒爽，如释重负。尤其盛夏，力夫、行人都要在此歇息，来时的闷热和疲惫顿消，甚有不愿离去之意。一日，两游客登上凉风垭歇息片刻后，脱口而出："憩垭纳凉风，犹如置仙宫。莫道行程远，再留三分钟。"抗战时期，凉风垭是巴柯（巴东—丹江口市柯家营）人行道必经之山口，也是S252欧南线的重要通道。

横牛垱

位于黄粮镇人民政府驻地东南3.2千米处，后山村居民点。东临老君庙，南至青梁木河，西接寨堡，北靠敬家垴。35户，100人。面积0.5平方千米，耕地200亩，山林115亩。种植玉米、土豆，特产烤烟、药材、核桃。

横牛垱，原名衡牛垱，后演绎为横牛垱。传说，每当夕阳西下，有头犀牛便来到山腰间，静卧于泥塘之中，直到深夜才离开。一天夜晚，犀牛见缓缓升起的明月，似明镜悬挂于湛蓝星空，可扭头才能望月的姿势颇费劲，于是它摆头向东，并保持这个姿态。时任县官的李南介，到此地体察民情，见犀牛横卧其垱，从未改变过它的习惯，吟道："垱有衡牛卧全身。"从此以后，人们称这里为"衡牛垱"。

蛟过坪

位于黄粮镇人民政府驻地东北11.2千米处，火石岭村居民点。东至下公坪，南连羊角尖，西接鞍子垭，北靠张家坝。11户，30人。面积0.4平方千米，耕地95亩，山林300亩。种植玉米、烤烟、蔬菜，特产香菌、核桃。

有诗曰："狂风怒吼卷乱云，电闪雷鸣雨倾盆。蛟龙奔腾欲入海，正是翻江蛟过坪。"传说古代山洪暴发时，有蛟龙过此，水退成坪，故名。这里至今流传着山洪暴发的恐怖故事。说的是古时盛夏的一天傍晚，滚滚乌云从天边压过来，天地朦胧，混沌一片，一道又一道的闪电由远及近，撕破夜空，劈向大地，伴随着轰隆隆的雷鸣声，顿时风雨交加，飞沙走石，顷刻暴雨如注，山洪暴发，洪水泛滥。巨大的洪流夹杂着泥沙奔腾而下，大块的良田、大片的森林刹那间被吞噬，一路摧枯拉朽，锐不可当。传说有人看见洪峰之上，闪烁着一对灯笼大的眼睛，金光刺眼，随着泥石流卷入峡谷之中。第二天，此地面目全非。大面积山体滑坡，泥石流淤塞了山谷，所经之地，一片狼藉，当地人谓之走蛟。

第六节　水月寺镇

　　水月寺镇,兴山县辖镇。位于兴山县人民政府驻地古夫镇东31.6千米处,镇人民政府驻水月寺集镇。东邻夷陵区,南接峡口镇,西连黄粮镇,北与保康县交界。东距宜昌城区88千米,南距峡口码头45千米。总面积464平方千米,耕地4.7万亩,山林52.03万亩。6529户,2.14万人。辖17个村民委员会,1个居民委员会,105个村(居)民小组,394个居民点。中华人民共和国成立时为月溪乡;1955年更名为三阳区;1958年成立三阳人民公社;1987年置水月寺镇;2001年高岚镇、水月寺镇合并建水月寺镇。《兴山县志》(同治版)记载:"水月院,寺旁山上砖塔。"故名。构造岩溶地貌,地势为东北高、西南低。最高点圈椅埫海拔1961.1米,最低点两河口海拔325.8米。属亚热带大陆性季风气候,春季冷暖多变,夏季雨量集中,秋季多阴雨,冬季多霜雪。年均气温14℃,年均降水量为1150毫米。水系夏阳河、高岚河,属香溪河流域,流域面积495平方千米,河流总长150千米。矿产资源有银钒矿、磷矿、花岗石等19种。银钒矿属亚洲最大矿床。镇文化站1处,村级文化活动中心18处;幼儿园1所,小学3所,初中1所;各级医疗卫生机构19个;福利院1家。有清晚期川汉铁路桥墩三道瓮子、店子涵洞遗址。名胜古迹有位于"一江两山"黄金旅游线上的高岚自然风景区、朝天吼漂流。以农业种、养殖业及磷矿、花岗岩等矿产开采为主。G347南德线、G42沪蓉高速、S312宜兴线、S287白土线,水月寺至王家台县道公路途经。沪蓉高速公路在高岚集镇与S312宜兴线互通。乡村公路42条,总里程335.5千米,其中国道35.1千米,省道51.9千米,县道47.6千米,乡村公路200.9千米。1992年6月、1995年12月两次获省政府"楚天明星乡镇"称号。

水月寺集镇

　　《兴山县志》(光绪版)记载:"东北一百五里,水月寺市,为县境著名聚落也。"水月寺镇人民政府、水月寺居民委员会驻地。驻财政所、派出所、卫生院、水月寺中心小学、银行、保险公司、邮政支局、变电站、加油站等27家镇直单位和县属单位。有村级卫生室、健身房、篮球场、健身广场等。面积0.9平方千米。329户,980人。集镇道路呈二纵一横三桥格局,分别为:河东道路、水白水椴路、S287白土线和水月寺一桥、水月寺二桥、工业园大桥。建有自来水厂,管道3.12万米;建有水月寺工业垃圾处理厂和集镇污水处理厂,集镇百货超市、旅馆、餐馆及金融网点等。S287白土线途经,东至水月寺至王家台县道公路在王家台接S312宜兴线,西南至高岚接G42沪蓉高速,北经S287白土线至白果园接G347南德线。

水月寺镇人民政府驻地水月寺集镇

水月寺居民委员会

位于水月寺镇人民政府驻地东南0.2千米处,以驻地水月寺集镇命名。1958年命名为水月寺大队,隶属三阳区龙头公社;1975年隶属三阳公社;1984年更名为水月寺村村民委员会,隶属;1987年将三阳公社更名为水月寺镇,隶属;1991年更名为水月寺居民委员会,仍隶属;2002年将水月寺居民委员会、犀牛口村、碾盘沟村、洪水河村合并,命名为水月寺居民委员会,隶属水月寺镇。东接龙头坪村,南邻道路坪村,西连椴树垭村,北靠安桥河村。辖9个居民小组,31个居民点。863户,2957人。总面积39.95平方千米,其中兴山县国有坟塥坪林场25.85平方千米,集镇0.9平方千米。耕地3890亩,居民自用林5761亩。种植玉米、油菜,特产茶叶、天麻、香菌、木耳、药材。境内花岗岩、大理石、金矿、硫铁矿、硅石等矿产资源丰富。S287白土线、水月寺至王家台县道途经,有水月寺至椴树垭、郭家台至杨家台、牯牛垭至四方顶乡村公路,以及石材专用公路。有水月寺一桥、水板桥、酒厂桥、花屋桥、水月寺二桥等交通设施。建有野马洞电站。

树空坪村

位于水月寺镇人民政府驻地东北12.7千米处,村委会驻赵家河居民点。坪内有棵大核桃树,树干中空,名树空坪,村以此命名。1958年命名为树空坪大队,隶属三阳区白果公社;1975年隶属三阳公社;1984年更名为树空坪村村民委员会,仍隶属;1987年建水月寺镇,隶属;2002年树空坪村、后坪村、皂角河村合并,更名为树空坪村村民委员会,隶属水月寺镇。东、南接夷陵区,西邻安桥河村,北靠榛子乡石柱村。辖8个村民小组,34个居民点。280户,1160人。面积44.44平方千米,其中兴山县国有后坪林场27.73平方千米,耕地2985亩,村民用林9606亩。种植玉米、油菜,特产核桃、香菌、木耳、生漆。境内矿产资源丰富,有磷矿、褐铁矿等,储量超过2亿吨。驻兴发集团宜昌枫叶树空坪磷矿有限公司、兴发集团树空坪选矿场、兴山县国有后坪林场,兴山县林业局树空坪木材检查站。G347 南德线途经,有树空坪至后坪、麻溪河至后坪、丁家河至申家山 3 条乡村公路。

安桥河村

位于水月寺镇人民政府驻地东北 9.3 千米处,村委会驻白果园居民点,以境内安桥河居民点命名。1958 年命名为安桥河大队,隶属三阳区白果公社;1975 年隶属三阳公社;1984 年更名为安桥河村村民委员会,仍隶属;1987 年建水月寺镇,隶属;2002 年安桥河村、纸厂坪村合并,更名为安桥河村村民委员会,隶属水月寺镇。东邻夷陵区,南连水月寺居民委员会,西接茅草坪村,北靠树空坪村。辖 4 个村民小组,13 个居民点。237 户,914 人。面积 25.43 平方千米,耕地 1220 亩,山林 2.23 万亩。种植玉米、油菜,特产香菇、天麻。境内有银钒矿、花岗岩、褐铁矿、硫铁矿及磷矿资源。建有龙潭河电站,有龙潭河桥、安桥河桥、安桥河二桥等交通设施。G347 南德线途经,与 S287 白土线相接,有后沟口至黄羊坑、安桥河至梨子坪 2 条乡村公路。

茅草坪村

位于水月寺镇人民政府驻地西北 11.5 千米处,村委会驻茅草坪居民点,以境内茅草坪小区命名。1958 年命名为茅草坪大队,隶属三阳区白果公社;1975 年隶属三阳公社;1984 年更名为茅草坪村村民委员会,仍隶属;1987 年建水月寺镇,隶属;2002 年茅草坪村、炉沟村合并,更名为茅草坪村村民委员会,隶属水月寺镇。东连安桥河村,南接椴树垭村,西邻梅坪村,北靠榛子乡石柱村。辖 4 个村民小组,24 个居民点。229 户,814 人。总面积 38.66 平方千米,耕地 2810 亩,山林 2.7 万亩。种植玉米、油菜等农作物,特产核桃。村内有银钒矿、磷矿、铅锌矿资源,储量 6570 万吨。建有龙潭河电站。G347 南德线途经,建有炉沟桥、门家河桥等交通设施,有麻溪河至后坪、炉沟至陈家坪 2 条乡村公路。

茅草坪核桃

梅坪村

位于水月寺镇人民政府驻地西北 10.8 千米处,村委会驻桃园电站,以境内梅坪居民点命名。1958 年命名为梅坪大队,隶属三阳区奇秀公社;1975 年隶属三阳公社;1984 年更名为梅坪村村民委员会,仍隶属;1987 年建水月寺镇,隶属;2002 年梅坪村、奇寺村合并,更名为梅坪村村民委员会,隶属水月寺镇。东邻茅草坪村,南接滩淤河村,西连黄粮镇庙淌坪村,北靠榛子乡青龙村。辖 4 个村民小组,23 个居民点。184 户,650 人。面积 30.07 平方千米,耕地 2184亩,山林 4.05 万亩。种植玉米、油菜等农作物,特产核桃。村内有铅锌矿、磷矿资源,储量 200余万吨。G347 南德线途经,有梅坪至陈家岭、白鸡河至奇寺乡村公路。有孔子河桥、白鸡河桥、粮山沟桥等交通设施。建有桃园电站、白鸡河电站、梅坪电站。

椴树垭村

位于水月寺镇人民政府驻地西北 4 千米处,村委会驻椴树垭居民点。以驻地椴树垭居民点命名。1958 年命名为椴树垭大队,隶属三阳区奇秀公社;1975 年隶属三阳公社;1984 年更名为椴树垭村村民委员会,仍隶属;1987 年建水月寺镇,隶属;2002 年椴树垭村、桐木园村合并,更名为椴树垭村村民委员会,隶属水月寺镇。东、南邻水月寺居民委员会,西接滩淤河村、梅坪村,北靠茅草坪村。辖 5 个村民小组,20 个居民点。275 户,915 人。面积 26.79 平方千米,耕地 3611 亩,山林 3.26 万亩。种植玉米、油菜,特产天麻。矿产资源有硫铁矿、褐铁矿、铅锌矿、重晶石、金属镁等。建有兴山县菇福生态农业开发有限公司、兴山顺发石蛙养殖专业合作社;建有徐家河电站,公共蓄水池 1 口,蓄水量 100 立方米。有水月寺至椴树垭、小河口至椴树垭、椴树垭至柴家坪 3 条乡村公路。

滩淤河村

位于水月寺镇人民政府驻地西 6.8 千米处,村委会驻杨家新屋居民点,以境内滩淤河命名。1958 年命名为滩淤河大队,隶属三阳区奇秀公社;1975 年隶属三阳公社;1984 年更名为滩淤河村村民委员会,仍隶属;1987 年建水月寺镇,隶属;2002 年滩淤河村、奇头观村合并,更名为滩淤河村村民委员会,隶属水月寺镇。东邻椴树垭村,南连郑家垴村,西接石柱观村、黄粮镇高华村,北靠梅坪村。辖 4 个村民小组,15 个居民点。105 户,252 人。面积 23.6 平方千米,耕地 1637 亩,山林 3.09 万亩。种植玉米、油菜,特产香菇、魔芋、生漆。村内有铅锌矿、金属镁等资源,储量 300 万吨。建有孔子峡电站。G347 南德线途经及小河口至椴树垭、奇头观至椴树垭乡村公路。

龙头坪村

位于水月寺镇人民政府驻地东南 4 千米处,村委会驻龙头坪居民点,以境内龙头坪居民点命名。1958 年命名为龙头坪大队,隶属三阳区龙头公社;1975 年隶属三阳公社;1984 年更名为龙头坪村村民委员会,仍隶属;1987 年建水月寺镇,隶属;2002 年龙头坪村、东冲河村、四方顶村 1 组合并,更名为龙头坪村村民委员会,隶属水月寺镇。东邻夷陵区,南连马粮坪村,西接道路坪村,北靠水月寺居民委员会。辖 6 个村民小组,24 个居民点。380 户,1272 人。面积 23.86 平方千米,其中兴山县国有坟垴坪林场 1.36 平方千米。耕地 2087 亩,其中水田 573 亩,村民用林 2.68 万亩。种植玉米、水稻,特产茶叶。矿产资源有金矿、花岗岩、石墨等。驻有岩磊、金悦、新成石墨公司。建有以花岗岩石材加工为主的工业园。有白竹坪至月落坪、龙头坪至坟垴坪 2 条乡村公路,水月寺至王家台县道公路途经。

马粮坪村

位于水月寺镇人民政府驻地东南 6.6 千米处,村委会驻保管室居民点,以境内马粮坪居民点命名。1958 年命名为马粮坪大队,隶属三阳区龙头公社;1975 年隶属三阳公社;1984 年更名为马粮坪村村民委员会,仍隶属;1987 年建水月寺镇,隶属;2002 年马粮坪村、界岭村、四方顶村 3 组合并,更名为马粮坪村村民委员会,隶属水月寺镇。东邻夷陵区,南连晒谷坪村,西接道路坪村,北靠龙头坪村。辖 6 个村民小组,29 个居民点。490 户,1671 人。面积 23.91 平方千米,其中兴山县国有坟垴坪林场 1.1 平方千米。耕地 1501 亩,村民用林 2.67 万亩。种植玉米、水稻、土豆,特产茶叶、天麻、香菌、木耳、药材。有马粮坪茶场、界岭茶场。有硫铁矿、石榴石、铅锌矿、石墨等。驻有裕鑫石材公司。有公共蓄水池 4 口,蓄水量 300 立方米。S312 宜兴线途经,有马粮坪至白石头湾、马粮坪至晒谷坪、桃子垭至鹰嘴石、道路坪至王家台、神龙奔江至鲁家湾 5 条乡村公路。

道路坪村

位于水月寺镇人民政府驻地西南 3.8 千米处,村委会驻道路坪居民点。相传在很早以前,夏阳河水流至此处形成倒流,原名倒流坪,后演变为道路坪,以道路坪居民点命名。1958 年命名为道路坪大队,隶属三阳区龙头公社;1975 年隶属三阳公社;1984 年更名为道路坪村村民委员会,仍隶属;1987 年建水月寺镇,隶属;2002 年道路坪村、雷溪口村、狮子坪村、四方顶村 2 组合并,更名为道路坪村村民委员会,隶属水月寺镇。东连龙头坪村,南接南对河村,西至郑家垴村,北靠水月寺居民委员会。辖 8 个村民小组,20 个居民点。339 户,1140 人。面积 23.93 平方千米,耕地 3051 亩,山林 2.67 万亩。种植玉米、水稻、土豆,特产茶叶、天麻、板栗、香菌、木耳、药材。矿产资源有金矿、铜矿、硅石等,储量 300 万吨。有雷溪口水库,容量 97.5 万立方米,用于朝天吼漂流供水和雷溪口电站发电。有道路坪水泥预制板厂。有道路坪一桥、狮子坪桥等交通设施,S287 白土线途经,有道路坪至王家台、雷溪口至九里冲乡村公路。

境内有古建筑大屋,建于民国时期,占地 300 平方米,建筑面积 1200 平方米,使用面积 800 平方米,高 20 米,土木结构,三层,每层 5 大间,10 小间。为时任县参议郑子芬所建,又称郑子芬老屋。1952—1958 年,曾是三阳区政府驻地,属县级文物保护单位。

《水月寺镇志》记载:柳连科,男,水月寺镇道路坪村柳家坡人。1927 年,在柳家坡一带组建"神兵",打富济贫。此后,三阳(今水月寺)一带多支"神兵"队伍的兴起,引起中国共产党"巴兴归"(即巴兴归根据地,由巴东、秭归、兴山三县组成)县委的高度重视,派刘子和前往,团结和改造。柳连科、陈支奎、史文洪三支"神兵"队伍联合接受改造。柳连科于 1930 年加入中国共产党,带领群众杀死贪官杨方祖,税吏吴绍雍。后转移到"兴房"边界工作,加入红军独立一师。1933 年 1 月,随卢冬生部转战水月寺,留兴山坚持斗争,同年被伪联保主任抓住,交国民党县党部,惨遭杀害。

晒谷坪村

位于水月寺镇人民政府驻地东南 9.7 千米处,村委会驻双聋垭居民点,以晒谷坪居民点命名。境内海拔在 550～1500 米。1958 年命名为晒谷坪大队,隶属三阳区三合公社;1975 年隶属高岚公社;1984 年更名为晒谷坪村村民委员会,仍隶属;1987 年高岚公社更名为高岚镇,隶属;2001 年高岚镇、水月寺镇合并,建水月寺镇,隶属;2002 年晒谷坪村、邹家湾村、老林湾村 5 组合并,更名为晒谷坪村村民委员会,隶属水月寺镇。东、南邻夷陵区,西连白果园村,北靠马粮坪村。辖 7 个村民小组,18 个居民点。420 户,1440 人。面积 17.58 平方千米,耕地 2796 亩,其中水田 1659 亩,山林 1.78 万亩。种植水稻、玉米、油菜、土豆,特产茶叶、天麻。矿产资源有磁铁矿、花岗岩等。有神龙奔江桥、三道瓮子桥等交通设施,有马粮坪至晒谷坪、赤脚坪至楼子湾、双聋垭至坨坨垭、白果园至晒谷坪、神龙奔江桥至鲁家湾、南对河至晒谷坪等乡村公路。

白果园村

位于水月寺镇人民政府驻地南 8.6 千米处,村委会驻白果园居民点,以白果园居民点命名。1958 年命名为白果园大队,隶属三阳区三合公社;1975 年隶属高岚公社;1984 年更名为白果园村村民委员会,仍隶属;1987 年高岚公社更名为高岚镇,隶属;2001 年高岚镇、水月寺镇合并,命名为水月寺镇,隶属;2002 年白果园村,罗家垭村,老林湾村 1、2、3、4、6 组合并,更名为白果园村村民委员会,隶属水月寺镇。东邻晒谷坪村,南接野竹池村、夷陵区下堡坪乡,西至高家坪村,北靠马粮坪村、道路坪村。辖 6 个村民小组,22

白果园天麻

个居民点。443 户,1372 人。面积 21.14 平方千米,耕地 2773 亩,其中水田 1148 亩,山林 2.2 万亩。种植水稻、玉米,特产茶叶、天麻、药材。建有金湘口电站、青龙寨水库。G42 沪蓉高速、S312 宜兴线途经,有白果园至晒谷坪、南对河至白果园、里村坪至白果园、清明桥至罗家垭 4 条乡村公路。

《水月寺镇志》记载:陈支奎,水月寺镇白果园村老林湾人。1927 年 8 月,陈支奎邀约乡邻亲友在老林湾组建"神兵",拉起 60 多人队伍,除暴安良。由于三阳(今水月寺)一带多支"神兵"队伍的兴起,引起中国共产党"巴兴归"县委的高度重视,派刘子和前往做"神兵"的团结和改造工作。陈支奎与柳连科、史文洪联合接受改造。陈支奎于 1928 年 4 月加入中国共产党,11 月担任中国共产党柳家坡支部书记,1931 年 4 月任宜兴边游击大队长。1933 年 1 月 21

日,随红三军独立一师攻下兴山县城,经秭归,直插鹤峰,与红三军主力会师,踏上长征之路。

野竹池村

位于水月寺镇人民政府驻地西南 12.7 千米处,村委会驻野竹池居民点,以境内野竹池居民点命名。1958 年命名为野竹池大队,隶属三阳区野竹池公社;1975 年隶属高岚公社;1984 年更名为野竹池村村民委员会,仍隶属;1987 年高岚公社更名为高岚镇,隶属;2001 年高岚镇、水月寺镇合并建水月寺镇,隶属;2002 年野竹池村、福堂坪村、白家岩村合并,更名为野竹池村村民委员会,隶属水月寺镇。东、南接宜昌市大老岭林场,西邻峡口镇黄家河村,北靠高家坪村。辖 8 个村民小组,28 个居民点。463 户,1469 人。面积 31.74 平方千米,耕地 3513 亩,其中水田 1043 亩,山林 3.98 万亩。种植水稻、玉米,特产茶叶、天麻、香菌。有磁铁矿、花岗岩。建有瑞兴电站、福源电站。S287 白土线途经,有野竹池至堰池垭、野竹池至白家岩、福堂、白土沟、红椿乡村公路。

高家坪村

位于水月寺镇人民政府驻地西南 10.3 千米处,村委会驻高家坪居民点,以境内高家坪居民点命名。1958 年命名为高家坪大队,隶属三阳区野竹池公社;1975 年隶属高岚公社;1984 年更名为高家坪村村民委员会,仍隶属;1987 年高岚公社更名为高岚镇,隶属;2001 年高岚镇、水月寺镇合并建水月寺镇,隶属;2002 年高家坪村、简家河村合并,更名为高家坪村村民委员会,隶属水月寺镇。东邻白果园村,南连野竹池村,西接峡口镇漆树坪村,北靠南对河村。辖 6 个村民小组,15 个居民点。314 户,1048 人。面积 16.77 平方千米,耕地 2985 亩,山林 1.78 万亩。种植玉米、水稻、油菜,特产茶叶、香菇、天麻。有磁铁矿、花岗岩。有高家坪绿缘茶叶和高家坪绿香茶叶 2 个专业合作社。建有鑫茂电站。设有卫生室、便民服务大厅。S287 白土线途经。河东有一棵迎客松,高大挺拔,树龄近 300 年。枫香树枝繁叶茂,树龄近 400 年。村西的腰磨石,盘踞千古绝壁,形象逼真。村东河流中有一潭,名跳鱼潭,水中鱼儿常跃出水面,每逢春季,鱼儿凭借这里急流优势,在逆流中跳跃上游产卵,引游客驻足赏鱼儿跳跃。

南对河村

位于水月寺镇人民政府驻地西南 7.5 千米处,村委会驻老林业站居民点,以境内南对河居民点命名。1958 年命名为南对河大队,隶属三阳区三合公社;1975 年隶属高岚公社;1984 年更名为南对河村村民委员会,仍隶属;1987 年高岚公社更名为高岚镇,隶属;2001 年高岚镇、水月寺镇合并建水月寺镇,隶属;2002 年南对河村、黄家祠村合并,更名为南对河村村民委员会,隶属水月寺镇。东邻白果园村,南连野竹池村,西接高岚村,北靠郑家垴村、道路坪村。辖 4 个村民小组,14 个居民点。325 户,1108 人。面积 15.15 平方千米,耕地 1145 亩,山林 1.61 万亩。种植玉米、水稻,特产茶叶、香菌、木耳、天麻。有学堂坪、汪家坪、黄家祠 3 条水渠,长 4 千米;公共蓄水池 4 口,蓄水量 20 万立方米,管道 6 千米。有钼矿资源。建有金子坪电站、学堂坪电站、青龙寨电站、南对河电站。有学堂坪大桥、南对河大桥、羊象坪大桥等交通设施。G42

沪蓉高速、S312 宜兴线、S287 白土线途经。有南对河至晒谷坪、南对河至羊象坪、金子坪至郑家埫 3 条乡村公路。

郑家埫村

位于水月寺镇人民政府驻地西南 5.8 千米处,村委会驻女儿湾居民点,以境内郑家埫居民点命名。1958 年命名为郑家埫大队,属隶三阳区高岚公社;1975 年隶属高岚公社;1984 年更名为郑家埫村村民委员会,仍隶属;1987 年高岚公社更名为高岚镇,隶属;2001 年高岚镇、水月寺镇合并建水月寺镇,隶属;2002 年郑家埫村、垭头坪村合并,更名为郑家埫村村民委员会,隶属水月寺镇。东邻道路坪村,南连南对河村、高岚村,西接石柱观村,北靠滩淤河村。辖 5 个村民小组,15 个居民点。376 户,1201 人。面积 17.69 平方千米,耕地 3852 亩,山林 2.1 万亩。种植玉米、水稻,特产核桃、茶叶。有铅锌矿、金属镁、硫铁矿等。建有郑家埫水库,总库容 2.5 万立方米,堰塘 2 口,蓄水量 200 立方米;万家坪、阳坡干支渠,长 5 千米,可灌溉农田 230 亩。建有广沟电站。有马儿坝至万家坪、郑万垭、金子坪至郑家埫等乡村公路。

石柱观村

位于水月寺镇人民政府驻地西南 12.1 千米处,村委会驻石柱观居民点,以石柱观居民点命名。1958 年命名为石柱观大队,隶属三阳区高岚公社;1987 年隶属高岚镇;1984 年更名为石柱观村村民委员会,仍隶属;2001 年高岚镇与水月寺镇合并建水月寺镇,隶属;2002 年石柱观村、万家湾村、大天池村合并,更名为石柱观村村民委员会,隶属水月寺镇。东邻滩淤河村、郑家埫村,南连高岚村,西接黄粮镇黄粮坪村、户溪村,北靠黄粮镇高华村。辖 6 个村民小组,30 个居民点。313 户,999 人。面积 20.58 平方千米,耕地 3992 亩,山林 2.45 万亩。种植水稻、玉米,特产茶叶、天麻。堰塘 2 口,容量 100 立方米。有郑万垭、万家湾至大天池、杉树坪至石柱观乡村公路。

高岚村

位于水月寺镇人民政府驻地西南 9.7 千米处,村委会驻高岚集镇,以境内高岚河命名。1958 年命名为杉树坪大队,隶属三阳区高岚公社;1984 年更名为杉树坪居民委员会,仍隶属;1987 年将高岚公社更名为高岚镇,隶属;2001 年将高岚镇、水月寺镇合并更名为水月寺镇,隶属;2002 年将杉树坪居民委员会、小溪沟村、王家河村合并更名为杉树坪居民委员会,仍隶属;2008 年将杉树坪居民委员会更名为高岚村村民委员会,隶属水月寺镇。东邻郑家埫村、南对河村,南连峡口镇漆树坪村,西接峡口镇杨道河村,北靠石柱观村。辖 5 个村民小组,19 个居民点。493 户,1506 人。总面积 21.63 平方千米,耕地 1438 亩,山林 2.5 万亩。种植水稻、玉米,特产茶叶、香菌、木耳、蜂蜜、核桃。村内修筑有马儿坝水渠、堰塘上下水渠、道班水渠、斑鸠窝水渠、铁合金厂水渠等干支渠,可灌溉农田 240 亩。境内水能资源丰富,建有将军柱电站、马儿坝电站、小溪河电站。村内有硫铁矿、铁矿、铅矿等资源。2003 年修建村委会办公楼,建筑面积 300 平方米。村内有睡佛山、朝天吼、八缎锦等景点,构成高岚十里画廊风景区。S312 宜兴线途经。G42 沪蓉高速在集镇设有高岚互通。杉树坪至鲍家岭乡村公路途经。

沪蓉高速高岚互通

高岚集镇

自 1958 年以来,曾为高岚公社、高岚镇人民政府机关和杉树坪大队、杉树坪居民委员会驻地。2008 年为高岚村村民委员会驻地。上至马儿坝,下至斑鸠窝,面积 1 平方千米。160 户,500 人,属旅游集镇发展核心地带。大部分居民居住在夏阳河北岸,居民楼房按照统一规划设计改造,焕然一新。驻有高岚小学、幼儿园、卫生所、村卫生室、交警中队、加油站、银行、保险公司、朝天吼漂流接待中心和高岚风景区管理处。设有高岚宾馆、旅馆、农家乐、百货超市等服务网点。新建的居民小区,仿汉建筑,古香古色。S312 宜兴线由东向西穿越集镇。G42 沪蓉高速设互通。

白果园

位于水月寺镇人民政府驻地东北 9.3 千米处,安桥河村居民点。东邻长石,南至叶家坡,西接大槽,北靠吴家沟。45 户,175 人。面积 3.5 平方千米,耕地 236 亩,山林 2890 亩。种植玉米、土豆等。G347 南德线与 S287 白土线在此相交。过去,是白果乡(管理区、公社)、安桥河大队、安桥河村村民委员会驻地。有白果园小学、商店、诊所。

清嘉庆年间,此地居民多为王姓,族长王春儒,家境殷实,有胆有谋。一天,100 多名土匪被地方官军追剿,逃到白果园。周围百姓闻讯躲避,唯王春儒一家不走,反而将土匪接到家中,杀猪宰羊,设宴款待,设坛祭天。匪首以为逢凶化吉,遇难呈祥,欣喜之情,溢于言表。第七天一大早,王春儒对土匪首领讲:"今天由我带路,上山玩玩,边休整边观察地形,若不带武器,我腾间房子保管,派专人看管。"匪首听后,未加思索便同意了。王春儒带领众匪上乌龟包,过长湾,刚到坟塥坪,突听一声炮响,土匪首领方知中计,却为时已晚。土匪顿时陷入四周官兵的层层包围之中,全部被歼灭。不久,朝廷官兵追剿至此,王春儒详情禀报。官兵班师回朝,如实呈报,皇上听后倍加赞赏,封王春儒为王,调拨朝银建八字衙门,修建"得胜园"城,派兵丁守卫,王春儒声名大振。

龙泉寺

位于水月寺镇人民政府驻地东北 8.9 千米处,安桥河村居民点。东连梨子坪,南接安桥河至梨子坪乡村公路,西至水厂,北靠黄羊坑山峰。11 户,42 人。面积 1.5 平方千米,耕地 65 亩。山林 1710 亩。种植玉米、土豆等,特产核桃、香菌、木耳。安桥河至梨子坪乡村公路途经。

《水月寺镇志》记载:清朝年间,这里住着王氏两兄弟。他们分家立户后,胞弟好吃懒做,家境逐渐衰败。兄嫂二人勤俭持家,变成了远近有名的富户。不料,兄长患病身亡。胞弟萌生出卖嫂子吞并兄嫂家产恶念,很快被嫂子察觉,便叫来小叔道:"兄弟呀,我家有 40 多头猪可以出售,请你帮忙赶到宜昌变卖。"胞弟听后又生卖猪独吞钱财邪念,满口答应,次日便启程。小叔走后,嫂子征得族长许可,即刻请来匠人,将自己的四合大院改为寺庙,庙旁有股泉水,传为龙王所赐,冠名龙泉寺。前殿供魔礼青、魔礼海、魔礼红、魔礼寿魔家四将和诸多小菩萨,后殿供奉祖师、观音及众多小神,将 500 亩山林田地和 90 石租课,全部变为寺庙财产。寺庙改建竣工,她便择吉日削发为尼。是日,小叔回家,见四合院已变成寺庙,见嫂子端坐坛前,双眼微闭,手敲木鱼,口诵经文。长叹一声:"黄粱美梦一场空啊!"尼姑示寂后,寺庙由王氏家族管理,招和尚常年住庙,供香客朝拜。因岁月流逝,寺庙年久失修而坍塌毁矣。

牯牛垭

位于水月寺镇人民政府驻地东南 2.1 千米处,水月寺居民委员会居民点。东接水月寺至王家台县道公路,南连四方顶,西邻董家冲,北靠杉树垭。23 户,106 人。面积 0.3 平方千米,耕地 194 亩,山林 1200 亩。种植玉米、水稻、油菜,特产香菌、木耳。水月寺至王家台县道公路途经。

传说很早以前,山垭之上住一农户,养一条健硕的公牛,性情刚烈,力大无穷,耕田无数,被称为牛王。此牛幼时吃得快,长得快,跑得更快。三岁时身长超过三米,体型前高后塌,在当地牛群中独一无二。后来在被调教耕田的过程中,颇费周折,要么拒不从,要么躺在田里不起来,要么拖着绳索犁铧乱窜。七天后,勉强可以耕田,但耕至半小时左右就吭哧,提示它要休息,否则就拖着绳索犁铧乱跑。一年过后,此牛不仅听使唤,而且耐耕,一旦入套,人不休息它不歇,让人心疼。这头牛不仅在主人家躬耕数载,而且每年还为周边不少缺耕牛的农户翻耕大量的农田。老死后主人甚感心酸可惜,不忍剥皮割肉,葬于山口,名牯牛垭。

洪水河

位于水月寺镇人民政府驻地西北 2 千米处,水月寺居民委员会居民点。传说,此地为山洪冲成河滩平地,故名。东接赵家屋场,南连马家屋场,西邻董家坡,北靠徐山湾。23 户,87 人。面积 0.6 平方千米,耕地 170 亩,山林 260 亩。种植玉米、水稻、油菜等。水月寺至椴树垭乡村公路途经。

河岸曾居住着一位民间老艺人,名关启坤(1907—1976年)。一生以竹为伴,擅长编制各种篾器,曾参加江西、广州、武汉竹器艺术展赛,其篾编绝活在国内外享有盛名。1962年,关启坤亲手编制三床篾席,被选送中国广交会展评,受到赞赏,篾席上的万字格、双龙抱柱和"湖北兴山"图案,颇受外商称赞,要求订货。爱好民间文艺,打围鼓、吹唢呐、提皮影、唱古戏,样样在行,有"金唢呐"美称。20世纪60年代,受县文化馆邀请,传承民间乐器吹打技艺。

鹰嘴石

位于水月寺镇人民政府驻地东南4.6千米处,马粮坪村居民点。以一巨石形似鹰喙而得名。东邻宋家湾,南至潘家坪,西接凉风,北靠长湾。4户,13人。面积0.5平方千米,耕地17亩,山林526亩。种植玉米,特产茶叶、香菌、木耳、药材(如天麻)。道路坪至王家台乡村公路途经。

传说,明朝时期,这里有一户高姓人家,一心多养鸡,但事与愿违,每年春季孵小鸡百只左右,可到年底,大部分鸡消失得无影无踪。连续几年如此,他百思不得其解。于是便请了一位老先生到家中问卦,老先生装模作样一番,叹气说:"你家附近有一鹰嘴石,适宜喂猪而不宜养鸡,养鸡再多,也要被鹰嘴叼走!"高家儿子长大后,听父母讲起这段故事,他根本不信,重新养鸡。一天早晨,小高发现少了3只鸡仔,他便全天跟踪观察,观察天上鹰,观察地面野生动物。没几天,鸡失踪的秘密终于被小高发现了,原来是黄鼠狼把鸡叼走了,与鹰嘴石毫不相干。小高养了三条狗,一有动静,狗则叫;置土铳,夜间鸣枪;筑围墙圈养。从此,鸡不丢失。

月落坪

位于水月寺镇人民政府驻地东南5.4千米处,龙头坪村居民点。东邻界岭茶场,南临马家湾,西连水月寺至王家台县道公路,北靠垴里。32户,120人。面积1.8平方千米,耕地163亩,山林2102亩。种植水稻、玉米、土豆等,特产茶叶、天麻、香菌、木耳。白竹坪至月落坪乡村公路经此。

很早以前,夏阳河边有一个风景秀丽的小村庄,这里的人们很勤劳,白天劳累一天,天黑还要打夜工,常常点起灯笼火把干活。有一年,正是夏收农忙季节,河里突然明亮起来,天色越黑,地面越亮,整个村庄像白天一样。人们跑到河边一看,原来是河里的一块石头发亮。特别是农历每月十五前后,夜如昼,天上明月照,水中月光明,这奇怪的事情很快就传开了。一天,来了个外地石匠,趁夜深人静,把水中的月亮石盗走了。连夜赶了二十几里山路,才遇一客栈,便住下,迫不及待地打开装月亮的袋子,欲览石月风采。可是,布袋刚打开,月亮就滚了出来,他慌忙用双手去捉,可怎么也捉不住,片刻,月亮石慢慢地钻入了地下。人们便将此地称为月落坪。

推磨岗

位于水月寺镇人民政府驻地南7.5千米处,白果园村居民点。东邻老院子,南至江家屋场,西接里村坪至白果园乡村公路,北靠里村坪。16户,50人。面积0.8平方千米,耕地93亩,山林830亩。种植水稻、玉米、土豆,特产天麻、茶叶。里村坪至白果园乡村公路途经。

相传,磨坊老板姓莫,四弟兄,父母以耕为本。祖上丰衣足食,留有一些财产,除三大间正房外,还有两间磨房。一间内置大石磨,一间置小石磨。老大、老二、老三性格直爽憨厚,体质强健,长期以帮别人推磨谋生。老幺天生聪慧,读了三年私塾,见三个哥哥成天帮别人推磨,也没带回什么,长此以往,如何娶媳妇成家呢?他悄悄对父母说:"哥哥们一年到头除了给别人推磨,什么也不会,我们用钱怎么办?""你说该怎么办?"老幺答道:"我也大了,我们四弟兄就在自家帮别人推磨,对外挂牌,收取辛苦费。"父母听后,连声道好。当天挂出牌子"推磨加工"。从此,莫氏四弟兄以推磨加工粮食为业,加之父母为人热情厚道,四弟兄的推磨生意越做越红火。

王家台

位于水月寺镇人民政府驻地东南 6 千米处,马粮坪村居民点。东邻马家湾,南连陈海沟,西接潘家坪,北靠宋家湾。43 户,145 人。面积 2.1 平方千米,耕地 150 亩,山林 2893 亩。种植玉米,特产茶叶。水月寺至王家台县道公路在此接 S312 宜兴线。

明朝即有人烟,清朝年间,一王姓人家(祖籍荆州)入住后,人丁兴旺。王姓"德"字辈有两兄弟,老大以耕为本,精耕细作,惜粮如命;老幺设学堂,教书育人,爱生如子。两兄弟均娶亲完配,且各有一子。大年三十,团年席上,老父特制一壶苞谷老酒,加蜂蜜。家人老少入座,兄弟俩举杯先敬父母,父亲高兴,提壶共斟一杯。兄弟俩兴致勃勃,互穿三杯。父亲酒量大,见两儿子微醺,怕儿子喝醉,便说:"别人说你俩兄弟口才好,烟出文章酒出诗,今晚作对联,老大出上联,老幺对下联,若出不了或对不上,自罚一杯。"两兄弟遵命。老大"面朝黄土背朝天",老幺"春满乾坤福满门"。老大"苞谷土豆大豆高粱",老幺"五谷丰登粮食满仓"。两兄弟互不相让,无止无休。父亲听后,担心老大难以继出,便出上联"父母恩德千秋在",兄弟齐对"兄弟奋发万代兴"。团年宴在全家的欢声笑语中结束。

界岭

位于水月寺镇人民政府驻地东南 9.1 千米处,马粮坪村居民点。东邻界岭垭,南连徐家湾,西接兴山县林业局马粮坪木材检查站,北靠塘上。9 户,30 人。面积 0.6 平方千米,耕地

水月寺镇马粮坪村界岭茶场

19 亩,山林 368 亩。种植玉米、油菜等,特产茶叶、香菌、木耳。

《兴山县志》记载,260 年建县至今,以此岭为县界,东夷陵区,西兴山县,故名。G42 沪蓉高速穿越界岭山体,S312 宜兴线从此垭途经,是兴山的东大门。兴山县林业局在此垭设有木材检查站,有湖北昭君生态农业有限公司界岭有机茶加工厂,注册"界岭云雾茶"商标。1998 年全国开展勘定行政区域界线时,在垭口处竖立双面界桩一块,界桩号为 05210526003。

鹅鸭池

位于水月寺镇人民政府驻地东南 8.1 千米处,马粮坪村居民点。东接夷陵区,南连塘上,西、北接老林沟河流。33 户,112 人。面积 0.8 平方千米,耕地 90 亩,山林 789 亩。种植水稻、玉米、油菜等,特产茶叶、香菌、木耳。花屋至界岭乡村公路经此。

过去,这里有一天然水池,池深、水清,四季不干。池内有很多不知名的小鱼,最长不过两寸。池东一大片茅竹,池南松柏常青,池西垂柳成林,池北小草葱郁。山中野鸭野鹅常来池内以鱼为食,挑水人偶尔可见。日复一日,年复一年,未见野鸭野鹅损害庄稼,当地人视为珍禽,从不猎食。因此这群鸭鹅繁殖很快,不几年就有上百只。这里住一郑姓庄稼人,心想池边野生鸭鹅自然生长,不如买几只家养鸭鹅回来繁殖,肉多蛋大。三年过后,家养鸭鹅接近百只,那群野鸭野鹅不知去了何方? 这小小水池便称为鹅鸭池。

学堂坪

位于水月寺镇人民政府驻地西南 7.7 千米处,南对河村居民点。东邻羊象坪,南连学堂坪电站,西接 S312 宜兴线,北靠金子坪电站。25 户,85 人。面积 1.5 平方千米,耕地 80 亩,山林 1740 亩。种植水稻、玉米等,特产茶叶、香菌、木耳。S312 宜兴线、S287 白土线途经。

清初,有一简姓先生在此设立私塾学堂,故名。在学堂坪的天池岭上,有简而可父母简学夫妇及简而可弟简而能墓,建于 1631 年。四周有十二生肖石雕,中间有长 30 米、宽 8 米的水池,四季不干。墓前设置长 12 米、宽 6 米的拜台。简而可出生于雷溪口官坪,曾任南京兵部、户部司务,广西浔州知府,云南瑞安知府。修建有典型明清时期江南民居建筑风格的"花屋"庄园。

天井屋

位于水月寺镇人民政府驻地西南 10.7 千米处,高岚村居民点。东邻鲍家岭,南至羊角寨,西接水洞子,北连小溪沟电站。53 户,155 人。面积 1.9 平方千米,耕地 152 亩,山林 2365 亩。种植水稻、玉米,特产茶叶。杉树坪至鲍家岭乡村公路途经。

清顺治年间,鲍家建有形如井而露天的"天井屋"而得名。相传,鲍姓四世同堂,原住三间瓦房,随着家境富裕,人口增加,将原三间瓦房拆除,请来匠人,历时一年,以"井"字形加外框布局,八间屋围着一个天井,上面是方形天窗,下面设有地下流水道。坐北朝南,两层。长 15 米,宽 13 米。进第一个大门是厅屋,经过天井后,再进第二个大门是正堂。前大门东侧是厨房,西侧是烤火房;天井东侧是娱乐房,板梯上二楼,西侧是书房;正堂屋两侧是主、副卧室。二楼设有多间卧室、粮仓和物品保管室等。到清朝末年,天井屋自然损毁。

福堂坪

位于水月寺镇人民政府驻地西南 14.4 千米处,野竹池村居民点。东邻沟连村,南连福源电站,西至西河,北靠东河。31 户,95 人。面积 1.5 平方千米,耕地 212 亩,山林 1900 亩。种植玉米、水稻,特产香菌、天麻。红椿乡村公路接 S287 白土线。

相传,清朝时期,当地一位李姓信士,为祈求当地平安福康,便筹集款物,在坪内建一寺,白墙青瓦,古朴典雅,正墙有凤凰展翅、盘龙卧虎等彩色图案。正堂供有巨型佛像,设有拜台、香炉。寺门有一对楹联,上联"佛光透彩传万代",下联"堂烛生辉照四方"。当地人就以楹联"佛""堂"二字,称此地为"佛堂坪"。中华人民共和国成立后,人们欢天喜地,向往幸福,便把"佛"改为"福",演变为福堂坪。

第七节　高桥乡

高桥乡,兴山县辖乡。位于兴山县驻地古夫镇西南 24 千米处,乡人民政府驻长冲集镇。东邻昭君镇,南接秭归县,西连巴东县,北靠南阳镇。总面积 173 平方千米,耕地 1.98 万亩,山林 13.82 万亩。0.42 万户,1.36 万人,汉族。辖 9 个村民委员会,31 个村民小组,252 个居民点。中华人民共和国成立之初隶属秭归县;1951 年将秭归县茅坝区兴隆乡划归兴山县管辖,设龚家桥区,同年 11 月更名为高桥区;1956 年高桥区并入湘坪区;1958 年从湘坪区划出成立高桥人民公社;1987 年建高桥乡。以境内河上曾建有风雨桥而得名。地处大巴山余脉、巫山山脉之间,境内地势西北高、东南低,呈倾斜状,最高海拔仙女山 2426.4 米,最低海拔洛坪村大坝河 300 米。属亚热带大陆性季风气候,四季分明,春季冷暖多变,雨量充沛,夏季酷热,多暴雨,秋季多阴雨。年平均降水量 1082 毫米,年平均气温 20℃,年平均无霜期 267 天。高桥河水系,属长江流域,源于南阳镇关门山西麓一碗水东侧,在高桥乡境内向南汇集小溪沟、黑沟、大沟、车家河流经秭归,注入长江,流域面积 225 平方千米。矿产资源有无烟煤、铁矿、铜矿和石膏矿等。自然灾害主要有暴雨、山洪、滑坡、泥石流。中心学校 1 所,幼儿园 1 所,村级文化活动中心 9 处,文化专业户 24 户,农家书屋 9 处,各级医疗卫生机构 10 个。G209 苏北线、G42 沪蓉高速、S457 高水线途经。乡村公路 28 条。总里程 153.3 千米,其中国道 22 千米,省道 20.8 千米,乡村公路 110.5 千米。高桥乡是土地革命时期"巴兴归"根据地之一,有高桥区土地革命烈士纪念碑、中共"巴兴归"苏维埃党组织下湾遗址、"巴兴归"革命武装被害遗址、贺家坪战役遗址等。喷水洞以"寒洞喷水"收录为兴山新八景之一。有龙王洞、朝天门、海螺石等景点。

高桥乡人民政府驻地长冲集镇

长冲集镇

位于兴山县人民政府驻地古夫镇西南 24 千米处,高桥乡人民政府、龚家桥村村民委员会驻地。因坐落在两座小山岗之间的狭长平地上而得名。1951 年 10 月以前属秭归县;1951 年 10 月划归兴山县,属龚家桥区驻地;1955 年属高桥区高桥乡驻地;1958—1986 年属高桥公社、长冲大队驻地;1987 年属高桥乡、长冲村村民委员会驻地;2008 年属龚家桥村村民委员会驻地。聚落沿河岸及公路沿线分布。

1949 年前,仅有几户人家,无街道,土木房。中华人民共和国成立后,经过几十年的建设与发展,形成 2 条主街,东西走向,东西长约 2 千米,南北宽约 0.3 千米,面积 0.6 平方千米。驻有乡人民政府、学校、邮政、医院等单位 20 多家。180 户,500 人。街道房屋排列整齐,有 20 多家商业店铺及旅店。集镇北面和西面依次排列有狮子、牛头两个山包,狮子包上建有"高桥区土地革命烈士纪念碑",南侧官田岭为"巴兴归"高桥区革命武装被害遗址。由北向南流经长冲集镇的高桥河上建有橡胶坝。G209 苏北线、S457 高水线途经。

龚家桥村

位于高桥乡人民政府驻地北 0.3 千米处,村委会驻长冲集镇,以龚家桥居民点命名。1958 年命名为龚家桥大队,隶属高桥区龚家桥公社;1975 年隶属高桥公社;1984 更名为龚家桥村村民委员会,隶属高桥公社;1987 年隶属高桥乡;2002 年喷水村、龚家桥村、天池村部分小组合并,建龚家桥村村民委员会,隶属高桥乡;2008 年长冲村、龚家桥村再次合并,建龚家桥村村民委员会,隶属高桥乡。东接大槽村,南连龙潭村,西至洛坪村,北靠南阳镇两河村。辖 4 个村民小组,40 个居民点。931 户,3152 人。面积 29.73 平方千米,耕地 3359 亩,山林 2.51 万亩。种植玉米、水稻、油菜、土豆等,特产核桃、板栗、香菌、木耳、药材等。有商业网点、旅社等 20 多家,驻有高桥乡人民政府、学校、医院等单位近 30 家。境内建有高桥区土地革命烈士纪念碑,有仙女山、寒洞喷水(喷水洞)、喷水峡、喷水长渠、龙王洞、海螺石等景点。G209 苏北线、S457

高水线途经。有店子垭至仙女、七家坪至马家屋场、彭家湾至谭家垭、羊儿沟至周家屋场、老街至王家垭、老街至黄家湾、庙坪至天池乡村公路。

伍家坪村

位于高桥乡人民政府驻地东北 5.5 千米处,村委会驻对合屋居民点,以伍家坪居民点命名。地处高山地区,平均海拔 1200 米,地势较平缓。1958 年命名为伍家坪大队,隶属高桥区龚家桥公社;1975 年隶属高桥公社;1984 年更名为伍家坪村村民委员会,仍隶属高桥公社;1987 年隶属高桥乡;2002 年岚垭村、伍家坪村合并,建伍家坪村村民委员会,隶属高桥乡。东接昭君镇滩坪村,南连大槽村,西至龚家桥村,北靠南阳镇百羊寨村。辖 3 个村民小组,23 个居民点。174 户,531 人。面积 16.62 平方千米,耕地 2183 亩,山林 1.54 万亩。种植蔬菜、玉米、土豆、烤烟等,特产香菌、木耳、核桃、板栗、药材等。G209 苏北线途经、建有塘纺沟至黄家屋场乡村公路。

境内的曹家屋场,是龚家桥区苏维埃人民政府第一任妇女协会主席、共产党员曹友娣的出生地。于 1930 年 8 月,在官田岭"摞稗子"惨案中壮烈牺牲,年仅 28 岁。很早以前,万朝山峰顶修有"灵武当"庙,遗迹尚存。有南天门、百神寺、岚垭、烟灯垭等景点。

大槽村

位于高桥乡人民政府驻地东南 3.5 千米处,村委会驻大槽居民点,以大槽居民点命名。1958 年命名为大槽大队,隶属高桥区龚家桥公社;1975 年隶属高桥公社;1984 年更名为大槽村村民委员会,仍隶属高桥公社;1987 年隶属高桥乡;2002 年铁厂村、大槽村、天池村的部分小组合并,建大槽村村民委员会,隶属高桥乡。东接昭君镇滩坪村,南连双堰村,西至龚家桥村,北靠伍家坪村。辖 3 个村民小组,20 个居民点。150 户,500 人。村民主要居住在周家坪、朝阳坪、大槽、铁厂塆一带,海拔 700～1700 米。面积 17.16 平方千米,耕地 1800 亩,山林 1.49 万亩。种植玉米、土豆等,特产蓝莓、香

大槽村蓝莓种植基地

菌、木耳、核桃、板栗、药材、茶叶等。有大槽、天池、天池至老坟堖、大槽至水桶沟、湖北神逸农林开发有限公司至大槽等 5 条乡村公路。境内蕴藏铁矿。驻有湖北神逸农林开发有限公司。

双堰村

位于高桥乡人民政府驻地东南 6 千米处,村委会驻香炉坪居民点,以境内两条水渠称双堰命名。1958 年命名为双堰大队,隶属高桥区双堰公社;1975 年隶属高桥公社;1984 年更名为双堰村村民委员会,仍隶属高桥公社;1987 年隶属高桥乡;2002 年松柏村、双堰村、梅子村合

并,建双堰村村民委员会,隶属高桥乡。东连峡口镇琚坪村,南接木城村,东南与秭归县交界,西连龙潭村,北靠大槽村。辖3个村民小组,30个居民点。407户,1140人。面积25.28平方千米,耕地1533亩,山林2.34万亩。种植水稻、玉米、土豆、油菜等,特产板栗、药材、香菌、木耳、茶叶等。有土地革命时期胜利坪会址、香炉坪、牛背岭等景观。郑万高铁过境,S457高水线途经,有双堰至鸡公岭、双堰至马家坡2条乡村公路。

双堰村村民委员会驻地香炉坪

木城村

位于高桥乡人民政府驻地东南7千米处,村委会驻堰包上居民点,以木城居民点命名。1958年命名为周家山大队,隶属高桥区木城公社;1975年隶属高桥公社;1984年更名为周家山村村民委员会,仍隶属高桥公社;1987年隶属高桥乡;2002年堰塘湾村1、2组,周家山村合并,建周家山村村民委员会,隶属高桥乡;2008年阳坡村、周家山村合并,命名为木城村村民委员会,隶属高桥乡。东邻秭归县,南接太阳村,西与巴东县交界,北靠龙潭村。辖4个村民小组,30个居民点。527户,1988人。面积14.64平方千米,耕地2461亩,山林1.13万亩。种植水稻、玉米、土豆、油菜等,特产茶叶、花生、香菌、木耳、核桃、药材等。G42沪蓉高速过境,S457高水线途经。有周家山至木城、青龙岭至阳坡2条乡村公路。境内青龙岭,山脉蜿蜒,形似巨大游龙;有鸡公岭、古墓岭、木城等景点。

太阳村

位于高桥乡人民政府驻地东南10.5千米处,村委会驻周家院子居民点,以境内太阳岭居民点命名。1958年命名为太阳大队,隶属高桥区木城公社;1975年隶属高桥公社;1984年更名为太阳村村民委员会,隶属高桥公社;1987年隶属高桥乡;2002年纸坊坪村、阴坡村、太阳村合并,建太阳村村民委员会,隶属高桥乡。东、南接秭归县,西、北靠木城村。辖3个村民小组,25个居民点。435户,1385人。凉台河西岸海拔700米的山间台地上,地势平缓,村民主要集中居住在太阳岭、彭家湾、项家屋场、王家屋场、黄家湾等区域。面积10.8平方千米,耕地2990亩,山林8116亩。种植水稻、玉米、小麦、油菜等,特产茶叶、花生、香菌、木耳、药材等。

"太阳茶"属高桥乡一大品牌,过去为贡品。现有青山茶叶合作社,面积120亩。G42沪蓉高速过境,S457高水线途经,建有太阳岭至项家屋场乡村公路。村内有一天然水池,池水清澈,四周藤蔓交织,常有斑鸠池中戏水,名斑鸠池。在兴山与秭归接界的凉台河岸,建有车家河电站。2008年全国行政区域勘界时,在车家河电站旁小溪沟边,兴山、秭归两县交界处立双面界桩,界桩号为05260527001。

龙潭村

位于高桥乡人民政府驻地南3.4千米处,村委会驻龙潭居民点,以龙潭居民点命名。1958年命名为龙潭大队,隶属高桥区龚家桥公社;1975年隶属高桥公社;1984年更名为龙潭村村民委员会,隶属高桥公社;1987年隶属高桥乡;2002年龙潭村,天池村1、2组合并,建龙潭村村民委员会,隶属高桥乡;2008年茶园村,龙潭村,观田村4、5组合并,建龙潭村村民委员会,隶属高桥乡。东接双堰村,南连木城村,西邻贺家坪村,北靠龚家桥村。辖3个村民小组,22个居民点。492户,1662人。面积20.74平方千米,耕地2027亩,山林1.82万亩。种植水稻、玉米、油菜、土豆等,特产茶叶、核桃、香菌、木耳、药材。矿产资源有白煤,曾开办龙潭煤矿、赵家岩煤矿。1970年,曾建龙潭油茶厂。现有格林美林果专业合作社,发展林果经济。郑万高铁过境,S457高水线途经,有大槽、马家坪至火石垭、秦家湾至庙坪、白岩下、张家槽、茶园6条乡村公路。2008年全国行政区域勘界时,在羊角尖山顶兴山、秭归、巴东三县交界处竖立三面界桩,界桩号为052605272823S。

龙潭村村民委员会

贺家坪村

位于高桥乡人民政府驻地西南6千米处,村委会驻碗厂居民点,以贺家坪居民点命名。1958年命名为贺家坪大队,隶属高桥区贺家坪公社;1975年隶属高桥公社;1984年更名为贺家坪村村民委员会,仍隶属高桥公社;1987年隶属高桥乡;2002年贺家坪村、蒿坪村、田家坪村合并为贺家坪村村民委员会,仍隶属;2008年将官田村1、2、3组并入贺家坪村,建贺家坪村村民委员会,隶属高桥乡。东接龙潭村,南、西连巴东县,北靠洛坪村。有田家坪水库,矿产资源有无烟煤。辖4个村民小组,28个居民点。480户,1477人。地处半高山地区,平均海拔900米。村民大多居住在海拔700～1000米的坪垴地带。面积15.98平方千米,耕地1643亩,山林1.22万亩。种植水稻、玉米、油菜、土豆等,特产香菌、木耳、茶叶、核桃、药材等。G209苏北线途经,有贺家坪至洛坪、贺家坪至田家坪、火石垭乡村公路。2008年全国行政区域勘界时,在G209苏北线南侧,兴山、巴东两县交界处竖立双面界桩,界桩号为05262823001。1949年,解放战争进入决胜阶段,著名的贺家坪战役在此打响并取得胜利。

贺家坪村村民委员会

洛坪村

位于高桥乡人民政府驻地西南5.5千米处,村委会驻茅草坝居民点,以洛坪居民点命名。1958年命名为洛坪大队,隶属高桥区洛坪公社;1975年隶属高桥公社;1984年更名为洛坪村村民委员会,隶属高桥公社;1987年隶属高桥乡;2002年洛坪村、朱家湾村、王家山村合并,建

洛坪村村民委员会

洛坪村村民委员会,隶属高桥乡;2008 年茅草坝村、洛坪村合并,建洛坪村村民委员会,隶属高桥乡。东接龚家桥村,南连贺家坪村,西连巴东县,北靠仙女山,接南阳镇两河村。辖 4 个村民小组,34 个居民点。731 户,2218 人。面积 20.65 平方千米,耕地 1958 亩,山林 2.03 万亩。种植水稻、玉米、土豆、油菜等,特产核桃、茶叶、柑橘、药材。境内有中共"巴兴归"苏维埃党组织下湾遗址。G209 苏北线途经,建有店子垭至茅草坝、庙垭子至篙箕洼、贺家坪至洛坪乡村公路。

龙垮

位于高桥乡人民政府驻地西北 1.2 千米处,龚家桥村居民点。东至严家井,南连胡家垭,西接徐家沟,北靠张家屋场。21 户,74 人。面积约 0.6 平方千米,耕地 80 亩,山林 510 亩。种植玉米、土豆等。店子垭至仙女乡村公路经此。

龙垮当地一直流传着一则美好的民间故事。传说,在很久以前,这里住着一对年轻夫妇,感情甚好,遗憾的是结婚十来年膝下无一男半女,很是苦恼。一日,妻子劝丈夫娶个二房求后防老。丈夫怒道:"你是不是想改嫁?"妻子哭着争辩说:"我不是这个意思,我是真心的。"俩人抱头痛哭了一大场。是夜,夫妻俩做了一个同样的梦:说在房屋西南约 500 米的岩垮处有一泉眼,为龙水,在此烧三炷香,磕三个头,水量会增大,饮用此水,男人壮精骨,女人可孕育。次日,夫妻俩依梦行事,饮此水不出两月,妻子果真有了身孕,次年生下龙凤双胎。丈夫逢人就讲,是龙的旨意赐他们一对儿女。

纸厂河

位于高桥乡人民政府驻地东北 3.8 千米处,龚家桥村居民点。河岸曾建有纸厂,故名。东临伍家坪,南、西连纸厂河河流,北靠老林沟。22 户,64 人。面积 1.2 平方千米,耕地 79 亩,山林 1000 亩。种植水稻、玉米、土豆等。

相传,纸厂建于清中期。造纸以沿河两岸山上的野生龙头竹为原料,入池加生石灰浸泡,然后以水车提供动力,将浸泡成熟的竹春成原浆,原浆于清水池中搅匀,手工荡料成草纸。占地约 650 平方米,建筑面积约 600 平方米。建有水车、沉淀池、造纸作坊、晾晒室、仓库等。兴盛于清中期,衰落于民国时期。

槐树沟

位于高桥乡人民政府驻地东北 3.6 千米处,伍家坪村居民点。东至百神寺,南连水洞沟,西接曹家屋场,北靠天坑垭。10 户,35 人。面积 0.7 平方千米,耕地 143 亩,山林 340 亩。种植玉米、土豆、烤烟等,特产核桃、木耳、香菌。塘坊沟至黄家屋场乡村公路途经。

1930 年 8 月,下湾游击队为防止敌人进攻或偷袭下湾苏维埃人民政府,在此地设哨所,监视敌人动向并展开土地革命斗争。

茅草坝

位于高桥乡人民政府驻地西南 3 千米处,洛坪村居民点。古时荒无人烟,茅草成片,故名。东、南、西接店子垭至茅草坝乡村公路,北靠向家屋场。33 户,110 人。面积 1.1 平方千米,耕地 129 亩,山林 900 亩。种植水稻、玉米等,特产核桃、柑橘。店子垭至茅草坝乡村公路途经。

茅草坝,曾是土地革命时期苏维埃人民政府活动区域之一。1930 年 8 月,下湾游击队为防止敌人进攻或偷袭下湾苏维埃人民政府,在茅草坝设哨所,监视敌人行踪并展开土地革命斗争,打土豪分田地,推翻旧政府,建立新政权。

茅草坝

火石垭

位于高桥乡人民政府驻地西南 2.5 千米处,龙潭村居民点。东邻龙潭河,南连大水田堰塘,西接 G209 苏北线,北靠官田岭。30 户,112 人。面积约 1.3 平方千米,耕地 134 亩,山林 450 亩。种植玉米、土豆等,特产茶叶、核桃、药材。火石垭至马家坪乡村公路途经。

火石垭,原名火烧垭,传说是明朝皇帝朱元璋所赐,后演变为火石垭。火石垭西北有茅草坝,在仙女山南侧,为鱼形之地,脉气旺,定出天子。朱元璋获悉,即派钦差大臣详查。钦差大臣将茅草坝及周围地形地貌绘成一张地理示意图,配以文字说明。朱元璋阅后得知,茅草坝属鱼形之地,草木茂盛,有溪从茅草坝穿过。而茅草坝以北的仙女山山腰有座扇子岩,便赐南面的官田岭为火烧垭,赐茅草坝溪沟下游为罐沟。其意为:用扇子岩的扇子扇火烧垭的火,烧掉茅草坝之草,何愁草不绝;用罐沟的罐子装茅草坝之鱼,鱼必死无疑。茅草坝终不得出天子。

皇经堂

位于高桥乡人民政府驻地东南 0.4 千米处,龚家桥村居民点。东至庙坪至天池乡村公路,南连老食堂屋场,西接井水口河,北靠庙坪。25 户,74 人。面积约 1 平方千米,耕地 79 亩,山林 1000 亩。种植玉米、土豆等。S457 高水线途经。

相传,皇经堂建于明朝末年,占地 300 平方米,建筑面积 200 平方米。呈八字形三间屋,设计新颖别致,建筑工艺精湛,中间屋面积最大,门前有三级台阶,左右屋门前二级台阶,比中间屋稍矮。洁净、清幽而神圣,一般人不可进入。门头悬挂"生天立地"横额。分别供奉玉皇、真武、吕祖等道教神像。壁雕道教神话故事图案,形象逼真。皇经堂神龛中供奉荡魔天尊神像,是真武大帝的另一种造型,寄托着人们惩恶扬善、荡涤天下恶魔的愿望和企盼。晨钟暮鼓时刻,道士们便在这里做"早坛""晚坛"功课。清末毁于土匪之手。

香炉坪

位于高桥乡人民政府驻地东南 6 千米处,双堰村村民委员会驻地。东至车家河,南接牛背岭,西连甄家坡,北靠向家坪。27 户,75 人。面积约 0.8 平方千米,耕地 93 亩,山林 1120 亩。种植水稻、玉米、土豆、油菜等,特产茶叶、药材。郑万高铁过境,建有香炉坪隧道,长 15115 米。双堰至鸡公岭乡村公路途经。

在一大片稻田中央,有一凸出的圆形水田,面积半亩,称"香炉碗",高出其他水田,每逢插秧季节,需 10 多人提水灌于田中,似给香炉添油。说来奇怪,此田一次添足水,插上秧苗,无须再灌水,不漏也不干,直至水稻成熟收割。河东有座山,悬崖绝壁,名"香火岩"。"香火岩"与"香炉碗"遥遥相对。传说,一游方和尚路过此地,曰:"此地好地方也",便一路烧香至"香炉碗",再敬三炷香插于田中,面朝"香火岩"叩拜,顿时香雾弥漫,和尚随烟雾飘然离去。

牛背岭

位于高桥乡人民政府驻地东南 6 千米处,双堰村居民点。东连香炉坪,南至车家河,西、北靠双堰至鸡公岭乡村公路。8 户,23 人。面积约 0.4 平方千米,耕地 30 亩,山林 500 亩。种植水稻、玉米、土豆、油菜等,特产香菌、木耳、药材、茶叶。

牛背岭,原名大土岭,形似牛背,长约百丈,宽十余丈。相传,一道士云游至此,细观后曰:此岭乃牛形之地,牯牛困乏,卧地而眠。当地财主闻后狂喜,忙请道士于家中酒肉相待。问之:"困牛有无醒日?"道士见财主忠厚直爽,则一同至牛背岭。"做五事,牛醒也。""以牛背岭为轴,在北边顺势造一尖田,叫牛角丘;围牛体造一丘长田,叫驴吊丘;在左边五里开外造一坪地,植草,名茅草坪;正前方长年流水不断,叫西流水;东二里河边有一道湾,叫月亮湾。"送走道士,财主冥思苦想,终于明白,要想牛醒,必须吃茅草坪之草,饮西流水之泉,闲时还可望月。牛背岭渐渐长高,财主增财。没几年,已成为当地屈指可数的富人之家。自古道,财大气粗,后逐步仗势欺人,坑害百姓,克扣佃户,欺男霸女,人们深恶痛绝。

过了几年,道士重游至此,立于牛背岭,见高出许多,知财主已发迹。但听百姓怨声载道,查知财主贪婪,虎霸一方。于是,再访财主,财主欣喜若狂,误认为道士又要指点迷津。道士同财主再上牛背岭,指点在牛背上修一庙,取名地牯庙;在西流水出口建一潭,取名锁口潭。财主不知其意,建之。财主日想夜思,怎么也无法理解其中奥秘。时光荏苒,财主逐年衰退、败之。有悟者曰:地牯庙镇住了牯牛,锁口潭锁住了牛口,财主完也。

第八节　榛子乡

　　榛子乡,兴山县辖乡。位于县人民政府驻地古夫镇东北26千米处,乡人民政府驻张官店集镇。东邻保康县,南接水月寺镇,西连古夫镇,北与神农架林区交界。总面积359平方千米,耕地2.4万亩,山林48万亩。0.33万户,1.04万人,汉族。辖8个村村民委员会,53个村民小组,239个居民点。中华人民共和国成立之初属永安区;1958年成立榛子人民公社;1961年更名为榛子区;1975年复称榛子公社;1984年复称榛子区;1987年建榛子乡人民政府,将所辖的北畈坡、老佛寺、缺里坪、甘家坡、大土坪村划归火石岭乡;2001年将原划归火石岭乡所辖村又划入榛子乡。境内山岭上曾有高大的榛子树,故名。地处高山地区,地势东北高、西南低,平均海拔1300米。最高点菱角山海拔1964米,最低点孔子河海拔601米。属亚热带大陆性季风气候,其特点是冬春寒冷,夏秋凉爽,光照充足,无霜期短。年平均气温10.3℃,最低气温-19.2℃,年平均无霜期为163天,年平均降水量1200毫米。境内两条河流,属香溪河水系:一是竹园河,源于神农架林区,支流有育林沟、中汊河,经竹园河流入平水河;二是孔子河,源于水月寺镇树空坪村的石子沟与境内的楼子山,流入高岚河。主要矿产资源为磷矿,勘探的鲜家河瓦屋磷矿为亚洲三大矿床之一。自然灾害主要有大风、暴雨、冰雹、霜冻等。耕地2.4万亩,经济作物以烤烟、反季节蔬菜、袋料香菇为主。蔬菜种植1.4万亩,产量2.8万吨,生产的大白菜、结球甘蓝、辣椒、萝卜、芹菜获农业农村部颁发的"绿色食品标示",注册"榛子乡"牌蔬菜。

榛子乡有四十五里之称——"侯家坪"

有幼儿园、小学各 1 所,乡文化站 1 处,村级文化活动中心 8 处,文化专业户 12 户,图书室 12 个,音乐、美术、书法、摄影及文学业余创作队伍达 80 人,各级各类医疗卫生机构 9 个,乡文化广播电视服务中心。有板庙、白龙潭、青龙口瀑布、仙人桥、将军寨、万福山战役遗址等名胜古迹,仙人桥以"仙人度桥"收录为兴山新八景之一。S252 欧南线途经。乡村公路 39 条,总里程 211 千米,其中省道 33 千米,乡村公路 178 千米。

张官店集镇

位于兴山县驻地古夫镇东北 26 千米处,榛子乡人民政府、幸福村村民委员会驻地。《榛子乡志》记载:明、清时期,官府在此设驿站,店主姓张,称张官店。官方驿站,同为盐道。抗日战争时期,是巴柯(巴东—丹江口市柯家营)人行道必经之地,是国民党军队运送军需物资的要道。1958 年榛子公社机关由榛子树岭迁至张官店。东接乡污水处理厂,南邻横冲沟,西至乡卫生院,北靠猴湾。集镇东西长 1.5 千米,南北宽约 1 千米,面积 0.75 平方千米,素有"高山平原"之美称。150 户,350 人。驻有榛子乡人民政府机关及企事业单位,商业服务门店 94 家。S252 欧南线途经。

榛子乡人民政府驻地——张官店集镇

幸福村

位于榛子乡人民政府驻地南 0.06 千米处,村委会驻张官店集镇,以美好愿望而得名。1958 年命名为幸福大队,隶属榛子区榛子公社;1984 年更名为幸福村村民委员会,仍隶属;1987 年变更为古家垴村村民委员会,隶属榛子乡;2001 年古家垴村、连丰村、五峰村合并,复建幸福村村民委员会,隶属榛子乡。境内最高海拔 1800 米,最低海拔 800 米。东邻和平村,南至青龙村、石柱村,西接青龙村、青山村,北靠龙口村、育林村。农业主产区分布在古家垴、茅岾、马鬃岭、三岔等地。辖 8 个村民小组,28 个居民点。782 户,2248 人。面积 51.47 平方千米,耕地 6636 亩,山林 2.8 万亩。种植烤烟、玉米、土豆、反季节蔬菜。生产的蔬菜远销全国各地。为湖北省烤烟生产基地。特产香菌、木耳、核桃、药材。S252 欧南线、大水坑至三岔口县道公路途经,有西沟垴至池坪垴、李家山、张官店至墓子山、猴湾、三登岩、马鬃岭、石佛寺至茅岵、石柱 8 条乡村公路。

榛子乡烤烟示范基地

育林村

位于榛子乡人民政府驻地北 9.5 千米处,村委会驻上官冲居民点。原名"鱼鳞",河沟岩石形如鱼之鳞甲,名鱼鳞沟,后因发展林业更名为育林。1958 年命名为育林大队,隶属榛子区板庙公社;1975 年隶属榛子公社;1984 年更名为育林村村民委员会,隶属;1987 年隶属榛子乡;2001 年育林村、上官村合并,建育林村村民委员会,隶属榛子乡。最高海拔天鹅池 1914 米,最低海拔高桥河 850 米。东邻板庙村,南接幸福村、和平村,西接龙口村,北与保康县交界。辖 6 个村民小组,21 个居民点。285 户,920 人。面积 42.28 平方千米,耕地 3539 亩,山林 3.43 万亩。种植玉米、土豆、烤烟、蔬菜。王家大坪、上官冲、高马岭等地为农业主产区。矿产资源以磷矿为主,储量大。有板庙至育林、上官冲至羊角观乡村公路。建有高桥河电站。

龙口村

位于榛子乡人民政府驻地西北 7.8 千米处,村委会驻三岔口居民点,以境内龙口湾居民点命名。1958 年命名为龙口大队,隶属榛子区青山公社;1975 年隶属榛子公社;1984 年更名为龙口村村民委员会,隶属;1987 年隶属榛子乡;2001 年麻林村、龙口村合并,建龙口村村民委员会,隶属榛子乡。东连育林村,南至青山村,西接古夫镇平水村,北靠神农架林区。辖 4 个村民小组,21 个居民点。162 户,519 人。面积 37.37 平方千米,耕地 1624 亩,山林 4.26 万亩。种植玉米、土豆、烤烟,特产香菌、木耳、核桃、药材。磷矿资源丰富,瓦屋磷矿区是兴发集团原材料基地。建有香龙山、麻林电站,平水至瓦屋矿山专用公路大水坑至三岔口县道公路途经,有齐家湾至石家坪、汾子岭、龙口乡村公路。

龙口村村民委员会

青山村

位于榛子乡人民政府驻地西南 8.5 千米处,村委会驻中岭居民点。1958 年命名为青山大队,隶属榛子区青山公社;1975 年隶属榛子公社;1984 年更名为青山村村民委员会,隶属;1987 年隶属榛子乡;2001 年飞马村、青山村、向阳村合并,建青山村村民委员会,隶属榛子乡。东至幸福村,南接黄粮镇公坪村、青龙村,西邻古夫镇平水村,北靠龙口村。辖 8 个村民小组,43 个居民点。502 户,1435 人。面积 33.92 平方千米,耕地 6207 亩,山林 3.36 万亩。种植玉米、蔬菜、烤烟,特产香菌、木耳、核桃、药材。有青山至弯洞河县道公路、大水坑至三岔口县道公路途经,有阴坡、飞马寺、中岭至寺垭、舒家老林至里角、杨家垭至马家岭乡村公路。村内有飞马寺遗址。有一棵古老的银杏树,树龄逾 400 年,枝繁叶茂,县林业部门在树周置栅栏,立"保护名木古树,共建美好家园"宣传标语牌,挂牌保护。

青山村村民委员会

青龙村

位于榛子乡人民政府驻地西南 6.8 千米处,村委会驻老佛寺居民点。1958 年命名为老佛寺大队,隶属榛子区青龙公社;1975 年隶属榛子公社;1984 年更名为老佛寺村村民委员会,仍隶属;1987 年隶属榛子乡;2001 年老佛寺村,北畈坡村,甘家坡村,缺里坪村,大土坪村 1、2 组合并,更名为青龙村村民委员会,隶属榛子乡。东至石柱村,南接水月寺镇梅坪村,西连黄粮镇公坪村,北靠幸福村。辖 8 个村民小组,43 个居民点。416 户,1208 人。面积 58.62 平方千米,耕地 3724 亩,山林 6.01 万亩。种植烤烟、蔬菜、玉米、土豆,特产香菌、木耳、核桃。设兴山县老佛寺防雹增雨站、兴山县五峰蔬菜专业合作社、自立蔬菜专业合作社等。S252 欧南线途经,有耿家包、马路池、洞岩沟、北畈坡、袁家湾、栏杆路至碾子坪、缺里坪、老佛寺至大土坪 8 条乡村公路。

青龙村村民委员会

和平村

位于榛子乡人民政府驻地东北 3.4 千米处,村委会驻榛子树岭居民点。1958 年以向往美好愿望命名为和平大队,隶属榛子区榛子公社;1975 年隶属榛子公社;1984 年更名为和平村村民委员会,仍隶属;1987 年隶属榛子乡;2001 年和平村,郭家店村 1、2、3 组,高峰村 1、2、3、4 组合并,建和平村村民委员会,隶属榛子乡。东与保康县交界,南接石柱村,西连幸福村,北靠板庙村。地处 45 里侯家坪腹地,地势平坦,土质肥沃,有"高山平原、兴山粮仓"之称。辖 8 个村民小组,36 个居民点。604 户,1967 人。面积 47.07 平方千米,耕地 8219 亩,山林 2.81 万亩。种植玉米、土豆、烤烟、蔬菜,特产香菌、木耳、核桃。S252 欧南线途经,有耿家沟、孙家沟、蘑湖至樊家垭、黄家冲至蘑湖、高坎子湾、双家湾、郇家沟、石柱 8 条乡村公路。重晶石储量大。全国劳动模范、村党支部书记张运丰,曾受到毛泽东主席、周恩来总理接见,并合影留念,照片保存完好。

和平村新农村建设示范区

板庙村

位于榛子乡人民政府驻地东北 8.5 千米处,村委会驻板庙居民点。1958 年命名为健康大队,隶属榛子区板庙公社;1975 年隶属榛子公社;1984 年更名为健康村村民委员会,仍隶属;1987 年更名为板庙村村民委员会,隶属榛子乡;2001 年老院子村、板庙村、乌龟包村、郭家店村 4 组合并,建板庙村村民委员会,隶属榛子乡。东、北与保康县交界,南连和平村,西至育林村。辖 8 个村民小组,34 个居民点。552 户,1896 人。面积 42.47 平方千米,耕地 6738 亩,山林 4.91 万亩。种植玉米、烤烟、蔬菜,特产香菇、苹果、黑木耳、核桃等。S252 欧南线途经,有板庙至育林、白龙潭至袁家湾、八字门楼至苏家垭、蚂蟥冲、乌龟包、大生田、小张家冲、板庙至保康县简槽乡村公路。有国家重点文物保护单位李来亨抗清遗址将军寨,县级文物保护单位楸树湾古生物化石点、板庙遗址。

板庙村村民委员会

1928年,中共兴山县委直属板庙支部兴保边游击队在板庙建立。1937年7月,中共党员李友泽为保护游击大队长袁霭峰时,壮烈牺牲于板庙金鸡桥。年仅22岁的地下党人陈心庚为营救地下党领导人袁霭峰、刘相国,自己却遭敌人刀杀,英勇牺牲。出身农民,1928年参加兴保边游击队,作战英勇,多次立下战功的龚学魁,1930年被捕,于榛子树岭被杀。

石柱村

位于榛子乡人民政府驻地东南4.3千米处,村委会驻青龙口居民点,以境内石柱堖居民点命名。1958年命名为青龙口大队,隶属榛子区青龙公社;1975年隶属榛子公社;1984年更名为青龙口村村民委员会,仍隶属;1987年隶属榛子乡;2001年青龙口村、郭家台村、高峰村5组、大土坪村3组合并,建石柱村村民委员会,隶属榛子乡。东邻水月寺镇树空坪村,南至水月寺镇茅草坪村,西接青龙村,北靠和平村、幸福村。辖3个村民小组,13个居民点。171户,560人。面积45.8平方千米,耕地1620亩,山林4.47万亩。种植玉米、土豆、烤烟,特产香菌、木耳、核桃。有石柱、石柱堖至两河口乡村公路。磷矿资源储量大,分布在境内郭家台至水月寺镇树空坪一带。有青龙口、石柱、门家河电站。石柱村是榛子乡自然景观集中的旅游区。有青龙口瀑布、榛子大峡谷、仙人桥、古家砭、石柱堖等。2017年第二次地名普查时,仙人桥以"仙人度桥"收录为兴山新八景之一。

榛子树岭

位于榛子乡人民政府驻地东北3.4千米处,和平村村民委员会驻地。东邻熊洞包,南至黄家冲,西接老街,北靠郇家沟乡村公路。50户,152人。面积1.5平方千米,耕地540亩,山林500亩。种植玉米、烤烟、土豆、蔬菜,特产香菌、木耳、核桃。S252欧南线途经,孙家沟乡村公路相接。

相传,岭上曾有一棵高大的榛子树,故名。《兴山县志》记载:"榛子岭市,县北120里,以二、五、八为热场,至期甚盛"。老街与新街垂直,呈丁字形。老街长220米,宽5米;新街沿S252欧南线两边建设,长700米,宽8米,为水泥路面街道。商业门店12家,设有和平烟叶收购点。21世纪初,和平村村民委员会修建一栋三层办公楼,占地1000平方米,建筑面积850平方米。

和平村榛子树岭居民住宅区一角

寺院坪

位于榛子乡人民政府驻地西北 9.6 千米处，龙口村居民点。东、南、西接平水至瓦屋矿山专用公路，北靠竹园河。6 户，20 人。面积 2.2 平方千米，耕地 57 亩，山林 2675 亩。种植玉米、土豆、烤烟，特产香菌、木耳、药材。多古银杏树，兴山县林业局挂牌保护。平水至瓦屋矿山专用公路途经。

相传，明末建一寺院，占地 50 平方米，寺内供奉佛像。佛背心处有一方孔，孔内藏有经文，以黄表纸书写，经云："佛心者，大慈悲是，以无缘慈摄诸众生，慈悲为万善之基本，慈悲心总摄一切法"。方圆百里老百姓一年一度来此焚香拜佛，时有地方官吏也来祈佑，一度香火盛旺。当地一名叫秦天德的外科医生，医术高明，无论远近尊卑瞧病都不收钱，死后地方百姓怀念久远。

仙姑庙

位于榛子乡人民政府驻地北 3.1 千米处，和平村居民点。东临孙家沟，南至孙家沟乡村公路，西接龙洞山，北靠郇家沟乡村公路。11 户，25 人。面积 0.77 平方千米，耕地 154 亩，山林 300 亩。种植烤烟、蔬菜、玉米、土豆，特产香菌、木耳、核桃。孙家沟乡村公路至此。

传说，元朝时这里居住着王氏父女，其父科中进士，官不成则民间从医，不仅医术精湛，且医德高尚。爱女慈姑自幼随父学医，刻苦攻读各类医籍，以山中草药为百姓治、防百病，与父齐名，深受百姓爱戴，人们颂称"活仙姑"。一天，一县令慕名前来求医，见慈姑性格温柔，身材苗条，模样标致，遂起邪念：若纳为小妾岂不美哉？县令的湿邪病经慈姑两剂药便痊愈。不久，县令请一地方绅士做媒，上门提亲。慈姑父亲反复思忖后，便与女儿细说终身。哪知慈姑对权贵毫不在意，向父亲示意不从，但其父暗地与县令定下了这门亲事。县令择得吉日，八顶大轿娶亲，新郎官佩戴大红花，行至人群的最前面。温顺的慈姑按习俗着好嫁衣，被扶上一号大轿，一路锣鼓喧天，何等排场。行至险要处，只听路知客拉开洪亮的嗓门："这段路要谨慎，前面有深壑，岩高坡陡，大家都要小心一点啦！"话音未落，只见新娘一把掀开轿帘，纵身跳入山涧，红盖头飘荡在半空……后来，地方百姓怀念慈姑，选址建一庙，供奉慈姑雕像，取名仙姑庙。

石佛寺

位于榛子乡人民政府驻地西南 4.2 千米处，幸福村居民点。东邻三登岩乡村公路，南至新屋，西、北靠 S252 欧南线。12 户，33 人。面积 2.2 平方千米，耕地 109 亩，山林 1696 亩。种植玉米、土豆、蔬菜、烤烟，特产香菌、木耳、药材、核桃。石佛寺至茅岵乡村公路接 S252 欧南线。

相传，明朝初年，当地一位孝子名锦程，为体弱多病的母亲常到远方拜佛许愿，儿子的虔诚换得了母亲佛恩附体。以前弱不禁风，后来体质不断增强，甚至还有了几分富态像。锦程多次许诺："佛，大慈大悲，您神灵在上，我母亲若健康长寿，愿在本地修一寺，以利众生佛佑。"锦程中年时家境殷实，母亲也能帮助料理一些家务，日子过得舒适。一天，锦程在山上砍柴，发现一处青石，质坚而韧，正好可为还愿雕刻石佛。于是，请来高精石艺人，以民间流传的佛画像为模样,雕琢了一尊高五尺的石佛,建一间 20 平方米庙,将石佛供奉其中,取名石佛寺。

案板寨

位于榛子乡人民政府驻地西 6.4 千米处,青山村居民点。东邻兰沟,南、西至二屋沟河流,北靠中汉河。10 户,30 人。面积 1.1 平方千米,耕地 100 亩,山林 1190 亩。种植烤烟、蔬菜、玉米,特产香菌、木耳、核桃、药材。

巨石如板称案,明朝筑寨以防兵乱,故名。据老人传说,中汉河西北有一天坑,坑中有一面"金锣",有人曾试图取走,但始终只能钩到坑口就又掉下去了。河东南是一弧形台地,边沿是百丈悬崖,远远看去似一面巨型鼓,更像厨房里的案板,寨位于其间,东南面与万福山山脉相连。很早以前,一风水先生路过此地,见这一奇特的自然环境,曾预言:"有名中汉河,金鼓对金锣,有人识得破,金银使船拖"。

青龙村案板寨悬崖

大旗杆垭

位于榛子乡人民政府驻地西北 4.7 千米处,幸福村居民点。东邻小旗杆垭,南至兰沟,西接五台庵,北靠茅岵坡。30 户,89 人。面积 1.8 平方千米,耕地 170 亩,山林 1120 亩。种植玉米、土豆、烤烟,特产香菌、木耳、药材、核桃。石佛寺至茅岵乡村公路途经。

传说,明末李来亨部在此扎营,垭口设哨所,在山垭的一侧,筑旗台八尺见方,竖一木质大旗杆,高十丈余,上刷红漆,悬挂"闯"字大旗,故名。垭口两侧是悬崖绝壁,地势险峻,易守难攻,可谓"一夫当关,万夫莫开"。军队驻扎在垭侧山塆处,有士兵轮流站岗放哨,遇敌情,哨兵及时告诉旗手,以操作旗帜的升降为信号,传递各种信息。清军屡攻不克,李来亨部借此天险多次取得抗清大捷。

五台庵

位于榛子乡人民政府驻地西北 5.5 千米处,幸福村居民点。东邻大旗杆垭,南、西连兰沟河流,北靠茅岵坡。22户,69人。面积2.2平方千米,耕地101亩,山林1610亩。种植玉米、土豆、蔬菜。

这里地形极其复杂,重峦叠嶂,沟壑纵横。在群山之中,一处五重台地相连,四面环山。传说,不知何朝何代在此建一庵,内供佛像。时有人们前往烧香拜佛,常有七八个尼姑住庵,每日颂经念佛。有诗云:"五台居中建庵处,天地灵气聚其中。八方信客年三顾,焚香祈福显灵宫。"曾有一老人年过六旬,其子已婚两年不见有孕,老人盼孙心切,前往五台庵许愿:"佛显灵显圣,一年内老夫得孙,定来全猪祭拜"。果然,第二年老人得一男孙,年终还愿时,大摆酒席,将全猪披红抬送庵之中堂,焚香祈佑小宝宝苗壮成长。

飞马寺

位于榛子乡人民政府驻地西南8.9千米处,青山村居民点。东邻阴坡乡村公路,南至阴坡,西、北连飞马寺乡村公路。10户,29人。面积0.8平方千米,耕地174亩,山林1020亩。种植烤烟、蔬菜、玉米。

相传,伯乐受楚王委托,购买日行千里之马。伯乐跑了好几个国家,仔细寻访,辛苦备至,良驹宝马毫无踪迹。一天,伯乐从齐国返回,途中,看到两匹马拉盐车,很吃力地在陡坡上行进。马累得呼呼喘气,每迈一步都十分艰难。车夫将马卸套,放牧于田边。伯乐对马向来亲近,便近前细察,马见伯乐,突然昂头甩尾,放声嘶鸣,好像要对伯乐倾诉什么。伯乐判断这是两匹难得的骏马,便对驾车人说:"这两匹马若驰骋疆场,任何马都比不过,但用来拉车,却不如普通马,你卖给我吧。"车夫认为伯乐是大傻瓜,自以为这马太普通了,拉车都没气力,吃得又多,毫不犹豫地同意了。

伯乐牵马直奔楚国。来到楚王宫,拍拍马的脖颈说:"我给你们找到了好主人。"千里马像明白伯乐的意思,抬起前蹄把地面磕得咚咚作响,引颈长嘶,声穿九天。楚王听到马的嘶鸣声,走出宫外。伯乐指着马说:"大王,我把千里马给您带回来了。"楚王略视其马,认为伯乐在愚弄他,有点不高兴,说:"我相信你会相马,才让你买马,可你买的是什么马呀,这马能上战场吗?"伯乐说:"这确实是难得的宝马良驹,只因拉车劳顿,又不精心喂养,所以看起来有些萎靡。只要精心喂养,要不了多久,包您满意。"果然不出所料,时隔半月有余,二马身健体壮,浑身上下油光滑亮,两眼炯炯有神。一见楚王,便摇头甩尾,昂首嘶鸣,势欲奋蹄。楚王择其一,跃马扬鞭,只觉两耳生风,喘息功夫,竟驰出百里。后来,当地人觉得神马至此定为福地,便建庙,供石雕飞马,墙面彩绘飞马图。时过境迁,仅存遗址。

第三章　人文景观

第一节　寺庙观陵

飞龙观

位于古夫镇中阳垭村,镇人民政府驻地东北8.7千米处。飞龙观,实为庙宇。占地8平方米,观高2.8米,为水泥砖浆砌结构,顶覆琉璃瓦,座脊,塑二龙戏珠。供奉太白金星神像。周边生态环境好,建有天然无公害蔬菜基地,盛产柑橘,有乡村农家乐,已成为乡村旅游休闲之地。中阳垭乡村公路途经,经沟二滩大桥与G209苏北线相接。

中阳垭村飞龙观

玉京阙

位于古夫镇龙池村,镇人民政府驻地东南8千米处,古夫镇与黄粮镇交界的仙侣山山顶,海拔1608.9米。东至拱桥湾水库,南接彭家墩,西连吴家墩,北靠仙侣山主峰。相传,明初有一道人见仙侣山风景优美，便在此修行，建一道观，取名玉京阙，现已被毁。仙侣山上，常有云气弥漫，春时尤盛。山上有一奇石，长约 3 米，伸出悬崖，好似龙头。站在龙头石上，仙侣山下数十里美景尽收眼底，可观日出，可赏云海。兴山古八景之一的"仙侣春云"即为此处。仙侣山夏季平均温度不超过 20℃，是避暑的绝佳去处。现在仙侣山重建度假区，占地 1500 平方米，集旅游、观光、食宿于一体，山上还建有露宿营地，为户外活动者提供了理想之地。属县级文物保护单位。

孔庙

位于昭君镇滩坪村，镇人民政府驻地西北 11.9 千米处。东至滩坪水库，南邻别家湾，西连贺家塆，北靠 209 国道，占地约 100 平方米。

孔庙，建于清末年间，为纪念孔子而修建。孔子，姓孔，名丘，字仲尼，是当时社会博学者之一，被尊称为孔圣人，春秋后期鲁国人，中国历史上伟大的思想家、教育家，儒家学派的创始人，收弟子 3000 多人，其中 72 名贤人。曾任鲁国司寇，后携弟子周游列国，最终返鲁，专心执教，被誉为"至圣""千古圣人"等。曾修《诗》《书》、定《礼》《乐》、序《周易》、作《春秋》等，其思想及学说对后世乃至全世界产生了极其深远的影响。为了永远纪念孔子，人们自发筹资修建了孔庙，以励后人。庙已毁。

五谷庙

位于昭君镇响龙村，镇人民政府驻地东南 4 千米处。五谷，即稻、粱、麦、黍、稷。欲求五谷丰收，故建五谷庙。建于清宣统年间，坐北朝南，占地 2000 平方米，建筑面积 600 平方米。庙基用长 1.8 米、宽 0.8 米、厚 0.2 米的条石砌成。四周石砌 1.5 米高的围墙，薄页砖灌斗墙。庙高 5 米，屋顶木架结构，翘檐飞角，三间，开中门。门槛、门框、台阶、托楔、过砖全用条石砌成。门内正中设祭坛，左中右各立一尊精心雕刻的高 1.8 米的菩萨石像。距庙南 100 米又建一小庙，约 20 平方米，悬挂一口大铁钟，喇叭形，钟口直径 0.4 米，高 0.6 米，钟面铸有建庙时捐款人姓名、数额，字呈凸形。庙南为院坝，长 30 米，宽 15 米；庙北石砌挡土墙，长 30 米，宽 5 米。每年五谷神诞辰之日，均在五谷庙举行盛大活动，面对五谷神行三拜九叩大礼。1951 年将庙改建为小学校。

香炉石

位于昭君镇滩坪村，镇人民政府驻地西北 12 千米处。东邻 G209 苏北线，南连大包山，西接万朝山，北靠三里荒。占地约 200 平方米。万朝山南侧山腰，龙洞沟上游，有一独立石柱，长、宽各 5 米，高约 10 米，名香炉石，称为石神。自古以来，常有人在此石周围进行烧香、挂彩、磕头、许愿、还愿等祭祀活动。2005 年维修 G209 苏北线时，一私企老板看中了这个地方，对香炉石四周进行修缮，修一条石铺小路通往香炉石，在香炉石旁设置石桌、石凳、香炉等设施，供香客休息、烧香、许愿、还愿等。

文星阁

位于昭君镇响滩村,镇人民政府驻地东0.3千米处。清嘉庆年间,佛教信徒在崔家包兴建一座四合院式阁楼,取名文星阁。占地约800平方米,建筑面积500平方米,汉式青砖浆砌院墙,高1.8米。青色条石铺基,墙体薄页砖灌斗浆砌,2.5米以上为木制构架,中间为天井,房顶盖瓦,高约6米,八角翘檐,每角安装一个铜铃。门前立有两尊石菩萨。清举人吴翰章到此,即兴作一上联:文星阁,八个角,风吹铃响阁。至今无下联。民国初期,因火灾被毁。

云台观

位于峡口镇岩岭村,镇人民政府驻地西北12.5千米处。东、北属兴山县峡口镇岩岭村,西、南属秭归县。为大巴山余脉,海拔1495米,占地约0.5平方千米。

云台山,兴山与秭归的界山,山势险峻,森林茂密,常年云雾缭绕。山顶之上,建有道观,即云台观。立足观前,举目四眺,看群山伏拜,长江上的汽笛声仿佛就在耳边,普安寺尽收眼底。曾经香火旺盛过两百多年的云台观,如今只剩下残垣断壁,被树木杂草掩盖。右侧山门已经倒塌,现仅存4米高的石砌院墙基本完好。

云龙观

位于峡口镇黄家河村,镇人民政府驻地东8.2千米处,海拔650米,面积约1.5平方千米。传说清朝初年,这里土匪横行,百姓深受其害。人们听说道士很厉害,能镇得住土匪。于是,修建道观,请来道长王长明,记名弟子,道名觉林。土匪们不敢轻易从此经过,要经过必须报上名号,道长以吹响牛角为号,得到允许才能过山。从此以后,一方百姓得以安宁。一段时期,云龙观声名大振。观已毁,遗迹尚存。

黑虎观

位于峡口镇岩岭村,镇人民政府驻地西北11.5千米处,面积约2平方千米。山体为石灰岩结构,针叶林、阔叶林混生。山峰之上原建有道观,名"黑虎观",现仅存遗址。

黑虎观,小地名罐儿沟。圆圆的一个大土包呈罐形,故名罐儿沟。相传,约在清朝初年,山顶之上有一道观,专门供奉太上老君。沟底有百十步石级直达观顶。此处三面环山,背靠悬崖,森林茂密,荆棘遍地,地势险要。当时,经常有老虎出没,猛虎伤人之事时有耳闻,人们谈虎色变,许多人不敢前去祭拜,曾一度萧条。老君腹空,饥饿难耐。便给一猎人托梦,请他带上双面宝镜,土铳装上火药,藏身于观后。猎人醒来,原是一梦。第二天一早,猎人依梦而行,背镜子、持土铳,来到黑虎观,将身体隐藏在一棵茂密的大树下。不一会儿工夫,听林中呼呼作响,背后似有风袭来。猎人赶紧轻转身体,只见一只长约丈余,通体黝黑的吊睛黑虎猛地伸开前爪、露出两对硕大的獠牙,径直奔猎人猛扑过来。说时迟那时快,猎人将早已准备好的宝镜迎着虎头砸了过去,只听"嘭"的一声闷响,虎头便开了花,鲜血飞溅,脑浆四溢,趴在地上一动不动了。从此,黑虎观香客络绎不绝。

下盐寺

位于南阳镇石门村,镇人民政府驻地西北 2.9 千米处。与 G347 南德线隔河相望,下盐寺乡村公路经此。

相传很早以前,当地人们用盐要靠生意人用香菌、木耳在宜昌换取,不仅价高,而且紧缺。这一带老百姓长期为此苦恼,却毫无办法。是日,住在河岸边的一位白发老人夜梦菩萨告诉他,若有人在河边建一寺,河水便可熬出盐来。消息传开,附近一信徒觉得是菩萨体恤百姓,梦点迷津。于是组织周围百姓在河边修建一寺,三间,土木结构,房顶盖陶制土瓦。因乡民渴望老天降盐,冠名下盐寺。择吉日供菩萨,住两和尚焚香念经。三日后,信徒带着两个兄弟在河边筑炉架锅一试,果然熬出盐来,百姓欣喜万分,买来大量香表,争相入庙,跪谢菩萨。寺建何年无考。时至明末清初,农民起义军李来亨部初到百羊寨时,因有数万兵马,需大量食盐,由于寨外清军封锁,无法购进,食盐非常困难。李来亨为此着急,心想粮草可屯田自给,盐可怎么办呢? 正在李来亨发愁时,炊事营来人禀报,"山下有盐水河,听百姓说可以熬盐"。李来亨半信半疑,沉默一会后下令说:"你们速命十人到河下试试!"一试即成,炊事营固定了一班人,在盐水河一熬就是十多年。寺因年代久远而自然毁坏。

兴隆庵

位于南阳镇百羊寨村,镇人民政府驻地西 4 千米。清朝末年,当地人在百羊寨修建一座砖木结构庵,门头有一匾额,红底蓝边,中间刻有"兴隆庵"三个大字,字体金黄,故名。东邻碑坪,南连龙潭沟,西接百羊寨,北靠凤营。此庵修建时间大约在 19 世纪末期,庵内供观音菩萨,另有身高八尺的菩萨数尊。后仅剩断瓦残垣。2003 年民间投资复建,庵内仍供观音菩萨。

天官庙

位于南阳镇白竹村,镇人民政府驻地西北 12 千米处。东、北接猴子包至神农架林区松柏镇县道公路,南连楠凤岭,西与神农架林区接界。猴子包至神农架林区松柏镇县道公路西侧的崖壁间,有三尊岩雕石佛,一大两小,坐姿。南端石佛距中间石佛 0.45 米,中间石佛距北端石佛 0.16 米;石佛距地面高度为 8 米。岩壁上凿有石蹬,方便看客攀岩至佛前插香烧纸。从三尊石佛的巧妙设计和岩雕手法上分析,颇显明代早期摩崖石刻的风格特征。相传天官下凡,普救难民,定址建庙,虔诚攀险,供奉石佛三尊,以示纪念,名天官庙。在山下仰视此庙,似天降神仙端坐崖堑。近看神工雕佛,更有天人合一之感。明清两代,此庙香火甚旺,香客川流不息。如今山下人来车往,游客不断。在公路西侧的陡峭山坡上,修有 100 多米长的水泥阶梯至悬崖壁处,面积约 100 平方米。2008 年 1 月湖北省人民政府在此立"天官廟(庙)"石碑,属省级文物保护单位。猴子包至神农架林区松柏镇县道公路途经。

白竹村天官庙遗址

灵武当庙

位于南阳镇百羊寨村,距镇人民政府驻地西南 7.5 千米处,万朝山峰顶,海拔 2272 米,南阳镇与高桥乡交界处,山顶建有庙,门额上刻有"灵武当"三字,故名。西可遥见高桥乡与巴东县交界的仙女山,是县境内最大的骨架山,属大巴山余脉。

相传,道教祖师选址,曾到万朝山峰顶停留了一天一夜,第二天发觉山矮了三尺,此处不是久留之地,祖师就到十堰的武当山去了。日后道教信士们集纳钱物,在仅有 80 平方米的峰顶处,以青石建一座小庙,坐北朝南,庙门高 1.8 米,宽 0.8 米。门头有一块长 1 米、宽 0.4 米的石刻横额,上刻"灵武当"三个大字。这些青石绝大部分来自山下,经加工成石条后,全部靠人力一块一块地运向山顶。里面的多尊菩萨也是人工从山下抬上去的,可见当年建庙之艰辛。庙究竟建于何年,何人所建,查无记载。灵武当庙几乎已成废墟,现仅存长 6 米、宽 3 米、高约

2 米的青石墙。庙前的功德碑,久经风化字迹不清;一对石雕龙断为几节;一只石香炉,碎成几块,但字迹能辨:"民国八年张光全、王耀祖敬献"。

老君庙

位于黄粮镇黄粮坪村,镇人民政府驻地东南 4.2 千米处,1980 年纳入高岚风景区景点之一。明末年间,当地人在高岚峡谷西岸山岭上建一庙,冠名老君庙。东邻高岚峡谷,南连钟山景点,西接黄粮镇后山村,北靠坎上,面积约 50 平方米。相传,北魏前称道德天尊,是道教最高神明"三清"尊神之一,即老子。约自北魏起,又称太上老君。东晋《神仙传》汇集群书所见之老子传记,或称老子先天地生,或称其母怀孕七十二年生,生而白发。亦有称其母于李树下生,生而能言,指树而姓"李"。据东汉延熹八年(165 年)陈相边韶的《老子铭》,老子"离合於混沌之气,与三光为终始","道成化身,蝉蜕度世"。齐梁高道陶弘景《真灵位业图》定太清太上老君为第四中位,居太清境太极宫,即三十六天中之第三十四天,在三十三天之上。《魏书·释老志》称太上老君"上处玉京,为神王之宗;下在紫微,为飞仙之主"。唐代皇室,以老子李耳为同姓,崇奉太上老君,累加尊号。唐高宗尊太上老君为"太上玄元皇帝",唐玄宗三上尊号,称"大圣祖高上大道金阙玄元天皇大帝"。庙已毁。

奇头观

位于水月寺镇滩淤河村,镇人民政府驻地西北 7 千米处,龙洞山西侧奇头山顶,海拔 1612 米,面积 500 平方米。观前一石岭上自然形成的石堆,形态各异,酷似步行的迎亲队伍,有打锣鸣炮的,有抬轿的,有执彩旗的,形象逼真,人们戏称石人娶亲。山旁一岩像大灶上炖着一个大饭甑,人称甑子石。周围有众多小山岭夹着一个个山窝,人称 48 个灯盏窝。

《水月寺镇志》记载,清初,当地七名秀才集资在山顶建一道观,冠名奇头观。因七秀才所建,又称"七秀观"。道观为三层建筑,底层为南天门,面积约 100 平方米,供奉四大天王;中层为观音殿,供观世音菩萨和财神爷;顶层是正殿,供祖师爷。正殿旁建有龙王庙,供人们烧龙口香。常年有 8 名道士住观。置地 300 亩,以供道观使用。朝拜人群长年不断,遇庙会更红火。传说道观夜如白昼,不需点灯,晴日清晨,朝拜人站在道观前可隐约远眺荆州府。后传一道士朝拜时,见一只白鼠跳下悬崖,认为老鼠精带走灵气,朝拜人群日渐减少,道观因失修而毁。

奇头观地势险要,只有一条崎岖小道,过往十分艰难,人称阎王鼻子鬼门关,有"一夫当关,万人莫开"之势。晚清时,一股土匪抵达对面龙洞山,扬言要踏平奇头观。守卫发现后,告知长者,用自制黄眼鸟大炮向土匪开了一炮,土匪并未退却,反而疯狂逼近,发现数门炮口对准他们,听有人大声喊道:"是否点火?"首领答道:"待他们再靠近些,听口令发炮!"土匪见势不妙仓皇逃走。

凤凰观

位于水月寺镇马粮坪村,镇人民政府驻地东南 6 千米处。相传,一对金凤凰自远方飞来栖息山头。清初,建一道观,故名。海拔 1115.8 米,属大巴山余脉。面积 2 平方千米。

《水月寺镇志》记载,相传,清初一位邹姓族长主持修凤凰观、五龙观、石柱观、滴水观(秭归县境内)、蚂蟥观及文昌阁等五观一阁。凤凰观占地十余亩,规模宏大。前为灵宫殿,供奉三眼神、财神和六手菩萨,两侧置大鼓。在前殿之后200米处为中殿,名玉皇宫,三层楼阁:一楼供小菩萨,二楼供猪王、牛王、马王菩萨,三楼供玉皇大帝神像,两侧置大鼓。在前殿、中殿北侧建有三间道士住房,有道士住观作法事,筹办观会。1949年中华人民共和国成立前夕,还有王化林、艾祖成和王振新3个道士住观。道观置地400余亩,除道士自种外,租给3个佃户耕种,每户每年交租4石,做道观用,不足部分由道士送福化斋自筹。道观由地方知名人士王化三(下肢瘫痪)管理,每年两次由人抬上凤凰观参加观会。

凤凰观在民国时期一度兴旺,朝拜上香之人较多,除本县人外,还有宜昌、秭归和四川香客。每遇三月三、九月九观会,热闹非凡,有烧香祈祷、做小生意、开赌场者,来往上千人,多是烧香许愿。也有做香会的,由一家或几家相约组成的朝拜队伍,前有主持人端檀香炉,锣鼓乐队开道,后为烧香人群,其中还有烧锁口香、烧盘香者。锁口香是用一根钢丝穿过两腮上锁来烧香,结束后由道士来解锁。盘香是直径1米左右的线条香,悬挂起来像个大锅盖,从外端点燃可烧半月之久。历年除夕之夜,道观通宵达旦,香烟缭绕,竟有不少朝拜者陪菩萨过年,新春黎明方才离去。1959年破除迷信,道士被解散还俗,道观无人看管,长久失修毁坏废之。

奇寺

位于水月寺镇梅坪村,镇人民政府驻地西北9.3千米处,面积130平方米。相传,奇寺由当地一邹姓人建于明朝中期,以自然山水奇特秀丽冠名"奇寺"。寺内大雄宝殿供奉释迦牟尼佛像,左右两侧塑有十二元爵。大雄宝殿两旁设有三佛殿和玉皇殿。寺建成后,宜昌、保康、秭归及神农架的虔诚香客和受戒僧徒纷至沓来。住寺僧有20余人,香火一直延续至清朝嘉庆年间,后日渐衰落,寺院毁损。

百神寺

位于高桥乡伍家坪村,乡人民政府驻地东北4千米处。供各种神像百余尊,故名。塘坊沟至黄家屋场村级公路经此。

百神寺,坐落于万朝山南侧一座山峰上,建于明朝洪武年间,占地400平方米,建筑面积约260平方米。三间一院四水归明设计。走近百神寺,首先映入眼帘的是门头上悬挂的"慈航普渡"匾额。门内分正、左、右三殿。正殿面积较大,供奉弥勒佛,背面为护法韦驮佩剑而立,两边站立四大天王,左右依次排列三佛十八罗汉。左殿和右殿各三十二尊佛像。三殿共计供奉神佛百尊。建筑古朴典雅,金碧辉煌,神像雕工精致,栩栩如生。兴山、秭归、巴东三县无人不知。历经数朝变迁,因失修寺毁。

财神庙

位于榛子乡幸福村,乡人民政府驻地西3.8千米处。相传,明末建庙。庙内正殿中间供财神真君,前设香坛。传说财神真君姓赵名郎字公明,是做买卖的祖师。在交易中,他始终遵循

"君子爱财,取之有道"的原则,主张义中求利、公平买卖,把道德、信誉放在首位,因此生意兴隆。他修成了驱雷役电、呼风唤雨、避瘟除疾、保病禳灾的高超道法,得到玉帝赏识,被先后敕封为"神霄宝殿主领雷霆付帅""值殿大将军""上清正一玄坛飞虎金轮执法赵元帅"等。此庙还供奉福神、禄神、寿神、平安神、医神、喜神等。

板庙

位于榛子乡板庙村,乡人民政府驻地东北 8.5 千米处,以木板搭建庙宇而得名,占地为300 平方米。中华人民共和国成立前,有一条长约 100 米、宽 4 米的卵石路面小街,历为兴山、保康两县百姓交易市场;抗日战争时期,是国统区南北交通要道;中华人民共和国成立后,旧街扩建到 200 米长,沿 S252 欧南线两侧建起了楼房,形成南北走向的街道布局。

相传明朝初期,有一盐贩到此,恰值晚霞当空,天地顿时笼罩在片片金黄色云雾之中,便许愿于天:"若此趟盈利,愿在此修庙谢天"。贩盐后无力修庙,只好用木板搭庙于树下了却心愿。清咸丰二年(1852 年),当地百姓捐资建了较大排场的庙宇,以三方青砖为墙,上盖青瓦,四角翘檐,后壁彩绘麒麟,现仍色泽鲜艳。庙宇整体为砖木结构,正门的一面全为木板壁,鼓形檐条,曲望板,庙门上悬挂"板庙"匾额。属县级文物保护单位。

板庙村板庙壁画麒麟

第二节　古遗址

圆钦石塔

位于古夫镇中阳垭村,镇人民政府驻地东北 6.2 千米处。在黄家山,明嘉靖元年(1522年)建有石塔,名圆钦石塔。是下元寺住持圆钦的骨塔,实心石塔,石刻塔身,石材为青石,七层,高 4.9 米。每层塔沿均为八角棱形,一层、四层塔身为四面体,四面均镌刻楷书铭文,字迹娟秀,刚劲有力,记录着下元寺的历史规模和圆钦住持的生平、功德。二层、三层塔身为八面体,分别刻有人物、马、梅花鹿及花草。五层、六层塔身为八面体,每面刻梅花图案。七层塔身为圆柱体,盖瓦头为八面三层莲花,圆珠宝顶。现保存完好,为兴山县境内仅存的唯一古石塔。2003 年确定为宜昌市第二批文物保护单位。

圆钦石塔

书洞文笔

位于古夫镇古洞村,镇人民政府驻地西北 4.5 千米处。筑一文笔,名书洞文笔,实为一塔,明朝时由本地一文人所修建,当地人视其为财神,故而又称财神殿。占地 20 平方米,高 15 米。基座为长方体;一层为正方体结构,正面开有拱形大门;上部呈圆锥体结构,三层阁楼。此处地势险要,四周古柏参天。有传说,书洞文笔与古井坪砚窝池遥相呼应。属县级文物保护单位,现保存完好。

王家祠堂

位于峡口镇建阳坪村,镇人民政府驻地东 5 千米处。王家祠堂,典型的清代建筑风格,建筑面积 420 平方米。呈长方形布局,由门厅、堂屋、厢房、天井组成。砖木结构,外由青砖斗砌合围,内由木架结构支撑。屋面覆盖小青瓦,屋脊为镂空花背,后为如意山墙,正立面用灰塑牌楼装饰贴面。有门柱、贴柱、字牌、如意、文字、彩绘等装饰,文字右边为"恭友",左边为"孝慈"。正面、侧面、背面檐口均饰彩绘图案和灰塑如意、寿桃、蝙蝠等。门柱上刻有对联一副,上联"追宗祖源流槐兰谱系太原始",下联"阅子孙绵洐书画家传司徒先"。在祠堂内还有咸丰元年(1851年)"王氏宗族历代昭穆位"石碑,记载了王氏第一世自明朝末年从山西太原迁移到兴山至咸丰元年的各世祖宗,祠堂后还有乾隆三十一年(1766年)王氏第十一世王尧祚的碑。王家祠堂是兴山县仅存的一处宗祠,属湖北省文物保护单位。

梦公老爷石桥

位于峡口镇秀龙村,镇人民政府驻地西北 3.7 千米处。修建于 1930 年,桥身长 20 米,宽 1 米,高 4 米,一墩双跨石板桥,仅供行人通过。现保存完好。2011 年以"梦官(公)老爷桥"列入第四批县级文物保护单位。

梦公老爷石桥有一个美好的神话故事。相传,此地有一农夫,名唤王龙渊,农田位于万家河两岸,每日劳作往返必须涉水过河,甚是麻烦艰辛。遇雨季,河水暴涨,过不得河去,耽误了不少农时,减少了许多粮食收成。于是便在河上建桥,待一切工程就绪之后,却怎么也找不到这么长的石板来做桥面,这可急坏了王龙渊。是夜入眠,忽见一银须老人,童颜鹤发,开口道:"你不必为桥面着急,我已经给你准备好了。"话毕,老人飘然而去。原来是南柯一梦。次日晨,他将信将疑地来到建桥工地。此时的王龙渊,简直不敢相信自己的眼睛,一座精美别致的双跨石板桥展现在他的眼前。欣喜之下,他给梦中老人取了一个非常好听的名字:"梦公老爷"。村里有人说,托梦者乃鲁班师傅。为了纪念这位神秘的托梦老人,便在桥头立一石碑,上刻"梦公老爷石桥"。

秀龙村梦公老爷石桥

洋房子

位于峡口镇黄家河村,镇人民政府驻地东 9 千米处。洋房子,又名文家大院,以欧式建筑特色而得名。民国时期,兴山富户文运久、文运远兄弟所建,是一栋中西合璧式建筑。整个建筑坐北朝南,建筑面积 700 平方米,有房 20 多间。始建于 1911 年,历时八年建成。主要由一幢正房和二幢厢房组成,中间是院落,构成一个半四合院式。有上房七间,两侧偏房各三间,左右对称,呈开放式结构。各栋上下两层,砖木结构,穿斗式构架,硬山顶,屋面覆盖小青瓦。正房第一层走到前为半圆形拱门,第二层走到前为栏杆,有上下两道走廊且相通,称为"走马转阁楼"。房屋四角各安置了一根廊柱,门窗上半部分均为半圆拱形,除两侧偏房的侧墙为青砖斗砌清水墙外,其余墙体均为涂抹白灰。第二层天花板均用木板吊顶。一楼每个窗户外装有铁条七根,二楼窗户外装百叶窗,内装板窗,至今仍能使用。台阶和正房的走廊,全系数百斤重的青石砌成,十分平整。屋前有一株银杏树和一株皂角树,屋后有一株腊梅,春夏浓荫蔽日,隆冬傲雪盛开。洋房子虽经历百年沧桑,仍感受到奢华与气派。房子三面皆为悬崖,右边有一个面积约 20 平方米的平地,曾建过瞭望台。"洋房子"是近现代代表性建筑,至今仍保存完好。属湖北省文物保护单位。

黄家河村洋房子

望碑

位于南阳镇文武村,镇人民政府驻地西北 6.6 千米处。以竖立的墓碑而得名。占地近 200 平方米,为李氏家族墓地。传说进山公李镒奉信风水,生前即请阴阳先生择好墓地。李镒寿终正寝后,子依父愿,将其葬于风水地。尔后,其子又得八子,在繁衍过程中,很快成为望族。清嘉庆年间,李氏后辈人中有两兄弟进京赶考,中得一文一武状元,报效国家。当地衙门为激发百姓效仿,为李氏家族立德高望重之碑。李氏族人故后都集中葬于此,成为李氏家族祖坟聚集地。望碑,又称老坟园。2011 年以望碑墓地,被列入第四批县级文物保护单位。

大花屋

位于黄粮镇店子垭村,镇人民政府驻地西北7千米处。大花屋,亦名伏龙庄,清时余氏建筑规模宏大的世袭庄院,结构、风格独具匠心;门窗、屋檐、屋脊等造型别致,无不精美。徐家垴至店子垭乡村公路途经。

相传,进山始祖余登荣,落籍余仕坡后,以耕读传家,乐善好施,迅速发迹。一日,偶然发现自家的香坛下有两条奇大无比的蚯蚓,主人会意是"真龙现身",祥兆前景辉煌。在余登荣之子余廷孝时期开始筹划和兴建世袭庄园,取名"伏龙庄"。计划占地12亩,建筑面积4亩,连体建12个天井,共计63间房屋。工程主要由余廷孝之后余志烺主持。据说,建造过程中遭到匪劫,幸好余志烺是武举人出身,有一身武功,免遭一难。种种原因,工程半途缓停。

第四代孙(余志烺之子)余文鋆,在兴山、宜昌、钟祥三地,拥有20个庄子,61家佃户,良田1095亩,山林9750亩,可谓富甲一方。他从宜昌请来设计师和能工巧匠,继续伏龙庄的建设。当建成5个天井、39间房屋时,其规模已初见端倪,设八字大门、侧大门、正厅、中堂、厢房;附属建筑有花园、运动场和其他功能的建筑设施;建筑装饰非常讲究,屋脊塑顶,马头墙高翘,檐下彩绘;门窗雕刻内容考究,有龙凤呈祥、二龙戏珠、岳母刺字、割股啖君、黄香温席、卧冰求鲤、悬梁刺股、凿壁偷光、桃园结义、程婴托孤、举案齐眉、麒麟送子等传说故事图案;石院墙长240米,高5米,厚2米。工程浩大,气势恢宏,富丽堂皇。正在热火朝天的建造过程中,余文鋆突遭土匪绑架至远安,威逼家人拿钱赎人,家人失去了主心骨,不得已倾其所有,土匪仍"撕票",余家至此走向低谷,伏龙庄建设被迫停止。随着时间的推移,此建筑毁坏严重。1991年被确定为县二级文物保护单位。

黄家祠

位于水月寺镇南对河村,镇人民政府驻地西南8.7千米处。《黄氏族谱》记载,黄姓原籍江西南昌,明朝弘治年间奉旨移民兴山。进山公黄春落籍于高岚黄家台(今黄家祠),命号黄夏阳。后代繁衍成望族,分散夏阳河两岸居住。清道光年间,在黄家台修建风火墙式、江南建筑风格祠堂。由于黄家祠堂的建筑风格特别,工艺精湛,在祠堂墙上嵌碑一块,上刻黄姓字辈谱。黄家台地名逐渐淡出,以黄家祠替代。S312宜兴线途经。

第三节 李来亨抗清遗址

百羊寨

位于南阳镇百羊寨村,镇人民政府驻地西5千米处。三面环山,地势险要,居高临下,易守难攻。李来亨率部驻扎后,清军屡攻不克。于是,清军在几百只羊角上系灯笼,夜袭李部,被李部识破,将计就计,放过羊群,大败清兵。将建山寨命名百羊寨(原称王殿坪)。

李来亨,原名李懿亨,陕西清涧人,明末农民起义军领袖李自成族兄之子李过的养子,少年时即投身农民军,跟随祖父、父亲南征北战,在战火中成长为一名骁勇善战的将领。清顺治二年(1645 年)五月,李自成在通山九宫山被杀害后,其妻高夫人召集农民军 20 余万人,实行战略大转移。顺治五年(1648 年),抗清队伍中的军阀、野心家孙可望悍然兵变。由贵州入蜀的高一功、党守素、贺锦部全军覆没,只有李来亨部力战脱险。南明抗清大业岌岌可危。"沧海横流,方显英雄本色"。李来亨挺身而出,毅然接过抗清大旗,召集余部数万人,经数年浴血奋战,辗转来到兴山,先后在峡口、黄粮、榛子、古夫驻扎,最终决定将大本营建在南阳的王殿坪(现百羊寨)。百羊寨是李来亨抗清核心地带,李部驻扎百羊寨后,迅速组织部队以百羊寨为中心,设哨卡、瞭望台,筑炮台,建兵器坊,修马道,对全体官兵进行强化训练,招之即来,来之能战。后勤部队垦地种粮种菜,饲养家畜家禽,修筑饮水堰塘,制作食品加工器具,赶制军装,确保后勤之需。李部驻扎百羊寨坚持抗清达 12 年之久,终因寡不敌众,百羊寨告破,被迫退守于 20 余里外的茅麓山(现茅庐山)上。在百羊寨留下诸多遗址,现存有卡子、瞭望台、棋盘亭、圣帝行宫之碑、七步半、炮台、瓮桥,以及堰塘坪、磨坊岭、萝卜园、炮台垭、马道岭、七连坪、兵器坊等多处遗迹。2013 年 3 月 15 日,国务院(国发〔2013〕13 号)将李来亨抗清遗址列入全国重点文物保护单位。

李来亨抗清遗址百羊寨

七连坪

位于南阳镇百羊寨村,镇人民政府驻地西南 3.2 千米处。面积 1.5 平方千米。地势平坦,分前坪和后坪,土质肥沃,适宜各种农作物生长。明末清初,李来亨率兵在百羊寨安营扎寨时,七连坪为南阳河至百羊寨的重要人行通道,更是百羊寨的前沿阵地,后勤七连驻扎于此,开垦荒地,种粮种菜,饲养畜禽,为李部提供后勤保障。设有塘垭前哨,传递军情。

天灯包

位于南阳镇百羊寨村,镇人民政府驻地西 3.7 千米处,面积 0.2 平方千米。明末清初,李来亨在百羊寨东边的一个山包石台上,对违犯军纪的将士实行"点天灯"酷刑,故名。在天灯包这个地方,左上侧有一巨石矗立在悬崖边上,石顶平整,可容 20 人以上,站在这个石头上,山下一切一览无余,李来亨在石顶筑瞭望台,至今还有遗留下来的瓦砾和砌墙的石灰。巨石上有一米见方的三块大石头,从下至上垒在一起,形成一个灯台,顶上凿有一直径约 15 厘米的圆洞,据说是起义军用来插旗杆的。

李来亨刚进山时,树木还没有发芽,老百姓大都揭不开锅,大军也只能勉强维持生计。为了帮助老百姓度过春荒,李来亨号召官兵尽量节俭,把省下来的粮食送给当地的老百姓。他治军严苛,一面带领将士们垦荒种地,一面指挥将士们抓紧训练。要求将士们不得拿老百姓一草一木,若有违者,军法处置。一天,一个曹姓士兵上山打柴回军营,一路劳累,口干舌燥,顺手在老百姓田里拔了一个大萝卜吃了。这事传到李来亨耳里,他二话没说,就命令手下把这个士兵绑到瞭望台的旗杆上。李来亨令人升起"闯"字大旗,全军将士集合于旗下。他身挎指挥刀,健步登上瞭望台:"今天,我把这个士兵绑在这里示众,一是要大家牢记我们是大顺军的将士,一举一动对得起大顺皇帝;二是我们来自老百姓,要守军纪,违者,严惩不贷。"话音未落,两个起义军就把曹姓士兵押到阵前。严厉喝道:"你知不知罪?"那士兵吓得面如土色,跪在地上,胆战心惊地说:"小的知罪,我坏了军纪,甘受严惩。"李来亨说:"只要不是冤枉,十八年后,你还是一条好汉!"说完,示意斩首示众。就在这时,一位白发苍苍的老大爷边跑边大声喊道:"刀下留人!"一下子扑到那个士兵面前,挡住了锋利的大刀。李来亨见状,示意行刑官停下,走过去将老人扶了起来。老人说:"你们起义军对我们百姓爱戴有加。这个士兵吃个萝卜何以死罪?大人不杀他,小人就起来。"李来亨答道:"子不孝,父之过;军不严,帅之错。今天看在您老人家的面子上,就饶他这一回。"天灯包在 2013 年被列入国家第七批重点文物保护单位。

锁子沟

位于南阳镇百羊寨村,镇人民政府驻地西北 1.8 千米处,面积 2.2 平方千米。锁子沟属南阳河的支流,发源于万朝山北侧,河沟长 5.5 千米,宽约 4 米,落差大。建有阳泉电站。沟岸植被茂密,以针叶林和灌木林为主。南阳河集镇至百羊寨乡村公路途经。

李来亨驻扎百羊寨时,在峡谷的入口处设了三道哨卡,昼夜值守。一天,李来亨把儿子唤来帅府,令其到前沟第一道哨卡掌号,敌军来了就吹响军号报信。其子接令便去,专心站哨,不敢松懈。一日,天气暖和,守卡犯困,不知不觉打起盹来,梦见清军偷袭哨卡,被他发现,立刻吹号,可怎么也吹不响,一清兵举刀向他猛劈过来,一个倒退,梦被惊醒,吓出一身冷汗。他回忆着梦中的经历越想越害怕,万一清军来犯,军号吹不响怎么办?他决定试试看,将号一吹,响彻山谷,二、三道哨卡的守兵闻号持刀枪迅速赶过来,一看四周平安无事,是闯王的儿子在吹号。哨兵们便回到了各自的哨卡。事真凑巧,当天晚上,清军真的摸到哨卡上来了。李来亨的儿子使出了全身的力气,再次吹响了牛角号,守兵以为是李来亨的儿子闹着玩的,便没理会。清军闯过哨卡，直奔磨坊岭，被二道哨卡的哨兵发现，守兵们急取刀枪奋力抵抗，将清兵击退。这件事很快就传到李来亨耳朵里，李来亨急令召回儿子，将其绑了起来，下令推出去斩首示众，以正军纪。众将领纷纷求情，其子方免斩首之刑。闯王再次下令将其押回前哨，用50斤重枷锁锁住，让其戴罪思过。故称锁子沟。

磨坊岭

位于南阳镇百羊寨村，镇人民政府驻地西4千米处，面积1.2平方千米。南阳河集镇至百羊寨乡村公路途经。据传，明末清初，李来亨部抗清期间，在此开设磨坊，以石碾、石磨等器具加工粮食。有直径3米多的圆形碾盘8个，进行粮食粗加工；直径1米多的圆形石磨18副，进行粮食精细加工；直径半米的圆形小石磨28副，加工各种流汁食品。加工实行两班制，24小时作业，以保后勤之需。时过境迁，大量磨盘已被损坏，用于砌石坎和填土坑，仅有少量磨盘可见。

李来亨抗清遗址七步半

七步半

位于南阳镇百羊寨村，距镇人民政府驻地西5千米，在百羊寨以西的青石梁子的要道上，面积约100平方米。明末清初，李来亨部驻扎百羊寨时，在要道中一石梁上人工开凿石梯台阶，台阶分正道、侧道。正道七级（称七步），每级长约0.8米，宽0.2米，高约0.2米。侧道五级（称半步），自上而下每一级比正道的每一级低半步，每级长约0.3米，宽0.2米，高0.2米。正侧两道石级合称七步半，是李来亨抗清的哨卡之一。

李部离七步半北侧百米处建有兵器坊，东南边便是中军大帐。为了安全和军纪事宜，规定了官兵各自在七步半道上的走法，作为军事暗号和官兵的等级之分，并设哨卡于七步半，对内严明军纪，对外辨认奸细。规定内部人"上走七步下走半，走完切莫回头看"。倘若是奸细，不知其中奥秘，走法定会出错。正因如此，李部多次识破清兵暗探。从此，七步半远近闻名。2013年被列入国家第七批重点文物保护遗址。

兵器坊

位于南阳镇百羊寨村，镇人民政府驻地西5千米处，面积1平方千米。1653年，李来亨率农民起义军在百羊寨安营扎寨后，为了确保反清复明大业，不断扩军，需要补充兵器。在七步半附近，占地数亩，令一个营制造兵器。主要制造火药、枪、炮、弹、大刀等。李来亨对兵器制造管理十分严格,四面八方岗哨密集,以防被破坏。特别是火药制造,不允许出错,以防事故发生。刀、枪、炮、火药都及时分类入库。

炮 台

位于南阳镇百羊寨村,镇人民政府驻地西 4.5 千米处,面积约 160 平方米。1653 年,李来亨部驻扎百羊寨时,在铁炉沟到百羊寨的山口绝壁处,修建长、宽各 10 米,高 8 米的炮台抵御清兵。清兵屡攻屡败,数年攻之不下。于是,清军选择了一个冬天的夜晚,在数百只山羊的羊角上系上灯笼,令其弱兵驱赶羊群,以迷惑起义军,企图攻上炮台,占领山寨。但被李部识破,仍败。如今,炮台大部分倒塌,唯有基座尚存。2013 年被列入国家第七批重点文物保护遗址。

炮台

圣帝行宫之碑

位于南阳镇百羊寨村,镇人民政府驻地西 3.4 千米处,面积 210 平方米,立"圣帝行宫之碑",故名(又名碑坪)。圣帝行宫之碑,系南明王朱由榔永历九年(清顺治十二年,即 1655 年)为联明抗清的李来亨等人封官晋爵的诏书石刻,坐北朝南。石碑由碑帽和碑文两部分组成。碑帽呈半圆形,雕刻二龙戏珠图案,图案下横刻"圣帝行宫之碑"六个篆书大字;碑文四周雕有花瓶、竹节等组成的花纹镶边。该碑为青石质料,方座,圭形首,通高 4.48 米,宽 0.96 米,厚 0.2 米。毛登寿为碑撰文"大将军印太子少保临国公清涧李来亨鼎建",额篆书"为建兴山县圣帝行宫碑记"。竖刻碑文,正文楷体阴刻 1130 余字,记录兴建圣帝行宫事,并附各营总兵官职及姓名。

正刻:"临国李公率王师驻牧兴山之四载,镌虏姁民则既有叙,乃兴关帝之祠而祀焉。李公志而弗言予义,知其志而言之。"碑右文,"永明永历九年,岁在己未,冬季之吉,钦令总督各路勋镇恢剿兵马兵部右侍郎公毛登寿撰文,监军兵部职方司员外郎武林阮龙德篆额书丹。钦令提督御管直省各路恢剿兵马行招讨车挂盼远大将军印各营总兵官挂各将军印,左右前后都督府,左右都督太子少保十四人,曰春,曰猴应招。又总兵官十五人,曰李守促、曰黑有功一监军广西布政使司右参政曹一铨,赞画兵部职方清史司主事邓林深,监纪推宫兴山县事五业昌。"碑左文,"天也而兼于人惟真正,正者天之属也,天斯神矣。"

1975 年 10 月进行修缮,将碑面镶嵌在矩形的牌坊里,碑前 100 多平方米的场地上栽有塔柏、青松及花卉。圣帝行宫之碑在 2013 年被列入国家第七批重点文物保护单位。

圣帝行宫之碑

凤营

位于南阳镇百羊寨村,镇人民政府西 4.5 千米处,面积 1.5 平方千米。凤营有一段美丽的传说。李来亨的起义军部队因为是他叔叔李锦的余部,人员结构十分复杂,有老人营、孩儿营、女兵营等。此地原名胡老林,1653 年李来亨进驻百羊寨后,把女兵营就安扎在这里,作为起义军的后方基地。女兵们在高夫人的带领下,为起义军缝制军衣,提供医疗服务。相传胡老林里有群凤凰,伴随着女兵们在胡老林里繁衍生息,不离不弃。它们听到女兵们高歌时,就翩翩起舞,起飞时胡老林便呈现一片彩色的天空。后来,朝廷派出重兵围剿,寨破。这群凤凰一夜之间也消失得无影无踪。人们怀念李来亨,怀念兵营的女兵们,也怀念这群凤凰。当时这个地方有两种称谓,即凤五营或凤舞营,后来演变为凤营。

茅庐山

位于南阳镇落步河村,镇人民政府驻地西北 8.5 千米处。山顶平坦,多农田,结茅为舍,故名茅庐山(原茅麓山)。山体大致由东向西倾斜,石灰岩,东西长约 7 千米,南北宽约 4 千米,总面积约 28 平方千米,海拔 1608 米,山间以乔木为主,针、阔叶林混生,多野生动物。

清初,李来亨部百羊寨失守,被迫退守于此,建立根据地,实行屯田自给,予民休养生息的政策,关怀山中百姓疾苦,深得民心。康熙三年(1664 年),清政府集中川、楚、秦三省清军和满洲八旗兵,共十万大军在靖西将军穆里玛的指挥下,围攻茅庐山。李来亨奋起迎敌,满洲兵在李来亨的炮火、滚木、礌石的攻击下,纷纷坠落崖间,伤亡惨重,高级指挥官贺布索、穆里玛之子苏尔马均被击毙。清军改变策略,对茅庐山所有出口严防死守,长期围困,企图困死明军,双方相持数月,李来亨部物资消耗殆尽。李来亨在六月曾两次组织突围,虽拼死奋战,但寡不敌众,无法突出重围。他知道已到最后关头,决心与明朝的最后一片河山共存亡。他处死了清政府派来招降的李有实。8 月 4 日,山寨弹尽粮绝,余部尽数扑向熊熊烈火,壮烈牺牲,谱写了一曲气壮山河的千秋悲壮史诗。2013 年,茅庐山被列入国家第七批重点文物保护遗址。

李来亨抗清遗迹茅庐山

大寨上

位于南阳镇落步河村,镇人民政府驻地西北 6.3 千米处。寨建在茅庐山东麓,高家城前沿,地势险要,站在寨上,可眺望山下落步河一带。明末清初,农民起义军李来亨部在此筑有大、小山寨,以石料砌筑 3 米高、1 米厚的围墙,设有瞭望孔,内驻兵营。相传,李自成夫人高桂英带领的女子军驻高家城时,经常到大寨上检查防务,教导士兵要密切观察敌情,不能麻痹大意,严防敌人偷袭。

高家城

位于南阳镇落步河村,镇人民政府驻地西北 7.2 千米处,茅庐山东麓。明末清初,李自成夫人高桂英用计谋射伤恶龙的传奇故事在民间广为流传。高家城原称迷魂顶,在茅庐山山顶的原始森林中,横有九石,纵有九石,共有九九八十一个巨大怪石,形成一个大迷宫。人们走进去,如果不做记号,就会迷失其中,出不来。要知高家城来历,便有高夫人智降恶龙典故。李来亨部抗清期间,高夫人带领女兵驻扎在这里。为了打败清军的围追堵截,高夫人四处联系起义军,共商抗清大计。其中有个叫贺珍的首领,年纪轻,人马多,武艺好,有百步穿杨之能。贺珍心想,身为男人,怎么能被一个女人统领呢?便道:"今天能不能让我跟哪位比射三箭,再请高夫人指教呢?"高夫人心中有数,笑盈盈地说:"贺将军肯让我们妇女营长见识,让来亨陪你学射三箭吧!"当时约定,李来亨先射。三箭要射地上跑的、洞里钻的、天上飞的。李来亨早已看中目标,连射三箭,射滚了地上跑的黄鼠狼,射死了洞里钻的花狐狸,射掉了天上飞的鬼斑鸠。贺珍连声叫道:"好箭法,好箭法!"说罢,只听他"嗖嗖嗖"三箭射出去,射滚了林子里跑的大角鹿,射死了土洞里钻的野兔子,射掉了天上飞的鹰,老鹰是双爪抱着箭杆掉下来的。高夫人心里一惊,连声赞道:"神箭,神箭!"忽然,晴空中电光闪闪,雷声阵阵,云端上现出久居长龙岭的一条青龙,厉声吼道:"哪个该死的家伙,把我守门的老鹰射死啦。"贺珍吓了一身冷汗,想到一人做事一人当,就说道:"是我。"青龙说:"好,我闭眼,让你射我的眼睛,若你射不进去,莫怪我对你不客气。"贺珍运足气,射了两箭,只见青龙两眼冒绿火,崩开了箭,径直向贺珍反射回来,高夫人赶紧拦住青龙,说:"龙王爷息怒,贺将军是我的客人,刚才比武没看清,不怪他,你敢闭上眼睛让我射一箭试试吗?"青龙一看是个女人,哈哈大笑:"好,我让你射一箭。"高夫人运足气,大喝一声:"去!"弓弦响过,青龙睁眼一瞧,没事! 原来高夫人放的空弦。青龙一走神,离弦之箭闪电般飞射过来,把青龙的左眼射了个对穿。霎时间,只见青龙腾空翻滚,狂风呼啸,飞沙走石,不见天日,天崩地裂一般。青龙折腾了大半天也疲惫了,一头撞向茅庐山,将半山腰撞出个大窟窿,洞里冒出一股浑水,流了三十三天,这就是毛龙洞。茅庐山山顶又恢复了往日的平静,只是原来的八十一个怪石包和树木都不见了,在山顶上呈现出一块一百多亩的平地,平地四周被怪石圈了起来,像一个新建的城池。贺珍看后,佩服得五体投地,自愿联盟抗清,并称此地为高家城。

瓮桥

位于南阳镇百羊寨村,镇人民政府驻地西北 7 千米处。李来亨部在百羊寨设大本营驻扎三年后,设茅庐山为第二营寨,之间要过一道深沟,为保道路畅通,在上茅庐山的入口处,建一座单孔石拱桥,桥长 10 米,宽 2 米,桥孔其形如瓮,人站在桥下说话产生回音,当地人们把它称为瓮桥。此桥已有 360 多年的历史,如今仍保存完好。人们走在此桥上时,联想李来亨部垦田种粮、染布制衣、修路架桥、抗击清军等一幕幕仿佛就在眼前。2013 年,瓮桥以"百羊桥"列入国家第七批重点文物保护遗址。

李来亨抗清遗址瓮桥(百羊桥)

马道岭

位于南阳镇百羊寨村,镇人民政府驻地西南 7 千米处,面积 1 平方千米。李来亨部扎营百羊寨时,骑兵营驻此岭,为训练骑兵,依地势修建马道,长千米有余,宽近半百米。马道呈椭圆形,坡度在二十度左右,马道两旁,每隔三丈立一靶牌,供骑兵练习。李来亨一马当先,后跟百匹战马,五纵队齐头并进。一个来回过后,李来亨坐镇督察,每个骑兵必过三关:一为骑马关。跃马奔驰三个来回,练其骑术;二为跑马射箭关。每个骑兵三十箭,骑马射中二十箭为及格,练其箭功;三为飞马枪击关。限三十枪,中二十枪为及格,练其射击。骑兵营训练有素,一年过后,绝大部分将士练成神骑手、神箭手、神枪手。

萝卜园

位于南阳镇百羊寨村,镇人民政府驻地西南 8.9 千米处,面积 2.5 平方千米。农民起义军李来亨部在百羊寨扎营抗清,因队伍庞大,蔬菜供应难度极大,后勤营为之犯愁,于是便安排后勤人员开垦荒地种植萝卜。出乎预料,不知何因,此地所种萝卜不仅个大,而且味道极好,生吃清脆可口,熟食健胃消食。萝卜菜可用于调制腌菜。更奇怪的是,这块萝卜地,随着面积的扩大,萝卜也一年比一年多。后来面积近百亩,最大的萝卜有十多斤。为方便储存,当时还在园田附近修了仓库,专储萝卜。李来亨抗清 12 年,萝卜地从未改变。故称萝卜园。

炮台垭

位于南阳镇百羊寨村,镇人民政府驻地西北 5.1 千米处,面积 1.2 平方千米。康熙三年(1664 年)初,清军集中十万兵力围攻百羊寨,因实力悬殊,李来亨为保存实力,率部退守茅庐山。黄龙山与茅庐山之间隔着落步河,山高谷深,清军一时难以攻破茅庐山,想出一条绝计,山下驻兵守卡,堵其出路,山上毁坏粮仓,断其活路。在黄龙山岭的山垭上,筑炮台,直击茅庐山岭,呼啸而至的炮弹顿如雨下,山岭被炸成一大豁口,李部储蓄多年的粮库也被炸毁,坡陡无阻,大量军粮沿陡坡倾泻而下,一直流入苍坪河(原名昌米河)。终因弹尽粮绝,李部将多战死,李来亨举家自焚。

卡子

位于南阳镇阳泉村,镇人民政府驻地南 0.2 千米处,面积 0.19 平方千米。早在明朝时期,当地的富人看中了这块风水宝地,他们在这里建木板房,开商铺做起了生意。随之,药铺、斋铺、剃头店应运而生,形成街道。如今,卡子成了南阳河集镇重要的商贸集散地,有旅馆、餐馆、超市等多种服务行业。G347 南德线经河东北上,古夫至南阳(湘坪)公汽途经。

明末清初,农民起义军将领李来亨率领大顺军经云南、四川至湖北兴山百羊寨,垦田种粮,自给自足,同时操练兵马,以守为攻,力图东山再起,决心抗清到底。李来亨初到,就在百羊寨四周布置了 36 个哨所。南阳河这个百米小街,为咽喉之地,是抵御清兵的第一哨卡。首先在小街上驻扎精兵,日夜岗哨,密切观察清军动向。遇敌,一边火速报大本营,一边阻击。街道西岸小山包和东边临河小岩包各筑碉堡一个,备有大量武器、弹药。两堡相隔仅百米,遇紧急情况,相互呼应,随时可阻敌兵。从此,人们称为卡子。

棋盘亭

位于南阳镇阳泉村,镇人民政府驻地南 0.3 千米处。相传,李来亨部扎营百羊寨时,把南阳河作为第一防线,在回龙湾旁的小山包上,建一草亭,内置石桌石凳,桌上刻有"成三棋"棋盘,故名。

1979 年,在原址复建棋盘亭,八柱撑顶、八角斗拱飞檐、琉璃瓦顶,亭内安放石桌、棋盘、石凳。从卡子到棋盘亭,建有 371 步石阶。2016 年,二次在原址复建棋盘亭。棋盘亭,八柱落地,彩漆栋梁,两层,八角翘檐,第一层门额上书"棋盘亭"三个大字,在阳光照耀下金碧辉煌。亭内南北两侧置固定长椅,可坐 30 人。亭外有 4 个花坛,草葱葱,花艳丽。立足亭内,集镇全景尽收眼底。亭台东部建有碉堡,全以顽石砌成,两层建筑,长 10 米,宽 6 米,高 15 米,堡顶及四周设有炮口。炮台紧靠山脚,长 60 米,宽 20 米,南侧置有 3 门移动式红衣大炮,射程可达千米之外。北侧置一战鼓,直径 1.5 米。擂之,方圆十里可闻。两旁置大炮数门,有横扫千军之势。中央置有 59 个高低不一的梅花桩,为当年部队训练之用。梅花桩北角置有直径 1 米的圆形石桌,6 个石凳。还竖立有李来亨雕像,占地 360 平方米,雕像位于圆台正中,高 2 米,石座刻有"小闯王李来亨"六个大字。

北侧有花坛,南侧置有高 3 米、长 18 米的巨幅仿古竹简,隶书小闯王南阳抗清记:"李来亨者,原名慭亨,陕西清涧人,生平无考,卒于康熙三年(1664 年)。李闯王之侄李过义子也。来亨幼时恃怙,少即随闯王南征北战,忠勇兼具。顺治初,李自成魂归九宫山麓,大顺与南明义军结盟,联合抗清。其得授总兵,封三原侯,转战湘桂。不料祸起萧墙,手足相残,义军危急,来亨临危而起,率部突围,力战得脱,转战贵川鄂。汇合志同之师号为夔东十三军。其部深入山莽,虎踞南阳,驻军兴山百羊寨,困守茅麓山。此地山高林密,峰险水急。来亨体恤黎民,屯田自给,聚兵十万众,依托天堑,拒军千里,民心而向,人称小闯王,帝封临国公。顺治十五年,率兵出深山,几度围重庆,击破清围剿。康熙元年,川陕鄂三省清军集结,围百羊,困茅麓,欲剿来

棋盘亭

亨。来亨以巧应付,退出七连坪,撤守百羊寨,诱敌深入,一举毙万余。康熙三年初,清兵十余万,团团围捕之。李部生死相博,相持达数月,损耗残绝,誓死不降。至八月又四日,终因弹尽粮绝,致寨倾城破,来亨举家自焚,部众亦多战死。呜呼!乱世风云变幻,草莽英雄以反抗始而以投降终者,何其多也。来亨愤斩来使,以身殉职,其忠其烈,可昭日月。正是:万里肝胆不惜死,廿载转战夔门东,胸中自有英雄血,遍撒南阳风雨中。"棋盘亭,既是李来亨抗清遗址,又是南阳镇重要景点之一。

试刀崖

位于南阳镇阳泉村,镇人民政府驻地东南4千米处,面积30平方千米。传说,李来亨初进南阳,驻扎营盘,因长途奔袭,人困马乏。梦中得一宝贝兵器。第二天醒来,枕边果见一口宝刀。刀叶9尺,柄长3丈,众军要"小闯王"一试宝刀,他提刀跨马,一溜烟向沙坪子方向挥刀而去。至凉水井,李来亨一抖缰绳,战马一声长啸,前蹄腾空而起,李来亨顺势举刀向梦岩的山脊劈去,只见寒光闪处,乱石横飞,山顶一块大岩石顿时被劈成两半。这便是人们传说的试刀崖。

礌石口

位于南阳镇阳泉村,镇人民政府驻地北1.2千米处,锁子沟出口处。相传,清军欲破百羊寨李来亨部,必须经过三道关口,南关卡三里荒,东南关卡天池头,东关卡磨坊岭。磨坊岭关卡是一段2500多米长的陡坡,坡顶有一道难以翻越的悬岩坎。东边汪家坪至西边磨坊岭更是悬崖绝壁,人不可攀。康熙二年(1663年)五月九日,李部探马王吉元飞马来报,清军有一千多号官兵,一百多匹战马,浩浩荡荡,已到南阳河岸。李来亨听后,向几个小头领点头示意。次日五更时分,只见千余清兵扛着枪,百匹战马驮着弹药,不声不响地向磨坊岭进发。排头兵已爬上半山腰,后面的队伍才起步。这时,岩坎上埋伏的起义军喊声大作,筛子大的礌石夹杂着两米左右长的滚木,铺天盖地飞滚而下,礌口上下顿时尘土飞扬,烟雾弥漫,直砸得清兵人仰马翻,哭天喊地,死的死,伤的伤,惨叫声一片,仅剩一百多人逃得性命。后人们称为礌石口。礌石口,昔日的硝烟地,现成为"一江两山"黄金旅游线上的重要节点,设有旅游配套服务设施,G347南德线途经。

躲子岭

位于南阳镇百羊寨村,镇人民政府驻地西南4.5千米处,面积0.5平方千米。躲子岭,又名炸子岭。李来亨率起义军转辗来到百羊寨,清兵闻讯,即率千军,浩浩荡荡,进南阳河,攀越天池头,企图将李部一举歼灭。李来亨心中盘算,清军由东南而来,必经绝壁山口,我居高临下,何怕之有?清军以为李来亨山寨防范松懈,便派一骑兵先行至山口,打探虚实,以挥旗为号。不到半个时辰,只见对面山寨不远处,有人挥旗,清兵大队直奔山寨口。刚到山腰,寨口突然弹如雨下,打得清兵人仰马翻,败下阵来,剩下的一直退到西南角的一条山岭背后。李来亨寨口的枪炮声一直不断。清兵又累又饿,在山岭后躲了一夜,故称躲子岭。

捡子垭

位于南阳镇百羊寨村,镇人民政府驻地西 5.2 千米处,面积 0.32 平方千米。1653 年,李来亨率领农民起义军来到万朝山下,在一个开阔的山垭,察看地形。当地乡民早对李来亨举义旗抗清有所耳闻,见一下子来了这么多的起义军,一些青壮年就陆续赶来,要求参加队伍,人数越来越多。李来亨安排一一登记,凡是愿意参加起义军的,只要身体能及,照收不误,半天下来就有几百人参加了农民起义军。吃过午饭,李来亨跨上战马,向山口下一片开阔地奔去。没走多远,李来亨在马上远远望见一个人倒在路旁挣扎,朝他只招手,样子是想喊什么,却听不到声音。那人挣扎了好几次想爬起来,却又倒了下去。李来亨下马走近一看,是一个十四五岁的孩子,已经晕过去了。李来亨一把摘下随身携带的牛皮水壶,给这小孩喂了几口水,小孩一阵猛咳睁开了眼睛。又喂了几口水,才完全醒过来。李来亨见这孩子五官清秀,双目有神,料定他是个机灵鬼。心想这孩子定天生聪慧,若将他收为义子,留在身边正好做个亲兵,调教一下就是一个好侍卫。便当众收为义子。这孩子当即折下三根艾蒿,插地为香,双膝跪地,"义父在上,请受孩儿一拜"。不等李来亨伸手相挽,站起来牵着李来亨的乌龙驹,向帅府走去。

靛池沟

位于南阳镇百羊寨村,镇人民政府驻地西南 5.8 千米处,面积 5 平方千米。相传,1653 年,李来亨率农民起义军在百羊寨安营扎寨后,染布制衣是军营大事。于是,令一个班在百羊寨西边的一条山沟里,建靛池,以满足军营染布之需。主要任务是在山上采集各种颜色的有机植物做染料,分类加工提炼成精粉,按军营计划染制不同颜色的军布。一阮姓士兵不细心,在配制染料过程中,少配兑了一种颜料,所染布料蓝不蓝、绿不绿。这事很快被李来亨知道,令其到军法处,处以五十军棍,班长受连带罚三十军棍才了事。阮兵受处后,再没有出现过操作失误的情况,而且工艺水平越来越高,半年后被提为班长。

马岩

位于南阳镇营盘村,镇人民政府驻地东南 5 千米处,长宽均约 0.5 千米,面积 0.25 平方千米。相传,李来亨率起义军初到兴山时,在南阳河板壁岩对面扎营。这里吃水十分困难。李来亨令将士带着自己的乌龙驹分头去找水。一段行程后,忽然马不见了,马夫急得团团转,跑回来告诉李来亨,李来亨直奔山顶,打了个口哨,乌龙驹闻声嘶叫,只见它在对面的板壁岩上,用前蹄在岩顶上刨地。刨第一下,山顶上出现个坑,刨第二下,坑变成了洞,刨第三下,一股泉水从洞里喷涌而出。有一天,这马正在山上吃草,突然竖起双耳,仰天长啸。原来对面山上一个清军头目正摇着小黄旗,指挥几十门红衣大炮,炮弹雨点般朝李来亨射来。战马飞奔到李来亨前,将他驮到了大岩石后面的哨口里。但马却被炸得皮开肉绽,李来亨心疼,上前准备为它包扎时,战马忽然一声长嘶,山鸣谷应,奋起四蹄,只搅得灰飞满天,乱石滚滚,铺天盖地向清军砸了过去。清军一片混乱,尸横遍野。李来亨见清军已败,高兴地拍了一下马头,那马一声嘶叫,腾空向对面的板壁岩飞去,那如斧劈刀削的板壁岩顿时裂开一条大缝,这马一头钻了进去,

"轰"的一声巨响,山岩顷刻间又合拢了。马不见了,李来亨伤心至极,忽见乌龙驹从哨口后面跳出来,立于岩顶,化作岩石。人们纷纷传说,那驮李来亨的马是石头变的,把李来亨的乌龙驹藏在哨口后,自己出来显灵救李来亨。

梦 岩

位于南阳镇阳泉村,镇人民政府驻地东南 2.5 千米处,面积 0.4 平方千米。相传,李来亨部有一将领,读书不多,但爱学习,颇有造化,李来亨非常器重,经常带他到明月岩一带观察南阳河两岸地理环境,谋划战略,育其德才兼备,达其运筹帷幄。此将领对李来亨之意心领神会,便以军事谋略为核心,日夜思索,久而久之,思虑过度,梦中常带兵与清军交战。之后又夜梦飞身于明月岩山下洞内成仙,出谋划策,得心应手。不久,将领在岩间战死,葬于洞中,从此便有梦岩之说。

百城梁子

位于黄粮镇百城村,镇人民政府驻地北 13.6 千米处。海拔 1532.4 米,平均海拔 1300 米,长约 10 千米,宽约 11 千米。属大巴山余脉,为黄粮镇与古夫镇的界山。山体呈东北至西南走向,东西两侧均为陡山绝壁。山顶峰岭犬牙交错,像城垣上的城垛,地势十分险要。抗清将领李来亨为抵御清兵,在此山梁筑有数道城门、城墙,设诸多关卡,故称百城梁子。李来亨部屯兵其上,选择 48 处险要点立关设卡。李来亨部凭借天险,依靠关卡等防御工事,多次击溃清军围剿。设关口垭、松木关、土地岭等处的关卡,东北方连设三道城墙,遗迹犹在。

议事岭

位于黄粮镇户溪村,镇人民政府驻地东南 4.5 千米处。村处山岭,曾是李来亨部商量抗清大计之地,故名。相传,李来亨部进入兴山境内后,当务之急是要确定根据地选址。途经户溪境内,在这山岭上经过认真分析,最终决定在百羊寨建立大本营。将百城梁子、万福山、茅庐山等地作为军事要地。

小姑山

位于黄粮镇店子垭村,镇人民政府驻地西北 10.2 千米处。地处百城梁子西侧,长 2 千米,宽 0.5 千米,面积 1 平方千米。海拔 650 米,山下为响水洞河流。传说,李来亨部与清兵交战,人称小姑的一员女将阵亡后葬于此地,故称小姑山。小姑,李来亨部女中骄子,善于带兵,且自身更是骁勇善战,善骑,使双枪,枪法极准,有军中神枪手之称。言辞谈吐清晰利落,模样俊俏,活泼可爱,而且歌声悠扬动听,深受将士们喜爱。一次,在老龙洞与响水洞之间的无名山上,与清军鏖战数日,最后展开肉搏厮杀。小姑一马当先,所向披靡,杀得敌阵人仰马翻。冷不防被暗箭穿胸,翻身落马。众军见小姑壮烈牺牲,悲痛化作将士魂,奋勇杀敌退清军。这正是:万马军中一小姑,英姿飒爽赛花穆。骁勇善战双枪将,血洒疆场垂千古。

将军寨

位于榛子乡板庙村,乡人民政府驻地东北 10 千米处。海拔 1693.3 米。为李来亨建的兵寨,得名将军寨。相传,农民起义军将领李来亨驻扎百城时,四处勘察地形,来到此山,登至山顶,俯瞰群山,见此处三面绝壁,仅一条崎岖小路通往山顶,方圆数十里唯此山最高,格外险峻,易守难攻。便指派一将军带领官兵在山顶设置哨所,修建营寨。是李来亨驻扎百城时最北端的一个兵寨,曾设中军大帐,屯集优势兵力。李部凭借此天险多次击溃来犯之敌。遗迹尚存。2013 年,将军寨遗址被列入国家第七批重点文物保护单位。S252 欧南线途经。

李来亨抗清遗迹将军寨

第四节　风景名胜

古八景

橘林驯鹿

位于兴山县古夫镇古洞村,镇人民政府驻地东北 2.3 千米处。占地约 0.5 平方千米,G209 苏北线途经。

《兴山县志》(乾隆版)记载:"橘林驯鹿,地产柑甘美异常,时有麋鹿群游,见人不惊。故名。橘林在百城山下,昔产驯鹿,去山二十余里。"清代丁志庠的一首简短的七言律诗:"剑尊三百暗流香,橘树阴浓见鹿王;连理枝衔千叶绿,满身花衬半林黄。倦有云梦休疑马,小住蓬莱不是羊;最喜角仙饶韵事,一枰相对话衷肠",生动形象地描绘出了橘林驯鹿景致。在那飘着橘香的橘林深处,高大威猛的鹿王领群鹿于橘林之中,朦胧观之,它面似马而非马,犄角似鹿而非鹿,体型似驴而非驴,蹄似牛而非牛,更不是羊。隔三差五,还要在橘林小住,一面嬉戏,一面悠然自得地吃着香甜的柑橘。你看,一半是橘林绿叶,一半是驯鹿身影。植物、动物和人类和睦相处,和谐一体。将驯鹿喻为头有犄角的神仙,相互交流奇闻轶事,倾诉衷肠,与仙家所居蓬莱无异。橘林尚在,但驯鹿已不见踪影。

妃台晓日

位于昭君镇人民政府驻地东南 0.7 千米,妃台山的一个山包上。《兴山县志》记载:"妃台晓日,台在县南山顶,下临清溪,朝晖掩映,嫣然如画。"故而得名。又称昭君台。始建于汉代,清咸丰年间维修,1857 年为匪所毁,清同治年间重建,后损毁年代不详。1980 年兴山县人民政府重新整修。清朝诗人窦欲峻的《即事》对妃台晓日大加赞赏:"巴山夜雨隔前溪,巫峡朝云望欲迷,借问此间何处好,明妃台上夕阳西。"总面积约 100 平方米,亭台占地 20 平方米。正面立一石碑,高 1.7 米,宽 1 米,镌刻着"乡人念昭君,筑台而望之"十个行书大字;背面楷刻"兴山县人民政府 1980 年立"。在通往亭台的石砌台阶两旁,端坐石狮一对,雄狮昂首翘尾,雌狮怀抱幼狮,雕刻工艺细腻,形象栩栩如生。亭台基座以青石垒砌,呈八角形,亭高 11 米,由八根圆柱撑起亭顶,亭顶为八棱双层翘檐,覆盖彩釉琉璃瓦,为典型的仿汉代建筑。圆柱之间镶嵌着青石条凳,亭台中央设置六棱形石桌,周围有鼓形石凳,供游人小憩。亭台南北各有一门,门额横匾上隶书"昭君台"三字,系于立群手迹。属县级重点文物保护单位。

迎着晨曦,登台远眺,满目青山,郁郁葱葱。双戟摩空、凤凰展翅美景遥遥相望。古老的香溪河左岸,旧貌换新颜,崭新的三峡移民昭君集镇尽收眼底,车水马龙,生机勃勃。

妃台晓日(昭君台)

珠潭秋月

位于昭君镇人民政府驻地东南 0.8 千米,香溪河与小河交汇处。《兴山县志》(同治版)记载:"珠潭秋月,潭水潆洄,澄澈见底,秋月晶莹,有若珠浮水面者。"故而得名。含义是一轮明月映在清澈见底的深潭之中,微风荡起层层涟漪,似晶莹剔透的珍珠撒落于水潭之中。珠潭秋月的形成,是香溪河水由西向东南流经回水沱急转南下至妃台山东麓,受岩石阻力,改变了水流方向,形成河湾,河水长期冲刷而形成一深潭。潭面呈圆形,周长约 600 米,呈锅底状,潭水最深处达 6 米以上。相传汉明妃王昭君在此洗涤梳妆,遗珠于潭内,清人易之瑶留有"明妃留胜迹,溪流万古香"的著名诗句。清代陶清才赞珠潭秋月"波镜秋磨月,岩石晚破霜"。周围主要景点有昭君别院、昭君台、妃台晓日、彩虹桥等,紧邻昭君至峡口县道公路。斗转星移,历史变迁,因三峡工程建设需要,昭君镇筑堤造地实施移民搬迁,珠潭秋月已被深埋于 30 米的地下。为纪念昭君这位伟大的和平友好使者,在昭君镇内新建的一条长 900 米街道并命名为珍珠街。

双戟摩空

位于兴山县昭君镇人民政府驻地东北 3.5 千米,地处红庵与剪刀垭之间。《兴山县志》(同治版)记载:"双戟摩空,即县后山双峰耸翠,上矗层霄,望之若两戟然。"在县城背后,两座山峰似方天画戟直插云霄。清代姚臣赞双戟摩空:"胜地剑气起风城,扫尽烽烟细柳营。射中辕门推国手,铸为农器散乡兵。云飞旷野收军幕,风响层颠奏凯笙。却喜功成归偃舞,双双捧日著文明"。双戟摩空为一自然景观,其地理实体是两座山峰,名羊角尖、严家山,海拔分别为 1540 米、1375.6 米。是昭君镇与古夫镇的界山,面积约 8 平方千米,两山相对,植被茂密,春天百花盛开,夏季葱郁苍翠,秋日满山红叶,冬时霜雪覆顶,四季分明,实为大自然之神奇。

五指列秀

位于峡口镇黄家河村,镇人民政府驻地东南 11.3 千米处,紧靠宜昌市大老岭林场旅游区。《兴山县志》(乾隆版)记为"五峰列指"。《兴山县志》(同治版)记载:"五指列秀,有五峰如指,丹崖翠壑,下临万仞,与仙掌不殊,真奇观也。"清代高延榜:"五峰突兀翠相连,巨手撑开界大千。每向掌中飞日月,却从腕底走云烟。仙人凌汉常联袂,玉女拈花笑拍肩。野鹤欲招招不得,峻赠空有碧摩天。"此处为一自然景观,又名五指山。海拔 1684 米,平均海拔 1200 米。长约 2 千米,宽约 0.9 千米,面积约 1.8 平方千米。山脉呈东北至西南走向,山体为石灰岩结构,针叶林、阔叶林混生。S287 白土线途经。

关于五指列秀,当地人们一直流传着一个美妙的神话故事。记不清在哪朝哪代,朝廷派出差官到各地选秀女。消息传到此地,凡是没出阁的大姑娘不是匆匆嫁人,就是躲进深山。一日,当五个年轻女子相邀前往深山躲避时,恰与选秀的差官碰个正着。五女慌不择路,拼命往山上跑。跑着跑着,一道悬崖绝壁挡在了她们面前,向下望去,似万丈深渊,只见云雾翻滚,深不可测,五女陷入了绝境,真可谓喊天无路,叫地无门。"快,抓住她们有赏。"追兵越来越近。五女一横心,手挽手一起跳了下去。说来也奇,如来佛祖正好路过此地,便伸出佛掌,将五根手指化为五座山峰,稳稳地接住了五女,每座山峰之巅站立着一名女子。差官们被这突如其来的变故吓坏了,纷纷四处逃窜。后来,五女与五座山峰融为一体,是谓"五指列秀"。

屈洞寒烟

位于峡口镇白鹤村(旧时为屈洞乡),镇人民政府驻地东南1000米处的大峡口。《兴山县志》(乾隆版)记载:"屈洞,县东五十里,传三闾大夫曾读书於此。"又记:"洞中夏凉冬温,山花野草四时灿烂,昔三闾大夫读书于此,遗迹尚存,常有烟雾缭绕不断。"故而得名。香溪河岸,山脚下有一岩洞,面积约100平方米。进得洞中,风声呼呼作响,似翻动书页的声音。泉水哗啦啦地流,犹如读书声。天然生成的石桌石凳完好无损。因三峡工程建设需要,现已被淹没。清代杨志标:"寒烟暗淡倦晴空,泪洒浔阳一望中。秋菊秋兰渺无色,离骚志罢白云封。"

相传,屈洞寒烟为屈原读书遗迹。屈原(公元前约340—前278年),名平,字原,自云名正则,字灵均。战国时期楚国人,初辅佐怀王,做过左徒,三闾大夫。我国最早的大诗人,学识渊博,主张彰明法度,举贤任能,忠君爱国。伟大的文学家和政治家。所著《离骚》《九章》等,无不体现他的政治主张,揭露反动贵族昏庸腐朽。又是世界四大文化名人之一,《九歌》为屈原独创的一种新形式,语言优美,想象丰富,极富浪漫精神,对后人影响特别大。

赞屈洞寒烟:幽谷深藏屈洞乡,群山环抱卧峡江。五指列秀擎日月,屈洞寒烟颂诗章。鲤鱼翻身跃龙门,鹞子展翅翱楚乡。屈子故址今何在,唯有楚辞永流香。

题屈洞寒烟:雾锁高峡深几重,壁立万仞摩长空。不堪野莽湮古迹,却向寒烟觅旧踪。沥尽肝胆潇湘尽,文章写到楚辞穷。除却灵均应无人,勇立潮头堪称雄。

屈洞寒烟

扇岭啼猿

位于南阳镇白竹村,镇人民政府驻地北7.5千米处,猴子包电站北侧。《兴山县志》(同治版)记载:"扇岭啼猿,岭在县西,缭曲幽深,下俯千尺,猿声断续,最惊客心。"故而得名。在悬崖峻岭、峰峦叠嶂、峡谷幽深之处,不时断断续续地传来猿猴的叫声,惊动了过往的客人。为典型的喀斯特地貌,多溶洞,钟乳石千奇百怪。苍坪河、九冲河两条河流自南、北两大峡谷中奔涌而下,交汇于此,东南流而去。清代诗人李华曰:"岭若披图茂远林,绘猿绘扇杂仙心。五明样展朝横郭,三峡声多暮和砧。寅好杨风凭惠赠,子规啼月共清咏。何当绝顶舒长啸,访得孙登载酒临",将山水风景与仙府洞天联系在一起,夕阳西下,暮色即将降临之时,群猿或对月低声清咏,或在顶峰舒臂长啸,对扇岭啼猿的美景大加赞赏。而高文嵩的诗句则大相径庭:"巉崖秀削入清虚,懒妇高蹲岭上呼。日暮溪畔和砧杵,春深小径长蘼芜。巫云暗淡仙乡远,山雨凄凉客鬓孤。尽道哀猿听不得,惊心何止滴铜壶",字里行间无不透出哀怨伤感,将猿之啼声释作哭泣,且胆战心惊,铜壶漏断,雨夜鬓孤,好一幕悲哀凄凉景象。喜看今朝,这里有明末清初农民起义军李来亨大战清军的擂鼓台遗址,有造就兴山精神的第一座大型水电站猴子包电站,有四季风景如画的自然景观,有渠水横溢的黄岩飞瀑,自然美与人工美融为一体。此处交通极为便利,G347南德线途经,与猴子包至神农架林区松柏镇县道公路相接,是休闲旅游的绝佳去处。

扇岭啼猿

仙侣春云

位于黄粮镇金家坝村,镇人民政府驻地西北2.8千米,地处黄粮镇金家坝村与古夫镇龙池村交界处。《兴山县志》(同治版)记载:"仙侣春云,山在邑东,昔传仙客居此,常有云气涨漫,不见颠际,者时尤盛。"故名。仙侣春云乃自然景观,源于清乾隆年间。清代诗人姚治纪咏《仙侣春云》:"眺望青山拂翠环,彩云映日有无间。蓬莱仙子今何在,一叶兰舟天际还。"对仙侣春云大加赞赏,胜过蓬莱仙境。景区占地7平方千米,海拔1608.9米。清咸丰年间,大兴土木,于仙侣山顶兴建玉京阙女娲观、神女观,云台观、祖师庙、普济寺、龙头观等庙宇,鼎盛时期,房屋多达200余间,有僧尼100余人,来自宜昌、秭归、巴东、保康、房县等地朝神拜佛者日达数百甚至千人以上。20世纪60年代寺庙被摧毁殆尽,遗迹尚存。2014年进行生态观光旅游开发。交通便利,与之相连的主要公路有G209苏北线、G347南德线、S252欧南线途经,深渡河至界牌垭与仙侣山乡村公路相接。

仙侣春云

新八景

古城新韵

　　古城新韵，即兴山县新县城。《兴山县志》（乾隆版）记载："高阳城，县北四十里丰邑坪，按一统志，楚自称高阳氏之后，故筑城，名高阳，即此地也，旧为邑治。"古高阳城四面环山，北高南低，为倒葫芦形的山间盆地，地势平坦，土地肥沃，气候宜人，稻麦两熟，是县域内少有的富庶之地。东有寒溪口，南有麦仓口，西有书洞口，北有古洞口。自西周以来，距今已有 3000 多年历史。三峡工程兴建，2002 年县城又整体搬迁至此。一座崭新的"山水园林城、旅游文化城、生态环境城"在古高阳城旧址拔地而起。街道宽敞明亮，新楼鳞次栉比，街道呈南北与东西纵横交错。长达 6000 多米的古夫河堤上全部装置汉白玉栏杆，堤内是花开四季的滨河公园，河中建有橡胶坝，上游建有音乐喷泉。名胜古迹有邹家岭汉墓群、龙头寨公园、民俗博物馆，新建兴山广场、昭君广场、文化广场。公共建筑、城市道路、住宅小区、景观风格各异。新县城荣获"中国人居环境范例奖""全国文明村镇""全国卫生城""国家园林县城"称号。漫步古夫新城，蓝天白云下，青山碧水间，柳垂金线，桃吐丹霞，生机盎然，引无数中外游客慕名而来。郑万高铁跨越寒溪口，兴山站设城区北斗坪。G347 南德线与 G209 苏北线在城区寒溪口交叉，进入神农架林区。题《古城新韵》：西周高阳始筑城，开疆拓域定乾坤；时光荏苒三千载，县城重驻丰邑坪。拔地崛起新三城，中国范例天下闻；古城旧貌换新姿，胜似蓬莱落凡尘。

古城新韵

凤凰展翅

位于昭君镇青华村，镇人民政府驻地北 1.8 千米处，"凤凰展翅凤凰村，凤凰村里观凤凰"。青华村的严家山下，突起一小山包，山包之上，松柏常青，谓凤凰之头。左右分别有两座小山，形若凤凰双翅，驻足细观，似凤凰振翅欲飞，故称凤凰展翅，实乃奇观。传说，有人在不远处的山口曾捡得凤凰蛋，始称"捡蛋垭"，后演绎成"剪断垭"。香溪河西岸的鹰子岩上，常有鹰栖息，凤凰欲捕为食，刚飞至山腰，鹰见不妙，逃走。凤凰收翅，双脚落地时踏出了一前一后两个大坑，取地名"上坑子"和"下坑子"。

1958 年人民公社化时，以凤凰展翅景观命名凤凰大队；1984 年更名为凤凰村；2002 年村级区划调整，凤凰、塘垭、青华三村合并，命名为青华村。有"昭君故里凤凰村，凤凰展翅欲飞腾。昔有福地捡蛋垭，双脚踏出上下坑"等诗句流传至今。

御米三丘

位于峡口镇普安村，镇人民政府驻地西北 9.6 千米处。《兴山县志》记载，清朝诗人窦欲峻有咏《居坪》："州里居坪路，山腰一带纡。萦迴盘马足，疏散结蜗庐。绝羡田非石，休嗟米似珠。此间幸丰稔，庚癸不须呼。"龟坪（现归坪）有三块水田，叫作"御米三丘"。春秋战国时期，兴山县属楚国。一年秋天，从外地调来一任新县官，到龟坪走访时，见大米洁白如玉，一尝大米饭，果然香喷喷的，便装了三袋，即刻派人献给楚王。楚王尝了这米做的饭，连声夸奖："好米，好米！"便问送米的差官："此米生长何地？产地多少？"差官一一回答，楚王高兴得不得了，吩咐左右："笔墨伺候。"便在准备好的锦缎上题写了"御米三丘"四个金色大字，又给龟坪送金匾一块，裱上"御米三丘"四字。从此龟坪的大米就成了贡米，这三块大水田自然称"御米三丘"了。有"三丘出米洁如玉，献与楚王作贡礼。细查根由明原委，挥毫封号成御米"等诗句流传至今。

御米三丘

龙门秋色

位于南阳镇龙门河村,镇人民政府驻地西北 17.5 千米处。"龙门河风景如画,以秋色居首",故名。龙门河,地处"一江两山"国际黄金旅游线上。西北背靠神农架自然保护区,西南紧邻长江三峡、巴东神龙溪漂流,南出昭君故里,素有"旅游黄金走廊"之称。河流属长江流域,源于一碗水山脉,流经 5 千米后汇入野猪岛河。山脉地质构造属大巴山余脉褶皱带,喀斯特地貌,山川交错,峰秀谷幽,多溶洞。气候、土壤、植被等具有南北过渡特征,完好的亚热带森林生态系统,原生状态,1993 年经国家林业局批准建设"龙门河国家森林公园";2002 年被国家确定为"龙门河自然保护区"。入秋,层林尽染,漫山遍野呈现出一片片、一丛丛、一簇簇火红、金黄、碧绿等五颜六色美景,仿佛置身于画中,令人陶醉。有小河口、五池、太平坝、双龙观、神龙洞五大景区,是观光旅游、避暑纳凉、猎奇探险的绝佳去处。幸运者偶尔可见大鲵、黑斑蛙、翠青蛇、龙蜥、西南熊、水獭、灵猫、林麝、金丝猴、白熊、白獐、白鹿等珍稀动物;有红豆杉、珙桐、银鹊、连香树、水青树、香果、紫荆、兴山榆等珍稀树种;有七叶一枝花、江边一碗水、文王一支笔等名贵野生中药材。被誉为"天然植物园",中国科学院在此建有科研基地。遂以"问秋、寻秋、访秋、恋秋"题《龙门秋色》:何时扯来五彩云? 装扮龙门入画屏;层林尽染许几度,帘卷西风霜叶缫。深秋锁寒红叶飞,暖阳斜照透枫微;北雁骞鸣阵渐远,金秋醉人不思归。

太公钓鱼

位于黄粮镇黄粮坪村,镇人民政府驻地东南 4.5 千米处,占地约 100 平方米。山腰间天生一巨石,其石之顶又立一小石。细观之,神态犹如画工笔下的姜太公。传说是当年辅佐武王伐纣的姜尚,化身停留于此,已在此垂钓三千余载,故称太公钓鱼。

公元前 11 世纪,八十老人姜子牙曾任商朝大夫,因见纣王荒淫无道,便弃官逃往西岐,本想自投西伯侯姬昌,又怕被人耻笑,所以暂时隐居在渭水河边的小村庄里,以待时机。一天,他正在渭河边钓鱼解闷,樵夫武吉担柴路过,见他竟用直钩钓鱼,还离着水面三尺远,鱼钩上也没挂香饵,便问长者贵姓名谁。姜尚答道:"姓姜名尚,字子牙,号正熊。"武吉叹了口气说:"真是有志不在年高,无谋空言百岁。像你这样愚拙之人,还自号正熊,实不相称!"姜尚微微一笑:"老夫钓鱼是假,待机进取才是真。然而要钓王与侯,宁可直中取,不在曲中求!"武吉道:"你哪像王侯? 倒像活猴。"说罢,担起柴进城去了。不料武吉进城失手打死了守门的军士,招来杀身大祸,巧逢西伯侯姬昌路过,得知武吉是个孝子,家中有母亲无人奉养,便赠予黄金十两,命他回去安顿好母亲再来领罪。母亲绝望,便带武吉来向姜尚求解救之法。姜教他如此这般,从此武吉只在乡中干活,不再进城去了。光阴似箭,不觉又是一个春天。一日,西伯侯来到渭河边踏青打猎。忽听有人唱道:"凤非乏兮麟非无,但嗟治世有浊污。龙兴云出虎生风,世人慢惜寻贤路……"姬昌命人将歌者找来,见是武吉,大喝道:"你怎敢欺我,不来领罪,反在此唱歌?"武吉便照实说了,并说这歌也是姜尚所作,姬昌认为姜尚必是贤者,便当即赦免了武吉的死罪,命他带路来河边寻访姜尚。姜尚为试姬昌的诚心,未理睬而避入芦苇丛中。姬昌求贤心切,三日后,又封武吉为武德将军,再次带路,亲率百官一同再访姜尚,封为太公。后来太公辅佐文王,随武王伐纣,建立了周朝。《太公钓鱼》:廻峰曲岸一老叟,持杆垂下直钓钩;风雨无阻数千载,钓竿始终不离手。观其垂钓无鱼篓,路人纷纷问根由;钓翁充耳皆不应,原是正熊钓王侯。

犀牛望月

位于水月寺镇水月寺居民委员会,镇人民政府驻地南 0.6 千米处。"夏阳河中,有犀牛化身仰望月空",名犀牛望月。《兴山县志》(同治版)记载:"水月石县东一百里,溪中出水数尺,常浮水面,顶有园凹尺余,相传中蕴玉,映月有光。"清代赵步云:"云间钟鼓响蓬莱,野寺荒凉暮景开。溪影遥连烟树晚,月光初送夜珠回。山前卧虎随风见,浪底潜鱼出水来。坐听高僧常说法,连伦上下意优哉。"夏阳河中一石,形如犀牛,身子潜于水中,唯头部浮出水面,仰望着蓝天。每逢农历十五月圆之时,犀牛透出荧光,月光仿佛自水中反射至空中,天地间似有两轮明月交相辉映,大地如同白昼。

犀牛望月,来自一则民间传说的神话故事。传说,犀牛本是天上一名战神,奉玉帝之命下人间传旨,教导凡人知礼仪,重打扮,少饮食,重养生。犀牛来至人间,见凡人男耕女织,和睦相处,且处处山清水秀,莺歌燕舞,便优哉游哉,把传旨重任抛于九霄云外。犀牛玩了个够,猛然想起传旨大事,将"一日一餐三换装"误传为"一日三餐一换装"。玉帝大怒,将其贬在凡间,化作顽石,置于这夏阳河中。犀牛终究还是思念神仙生活,每到夜晚,便抬头凝视月空,终不得返回天庭。清朝年间,一法名水月的和尚游方到此,见犀牛口、犀牛望月景致,便认定此处是风水宝地,日后必地灵人杰。于夏阳河畔修建一寺,以自身法名冠以寺名"水月寺",水中犀牛之石称为"水月石"。有感《犀牛望月》:夏阳河中一犀牛,本为天神下界游;只因贪玩误传旨,化作顽石人间留。山外青山楼外楼,贵贱荣辱莫强求;自古正误俱得失,天地万事本皆休。

寒洞喷水

位于高桥乡龚家桥村,乡人民政府驻地东北 5.2 千米处。有喷水洞,又有"寒洞藏玄流,洞彻有清识",故称寒洞喷水。纸厂河东岸的崖壁之上,有一天然岩洞,高约 3 米,宽约 5 米,为地下河的出口,深不可测,更不知道源头位于何处。清泉自洞口喷涌而出,形成飞瀑,若珠似雾。洞口距河床垂直高度约 5 米,在水的冲击力作用下,形成碧潭。属冷清泉,年均水温 5℃左右,严冬季节冰冷刺骨,故称寒水。此水清澈透明,可直接饮用。1958—1965 年,人们利用这股清泉水建起了喷水长渠。喷水长渠经龚家桥、长冲、桂花、茅草坝,止于贺家湾,呈东西走向,混凝土浆砌结构,全长 8.6 千米,流量 0.6 立方米/秒。直到现在,喷水长渠在灌溉、发电、人畜饮水上依旧发挥着极其重要的作用。

喷水洞,山清水秀,环境优美,基本为原生状态,是休闲、避暑的胜地。相传,曾有木船桨碎片漂出洞外;暴雨前,鱼群顺水而出。附近的景点有海螺石、鬼门关、龙王洞、望天门等。赋《寒洞喷水》:绝壁飞泻寒澈泉,若珠似雾疑为烟;不知源头于何处,留得洞彻在人间。修成长渠引清源,造福桑梓功盖天;借问逍游欲何往?喷水洞前乐似仙。

寒洞喷水

仙人度桥

位于榛子乡人民政府驻地东南 3 千米处,石柱村青龙口景区。《兴山县志》记载:"县东北 26 千米,悬崖绝壁间,天生一石桥。"故名。相传,不知在哪年哪月,一神仙骑神牛路过此地,见行人无法通过需绕道而行,即刻拔胡须数根化为石桥,悠然度过。桥长约 30 米,宽约 10 米,至河面垂直高度约 100 米。当地有好奇者曾攀岩至桥上,见桥面凹凸不平,有四个形似牛蹄的足印,深陷桥面,前后左右分布规整,传说是神牛留下的足迹。石桥内侧上方有一天然瀑布,山石历经飞瀑千万年的冲刷,形成一直径约 5 米左右圆柱形孔洞,洞外沿即为仙人度桥。雨季,巨大瀑布从百米高的悬崖口奔腾直下,跌入碧波潭,卷起堆堆雪浪,气势磅礴;干旱时,白瀑如棉,似串串玉珠自九天悬挂。附近的景点还有青龙口瀑布、青龙口龙洞、青龙口三岔河巨人、青龙口桥、青龙口电站、石柱堝等。青龙口景区山林葱郁,四季风景如画,春看花,夏纳凉,秋观枫,冬赏雪,原生状态,仲夏如春,是绝佳的避暑胜地。咏《仙人度桥》:悬崖绝壁寻无道,天神铺就仙人桥;神牛桥上留蹄印,漫步仙桥乐逍遥。青龙景区如画描,移步换景真奇妙;四季皆有新景色,独取仲夏风光好。

仙人度桥

昭君故里景区

昭君故里

《宜昌府志》记载："宋开宝元年（968年），移治昭君院，又有昭君台，王嫱即此邑之人，故曰昭君之县。"昭君，即汉明妃王昭君，姓王，名嫱，字昭君，兴山县昭君镇昭君村人。过去，始称宝坪；周幽王时期，曾筑烟火台，又称烟墩坪；为纪念王昭君，后更名昭君村。背靠纱帽山，面临香溪河。首批国家AAA级景区，省重点文物保护单位，爱国主义教育基地。唐代杜甫《咏怀古迹》："群山万壑赴荆门，生长明妃尚有村。一去紫台连朔漠，独留青冢向黄昏。画图省识春风面，环佩空归夜月魂。千载琵琶作胡语，分明怨恨曲中论。"这首诗清晰地描述了王昭君的一生。《兴山县志》记载，公元前约38年，汉元帝选美，王昭君被选进宫，住后宫掖庭。公元前33年，匈奴呼韩邪单于入朝，改年号为"竟宁元年"，呼韩邪请求汉元帝"愿婿汉氏以自亲"。元帝欣然应允，传诏后宫待命。昭君毅然应诏，元帝准请。王昭君远嫁塞外漠北，被封为宁胡阏氏（即皇后）。此后的半个多世纪，"汉匈和睦相处，数世不见烽火之警，人民炽盛，牛马遍地""三世无犬吠之警，黎庶亡干戈之役"。董必武赞誉王昭君："昭君自有千秋在，胡汉和亲识见高，词客各摅胸臆懑，舞文弄墨总徒劳"。敬爱的周恩来总理称赞王昭君为"发展中华民族大团结有贡献的人物"。为纪念这位伟大的民族和平友好使者，发展中华民族大团结，自1980年以来，将有关王昭君的出生地、纪念地、遗址及传说陆续进行了整理、整修、装修、恢复、重建，已形成旅游品牌。主要有王昭君纪念馆、王昭君汉白玉雕像、抚琴台、紫竹苑、梳妆台、昭君史料陈列室、昭君书院、藏书楼、昭君宅、娘娘泉、楠木井、昭君别院、上马台、乡村印象、古井、别院广场、昭君台、妃台晓日、珠潭秋月、绣鞋洞、琵琶桥、香溪河、纱帽山、王字崖、昭君浣纱处、观景长廊、昭君后花园、昭君望乡、香溪河、大礼溪、小礼溪、泗湘溪（思香溪、思乡溪）、妃台山等。

　　昭君故里已经成为兴山县的代名词,位于"一江两山"国际黄金旅游线的重要节点,经省道 S255 兴五线南出长江三峡;S252 欧南线至保康县;沿国道 G209 苏北线、G347 南德线北上神农架、武当山;在平邑口接 G42 沪蓉高速东达宜昌、武汉,西进重庆;郑万高铁途经,在县城设兴山站。

昭君故里

昭君别院

　　位于昭君镇陈家湾村,镇人民政府驻地西南 1 千米处。占地 0.25 平方千米。东西宽 14 米,南北长 22 米,建于清朝末年,仿汉建筑,天井屋,分为前后两院一殿,四周筑有 2.5 米高的院墙,正面是薄页砖灌斗勾缝照墙,中门与后院两门相对应。进门则为院,地面石板铺就。东边建有 2 层楼房,长 9 米、宽 3.2 米,设 4 间房,上下各 2 间,高 5.6 米。一楼二间为厨房和茶室,二楼设有宽 1 米的室外走廊和木结构的防护栏杆,内有二室,一室作昭君画室之用,一室为昭君琴房。站在走廊处,日观东、南、北三方山水全景,夜赏明月;西边是一个长 10 米、宽 9 米的大院,西边设汉式木柱凉亭,置条桌、条椅。进入中院,中间是天井,全用 1 米长、0.3 米宽条石铺筑,中间低两边高,左右各有一间厢房,左房是昭君父母的卧室,右边是昭君卧室。殿堂长 14 米、宽 6 米,全木制肋架结构。殿堂后壁正中张贴有昭君画像,左右两边是董必武和郭沫若题词,紧靠画壁便是汉式方桌和圈椅。四壁全属汉式书架,高 1.6 米、宽 0.5 米,称藏书阁。昭君别院保存着众多历史遗迹。兴山狮舞、龙灯、采莲舞、围鼓等民间文艺发源于此;哭嫁、唱丧歌、吹唢呐延续至今。周围主要景点有上马台、妃台区公所旧址、陈明清老屋、古井、别院广场、昭君台、妃台晓日等。沿 S255 兴五线(昭君至峡口县道公路)南出平邑口接 G42 沪蓉高速公路互通,S312 宜兴线、S252 欧南线途经,经 G209 苏北线、古夫至昭君县道公路 15 分钟即达县城。

昭君别院

昭君纪念馆

位于昭君村景区,镇人民政府驻地西北6.5千米处。1985年10月1日,昭君纪念馆竣工并对外开放。占地约550平方米,仿汉代建筑,门额上有"千秋垂泽"四个大字,由中国著名书法家王遐欣题写。馆内展览共分"昭君之县""香溪孕秀""别乡进宫""请行和亲""塞外流芳""昭君千秋"六大部分,资料翔实,图文并茂,真实再现了王昭君的一生经历,激励后人爱国爱家乡,奋发进取。

昭君纪念馆

昭君宅

位于昭君镇昭君村,镇人民政府驻地西北6.5千米处。据史书记载,昭君宅始建于西汉,因几千年的风雨剥蚀,屡毁屡建。现在的昭君宅是1983年恢复重建的。占地700平方米,正门上方镶嵌隶书"昭君宅"三字匾额,系于立群手迹。

　　昭君宅坐北朝南,分前后一堂两院。前院为昭君家人生活区,内设榨房、庖房、酒坊、粮仓、纺织、制茶等手工作坊,置石碾、石碓等生产生活器具。后院中堂左为昭君父母下榻,右为昭君兄嫂卧室,楼上是昭君生父的藏书楼。右下为昭君闺房、绣楼、膳房、昭君村出土文物展厅,左下为昭君琴棋书画楼、宴乐厅、会客厅。院中设有戏台。后院中堂为昭君当年中选美女,传令使宣读诏书之地,故名"宣诏堂"。《兴山县志》记载,上房住父母、长子,易使唤,好教谕,这也成为地方一俗,沿袭至今。昭君宅以单体建筑为单元,通过明确的轴线关系,串联成千变万化的建筑群落,慢慢地游历在复杂多变的楼台廊阁,给人一种空间进程的动感,营造出整体建筑协调、稳重的艺术效果。

昭君宅

楠木井

　　位于昭君镇昭君村,镇人民政府驻地西北 6.5 千米处。《兴山县志》记载,在宝坪,有王昭君及其乡邻用水的井,井中置一根长 2 米左右、宽 0.15 米左右的楠木,故名。占地 600 平方米。1980 年,对楠木井重新进行修整,青石板铺嵌,井口呈六边形,井宽、深各 1 米。井外有石水槽。井东石台上立一石碑,高 1.7 米,宽 1 米,隶书竖刻"楠木井",系于立群手迹。井北正中镶嵌有石刻"楠木井"三字,上方竖刻"楠木井记"。有诗为证:"此井原为黄龙窟,搅得满塘烂泥糊。昭君搬得峨嵋楠,一木锁蛟泉如湛。长旱不雨水自流,口尝其味胜甘露。村女在此常照面,宫娥不及好容颜。"相传,此井原水量小,且浑浊味涩。每遇干旱,人们只得下到香溪河背水吃,往返路程 4 千米。昭君出世后,水量陡增,且清澈透明。邻里乡亲纷纷传说是昭君出世惊动了玉皇大帝,指令黄龙盘宫,搬来龙水。一日,昭君母亲偶得一梦,说黄龙要移宫,井水要枯竭。乡亲们听说黄龙要走了,心急如焚,不知如何是好。昭君早闻楠木宝树能降龙伏虎,乡亲们昼夜兼程从峨眉山采来楠木,置于井中,果然锁住了黄龙,井水长流,永不干涸。用此水做饭饭甜,煲汤汤鲜,酿酒酒醇,沏茶茶香。两千多年来,一直有"女饮其水生美女"的美谈。炎炎夏日,饮一口井水,暑气顿消。隆冬时节,移步井旁,热气腾腾,暖意融融。更神奇的是,即使在滂沱大雨山洪暴发的季节,除水量增大外,绝不浑浊,仍清澈见底。时值初秋,雨后放晴,夕阳西照,井口水面即出现一道五颜六色光环,很是神奇。因此人们常说:到了宝坪村,必赏楠木井,不饮井中水,等于白光临。1992年,湖北省人民政府确定楠木井为省级重点文物保护单位。

楠木井记:"楠木井,相传为王昭君与村民凿井汲水之处。因井中嵌有楠木而得名。井中楠木传说采自西蜀峨嵋,其坚如磐,千年不朽,遇泉水而发郁香,其水清冽,终年不竭,并随四季而变凉热。驻足留芳,躬身掬水,顿生思古之情。楠木井是王昭君出塞前在故里尚存的遗迹之一。一九八一年秋,兴山县人民政府拨款恢复。现又修葺一新,立造碑记,以示后人。二〇〇二年九月立"。

楠木井

梳妆台

位于昭君镇昭君村,镇人民政府驻地西北6.5千米处,为王昭君梳洗装扮之台。1980年5月修复,又称望月楼。占地约300平方米。有象征明月的拱形圆门,古色古香的石凳石桌,以石桌为中心,置4个石凳,立碑建亭供游人休息。环绕种植33棵柏树,寓意王昭君于公元前33年出塞。传说,王昭君当年梳妆、弹奏琵琶时常有彩蝶翩跹起舞,百鸟齐鸣来伴。

娘娘泉

位于昭君镇昭君村,镇人民政府驻地西北6.5千米处。昭君幼年汲水处,1988年修复,1995年扩建。占地2000平方米。娘娘泉为地下泉水,发自山石之间,清凉香甜。这里古木参天,花荫满地;亭台楼榭,琴韵悦耳。

昭君长廊

位于昭君镇昭君村,镇人民政府驻地西北 6.5 千米处。始建于 1980 年,2015 年 3 月进行了大规模改造。长 3.5 千米,宽 2 米,高 3 米。长廊为仿汉建筑,古色古香。依山而建,蜿蜒曲折。木制构架,上铺木板,木架间装有栅栏,廊顶覆瓦,为游人遮阳挡雨。

昭君广场

位于兴山县城,东临香溪大道,西接昭君路。占地 3.2 公顷,其中绿地 1.7 公顷。始建于 2001 年 11 月,2003 年 2 月竣工。为纪念王昭君,命名为昭君广场。广场西面与县人民政府综合办公大楼遥遥相对。整个广场呈圆形环路,中轴线正西安放一尊王昭君汉白玉雕像,由著名雕塑家张恒雕刻,高 5 米,矗立于广场正中,突出广场主题。广场中央以不同色调大理石将地面拼铺成凤凰展翅图案,对称设置 3 层台式花坛和草坪坛。绿地种植桂花、蒲葵、棕榈、紫薇、雪松、红枫、杜鹃等。昭君雕像左右建蒙古包和踏泉池。置 2 盏高杆灯,设大型电子显示屏,安装 40 盏工艺柱灯、6 盏投光灯、26 盏草坪坛壁灯,配置 6 只大功率音响和 66 只草坪音响,有 6 组音乐喷泉,是市民休闲娱乐的主要场地之一。

昭君广场

琵琶桥

位于昭君镇昭君村,镇人民政府驻地西北 6 千米处。始建于汉朝,木架结构,桥面铺木板,整座桥身形似琵琶横卧于西河之上。人走在桥上,桥身会发出一种琴弦之音,伴随桥下潺潺流水声,似昭君弹奏琵琶的美妙旋律。王昭君离乡登舟之时,弹奏《离乡情》琵琶调,以答谢乡邻送别之情,弹后便将琵琶置于香溪河岸。为纪念王昭君,人们后来依照琵琶模样,在香溪河上搭建起一座木桥,并亲切地称其为琵琶桥。由于历史变迁和发展的需要,1979 年 4 月复建琵琶桥,重建了一座桁架式钢悬索吊桥,将昭君村与 G209 苏北线相连接。该桥设计新颖,桥身轻巧,造型美观大方,全长85米,净跨54米,高16.5米,宽3.5米,设计负荷8吨。

琵琶桥

浣纱处

位于昭君镇昭君村,镇人民政府驻地西北4千米处。相传,昭君少年时与村姑结伴恒于河中嬉水浣纱,故名。王昭君奉诏进宫,在这里登舟离乡,此处又称明妃渡。位于昭君村琵琶桥下,昭君大桥上游,面积150平方米。香溪河彩石晶莹,垂柳成林,青山夹岸,绿水如黛。清代名士陶澍游览此景后,感慨咏道:"薄雨匀山黛,村容上晓妆;昭君浣纱处,溪水至今香。"因长江三峡蓄水,浣纱处已被淹没。

王氏宗祠

位于昭君镇陈家湾村,镇人民政府驻地南0.9千米处。占地250平方米,建筑面积156平方米。2016年5月动工修建,2016年9月主体工程竣工,仿清建筑,砖木结构,坐西朝东,墙体为薄页青砖灌斗浆砌,木肋架结构,屋顶覆陶瓦,正面三层翘檐,正墙六龙塑顶。中央为石雕门

王氏宗祠

框,两旁置石狮一对,木制门扇,左右"福""寿"二字相伴,门额上方楷书"王氏宗祠"四个大字。进入门内便是天井屋,地面由青石板铺就。穿过天井,拾七步台阶至宗祠正厅,正厅门楣上雕腾龙图案。

陈家湾古井

位于昭君镇陈家湾村,镇人民政府驻地西南 1 千米处。占地约 0.5 平方米。相传,王昭君孩提时就建有此井。20 世纪 80 年代扩建,2015 年进行了改扩建。井台高 2.5 米,外围呈长方形,井内呈圆形,直径 0.88 米,深 3.5 米,离井口上端 0.4 米处有绞水架。井水为地下泉水,冬暖夏凉,甘甜可口。井上建有凉亭,高 6 米。

陈家湾古井

昭君台

位于昭君镇陈家湾村,镇人民政府驻地南 0.7 千米处的妃台山东麓。兴山古八景之一的妃台晓日即为此处。清诗人胡定国曾留下七言绝句赞美昭君台:"黄莺啼处乱峰遮,罗镜山高拥翠华,每依昭君台畔望,东风开遍杜鹃花。"1980 年兴山县人民政府仍在原址重修昭君台,总面积 100 平方米,四周有 1.5 米宽的木结构防护栏,地面均用青石铺砌。亭台占地 20 平方米,台基直径为 7.5 米。门额横匾隶书"昭君台"三字,系于立群手迹。环台植有常青树,亭台内壁有"昭君出塞""昭君浣纱""昭君和亲""踏雪寻梅""琵琶不作昭君怨"等图案。登台远眺,双戟摩空、凤凰展翅、仙侣春云等景观尽收眼底。

绣鞋洞

位于昭君镇陈家湾村,镇人民政府驻地西南 0.8 千米处的香溪河岸。占地 700 平方米。珍珠潭边有一山洞,高约 3 米,宽约 2 米,深约 10 米。相传,昭君进宫那天,乘坐的雕花龙船行至珍珠潭,风平浪静的香溪河陡然掀起大浪,汹涌的浪头对准船头径直打来,飞溅的浪花将昭君的金丝绣鞋淋湿,不得已将其脱掉放入岸上的洞内。原来是青、黄、白三巨龙不约而同来到珍珠潭为昭君送行。昭君走后,当地人经常在此洞祈福求子。因三峡工程建设需要,河堤抬高至海拔 180 米,绣鞋洞沉没于香溪河底。景点原貌已不复存在。现在筑堤回填造地上驻有萧氏集团、柑橘打蜡厂、饭店、电商一条街等。

大礼溪

位于昭君镇大礼村,镇人民政府驻地南 4 千米处的大礼溪河口。《兴山县志》记载,公元前约 38 年,汉元帝选美,王昭君入选。离乡进宫时,从昭君村坐船顺香溪河南下,船行至此,因念念不忘家乡父老,令停船,回头面对家乡跪拜行大礼,作最后告别。人们为纪念王昭君,命名此溪河为大礼溪。S255 兴五线(昭君至峡口县道公路)途经,在平邑口与 G42 沪蓉高速公路互通,大礼溪至长模院乡村公路经此。

大礼溪

泗湘溪

位于峡口镇泗湘溪村,镇人民政府驻地西北 5.8 千米处。面积 0.7 平方千米。此地名来由有二。其一,传说汉元帝时期,王昭君奉旨离乡进宫,她乘坐的雕花木船途经香溪河的河湾处,因思念乡亲,思念香溪河,饱含热泪,欲行又止。一想到今后再也见不到家乡父老,再也见不到水流飘香的香溪河,于是,面朝家乡作最后拜别,躬身行小礼(小礼溪)、跪拜行大礼(大礼溪),此处又有"思乡溪"或"思香溪"之说。其二,有黄家沟、李家沟、潭沟、钟家槽四条溪流在此处汇集,然后注入香溪河,因而得名。S312 宜兴线途经;G42 沪蓉高速经过,建有香溪河双线大桥。

高岚自然风景区

高岚风景区

位于兴山县人民政府驻地古夫镇东南 24 千米,水月寺镇人民政府驻地西南 12 千米处。地跨水月寺镇高岚村、石柱观村,黄粮镇黄粮坪村、户溪村。景区面积 60 平方千米。1982 年,国家旅游局局长韩克华来兴山高岚考察时,题诗一首:"桂林高岚皆仙境,水光山色各不同,四处云峰极妙趣,犹如神笔绘丹青。"由此命名为高岚风景区。区位独特,资源富集,原始生态保存完好,彰显自然风光之美,拥有极高的美誉度。这里山连山、景挨景,俗称"十里画廊"。其主要景点有睡佛山、八缎锦、棋盘柱、将军柱、鸳鸯石、棺椁洞、红石笋和朝天吼漂流景区等,具有无山不奇、无水不秀、无峰不俊、无石不异之景色。古树藤蔓随处可见,奇花异草漫山遍野。峡谷溪流百转千回,浪涛飞溅。流泉飞瀑、欺雪赛玉,似凝云起舞。G42 沪蓉高速在景区内设互通,S312 宜兴线途经。

高岚胜景牌坊

孔子楼

位于黄粮镇庙淌坪村,镇人民政府驻地东北 10.6 千米处。杨家山下,孔子河西岸,与水月寺镇梅坪村隔河相望。楼阁天然生成,长 8 米,宽 5 米,呈主厅和两个副室格局,是一个发育成熟的大溶洞。据传,春秋战国时期,孔子游至荆楚,路过此处,见溶洞天成楼阁,环境优美。仔细打量一番,心生一念:"莫非天赐我楼传儒学?"去留与否,甚是疑惑。犹豫之际,迎面来了三个十来岁的孩童,孔子便问:"你们从何而来?"其中一孩答曰:"在杉树坪私塾半月之久,回家拿干粮。"孔子又问:"此处还有多少人没有进学堂?求学者多吗?"童子屈指答有三十余。孔子一听,喜上心来,便向三孩童介绍自己,说明想法,孩童们喜之不尽。第二天就有十二个学生进楼听课。第一堂课,孔子风趣地讲述了晋献公的儿子重耳退避三舍的故事,鼓励孩童们只要努力学习,将来必成大器。孔子在此一讲,就是三个多月,散学时,给弟子们留下许多书籍。临别时,有三个孩童送至百里,师生依依不舍。

高岚石壁

位于黄粮镇黄粮坪村,镇人民政府驻地东南4.2千米处。高岚河西岸大尖山下,一岩石刀削如壁,故名。海拔500米,石壁宽约1000米,高约500米,面积约0.5平方千米。壁面受风雨侵蚀少部分褪变为黄褐色,大部呈黄色,数里外清晰可见。

高岚石壁

钟山

位于黄粮镇黄粮坪村,镇人民政府驻地东南4.5千米处。占地0.04平方千米,距两河口西北3千米。在高岚河的西岸有一小山峰,高约40米,底径25米,酷似古钟,故名。大自然神工杰作,好像告诫人们时间在不停地流逝,万事须从早。

狮子石

位于黄粮镇黄粮坪村,镇人民政府驻地东南4.7千米处。占地100平方米,高岚景区的一个景点。在高岚河西岸,一岩石形如狮,故名。距两河口2.5千米,在两河口至韩家湾县道公路高岚桥北端约50米处,岩石长8米,高5米,酷似一狮。传说狮子石是一头雌狮,与朝天吼雄狮一道从东而来棺椁洞,为屈原大夫护卫灵柩,在它的西侧,有一较小的岩石,就像偎依在母狮怀抱中的幼狮,顽皮可爱。

孔雀岭

位于黄粮镇户溪村,镇人民政府驻地东南4.5千米处。占地0.5平方千米。高岚桥西边一山岭,岭上有一石柱,似孔雀头颈,顶端有一株小岩松,像孔雀头上羽冠。顺山势往下看,那突起的山峰,犹如孔雀的翅膀和身子;再往下看,一道山梁一直垂下高岚河,宛若孔雀长长的尾巴。整个山势看上去就像一只孔雀正欲振翅开屏,故形象地称为孔雀岭。

孔雀谷

位于黄粮镇户溪村,镇人民政府驻地东南 4.3 千米处。起于高岚河桥附近的孔雀岭山下的一段河谷,故名。长 10 千米,占地 1.5 平方千米。深谷两岸山高壁绝,溪水在岩石和水草间流淌,谷底溪涧跌水相连,四五丈长的深潭接二连三,还有近十处形态优美的瀑布。这里保存着良好的自然生态,伴有怪石和洞穴,多种乔木混生,珍贵中药材散生于茂林繁花之间,是兴山最为典型的山水奇观。其间资源丰富,瀑、潭、洞、花草树木,百看不厌,可谓"人在谷底行,如穿画廊中"。有人说:"游览孔雀岭,雀王现真形。不入孔雀谷,枉自高岚行。"是一处开展户外拓展拉练、野外探险穿越、休闲、野营、科考的场地。这里虽地势险要,但备受户外运动爱好者的青睐。

孔雀谷

石猿岭

位于黄粮镇户溪村,镇人民政府驻地东南 5.4 千米处。高岚河西岸,属黄粮镇、水月寺镇接界山岭。站在高岚河东岸,眺望此山岭,群峰突兀,形状各具独特,每个岭的山头都有孤立岩石,有立、有坐、有爬、有跳,态势各异,如群猴嬉戏山间,故名。其中最优者,要数濒临高岚河岩壁断面上的一个,它同群猴保持着一定距离,在悬岩绝壁之上,隐身于灌木丛中。曲背端坐,昂首张望,其形其态,栩栩如生,似乎它在为群猴的安全放哨。因而引起了游人们极大的兴趣,故对它另赠美名"信猴岭"。

睡佛山

位于水月寺镇高岚村,镇人民政府驻地西南 13 千米处。属水月寺镇与峡口镇交界山峰。海拔 1568 米,面积约 4 平方千米。举目眺望,由 7 个小山峰组成,像一尊神奇的大佛仰卧山顶。光秃秃的脑袋,高高的鼻梁,张开大嘴,双眼微闭,挺着圆圆的大肚子,两腿直伸,脚趾朝天,全然一副酣睡的模样。从头到脚绵延十华里,相比之下,著名的乐山大佛倘若睡下来,仅相当于这睡佛的头部大小。这就是著名的睡佛山(又名卧佛山),睡佛之巅四季景色绮丽,变幻万千,若碰上阴雨连绵或雨后放晴,山上云雾缭绕,睡佛若隐若现,更增添了几分神秘。待到冬日暮色时分,太阳从睡佛大嘴中落下,好像一口吞进肚里。而到了秋天的夜晚,一弯月牙挂在山巅之上,又仿佛被睡佛刚刚吐出,早时当地人称其为"仙人望月"。清代农夫赵瑞堂,以耕为本,闲日习书,平日顺口溜随口即是。一日,他去石柱观烧香,返回途中,仰望对岸山顶,触景生情,随口咏出八句感言:"万里遥遥天,奇峰卧老仙。张口吞日月,呼气吐云烟。鼾打雷声响,雨幕作帐帘。梦想古今事,脱帽于人间。"同路的两位香客赞不绝口,夸他为诗人。不少游客把这尊大佛的卧姿称为"睡美人",把夕阳临近佛口称为"睡佛吐金丹",把佛体位居山巅称为"镇山宝"。睡佛山下,峰峦叠秀,溪间掩映,嫣然如画。有朝天吼、将军柱、八缎锦、棋盘柱、鸳鸯石、棺椁洞、婵娟岩、红石笋、狮子石、钟山等几十处自然风景点,称"十里画廊"。

睡佛山

将军柱

位于水月寺镇高岚村,镇人民政府驻地西南 13.2 千米处。《兴山县志》记载:"高岚河其南,石柱七,高数丈,巅有树,不可辨识。"将军柱是七石柱之一,高约 50 米,石柱顶端生长一株身为银白色的常绿针叶乔木,称"亮子树",学名"白皮松"。《中国树木分类学》记载:"本种特产中国,为东亚唯一三叶松,在昔仅有植储名园,以资观赏。"张福延在《察绥之森林》中有咏白松的诗句:"叶坠银钗细,花飞香粉干,寺门烟雨里,混作白龙看。"将军柱上的白皮松,隔河相望,"亭亭玉立柱之顶,娆娆翠枝翔天间"。

将军柱

八缎锦

位于水月寺镇高岚村,镇人民政府驻地西南 10 千米处。景区面积约 1 平方千米。坐落于夏阳河南岸绝壁之上,实体为八条山脊,无主峰,过去人们称其为"八道梁子"。于河对岸细瞧,犹如一幅山水画,青松、翠柏恰到好处地点缀在苍崖绝壁之间,又似八面屏风规整地排列在山腰。八道崖壁酷似八匹锦缎自九天垂挂,在蓝天白云的衬托下,格外逼真。其景随四季变化而变幻:春景花团锦簇;夏景碧绿如茵;秋景艳红似火;冬景松梅傲雪。

八缎锦

鸳鸯石

位于水月寺镇高岚村,镇人民政府驻地西南 14.4 千米处。占地 0.02 平方千米,高岚景区的一个景点。在夏阳河南岸,有一独立岩石,经年久风雨侵蚀,岩石裂开一条大缝,把整个岩石一分为二,挺立在山坡上,远远望去,像一对恋人相向而立,窃窃私语,情意绵绵。故名。

相传,在睡佛山下,有一对小青年,男的叫"鸳哥",女的叫"鸯妹",青梅竹马,两小无猜,年长月久,私订终身。因两家为一块土地发生争执,官司打到县衙,结下深怨,亲事也只好作罢。"鸯妹"在极度思念中郁郁而亡,"鸳哥"得到消息后,一头撞死在"鸯妹"坟前,顿时电闪雷鸣,狂风暴雨,只见岩石从上至下霎时裂开一条缝,变成一对大石柱。乡亲们称其为"鸳鸯石",以纪念这有缘无分的爱情,愿天下的情侣终成眷属,爱情如同鸳鸯石一般天长地久,永不分离。

鸳鸯石

棋盘柱

位于水月寺镇石柱观村,镇石柱观村,镇人民政府驻地西南 11.5 千米处。面积约 400 平方米,海拔 460 米。《兴山地名志》记载,棋盘柱,西距两河口 2.5 千米,东南距杉树坪 8 千米。在王家河东岸,南距宜兴公路约 700 米。这里有美丽的传说。其一曰,三国争战时期,诸葛亮率军由夷陵进取四川,在此与部将关羽对弈之处。其二曰,古八仙中的韩湘子、吕洞宾端坐祥云对弈之处。前者是凡夫俗子,后人皆知,在这样的石柱上下棋是万万不可能的。后者是虚无缥缈的仙家,信与不信,无须考证。其实,棋盘柱是石灰岩经溶蚀、风化而成的不规则方形独立石柱,高约 30 米。爬上石柱旁的山坡,鸟瞰石柱顶端,上有风雨侵蚀的沟纹,形似棋盘。另有一些风化了的石块,散落在沟纹之间,状如棋子,酷似对弈的残局。不知是哪位地理爱好者或旅游者,将它命名为棋盘柱,令人信服。

石柱观

位于水月寺镇石柱观村,镇人民政府驻地西南 12.7 千米处,在夏阳河北岸山腰,有一巨型石柱,上建一道观,名石柱观,占地 200 平方米。《兴山县志》(同治版)记载:"石柱观在县东夏阳河,上干云霄,撑绿耸翠,二水回环,极为胜览。中有古柏森森,高百仞,大十围,四时常青,枝叶如盖。"石柱观建于清朝时期,观前有石门,上书楹联一副"石头向九天日月,柱脚立万古江山",横批为"石柱仙山。"《水月寺镇志》记载,道观三层建筑。底层为关公殿,房三间,中间供奉关公神像,关公左右供关平和周仓神像,侧屋住道士。中层为灵官殿,供灵官菩萨。顶层为祖师殿,供祖师菩萨。观前有一对大石柱,刻着晚晴高岚进士黄香仙对联"石生灵笔当空扫,柱擎苍穹太极图"。观内一口大钟,传说飞来时,钟架未做好,直接落在地上,需两个和尚从相对两面撞击才能发出声音,钟声洪亮悠扬,响彻山谷,波及云天,香火旺盛至民国晚期,年久失修,道观自然损毁,但从残垣断壁仍可窥见当年的繁华情景。

棺椁洞

位于水月寺镇石柱观村,镇人民政府驻地西南 13.5 千米处,占地 0.01 平方千米。《兴山地名志》载,棺椁洞,位于两河口西北 1.5 千米处,是一大溶洞,在高岚河西岸距水面高 150 米,洞门呈方形,高约 15 米,宽 13 米,深 11 米。洞中央有一方形岩石,宽 5 米,高 6 米。岩石当面又有风化而成的方格形石纹,似棺套上的椁,故名。相传楚国屈原大夫流放湖南,得知楚亡于秦的消息后,含恨投了汨罗江,一条神鱼把屈原尸体驮回屈原沱,为了纪念屈原,人们将尸体厝葬在屈公祠的墓穴中。这件事被楚王身边的奸臣知道了,又定下"斩棺暴尸"的毒计。这条密计被一些正直的人们知晓后,为使屈原不再遭毒手,人们就把厝葬在屈公祠的棺材套上椁迁葬于高岚河西岸的棺椁洞中,为了掩人耳目,将原样的空红漆棺材仍厝葬在屈公祠的墓穴之中。屈原的爱徒婵娟也随屈原的灵柩来到高岚河,一直站在山上为师父守灵。

棺椁洞

朝天吼

位于水月寺镇石柱观村,镇人民政府驻地西南 11.8 千米处,两河口西 0.5 千米处,海拔 390 米,占地 0.3 平方千米。不知何年岩崩后,形成坡地,坡地上矗立一石柱,形如坐狮,顶部两块锥形岩石呈 V 形,在山下观望,似雄狮朝天怒吼,惟妙惟肖,故名朝天吼(又称狮吼坡)。在朝天吼以北 500 米处,有棺椁洞,在棺椁洞北部 2.3 千米处有狮子石。

朝天吼

红石笋

位于水月寺镇高岚村,镇人民政府驻地西南 10.8 千米处,高岚景区的一个景点。高岚河东岸有一排排石柱,呈红色,似竹笋,故名。红石笋景点长约 300 米,宽约 50 米,占地 0.015 平方千米。放眼望去,在海拔 440 米的大山上一排排、一列列石柱拔地而起,石柱或粗或细,或尖或圆,色如朱砂,形似竹笋。最壮观的要数那并排耸立的三四个石柱,高达 30 多米,呈圆锥状,四周有裂开的石块,似笋壳即将脱落。几株小树顽强地扎根于石缝中。夕阳下,石笋掩映,满地生辉。

红石笋

跳鱼潭

位于水月寺镇高家坪村,镇人民政府驻地西南 13.24 千米处,占地 0.001 平方千米,高岚景区的一个景点。夏阳河的支流简家河,流经岩角处有一水潭,潭中鱼儿经常跳出水面,故名。这山间小溪,河床狭窄,怪石嶙峋,水流湍急,淙淙的溪水从岩石上倾泻而下,落入形状不规则的水潭之中,每逢春季,下游小鱼凭借这里的急流优势,在逆流中竞争上游产卵繁殖,引众多游客前来观赏。

骆驼峰

位于水月寺镇石柱观村,镇人民政府驻地西南 12.2 千米处,占地 0.02 平方千米。站在"太公钓鱼"景点放眼望去,首先跃入眼帘的便是骆驼峰。显露出两个形似驼峰的脊背,一大一小两匹骆驼矗立在群山之巅,摩云擦天。在双峰前面有两座向前倾斜而又细长的山头,似驼头,舒颈昂首。传说这匹骆驼来自塞外漠北,是昭君回乡探亲的坐骑,千百年来,仿佛走走停停,停停走走,载不动的是许许多多的乡愁。

朝天吼漂流景区

位于水月寺镇高岚村,镇人民政府驻地西南 9.9 千米处,国家 AAAA 级景区。原名高岚河漂流。在孔子河西岸的两河口处,有一座 V 形石峰,似一头仰天长啸的雄狮,便是惟妙惟肖的"朝天吼",2005 年以此景点名称更名为朝天吼漂流景区。起于 G42 沪蓉高速兴山高岚出口,止于两河口。是"一江两山"黄金旅游通道的重要节点,是"宜昌——中国漂流之都"和越野车比赛站点。漂流距离为 6 千米,落差 148 米。急流处,乱石如林,浪花翻滚,惊险刺激;浅滩处,水流平缓,气定神闲。漂流刚中有柔,柔中带刚,是酷爱冒险和刺激运动之人的绝佳选择。途中还可上岸小憩。漂流沿途可观睡佛山、八缎锦、鸳鸯石、红石笋、将军柱等景观。S312 宜

中国漂流之都——宜昌朝天吼漂流景区

兴线由东向西横贯景区,G42 沪蓉高速在朝天吼漂流景区起漂点设有互通。以其区位优越、交通便利、水温舒适、设施完善、视野宽广和巨大潜力享誉旅游界。

神龙洞景区

位于南阳镇龙门河国家森林公园内,镇人民政府驻地西北 19 千米处,占地 1 平方千米。东临野猪岛河,南连天平垴,西接黄泥垭,北靠神农架林区。地处宜昌至神农架的途中,在"一江两山"黄金旅游线上。G347 南德线途经。1995 年 6 月对外开放,洞内有一组盘旋似卧龙的景观,命名为盘龙洞;1996 年 3 月更名为神龙洞。洞外奇岩夹径,循径登高,山石嶙峋,藤蔓遍地,老树交柯,疏影蔽日。洞口坐西朝东,上宽下窄。洞中呈现出罕见的"楼层式"结构,不同楼层的景观也各不相同。钟乳石形成的石笋、石柱、石碗、石花,千姿百态,大者达数十米,需十几人合围,小者只能以厘米计算。有清冽水潭数处,似泉若渊,涓涓不息。洞顶倒悬的钟乳石似百花、若彩旗、像锦带、如飞龙,玲珑剔透,仪态万千。主要有以下六大景点,且各具特色。

神龙洞景区

神笔海砚:洞内有一悬挂的钟乳石,像一支巨大的毫笔挂于洞顶,正对"笔尖"之下,钟乳石形成一石盆,似砚。此为龙宫文宝,取名"神笔海砚"。春夏之季,"笔尖"上点点水滴落入石盆,又像是在为石砚添墨。

定海神针:洞中有一熔岩石柱,高 20 余米,形似孙悟空手中的如意金箍棒,故称"定海神针"。四周布满一簇簇似珊瑚的钟乳石。

龙女浴池:定海神针旁一水池。此水冬暖夏凉,清澈见底,据说有美容养颜之功效。池中有一条长 1.2 米、重 8.5 千克的大鲵鱼(娃娃鱼),它时而鼾鼾沉睡,时而戏水池中,似沐浴之态。

聚宝佛:洞内有六个人体一样大小的钟乳石,像一尊尊念经的和尚,正襟危坐,游客挑选一个自己最喜欢的摸一下佛头,许个愿,据说能心想事成,人们称为"聚宝佛"。

龙宫编钟:神龙洞中,悬挂着排列有序的钟乳石,击之,会发出编钟一样的声音,且余音袅袅,清脆悦耳,犹如身临仙境,可忘却世俗烦忧。人们称这些钟乳石为龙宫编钟。

公主百褶裙：进入洞中，钟乳石层层叠叠，连续弯曲，排列规整，褶褶岩层上的水釉五颜六色，相互交织，犹如锦缎上的花簇，取名"公主百褶裙"。沿洞右前行五六米，有一水池，长3米左右，宽1米，深约0.2米。池水甘甜，清冽见底，冬天池水降寸许，夏季水平池面。

自然保护区

万朝山自然保护区

位于兴山县城西南17千米处，是境内最高的骨架山，属大巴山余脉，山体呈东南至西北走向。南阳镇、昭君镇、高桥乡界山，面积320平方千米，海拔2272米。清代乾隆《兴山县志》记载："县西有万朝山。"《兴山县志》（光绪版）记载："万山进出不肯让，一峰忽居诸峰上，诸峰俯伏共低首，九龙遥遥独相向……"四面山岭都朝向主峰，有万僧朝拜之意。主峰顶建有灵武当庙，山腰北有难得一见的凌柱奇。

万朝山土地肥沃，属亚热带季风气候。植物种类繁多，森林茂盛，植被覆盖率达90％。植被种类有用材林、灌木林、薪炭林、竹林、经济林、防护林。据林业部门考察，树种达48科、160多个品种。主要品种有松、杉、柏、栎、黄杨木、铁坚杉、华山松。还生长着一亿多年前诞生在北极圈森林里的稀有珍贵树种，如珙桐、银雀、莲香、银杏、杜仲、迎春、梭罗、金钱槭、天目紫茎等。其中亭亭玉立的珙桐树，花絮奇特美丽，洁白典雅，形似飞鸽，被欧美人誉为"中国鸽子树"。有国家一级保护动物4种，二级保护动物39种，如金丝猴、金雕、金钱豹、黑熊、野猪、香獐、豹子、狐狸、鹿、獾、锦鸡、雉鸡等。有中药材200多种，如麝香、天麻、金钗、黄连等。山花有鸽子花、迎春花、牡丹花、绣球花、映山红等。野果有猕猴桃、山楂果、瓦栗子、糖梨子、八月爹、猫儿屎等。各种兽类、鸟类、两栖类、爬行类、昆虫类等1000多种。各种菌类、地衣、蕨类、裸子植物、被子植物、苔藓类达3000多种。故有"绿色的王国，动物的世界，资源丰富的万宝山"之美称。早在1907年，英国植物学家威尔逊不远万里来到万朝山，考察数月，对古老而丰富、特有而珍

全国自然保护区名录——万朝山

稀的原生态感慨万千,留下宝贵资料供国人考究。1984年,在山腰处修有三里荒至庙垭子林业专用公路,实施育林保护。设有"国家珍稀树木园"机构,对珍稀树木进行专门研究和保护。2010年,申报国家"万朝山原始森林保护区"。2014年,列入全国自然保护区名录,定名为"三峡万朝山",保护级别为省级。

龙门河自然保护区

位于南阳镇龙门河村,镇人民政府驻地西北17.5千米处。河流下游两岩壁对峙,其形如一门,故名。境内有两条河流:一是龙门河,源于一碗水山脉东北麓,形成5千米的龙门河河流,最后注入野猪岛河;二是夜蚊子沟,源于一碗水山脉东南麓,形成6.5千米的夜蚊子沟河流,最后注入高桥河。龙门河地质构造属大巴山山脉褶皱带,经多次地壳运动和强烈风化剥蚀的搬运与堆积作用,形成山川交错、峰峦连绵、峡谷险奇的地形、地势。由于地表水和地下水千百年的溶蚀和冲刷作用,形成富于观赏价值的喀斯特地貌。山上植被密集,古木参天,地下洞穴密布,景观别致。特别是以奇、美、优、绝著称的神龙洞,其玄武出海、定海神针、擎天玉柱等景观自然天成,仪态万千。境内山水落差大,最高海拔一碗水山脊2241米,最低海拔野猪岛河350米。年平均气温11℃左右,适宜森林生长。总面积60平方千米,其中原始森林46.44平方千米。气候、土壤、植被等具有南北过渡的特征,属完好的亚热带森林生态系统。动植物种类繁多,有乔木、灌木83科、930种,草本植物200余种,藤本植物30余种,特别是红豆杉、珙桐、银鹊、连香树、水青树、香果、紫荆、兴山榆等珍稀树种和绞股蓝等名贵药材,生长其中。野生动物有16目、41科、220余种,珍稀动物有大鲵、黑斑蛙、翠青蛇、龙蜥、西南熊、水獭、灵猫、黑熊、林麝、金丝猴等,其中尤以白熊、白獐、白鹿等白化动物最为珍奇,旅游幸运者偶尔可见。森林活立木蓄积量20多万立方米,加上次森林改造和多年的封山育林,植被良好。被植物学家誉为"天然林木园",国家在此设中国科学院神农架生态定位研究所。

2002年,国务院三峡工程建设委员会投资启动龙门河亚热带常绿阔叶林自然保护工程,已建成核心保护区8.83平方千米。其中,有小河口至东湾的常绿阔叶林和常绿阔叶落叶混交

龙门河国家森林公园

林 6.5 平方千米,傅家湾以珙桐为主的珍稀植物群落 2.33 平方千米。在乱石窖和黄连坡人工补植培育常绿阔叶落叶林和常绿珍稀阔叶落叶混交林 1.21 平方千米,营造用材林 0.66 平方千米,经济林 0.1 平方千米。建珍稀树木园 0.8 平方千米,定植三峡库区珍稀树木 144 种、3151 株。对散生的 19 棵古大珍稀树木挂牌建档,围栏保护。这项工程有效地保护了珍稀濒危的动植物,已被列入国家龙门河自然保护区。这里的原始植被、森林景观、古迹传说、风土人情,是集旅游观光、避暑纳凉、探险猎奇和科学研究为一体的国家级森林公园。

其他景点

白龙挂须

位于昭君镇响龙村,镇人民政府驻地东南 3 千米处。"有水自崖壁洞口出,瀑布似须",名白龙挂须。有大小两个洞口,称龙口。洞口宽 6 米,高 8 米,深约 100 米,洞内宽敞如室,钟乳石千奇百怪,流水潺潺,寒气逼人。洞口下方为一天然石壁,面如刀削,高 80 余米。凉风垭与牛栏头沟龙洞泉水汇集后,沿敦家沟南下注入响龙洞,泉水自洞口出,布满石壁,形成天然瀑布,远眺似龙口长满银色胡须,形成一天然旅游景点。

清光绪六年(1875 年)至中华人民共和国成立初期,江西人伍崇儒搬迁至此,三代人烧制陶瓷品,远近闻名。1958 年,县人民政府利用响龙洞之水建起了第一座耿家河水电站,开创了兴山水电建设的历史先河。

《白龙挂须》:白龙幽洞堪称奇,洞前悬崖削如壁;口挂玉瀑疑珠帘,便是龙口白龙须。水光山色杰灵地,探险访幽客来熙;水能化电开先河,明珠洒满深山里。

将军垭

位于昭君镇金乐村,镇人民政府驻地东南 5.6 千米处,昭君镇金乐村与峡口镇泗湘溪村交界处。呈东北至西南走向,属大巴山余脉。长约 0.8 千米,宽约 0.5 千米,面积约 0.4 平方千米,海拔 477 米。森林茂密,以杂灌林为主。山峰中间一垭口,宽 40 米,垭口原有两根石柱(左边一柱倾倒),似将军立于山口,故名。西侧一宽 40 米、高 20 米的岩石,分化呈"川"字形,犹如三侍卫给将军站岗放哨。垭口间有一方形石高出地面 2 米,3 米见方,平整光滑,上有诸多小石块,似棋子,是景是情,游人顿悟:将军正在对弈之中。

神石马

位于昭君镇金乐村,镇人民政府驻地东南 5 千米处。海拔 550 米,东西宽 80 米,南北长 90 米,总面积约 7200 平方米。《兴山县志》记载,明朝万历年间,金乐村出过一个大人物,名金可教,曾任云南知府十多年,政绩显赫,史书赞誉为"所莅之境,士民思之"。因此,朝廷特封其父金生芝为"奉直大夫",官居五品,其丧葬规格之高,墓前立石人石马,故名。神石马坐落在一个山包上,石马六匹,四大两小,实体尺寸,整块青岗石雕刻,单个重量达数吨以上。头、尾、身、蹄雕刻十分精细,马蹄与底座紧密相连,固定马身。大马配有鞍和辔头,直立状。前面有真人大小的石人牵马坠墩,石人身披战甲,头戴盔,冠缨清晰可见,面丰满,高鼻阔嘴大眼睛,这些大马和牵马人不规则地随意安放,神态十分悠闲。前面的两匹小马三蹄落地,一腿前屈,作奔跑状,显得活泼顽皮。背后立一无字石碑,高2米,宽1米,相对50米远处,立有两根高5米、直径为0.4米的菱形石柱,相距30米,柱顶各雕一只石猴,其形态呈瞭望状,似石人石马的哨兵。相传,这些石人石马显灵,一到夜晚就活动起来了,人拉着马转圈,小马跑到稻田里吃秧苗。现仅存两根望猴石柱。

滴水岩

位于峡口镇建阳坪村,镇人民政府驻地以东8千米处。悬岩之中长年有水溢出,日积月累,水中的钙盐逐渐凝结成结晶体,形成状似斗笠的钟乳石,故名。

传说很久以前,五指山上有一个大地主,人称阮老爷,他家拥有良田千亩,阁楼式的房子十多间,有三个老婆,雇佣的奶妈、丫头四五个,长工短工好几十,实属当地富豪。阮老爷虽有万贯家财,但年近花甲,膝下无子,急得阮老爷成天在屋里直转圈儿,想破了脑袋也没有想到好主意。一天,长工舒定跑来向阮老爷禀报说:"我媳妇落月了,要请几天假回家服侍月母子。"阮老爷眉头一皱,眼珠子快速一转,皮笑肉不笑地说:"恭喜你呀,生的什么呀?""回禀老爷,生了个放牛娃子"(意思是儿子),舒定说。阮老爷麻木着脸说:"行。"背手进屋里去了。舒定回家服侍了个把月,又回阮家干活去了。

在一个月黑风高的夜里,一伙强人敲开了舒家的大门,声称是替阮家老爷收账的。原来在两年前,舒定的二老过世后,无钱安葬,向阮老爷借了二十两银子。舒定当时与阮老爷约定,以做工抵债,现在怎么又来收钱呢?媳妇拖着虚弱的身体同来人讲理,根本没有人理睬。为首的一个黑面大汉眼睛一鼓,吼道:"少废话,抵是抵,收是收,给不给?不给就用儿子来抵!"说完,一把从舒家媳妇怀里抢走了孩子。舒家媳妇见自己的亲骨肉被抢走,一下昏倒在地。隔壁的王大妈给她喂了水才慢慢苏醒过来,便拼命去追,跌倒了,爬起来继续追赶……不知追了多远,忽然眼冒金星,头晕目眩,只觉得天旋地转,一下跌倒在黄家河边,再也没有爬起来。此事感动了蚁群,成千上万的蚂蚁个个衔着泥土,欲将她掩埋,可是最后剩下一只乳头,奶水不断溢出,尽管蚂蚁成群结队地衔土覆盖,却怎么也盖不住,后来她变成了坚硬的岩石。过路人都说,那岩石中的水甜丝丝的,透着乳香。

风洞亭

位于南阳镇阳泉村,镇人民政府驻地东南1.5千米处,海拔280米。为一自然洞穴,暑天洞内凉风悠悠,冬天温暖如春。因将洞口建于亭内而名为风洞亭。1977年由南阳公社承建,经过专业设计,将亭阁建于洞口,融洞口于亭内。游客先步入亭内休息片刻,再慢慢享受冬暖夏凉的洞中之乐。占地约0.3平方千米,建筑面积约50平方米,6间房,中间为客厅,其余5间为休闲房。风洞亭距G347南德线仅200米,有接线公路直达。周围是橘园,景色优美,是休闲的好地方。暑天,有一南方客人游后在此小酌,对风洞亭赞不绝口:"天生风洞南阳地,人造亭阁景点奇。冬暖夏凉仙人洞,四季游此老少宜。"

白龙潭

位于榛子乡板庙村,乡人民政府驻地东北 12.5 千米处。《兴山县志》(乾隆版)记载:"县东北有白龙潭,在高峰岭下,有响水洞,传为龙宫。"传说潭中驻有白龙,故名。占地约 250 平方米,潭面呈圆形,水碧绿,潭内有银鳞小鱼,终年不见长大。深浅尚不得知,周围地面有中空之感,在潭边走动,水面泛起层层涟漪。白龙潭为灵水之源,说白龙女欲觅人间佳婿,无奈触怒龙王,棒打鸳鸯,被困潭中。与之相邻的保康也有一潭,谓之"黑龙潭",潭中住着龙子、龙女、龙子隔潭相望,终不得团聚。

板庙村——白龙潭

金鸡桥

位于榛子乡板庙村,乡人民政府驻地东北 8.5 千米处。传说,板庙的上空常有老鹰盘旋,百姓喂养的家禽屡遭袭击,以石刻金鸡避之。建于清咸丰年间,立石刻金鸡于桥头,故名。长 2 米,宽 3 米,高 1.5 米,最大跨径 2 米,横跨板庙老街。旧时巴柯人行道在板庙建有驿站,是兴山通往保康的要道,曾一度繁华。此处环境优美,空气清新,是旅游休闲的绝佳去处。S252 欧南线途经。

坟垴坪林场

位于兴山县东部,东与夷陵区樟村坪林场接壤,最高海拔 1942.8 米,最低海拔 1140 米。1956 年建兴山县国有坟垴坪林场,建场之初,育华山松苗 82 亩,培育大苗 605.9 万株。到 1986 年,48 个垴、100 多座山头得到绿化。1985 年前后,林场得到快速发展,职工达到 52 人,拥有专业的林业科研和专业技术队伍,经营面积 4.26 万亩,有林地 4.05 万亩,其中人工林达 2.8 万亩。《兴山县志》(2003 年版)记载:林场占地 3045.74 公顷,有林地 2903.6 公顷,公路、楼房等非林业用地仅 142.14 公顷。累计造林 709.27 公顷,活立木蓄积由 11 万立方米上升到 22.23 万立方米。其中,人工造林蓄积 9.6 万立方米,天然林蓄积 12.63 万立方米。森林覆盖率由 36.8％上升到 95％。林场历经 60 年,已成为林海。当我们走进大山,看到龄逾半个世纪的规模树林时,不禁想起《宜昌日报》1981 年 6 月 9 日头版头条刊登的"他们这样度过自己的青春"的主题报道。1963—1964 年,50 名知识青年响应政府号召,来到坟垴坪,扎根林场,以青山为伴,艰苦创业,绿化兴山。

一名老工人说,开始说到兴山办林场,我连兴山在哪个地方都不知道,一个兴字,一个林字,我竟然稀里糊涂把大、小兴安岭和兴山连在一起,于是头脑里浮现出一幅苍苍林海、茫茫雪原的极其美妙的画面,说不定还有"哐唧、哐唧"的小火车呢!哪知上山一看,荒山秃岭,一片凄凉,心里不禁凉了大半截。但是我们坚持下来了。我们用了 18 年的时光,和老工人们一道,"绘"出了这幅美丽的山水画:一万九千多亩人工林,两条盘山公路,新建的楼房场部……风景很美吧,这些都是我们汗水的结晶。当树苗栽下去后,我们都眼巴巴地望着它赶快长大。老工人告诉我们,栽树是"五年不见树,五年不见人,再过五年成老林"。可我们心里还是着急得不得了。光急有什么用,要让树儿快快长大,除草、防火、修枝,一项都马虎不得。有一天深夜,林场发生山火,正好是我和一位老工人在瞭望台守哨,一见这情景,我二话没说,拔腿就往场里跑,一气跑了六七里,及时向场部报告了火情,避免了山林遭受大的损失。在深山密林搞抚育,遇到野兽是常事。有一次我就遇到了五只驴头狼,我把火铳一举,只听咔嚓一声,竟打了个瞎火,吓得我丢了火铳就往回跑,哪知我这一跑,驴头狼也吃了一惊,夹着尾巴逃跑了。从此我发现野兽并不可怕,俗话说:"人有三分怕虎,虎有七分怕人。"再遇到什么狼呀、野猪呀,只要怒吼一声,吓得它们扭头就逃。人们都说林业工人苦,但我觉得苦得值得,虽苦犹乐啊!正是这些老工人、知识青年,流下汗水,奉献青春,造就了这片林海。

坟垴坪林场

后坪林场

位于兴山县东部,水月寺镇树空坪村。东邻夷陵区,北靠保康县,最高海拔 1890 米,最低海拔 1350 米。这里崇山峻岭,三面环山,荒山、疏林面积大。属亚热带季风气候区,年均降水量为 1150 毫米。自然条件优越,适宜各类植物生长。1991 年建立兴山县国有后坪林场,占地 2862.2 公顷,林业用地 2773.73 公顷。荒山造林 488.27 公顷,灌木林地改造 4.8 公顷,疏林地改造 10.2 公顷,新增速生丰产林 1713.33 公顷,森林覆盖率由 78% 提高到 90.2%;建设母本园 9.73 公顷,苗圃 1.33 公顷;活立木蓄积达到 17.45 万立方米。修建场房 1628.3 平方米,架设通信线路 56.19 千米,建护林点和瞭望台,修防火线 47.9 千米。目前已形成良好的生态林,有木本植物 27 科、1000 多种。珍稀树种有银杏、银鹊树、连香树、水青树、白蜡树、天师栗、领春木、鹅掌楸、金钱槭、白辛树、红椿、檫木、华榛、樟树。动物 50 科、160 种,兽类有猴、虎、黑熊、花面狸、丛林猫、麂、獐、野猪、野羊、猪獾、狐狸等;爬行动物有蟒、王锦蛇、黑眉锦蛇等;两栖动物有中华蟾蜍、虎纹蛙、湖北金钱蛙、大鲵等;昆虫有蝉、蜂、蝶、螳螂、蜈蚣、旱蚂蟥等;鸟禽有苍鹰、鹭、雉、竹鸡、红腹锦鸡、猫头鹰、画眉、喜鹊等。山上景色秀丽,山花烂漫,四季如画,有桂花、牡丹、菊花、兰花、月季、山花、杜鹃、红梅、迎春花等各种山花交替盛开,极具观赏价值。修建有树空坪至后坪乡村公路和林场专用公路 19 千米,交通便利,配套设施齐全,是天然的避暑胜地。

第五节　红色圣地

兴山县革命烈士纪念碑

位于兴山县古夫镇人民政府驻地以东 5 千米处,黄粮镇店子垭村张家河,始建于 2012 年 4 月,2013 年 6 月 28 日建成。这里群山环抱,松柏四季常青,自然环境优美。纪念碑占地 1178 平方米,碑座呈正方形,边长 11.4 米。正面嵌黑色花岗岩,长 11.4 米,宽 1.1 米,大理石镶边,行书竖刻碑文;碑座背面刻有 156 名革命烈士名录;两侧有反映革命斗争历史的浮雕。碑体高 14.9 米,碑顶塑红五星,正面刻"兴山县革命烈士纪念碑"字样,为全国人大常委会原副委员长廖汉生手迹。碑前建有广场,正方形,边长 34.92 米,地面以芝麻白花岗岩铺就,一次可容纳 2000 余人瞻仰悼念。纪念碑后,修建有六排烈士墓地,长 34.92 米,宽 15 米,可安葬 72 位革命烈士英灵。根据上级相关要求,已将 24 位烈士遗骨集中安葬于此。配套建有纪念碑管理所,配备专人负责纪念碑的管理与安全保护。2014 年 9 月 30 日,兴山县举办了首次烈士公祭日活动。属县级重点保护单位,革命传统教育基地。G347 南德线途经。

兴山县革命烈士纪念碑碑文:香溪河畔埋忠骨,昭君故里安英灵。忆兴山峥嵘岁月,英烈精神昭后人! 兴山是"巴兴归"革命根据地的中心地带。一九二六年,兴山刘子和等八位同志加入中国共产党。一九二七年四月,中共兴山县支部成立,同年九月,中共兴山县委会成立,刘子和任书记,兴山人民的革命斗争迅猛发展。一九三零年创建县、区、乡苏维埃政府,建立中国工农红军第四十九师,刘子泉任师长,实行武装割据,进行土地革命。先后有五十五位同志慷慨就义。解放战争时期,李洪修等十八位同志光荣牺牲。抗美援朝期间,先后有一千零二十名青年踊跃参加志愿军,有五十四位同志为国捐躯。社会主义建设时期,兴山儿女在不同的岗位上恪尽职守、鞠躬尽瘁。先后有二十九位同志英勇献身。牺牲多壮志,日月换新天,自土地革命以来,兴山忠烈俊彦为民族解放,抛头颅,洒热血,视死如归,可歌可泣。兴山优秀儿女,为民族振兴,求和平,谋幸福,前赴后继,百折不回。碧血凝彩霞,山河矗丰碑。为缅怀英烈,激励后世,鼎石镌铭,永垂千古。革命先烈,万世精神长存!人民英雄,千秋功业不朽!

兴山县革命烈士纪念碑

黄粮镇革命烈士纪念碑

位于黄粮坪集镇南,占地 1000 平方米,2012 年落成。土地革命时期黄粮籍 22 位革命先烈长眠于此。属县级重点文物保护单位,革命传统教育基地。碑体造型简练、庄严肃穆。碑高 16 米,正面镌刻"革命烈士纪念碑"7 个大字,系全国人大常委会原副委员长廖汉生手迹。左右两侧各设一座文化墙:左侧为土地革命战争时期黄粮籍 22 位革命烈士生平简介;右侧为黄粮革命历史简介。背面正中有"先烈之血,胜利之花"8 个鎏金大字。下方刻有纪念碑碑文:仙侣山,壁立千仞;黄粮坪,沃壤连绵。聚兴山革命之星火,耀苏区先烈之殊勋。历史追溯至上世纪二十年代。一九二七年秋,中共兴山县委在黄粮组建区委,下辖六个支部。到一九二八年底,黄粮区党组织迅速发展至十六个支部,并组建了两个游击大队、七个中队。一九二九年秋游击队齐聚拱桥湾,取得暴动胜利。尔后国民党反动派疯狂镇压,革命受白色恐怖之挫,百姓遭腥风血雨之殃。仅一九三零年到一九三一年五月间黄粮就有二十二名党员壮烈牺牲。一九三一年六月,贺龙率红三军进驻黄粮坪,打土豪,闹革命,极大地鼓舞了黄粮人民的革命斗志。忆往昔峥嵘岁月,感慨万千。自土地革命战争以来,黄粮忠烈俊彦,为民族解放,抛头颅,洒热血,视死如归,天地为证,无数优秀儿女,为民族振兴,求和平,谋幸福,百折不挠,仙侣是赡!碧血凝丹心,山河矗丰碑。昔日革命地,今朝展宏图。改革开放,经济腾飞。科学发展,民生富足。值中国共产党成立九十周年之际,鼎石镌铭,缅怀先烈,让思绪穿越时空,去追寻先辈的足迹,感悟生命的延续,接受灵魂的洗礼,凝聚奋进的力量。革命先烈,千秋功业不朽!人民英雄,万世精神长存!

黄粮镇革命烈士纪念碑

高桥区土地革命烈士纪念碑

　　位于高桥乡人民政府驻地东北 0.3 千米处的狮子包上。土地革命时期,1930 年 8 月 18 日,陈大斌等 17 名共产党员在官田岭被联防剿共团反动派杀害。为缅怀革命先烈,1987 年 5 月建高桥区土地革命烈士纪念碑。纪念碑占地 95 平方米,建筑面积 30 平方米,碑高 10 米,碑顶塑红色火炬,正面由全国人大常委会原副委员长廖汉生亲笔题写"烈士精神光照人间"8 个红色大字。纪念碑周围植有翠柏,碑前设祭台。站在纪念碑前,可遥望当年烈士遇害的官田岭——"巴兴归"高桥区革命武装被害遗址。2006 年,对纪念碑进行修缮。为兴山县革命传统教育基地,缅怀烈士,启迪后人热爱祖国,珍惜今日的幸福生活。属宜昌市重点文物保护单位。

高桥区土地革命烈士纪念碑

　　碑文:高桥是"巴兴归"高桥区革命根据地中心地带,早在一九二八年共产党员黄忠立深入高桥苏区发展地下党组织。一九三零年陈慎洲、陈慎勤创建高桥区委会、区苏维埃政府和组建游击大队、游击中队,带领高桥军民对敌展开斗争取得了两次反围剿的胜利。一九三零年八月十八日,三县联防剿共团长邓维楚在官田岭惨无人道地制造了摆稗子惨案。曹友娣、王发祥、蒋英才、杨直亮等十七名共产党员和革命干部壮烈牺牲。他们不愧是中华民族的优秀儿女。为缅怀先烈,特立此碑。

"巴兴归"高桥革命武装被害遗址

　　位于高桥乡贺家坪村,乡人民政府驻地西南 1.2 千米处。占地 500 平方米,1987 年经省委、省政府批准命名为"'巴兴归'高桥区革命武装被害遗址",属省级重点文物保护单位。

1929 年春,县、区赤卫队(游击队)相继成立。陈慎勤担任高桥区赤卫大队队长,谭儒义、桓西斌担任副大队长。下设 4 个中队,分别由宋文礼、蒋英才、王发勤、田祥银担任中队队长,陈大义、杨直亮、宋洪洲、陈本义、王承香、秦学义担任副中队长。1930 年夏,县苏维埃政府派红军排长宋乾本带领战士到陈大伦家诱捕了陈氏三兄弟,缴获步枪 2 支、子弹 50 发、手榴弹 5 枚、银圆 1600 块、皮箱 2 口、鸦片及其他财物。在清算没收财产时,土豪陈慎柱态度强硬,抗拒清算,没有丝毫悔罪表现,大骂共产党和红军。红军连长雷先聪命令将其押至苏维埃政府,召开千人公审大会,对陈慎柱等 5 名罪犯进行了公审判决,处以极刑:"兹查豪绅陈慎柱为富不仁,坑杀刻薄,虐待长工,私藏武器,对抗红军。特判处死刑,切切此布。"先后还清算了反动会道门黄金堂,没收了后山土豪任德全的粮食、财产,分给了贫苦农民。同时,高桥赤卫队配合鄂西独立大队,首克兴山县城,缴获枪支 80 余支,毙敌 10 余人,救出被捕群众 10 多人。国民党反动派不甘失败,1930 年 6 月,联防剿共团团长邓维楚,纠集 400 余人在官田岭垒营屯兵,勒令巴东、兴山、秭归三县各募购枪支 200 支,兴山被勒索银圆 1.4 万余元充作军火。同年 8 月上旬,金泰和、贾先卿率团防兵 200 余人占领伍家坪营包,向龚家桥苏区进犯。沿途抢劫百姓财产,烧毁赤卫队成员陈大本、陈大义、严大勋等人房屋 18 间。高桥赤卫队积极配合红军 49 师张光乾、严昌奎两个连,300 多人协同作战,予以反剿。经过激烈战斗,敌人被迫向白沙河方向溃退,有力地打击了敌人围剿苏维埃政权的嚣张气焰。但在战斗中,赤卫队战士王先召、郑昌龙为保卫军旗壮烈牺牲。为防止敌人再次进攻或偷袭,赤卫队在伍家坪、槐树沟、茅草坝等地设哨所 10 余处,监视敌人行踪,果然不出赤卫队所料。8 月中旬,三县联防剿共指挥部会同联防剿共团,加上黄枪会及黄香会成员 1000 余人,在金泰和、邓维楚、贾先卿带领下,再次进犯龚家桥苏区。下湾赤卫大队配合红军两个连近千余人,在官田岭、严家井摆开战场,抗击顽敌,后与敌人短兵相接,进行殊死白刃战,大量杀伤了敌人有生力量,被迫向秭归方向逃遁。敌人两次进犯龚家桥苏区,均以失败而告终。敌人恼羞成怒,气急败坏,扬言要疯狂镇压革命运动,屠杀共产党员和革命群众,对苏区军民进行野蛮报复,叫嚣"见人杀人,见屋烧屋,挖地三尺,鸡犬鸭鹅,寸草不留"。1930 年 8 月 18 日,联防剿共团团长邓维楚持枪强压 1000 余群众至官田岭参加所谓"公判大会",制造了震惊鄂西地区的"摞(luo)稗子"惨案,下湾苏维埃政府副主席陈大斌,赤卫大队队长陈慎勤,副大队长桓西斌,妇女主席曹友娣,中队长蒋英才、杨直亮、王发祥等 17 名共产党员和地方干部惨遭杀害。

中共下湾区委、苏维埃人民政府成立遗址

位于高桥乡洛坪村,乡人民政府驻地西南 4.2 千米处。占地 30 平方米。1987 年经省委、省人民政府批准命名为中共下湾区委、苏维埃人民政府遗址。与之相连的主要交通线路有 G209 苏北线途经,与店子垭至茅草坝乡村公路相接。属省级重点文物保护单位。是红色革命苏区,有着光荣的革命斗争史。1929 年 3 月,县委派黄中立到下湾指导工作,开展武装斗争,建立下湾区游击大队,陈慎勤担任大队长,谭儒义担任副大队长。游击大队辖茅草坝、龚家桥、王家山、田家坪等 4 个中队,由宋文礼、蒋英才、王发勤、田祥银分别担任中队长。队员千余人,

主要在巴东、兴山、秭归三县边界活动。大队部驻下湾,隶属下湾区委、区人民政府。1928年5月,巴东暴动失败,遭敌通缉的巴东共产党领导人张华甫、黄大鹏被迫转移到兴山、秭归。"巴兴归"三县党的领导人从血的教训中深刻认识到必须建立巩固的革命政权和根据地,三县党组织应密切联系,相互配合,才能摧毁反动势力。1928年11月,根据鄂西特委指示,在兴山回水沱秘密召开三县党的领导干部会议。会议传达了党的六大会议精神,分析了当前斗争形势,总结了巴东暴动失败的原因和教训。确定了加强党的建设,组织武装暴动等工作任务。会议选举成立了中共"巴兴归"县委员会。会后,委派县委委员黄大鹏、文化部部长黄中立负责下湾、茅草坝、龚家桥一带宣传革命,发动和组织群众,秘密慎重地发展中共党员,建立基层党组织。黄大鹏还负责巴东江北部分地区的工作。其间,发展的党员有陈慎洲、陈慎勤、陈大斌、曹友娣等。1930年4月成立了中国共产党下湾区委员会,陈慎洲担任区委书记。区委会辖龚家桥、伍家坪、贺家坪3个党支部。从此,党的组织不断壮大,战斗力不断增强。随后,政权组织也相继建立。1929年12月,中共"巴兴归"县委在巴东县大垭召开扩大会议,决定建立"巴兴归"县、区、乡苏维埃人民政府。1930年7月,在"巴兴归"县委和县人民政府领导下,建立了下湾区苏维埃人民政府,隶属下湾区委,"巴兴归"县苏维埃人民政府。区人民政府机关驻下湾,辖龚家桥、伍家坪、贺家坪、王家山等4个乡苏维埃人民政府。下湾区委和下湾苏维埃人民政府,在"巴兴归"县委的正确领导下,普遍开展打土豪、分财产,用革命的武装力量摧毁反动派的武装势力,建立苏维埃政权,取得了阶段性胜利。国民党反动派怕得要死,恨得要命,疯狂镇压革命运动。1930年8月18日,制造了震惊鄂西地区的"撂稗子"惨案。联防剿共团又先后杀害了下湾区苏维埃人民政府主席陈慎洲,苏维埃人民政府干部施昌炽、田恒山等100余人。

红军 49 师创建遗址

位于昭君镇滩坪村,镇人民政府驻地西北11.9千米处,占地500平方米。1930年6月,"巴兴归"县委在兴山县召开扩大会议,根据鄂西特委"鄂西的游击大队,现在可以说是不大不小,将由游击队进步到红军的时期"(《周逸群关于鄂西农村工作报告》,1929年8月)的指示精神,将工农红军鄂西游击大队扩编为中国工农红军独立第49师,任命刘子泉为师长,黄大鹏为政治委员,潘兆麟为政治部主任。下辖4个连,连长分别由张光乾、严昌奎、雷先聪、谭联科担任。政委分别由黄中立、谭成舟、向启凤担任。李子洋任特务连连长。司令部设巴东县溪丘湾将军岭。红军49师隶属中共鄂西特委、"巴兴归"县委领导。1931年4月,红49师改编为红三军教导第二师。教导第二师在房县改编为红三军第四游击大队。1931年10月,房县来的部队与留在巴兴归的部队会合,改编为独立二团,属贺龙军长的湘鄂边红四军序列。属县级重点文物保护单位。

二里半

位于昭君镇响滩村,镇人民政府驻地西北1千米处。昭君集镇至响滩距离五里,此处刚好一半,故名。S312宜兴线途经。

二里半,曾是革命先烈徐大孝牺牲的地方。徐大孝,1925年加入共产主义青年团,1927年加入中国共产党。1928 年任共青团兴山县委书记,从团员中选拔 50 名精干青年组建成先锋队,探敌情,送情报,监视敌人动向。5 月,鄂西游击大队首克兴山县城,他带领青年先锋队掩护主力部队顺利回到根据地。不久,徐遭国民党通缉。因叛徒告密,1930 年 6 月 21 日,时任共青团"巴兴归"县委书记的徐大孝在古夫古洞口被捕,押解至二里半处,惨遭敌人枪杀,牺牲时年仅 23 岁。

二里半

赵家垭

位于南阳镇落步河村,镇人民政府驻地西北 6.5 千米处。地处茅庐山东麓。相传,李来亨部驻扎茅庐山时,赵家垭是军事要地,存有大寨、小寨及高家城等遗址。1958 年、1984 年分别为赵家垭大队、赵家垭村委会驻地。特产柑橘、茶叶。落步河乡村公路至此。G347 南德线途经。

中华人民共和国成立初期,新政权刚建立,国民党随时伺机反扑。1949 年 10 月 6 日,时值中秋节,湘坪乡乡长张金聚带领区中队一个班的战士来到赵家垭赵永清家开会,布置征粮和剿匪工作。叛徒趁机将张金聚在赵家垭的活动情况密报给国民党自卫团团长张家瑞,张家瑞带领 100 多名匪徒将赵永清家团团包围,用机关枪封住大门,张金聚奋不顾身地组织战士突围,终因寡不敌众,几次突围均失败,敌我相持到后半夜,敌团长张家瑞气急败坏,放火烧了房子,战士们冒着熊熊烈火向外突围,刚入伍不到两个月的新兵谭友财、余慈政和其他几个老战士都牺牲了。只有一名战士冲出火海,突出重围。最后只剩下张金聚一个人,身负重伤,不能动弹,为了不当俘虏,他用最后一颗子弹结束了自己宝贵而又年轻的生命,时年 31 岁。后人称"红色赵家垭"。

贺家坪战役遗址

位于高桥乡贺家坪村,乡人民政府驻地西南 5.5 千米处。G209 苏北线途经。贺家坪战役是中国人民解放军湖北省军区独立一师与敌 117 军 928 团在高桥乡贺家坪进行的遭遇战,后转化成为我第四野战军顺利进军大西南的阻击战。此战役所涉面积约 15.8 平方千米,涉及巴东、兴山、秭归三县,区域跨度大,属战略要地,是川东的重要门户。1949 年 8 月 10 日,中国人民解放军湖北省军区独立一师一团占领贺家坪时,与敌 117 军 928 团狭路相逢,敌保安四旅立即增援,对我军形成南北夹击之势。团长江贤玉当机立断,命令三营火速占领贺家尖、木马墩制高点阻击南翼之敌;主力向北,主动向敌保安四旅出击。此次遭遇战,歼敌两个营,缴获重机枪 1 挺,轻机枪 18 挺,步枪 220 支,掷弹筒 40 个,电话 8 部,子弹 2.1 万发。三营牺牲副营长、连长和指导员各 1 名,战士 6 名。三营全体指战员受到湖北省军区司令部通令嘉奖。

9 月 28 日,敌 41 军、127 军、118 军调集 11 个团的兵力分三路向独立一师炮台山阵地进攻,遭到三团的猛烈反击。29 日,敌以一个团的兵力从我军阵地西南罗溪坝向两河口迂回,一师指战员发现左右两翼受到威胁,便主动放弃炮台山阵地,向大垭一带转移,掩护三团右侧阵地,二团星夜占领龙会观制高点。30 日上午,敌 122 师向我军炮台山阵地发起进攻,932 团由平阳坝向茅草坝进攻,独一师三团奋起反击。10 月 2 日夜,独一师摆脱敌军夹击,除二团继续坚守龙会观外,三团撤至龚家桥东南高地,一团撤至石头垭。敌军占领龚家桥西面高地后,暂时停止了攻击。独一师趁敌立足未稳,集中优势兵力给敌人以致命打击,一、二两个团占领羊角尖高地,向敌拦截进攻,三团正面出击,为四野 50 军扫清障碍。6 日,独一师集中火力,对敌前沿阵地和敌指挥所发起猛烈攻击,我三团全体指战员冲进敌阵,以迅雷不及掩耳之势突破敌人防线,一鼓作气收复贺家坪、白湾、大垭、黄金观等地。7 日凌晨,独一师一、三团于大垭胜利会师后,立即向五宝山之敌 124 师发起猛攻,经过两天一夜激战,敌军全线溃败,仓皇渡江南逃。此次战斗,歼敌 740 余人,俘虏 277 人,缴获大炮 17 门,各种枪 148 支,子弹 3 万余发。贺家坪战役,有力地配合了解放军在湘境的作战,确保了后方人民政权建立,打开了中国人民解放军入川作战的大门,使蒋介石固守川东,确保大西南的计划彻底破产。

胜利坪

胜利坪,原名屈家坪,与秭归隔河相望。位于高桥乡双堰村,乡人民政府驻地东南 5.7 千米处。中华人民共和国成立前,这里交通闭塞,很少与外界接触,人们吃不饱、穿不暖,深受三座大山及其地主阶级的剥削和压迫。1928—1933 年,"巴兴归"三县实行革命大联合,建立苏维埃政权,开展土地革命武装斗争,打土豪、分田地,屈家坪成了革命秘密据点,男女老少踊跃投身革命,立志永远跟着共产党走。不几年,终于取得了土地革命的胜利。人们手舞足蹈,锣鼓喧天,鞭炮齐鸣,开大会,庆胜利。为了永远铭记这一历史时刻,在大会上将屈家坪更名为胜利坪。

万福山战役遗址

位于榛子乡寿山村,乡人民政府驻地西南 6.5 千米处。占地 0.5 平方千米。山顶建有移动、联通通信塔,航空标志,与之相连的主要交通线路有大水坑至三岔口县道公路,东南与S252欧南线相接。

1947年11月,解放战争时期,中国人民解放军鄂西北军区第二分区五团与敌军79军某主力在万福山激战。我军侦察员在二道城侦察敌情时,与国民党第79军先头部队狭路相逢,我军司令部立即进行作战前紧急动员,命令部队迅速抢占万福山、天池坪制高点,构筑临时工事,居高临下与敌军猛烈交火,敌军向我军天池坪高地发起猛烈炮击,炮弹雨点般地射向我军阵地。经过几个小时的激战,终因敌众我寡,部队被迫撤出战斗。指挥作战的团政委雷天明同志不幸头部中弹,经临时包扎,抬至王家湾时壮烈牺牲,遗体安葬于此地。中华人民共和国成立后,当地政府为壮烈牺牲的团政委雷天明修建烈士墓,并立墓碑。为了缅怀革命先烈,教育后人,将此地命名为万福山战役遗址。现为革命传统教育基地。

第四章　陆地地形

第一节　灵山

白旗山

位于古夫镇平水村,镇人民政府驻地东北 21.4 千米处。兴山县与神农架林区界山,东、北属神农架林区,西、南属兴山县古夫镇平水村。呈西北至东南走向,属大巴山余脉,海拔 1463 米。长约 3 千米,宽约 1 千米,面积约 3 平方千米,山体为石灰岩。山上为落叶林、阔叶林及针叶混交林,动物有熊、豹、麂、黄羊、野猪、猕猴、野鸡、锦鸡等。

相传,此山原名白岩山。清朝初年,山上驻扎着一群土匪,只晓得匪首姓吴,不知其名,脸上留有一块刀疤,人称"吴大疤子"。手下有 300 多号弟兄,在此占山为王,自封"太平王"。传说那吴大疤子,身长六尺,虎背熊腰,满脸络腮胡,一身功夫了得,乍一看,莽夫,其实不然。说他曾于四川峨眉山修炼,文韬武略皆备,专行打富济贫营生。一日,三当家的劫财回山,顺便绑一年轻女子送到吴大疤子面前,称给老大绑了个压寨夫人。吴大疤子命那女子抬起头来,细瞧了一眼,又离座走到女子跟前,将那女子的手掌手背察看一番后回座。"老三,拿十块大洋,即刻送这女孩子下山,并与其家人赔礼。"三当家不解,欲语。吴大疤子说道:"你看她,全身并无一件首饰,衣裳半旧不新,手背皮粗,手心满茧,一看便知她是穷家女,送她回家去吧。"自此以后,人们说他是一个"好"土匪。好景不长,当地富户越打越少,那吴大疤子的手也逐步伸向了寻常百姓家。方圆百里,百姓怨声载道,谈"吴"色变。这事惊动了官府,急忙派兵围剿,吴大疤子凭借岩高坡陡、居高临下、易守难攻的地理优势拼死抵抗,两次围剿都以官军失败而告终。是年隆冬,滴水成冰,白岩山上的积雪厚达三尺有余,官府认定这是剿灭匪患的大好时机。于是派出精兵强将,配以重炮,黄昏时分对白岩山土匪老巢发起猛烈炮击,呼啸而至的炮弹几乎将白岩山山顶夷为平地,熊熊烈火燃了整整一夜。土匪死的死,伤的伤,众匪见大势已去,在夜幕的掩护下纷纷溜之大吉。次日凌晨,吴大疤子的身边仅剩下十几个心腹。吴大疤子仰天长叹:"天亡我也!"几个亲信劝道:"大哥,此时此地,先保住性命要紧!""快去,在山顶和隘口全部插上白旗,并告知官军,我吴大疤子愿降。"一片废墟上挂出的十几面白色旗帜格外显眼,几乎遮住了半壁悬崖。从此,匪患永诀,人们将白岩山改称为白旗山。

太皇山

古夫镇咸水村、中阳垭村界山,镇人民政府驻地西北 15.4 千米处。东至横槽,南至付家坡,西至古路垭,北至三坪。山体呈西北至东南走向,属大巴山余脉,海拔 2047.8 米。长约 5 千米,宽 2 千米,面积约 10 平方千米。山体大部为石灰岩结构。山上以阔叶林为主,间有少量针叶林。山顶植被以茅草、山竹为主。野生动物有熊、豹、麂、黄羊、野猪、猕猴、野鸡、锦鸡等。注册"太皇山"商标,现生产"太皇山"牌苦荞茶。

有书记载太皇山:混沌澄清,这万亿大山之中,有三神山,为太皇、中皇、少皇三山!太皇山为三山之首,存于结界之中,山色青绿,如仙如神,巍峨恢弘,可比那五岳三山更加威严。山不在高,有仙则名!这太皇山却是例外,先山有名,方得仙人垂青!这说法也不对,该说是妖!太皇神山,盘踞一隐修老妖,早几万年就已经威名囊盖四野八荒,功力之深,无人能及!山脚下,结一草庐,临溪。一老者坐在溪旁,头戴斗笠,手握一根竹钓竿,正闭目垂眼打着盹儿,旁边鱼篓里空空如也,却不知已经在这儿坐了多久,鱼钩上的诱饵恐怕都已经被溪里的鱼儿吃干净了,他却浑然不知。

"烟花二月去踏青,风光无限少年心,似水流年等闲过,如花美眷何处寻?"陡然,一阵悦耳的歌声,将老者从酣睡中惊醒,差点没滚进溪里。"何人扰我清梦?"老者不悦。睁开惺松的眼睛,往声音传来的地方看去,只见一白衣少年,从那山坳后面,慢慢悠悠地转了出来。老者不禁皱了一下眉头,这可是有结界守护的太皇山,怎么可能有外人进来?年轻人走近,脸上带着笑,嘴里唱着歌,十分快意潇洒。至溪边,径直在老者身边坐下:"如此钓鱼,不知钓到什么时候?""阁下何人?"老者不悦地看着面前这个不知道从哪儿冒出来的年轻人。

"太皇山中太皇峰,太皇峰下天机翁,神魔妖鬼一杆钓,红尘万丈鱼篓中。"年轻男子淡然一笑,"天机子,妖皇榜第一位,踏入妖皇境巅峰二十万余年,隐修太皇山,一身本事神鬼莫测,号称数算之术天下无双,何不算算我的来历?"说完,年轻男子颇有些惬意地看着那老者。原来,这老者竟然就是妖皇榜第一位的存在,天机子。年轻男子一口就道出了老者的来历,显然是有备而来。老者看了一眼年轻人,一双浑浊的眸子变得愈发的浑浊,两个瞳孔仿佛变成了黑洞漩涡,一瞬间,恢复了澄澈,眸中的震惊一闪而过,但很快又恢复了平静,"阁下非常人,不知来我太皇山,有何贵干?"青年淡然一笑,"你再算一算!""天机子不过徒有虚名,如今天道混沌,更遑论天机一说!"老者摇了摇头,"阁下有什么事就说吧,无事还请离开,不要惊扰了我的鱼儿!""道三死了"几个字,直接从年轻人的嘴里蹦了出来。"嗯!唔?"老者初时还无精打采,突然就像被电了一下,瞪着双眼,"你说什么?道三?道劫死了?""千真万确!"年轻人淡淡地看着老者,示意自己说的话绝对属实。"这不可能!"天机子直接摆了摆手,"以道劫的实力,这普天之下,有谁能杀了他?就算是老朽……"说到这里,天机子似乎想到了什么,猛然往旁边的青年看了过去,"莫非是阁下?""我?怎么可能?"年轻人笑了一下,伸出一根指头,凌空划了划,一个圆形的光幕出现在小溪的上方。光幕上呈现的正是道劫被苏航一脚踩死的场景。隔着光幕,都能感觉到那一脚的惊天威势,天机子看了之后,大惊失色!道劫死了,道劫真的死了!"这人是谁?"看着光幕上那个年轻的身影,天机子感觉很陌生,世间何时又出现了这等高手?"哈哈哈……"年轻人大笑:"你天机子不是号称天下第一么?现在有人威胁到你的地位了,难道你还能坐视?""什么第一,虚名而已,谁想要谁拿去,老朽可没有兴趣!与其争那什么虚名,老朽还不如在这儿打打瞌睡,钓一钓鱼!""是么?"年轻人微微一笑,"那如果说,我能给你想要的呢?""唔?"天机子顿了一下,诧异地看着年轻人,"你知道老朽想要什么?"年轻人颔首!"我都不知道我想要什么,你能知道?""我当然知道!"年轻人直视着天机子,言语之间,带着十分的自信。天机子与那青年一对视,立刻就像触电一样顿了一下,好半天没有说出话来,也不知是怎么回事,仿佛被这年轻人的话给触动了!"现在,就有一份天大的机缘摆在你的面前!"年轻人站了起来,往天机子面前凑了凑,丢下一句话,随即十分潇洒地转身而去,"你予我所需,我予你所求,做还是不做,全凭你的心意!""如果我没有猜错的话,你也许给了道劫同样的好处吧?"天机子回过神来,连忙叫住那个年轻人。"你猜得没错,不过,他太不济了,没那个本事消受这一好处!"天机子站了起来,似乎已经没有了刚才的淡定,"你为什么不亲自动手?莫非你也害怕死在他手上!"年轻人一笑,"怎么想是你的事,去不去也是你的事。""道劫都办不成的事,你觉得我能办成?"天机子问道,刚刚那惊天的一脚,连他看了都发怵,他虽然号称妖皇榜第一,但是比第三的道劫也强不了多少,连道劫都死得那么惨,更何况又是自己呢?"还是那句话,机缘我已经许给你了,能不能成,敢不敢去,全看你自己!"年轻人依旧淡然。天机子皱了皱眉头,实在难以相信。这青年究竟许给了他什么机缘,竟然让妖皇榜第一的天机子都失去了淡定!犹豫,挣扎!没多久,天机子仿佛是下定了决心:"你想让我怎么做?"年轻人回身走了过来,"我被人算计,此番命中当有一劫数,我要你从他身上套出应劫之人的下落!""仅此而已?"天机子有些意外!年轻人微微颔首,"仅此而已,当然,你若有其他想法,比如,帮道三报个仇什么的,那就再好不过了!"说完,年轻人邪笑一声,身形瞬间原地消失。天机子呆呆地发了一会儿愣,仿佛面前的一切都是那么的不真实。突然手上有了些重量,天机子手抓着鱼竿一扯,一条大黄鱼从溪水中飞了起来。

太皇山苦荞

天柱山

位于峡口镇漆树坪村,镇人民政府驻地东北 12.1 千米处。此山主峰呈圆柱形,矗立山顶,似擎天巨柱,故名。东至陈家垴,南连徐家台,西接徐家湾,北靠黄家台。属大巴山余脉,海拔1674 米。长约 1 千米,宽 1 千米,面积约 1 平方千米。山体为石灰岩结构,针叶林、阔叶林带,多野生药材。动物有野山羊、獐、麂、野猪、獾猪、锦鸡等。

天柱山山脚下有一条山间小路,盘旋而上,直通山顶。立身山巅,放眼远眺,见群山蜿蜒起伏,无边无际,一览众山之小。脚踏群山之巅,头上飘着彩云,仿佛置身天宇。山顶建一庙,庙中祖师菩萨镇守天柱山,每逢祭日,香客云集,甚是热闹。在山顶上燃放烟花爆竹,称作顶上开花,景致绝妙。站在天柱山顶能遥望宜昌市、小溪塔。天柱山还可预测天气,据当地人介绍,清晨,天柱山上的庙清晰可见,必定是晴天;山顶云雾缭绕,肯定是阴天;若是云雾紧锁,甚至扑向山下,雨必至。现如今,天柱山正在开发之中,结合睡佛山、大老岭风景区、昭君故里、屈原故里、高岚自然风景区、朝天吼漂流、神农架林区,打造鄂西生态旅游圈。

牛角大尖

位于峡口镇壹家河村,镇人民政府驻地东 12.3 千米处,是峡口镇与水月寺镇界山。山似牛之犄角,直指南天,故名。东与水月寺镇接界,南至百岭山,西接荣华山,北靠黄家山。山脉呈南北走向,山体为石灰岩结构。长约 2 千米,宽约 1 千米,面积约 2 平方千米,主峰海拔 1944米,平均海拔 1500 米。山上以松、柏、杉等用材林为主,动植物种类较多。此处生态环境好,森林覆盖率 81%。

牛角大尖,主峰高耸入云,巍然挺拔,若竖立羊毫,又称“御笔点三元”。峰中有奇妙洞孔,每逢十五月圆,孔中闪闪发光,人们称星子寨,地灵人杰,人才辈出,屈原故里和文氏祖居发祥地。《兴山县志》记载:文氏世族兴盛,忠孝可风,有文氏焕然者,两代割股养母传为佳话。传说有后人对星子寨有不敬之举,其光灭矣,然屈佳风,文氏孝贤精神,永不泯灭,以发扬光大而传世。诗曰:文曲星临牛角尖,钦命御笔点三元。祥光普照杰灵地,秭归屈子兴孝贤。

荣华山

位于峡口镇黄家河村,镇人民政府驻地东 11.5 千米处,黄家河村与石家坝村的界山。《兴山县志》(光绪版)记载:县东南有荣华山盛产金银花。荣华由银花演绎而来,寓意富贵荣华,故名。东邻牛角大尖,南至刘家坪,西接上川堂,北靠柴家岭。为大巴山余脉,海拔 1854 米。长约 2 千米,宽约 0.8 千米,面积约 1.6 平方千米。山脉呈东西走向,山体为石灰岩结构,针叶林、阔叶林互生。动物有野山羊、獐、麂、野猪、獾猪、绶鸡、锦鸡等。盛产药材。荣华山与五指山遥遥相望,以奇险著称。

五指山

位于峡口镇黄家河村,镇人民政府驻地东南 11.3 千米。此处为一自然景观,五峰突兀,故名。兴山古八景之一的"五指列秀"即为此处。兴山县与秭归县的界山,以南属秭归县屈原镇,以北为兴山县峡口镇黄家河村。海拔 1684 米。长约 2 千米,宽约 0.9 千米,面积约 1.8 平方千米。呈东北至西南走向,为大巴山余脉,针、阔叶林混生,多野生药材。动物有野山羊、獐、麂、野猪、獾猪、绶鸡、锦鸡等。

五指山——五指列秀

鸡笼山

位于南阳镇营盘村,镇人民政府驻地东 3.5 千米处。东邻高池,南连双龙山,西接朱家岭,北靠三步垭。南阳镇与古夫镇界山,呈南北走向,属大巴山余脉。长 2 千米,宽 1 千米,面积约 2 平方千米,海拔 1484 米。针、阔叶林混生,多野生药材。动物有野黄羊、黑熊、野猪、狐狸、獐、麂、猴、獾、锦鸡、雉鸡等。鸡笼山顶,平缓开阔,森林茂密,暑天凉爽,东览县城,西观南阳镇全景。如今,鸡笼山这块文山宝地正在开发之中,修公路至山顶,建避暑休闲胜地。

鸡笼山

传说,鸡笼山原名"鸡公山",说有雄鸡居主峰山顶,山下有中梁蜈蚣山。众所周知,鸡乃蜈蚣天敌,蜈蚣家族深受其难,族蚣常为雄鸡美食,天长日久,蜈蚣家族逐渐衰败,遂以鸡笼将雄鸡罩于山顶,才免遭劫难,故名。后有蜈蚣精在丰邑坪与二龙争珠的传说,此是后话不提。远古时期,鸡笼山仅比万朝山矮三尺。封山大神见万朝山巍然耸云,封为武山小神,管百里山岩,若遇哪山作恶,不佑百姓,则以神箭射冠,降其高度。鸡笼山形如美女,罗裙翩翩,封为文山小神,管百里溪河,助万物生长,若有非为,以压头贬之。千百年来,历经风雨沧桑,文武二神,佑百姓,助万物,封山大神将其载入功德簿。自汉明妃王昭君离宫出塞后,鸡笼山顶峰日渐变矮。对面万朝山一牧人忆古观山叹唱:"盘古之后有文山,兴龙盛物百姓欢,时逢昭君出塞外,垂头泪滴望君还。"

清风寨

位于南阳镇阳泉村,镇人民政府驻地东南 5 千米处,与昭君镇交界,属大巴山余脉。山体为东西走向,石灰岩,山势险要,岩壁如削。长约 2 千米,宽约 1 千米,面积约 2 平方千米,海拔1132 米。针叶林、阔叶林、杂灌林混生林带,多野生药材。动物有野猪、野黄羊、狐狸、麂、猴、锦鸡、雉鸡等。

早时岩上建有寨,终日清风拂面。清初,王者香有诗赞道:"清风寨险猿长啸,明月峰高鸟倦飞。"人们称此处为清风寨。相传,清乾隆年间,有两个年过古稀的牧人,一个外号叫王二,一个外号叫李麻。二人相约同时上此山放牛,因山上牧草丰盛,遂决定夜宿山寨,次日继续放牧。日落,架篝火。先是拉家常,后是谈奇闻轶事。不知不觉到了二更时分,见晴空万里,月明星稀,月光与火光相互交织,寨内如昼。王二仰望星空,禁不住咏诵出吴翰章游此山时留下的诗句:"暮影入云端,高峰挂明月。"李麻听后,便走出丈外享受清风,急中生智,以清初一隐居匿名居士的"清风拂庭前,明月照华堂"而对之。王二说,最美的事莫过于放牧一群。任其化为风羽,染上十里荷红,三秋桂香;任其落叶归根,生成清风明月,苍松怪石;任其游离无踪;自是水流云在,雨到风来。李麻说最美的风景莫过于清风明月。清风明月本无价,近水远山皆有情,夜寒花碎剪风停,深闭小窗永不明,一缕心思与飞雪,化作千丝理不平……

仙侣山

位于黄粮镇金家坝村,镇人民政府驻地西北 2.7 千米处。黄粮镇与古夫镇的界山,亦为兴山县境内闻名的景区。东部属黄粮镇,西部属古夫镇。《兴山县地名志》记载:"传说仙客居山顶,得名仙侣山。"山体呈西北至东南走向,属大巴山余脉。山体长 2 千米,宽 1.6 千米,面积3.2 平方千米。主峰海拔 1642.8 米,平均海拔 1450 米。山体主要以森林为主,环境优美,植被覆盖率高。二十世纪六七十年代,山顶曾办过药材场。G347 南德线、S252 欧南线、G209 苏北线沿东西两侧山下途经,深渡河至界牌垭乡村公路与仙侣山乡村公路相接。兴山古八景之一的"仙侣春云"即为此处。仙侣山山高多云雾,又以春天的云雾最为壮观。过去是兴山的佛教圣地,中华人民共和国成立初期庙毁,仅存悬崖上的一石雕龙头。

仙侣山——仙侣春云

普济山

位于黄粮镇店子垭村,镇人民政府驻地北 9.2 千米处。东邻董家院子,南至沙包,西接刘家湾,北连羊角尖。长 2 千米,宽 0.5 千米,面积 1 平方千米。海拔 1276 米,针叶林、灌木林为主,多野生药材。动物有野猪、獾、獐、麂、锦鸡、雉鸡等。

相传乾隆年间,人们祈福普济天下苍生,在山中建一庙,名普济庙,山以庙而得名。普济庙修筑在地势较宽阔、平坦的山顶上,设有院墙、座脊,庙顶覆青瓦,四角翘檐。大殿院内有两棵参天黄连树,二人合围,遮满大殿庭院。逢春,殿内花落满地,与庙周洁白的梨花交相辉映,整个寺庙,芳香扑鼻。庙前有一块宽阔的草坪,可供游人小憩。西南侧有一汪清泉,四季流淌。因年久失修,庙毁,遗迹犹存。

红岩尖

位于黄粮镇水磨溪村,镇人民政府驻地西北 6.4 千米处,以岩体呈红褐色而得名。黄粮镇与古夫镇界山,东邻垭上,南至岩屋塪,西接上吴家湾,北靠林家山。长 2 千米,宽 0.5 千米,面积 1 平方千米。海拔 1264 米,为大巴山余脉。针叶林、灌木林混生林带,多野生药材。动物有野兔、野猪、狐狸、獾、獐、麂、锦鸡、雉鸡等。

传说,红岩尖山上曾有寺,名灵光殿。庙的大门外有个碓窝子(方言,舂米的石器具),碓窝子里每天早上总有一窝子大米,谁都不知道大米从何而来,和尚每天的生活来源基本都靠这个,日子虽过得紧巴,倒也无忧无愁。时间久了,和尚起贪念,想每天有多点儿大米,若还能有余粮,那该是多么的惬意呀!他把碓窝子凿得更大了。第二天,碓窝子里竟无一粒米,只有一窝子金色竹叶,和尚从此只能靠香客施舍度日了。后有警言:"异想丰厚实为空,凿大碓器反无米。洁身正道休贪念,欲求满时满亦虚。"

龙洞山

位于水月寺镇椴树垭村,镇人民政府驻地西 4.2 千米处。为滩淤河的源头,东邻李家湾,南连凉风垭,西接滩淤河,北靠龙洞沟。呈南北走向,主峰海拔 1585.7 米,属大巴山余脉。长 4 千米,宽 1 千米,面积 4 平方千米。山间动物有麂、獐、獾猪、野猪等,针叶林、阔叶林混生。

龙洞山,山腰一洞,洞有泉水,早时人们误泉源于龙,故名。传说,在很早以前,洞中只有一小股泉水,乡民用水十分困难。便求龙王施恩,增加水流量。一李姓老者先行一试,次日黎明时分,带着香、黄表纸,在龙洞前跪求龙王,连续六天如此,未见洞中水涨,疑惑。第七日晨,李老抱着最后一线希望,和往日一样再次来到洞前,烧香化纸完毕,坐地卷着土烟慢慢吸起来,边吸烟边观察洞水情况。李老在焦急中度过了两个时辰,正欲起身离开,洞内仿佛有声,霎时间响声变大,只见盆粗一股泉水自洞口哗哗而出。李老高兴得热泪盈眶,仰头高喊:"谢龙王菩萨!谢龙王菩萨!"从此百姓再也不为缺水发愁了。

仙女山

位于高桥乡,属兴山县与巴东县的界山。东、南、北属兴山县南阳镇和高桥乡,西属巴东县。长约 5 千米,宽约 3 千米,面积约 15 平方千米。呈东西走向。属巫山山脉。传说山上曾有仙女显圣,原名显灵山,后演变为仙女山。海拔 2426.4 米,针叶林、灌木林混生林带,多野生药材。动物有野猪、野兔、野山羊、熊、獐、麂、锦鸡、雉鸡等。

仙女山,宜昌最高峰,称宜昌屋脊。通往山顶的小道,像云梯,狭窄而崎岖。山巅方圆数里为天然草坪,如同地毯;隆冬季节,如天然滑雪场。俯瞰四周,群山连绵起伏,千姿百态,有的像骆驼,有的像猴,有的像巨蟒蜿蜒,有的像骏马奔腾。植被良好,漫山云雾缭绕,仙女山显得神秘莫测。夕阳西下,落日余晖为群山抹上淡淡的红晕;远眺西南,巴峡江水滚滚东流。奇禽异兽甚多,或奔走林间,或翱翔蓝天,或栖息枝头。东麓有老、新两座庙,环抱于群山之中,四周古木参天。老庙并非人工所建,实体为一山,形似庙,呈圆锥形,灌木丛生,环周绝壁,高 10 米有余,方圆约 1 千米。前来许愿者须戴锁口车(音居),即用一银钗从左腮对穿,以示心诚,待许愿完毕,由方丈将银钗取出,敷上香灰即愈。因此,许愿、还愿者络绎不绝,香火十分旺盛。此庙南侧有数个石窟,大则可容十来人,小则可容一二人。石窟之外丈余是幽深的峡谷,流水潺潺,松涛阵阵。传说,有一石窟内停一棺,类似悬棺,早年被毁。后有一采药者在窟中夜宿,无意间

仙女山

被一骷髅绊一趔趄,一气之下,甩起一脚将其踢下深谷。次日凌晨,骷髅又回到了窟口,令人疑惑,后被一僧人收走。仙女山西侧,巴东县境内,有著名的万仙洞,震惊鄂西地区的"万仙洞惨案"就发生在这里。

望归尖

位于高桥乡双堰村,乡人民政府驻地东南 6 千米处。主峰海拔 1412.2 米,站在山顶可眺望秭归县,故称望归尖。东连五家湾,南邻大梅子园,西接龙潭河,北靠朱家屋场。长约 1 千米,宽约 0.5 千米,面积约 0.5 平方千米。以生长松林、栗树类为主。传说在很早以前,一对刚结婚不久的夫妻住在此山中,生活过得有滋有味,吃的不愁,就是缺钱用。一天,丈夫被朋友劝说出去做工挣钱,妻子恋恋不舍地与丈夫离别。丈夫走后,妻子每天爬上山顶向丈夫离开的方向观望,年底,丈夫归来了。新春刚过,丈夫又出门了。妻子又上山眺望,盼丈夫早日归来,心里祷告,晚上,丈夫真的又回来了,故取名望归尖。

羊角尖

位于高桥乡木城村,乡人民政府驻地南 9 千米处。山顶两峰形似羊角,故名。属兴山、秭归、巴东三县的界山,东、北部属兴山县高桥乡龙潭村,南部属秭归县,西部属巴东县。为巫山山脉,海拔 1749 米。长约 2.5 千米,宽约 2 千米,面积约 5 平方千米。针叶林、灌木林混生,多野生药材。动物有野猪、野兔、獾、獐、鹿、锦鸡、雉鸡等。1999 年行政区域勘界时,在顶上竖立有兴山、秭归、巴东三县三面界桩,界桩号为 052605272823S。

奶子山

位于高桥乡龙潭村,乡人民政府驻地南 5 千米处。两峰突起,形似双乳,故名。东至中坪,南接羊角尖,西与巴东县交界,北靠上崩坡。属巫山山脉,海拔 1410 米。长 3 千米,宽 0.5 千米,面积约 1.5 平方千米。针叶林、阔叶林、灌木林混生,多野生药材。动物有野猪、野兔、獾、獐、鹿、锦鸡、雉鸡等。

奶子山并不高,两山包像一个模子倒出来一般,一模一样。两山相对而生,匀称、丰满、挺拔、俊秀。传说,一名门闺秀爱上了一个穷人家的俊男,本是青梅竹马,两小无猜。可是,女方父母极力反对,认为二人门不当,户不对。姑娘道:"好女不穿嫁妆衣,好男不吃祖宗饭。立门户过生活全靠自己一双勤劳的手。"由于姑娘始终坚持追求自己的幸福婚姻,最终圆了这段婚姻梦。不几年,相继生了两个儿子,白白胖胖,像双胞胎,一家人日子过得殷实、幸福。一日,当地一教书先生路过此地,看见一对男孩在院中玩耍,又看见这位少妇正在纳鞋底,人长得既水灵又标致,问道:"这玩耍的两个孩儿哪个是先生的? 哪个是后生的?"少妇回敬道:"这位先生问得真是怪,什么先生后生,都是我生的。"从此,少妇的聪明机智在当地传开,夫妻更加相濡以沫。两人共同生活了几十年后,妻子先离丈夫而去,葬在了这个山岭的坪地上。一个夏天的夜晚,乌云滚滚,雷雨交加,葬妻的山岭火海一片,瞬间消失。次日观看,整个山岭变了模样,坟墓不见了,映入眼帘的是形状一模一样的两座小山峰,取名奶子山。

第二节　幽洞

天桥洞

位于古夫镇平水村,镇人民政府驻地东北 14.5 千米处,海拔 320 米。天然生成一石拱桥,桥面长 19 米,宽 1.4 米,高 9.7 米,净跨 16 米。清澈的竹园河水萦绕桥下,形成深潭,绕半圈从拱南流出,当地人称此地为"洞子里"。此桥是旧时兴山县进出神农架林区、保康县的重要人行通道。香叶树、枫树混生在桥面两侧,形成天然绿色屏障,如桥面栏杆。天生桥后面有一天然溶洞,岩洞为冰积砾岩层,因久经山洪冲刷形成姐妹二洞。洞分为三层,呈楼层形状,各层有不同的石级可供游人上下,两洞可容几百人。此处空气清新,景色迷人,令人心旷神怡,流连忘返。平水至瓦屋磷矿专用公路途经东岸。赞天桥洞:翠峰秀壁摩太空,清澈潆洄万山中;鱼翔浅底鹰入云,天桥有洞夺天工。人羡三游玉虚宫,不及天桥别生风;自古人行天桥上,镶旷洞府忆仙翁。

昆元山洞

位于峡口镇李家山村,镇人民政府驻地东北 6 千米处。昆元山洞,原名坤元洞。坤元,《周易》语:"言地能生养至极,与天同。"得名坤元洞。东至李家山,南连李家湾,西接架上,北靠马家塝。属喀斯特地貌,海拔 1280 米。洞长 3000 米,宽 40 余米,高 8 米,面积 12 万平方米,容积约 96 万立方米,可容纳万人以上。洞中钟乳石千奇百怪。景观大体可分为三部分:第一部分是大厅,长约 2500 多米,呈 4 个大厅,大厅顶端和四周布满形态各异的钟乳石;第二部分是暗河,长约 60 米,宽约 5 米,起始处深 1.5 米左右,岸壁如削,只能借乘渡以探迷津;第三部分是迷宫,尚无人知晓。《兴山县志》(同治版)记载:"洞内景观奇特,似众僧群度、似宫廷华表、似飞禽走兽,应有尽有。"《兴山县志》(2003 年版)以"坤岩山龙宫洞"收录。2013 年 3 月 5 日,国务院(国发〔2013〕13 号)以"昆元山洞遗址"列入第七批全国重点文物保护单位。

传说,昆元山洞是一个躲避土匪的好地方,这里山势陡峭,易守难攻。立于山顶,山下的一切动静尽收眼底。为避匪患,当地乡民组织了上千人的队伍,凭借天险来守此洞。有一天,一股土匪个个手持大刀长矛,气势汹汹地直奔昆元山而来,准备永久占领昆元山,驻扎昆元山洞,企图在此建立他们的大本营,长期祸害百姓。只见土匪们在匪首的带领下,摇旗呐喊,向昆元山攀爬而上。当匪徒们快到洞口时,负责把守洞口的领头人一声令下,众乡民齐声呐喊:"杀土匪,杀土匪……"早已准备好的滚木礌石随着声声呐喊潮水般地倾泻而下,土匪们哪里招架得住,死的死,伤的伤,逃的逃。从此,再无人敢犯。

清朝初年,人们在山上修建了一座庙。到清朝中期,香火鼎盛,特别是碰到庙会,游人如织,从山下至山顶,祈祷许愿的人群络绎不绝。而今,庙早已不复存在。不过,昆元山风姿犹存。信步登山,看云雾缭绕,听山鸟啼鸣,探神秘幽洞,闻泉水叮咚,观溪流涓涓,赏山花烂漫,仿若置身于层峦叠嶂、绿树成荫的世外桃源,顿感心情爽朗,一切烦恼和忧愁随之抛到九霄云外。

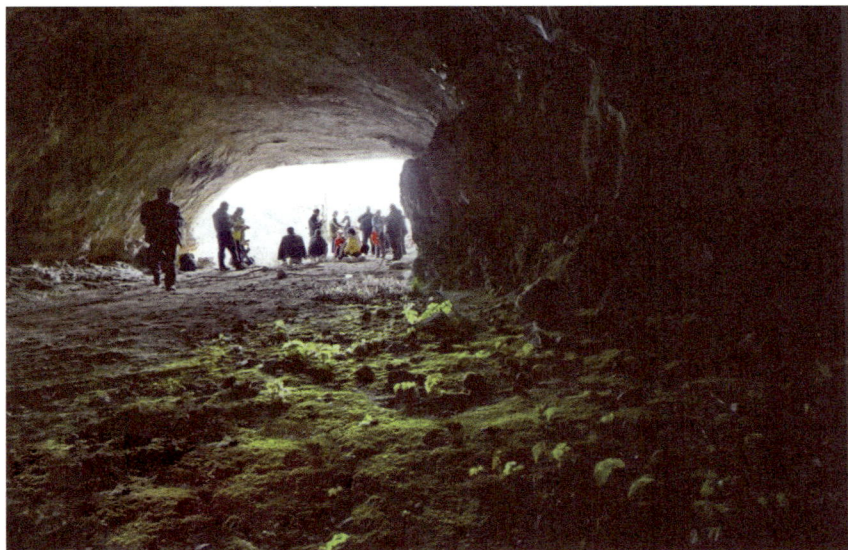

昆元山洞

白龙洞

位于峡口镇建阳坪村,镇人民政府驻地以东5.8千米处。与三岔口瀑布为一体,所在山峰为文家山。海拔350米。洞深1000米,宽3米,高3米,有水自洞口流出,洞内多钟乳石。

白龙洞流传着一个美好的神话故事。相传,不知何年何月,当地一白胡子老头陡然看见洞内发出两道刺眼的白光。消息不胫而走。村里一大胆后生想一探究竟,便带领几个小伙子攀岩而上,爬到洞口一看,吓了一大跳。映入眼帘的是他们从来没见过的稀奇动物,硕大的头,头上长有分叉的犄角,两排雪白的牙齿,一尺多长的白胡子,拳头大的双眼闪烁着白色的光芒,四只脚,全身覆盖着巴掌大小的白色鳞片,通体色白,足有十几丈长。此时,白胡子老头也到了洞口。经过一番仔细察看后,白胡子老头说:"小伙子们,这是一条受了伤的白龙啊,我善用草药,包给治好。"白胡子老头上山采回草药,制成药膏、药丸和药汤,亲手喂药、敷药。不出半月,白龙的外伤就痊愈了。忽然有一天,这里下起了瓢泼大雨,见白龙置身于河滩,一点头,就是一股大水;一摆尾,就是一块水田。只见它不停地点头摆尾,不一会儿工夫,昔日的乱河滩就变成了一大畈水田。雨停了,白龙昂头道:"感谢老人家给我治伤,我要回龙宫去了,临走之前,为乡亲们留下这坝水田,也算是我的一点报答吧。"说完,化作一缕白色轻烟腾空飘然而去。

仙龙洞

位于南阳镇阳泉村,镇人民政府驻地西南1.3千米处,原名龙王洞,传说有仙龙藏于洞中,故名。喀斯特地貌,石灰岩类型,海拔420米。洞外,一步一景、一水一景、一物一景,小瀑布只有几十厘米高,大瀑布高达150米。坡度60°以上,瀑布从洞口倾泻而下,隐入林间,与沈家沟瀑布相汇。瀑布间长满青苔,泉水从青苔间呈各种姿势飞泻而下,将石槽冲成一坑接一坑。一级紧接一级的大小瀑布,形成"百级叠瀑"。

洞内,清澈见底的地下河流和无数个千姿百态的钟乳石自然融合,神秘深幽,似"地下龙宫"。洞长约 2500 米,宽约 5 米,高 13 米左右,面积 1.25 万平方米,容积 16.25 万立方米。分为门厅、前厅、中厅和后厅。门厅和前厅在洞口,分别可容纳千余人,中厅和后厅可容纳四五十人。洞内景观奇特,钟乳石形态逼真,似唐僧佛像、沙场点兵、弥勒佛祖、水帘洞、龙潭、宝塔、灯塔、恐龙等,宝塔和龙宫气势恢弘。

仙龙洞

怀山洞

位于南阳镇百羊寨村,镇人民政府驻地西南 4.5 千米处。七连坪对面半岩中,有一溶洞,洞内有三洞,洞中有洞,洞内洞蜿蜒曲折,深不可测。传说,一洞可通四川,一洞入地下河,一洞穿万朝山,故名,又称怀三洞。东至七连坪,南连须家湾,西接躲子岭,北靠龙潭沟。喀斯特地貌,石灰岩类型,海拔 780 米。可进至 7 米之处,宽 3 米,高 3 米,面积 21 平方米,可容纳 50 人左右。

《兴山县志》记载:"怀三洞,县西五十里。怀三张姓,明季率众拒贼于此。"李来亨部驻扎百羊寨时,七连坪驻有一营。当地有个年轻人叫张怀三,武艺超群,足智多谋。为显个人才能,李部多次劝说他都不肯加入李来亨的抗清队伍。他将当地青壮年组成义勇队,自封队长,协同李来亨部抗清作战。平时若无战事,他就带着一群青壮年在洞内练兵习武,朝夕相处,坚持数年。直到康熙三年(1664 年),清兵派四路兵马围剿李来亨部,张怀三带着他的义勇队与李部一起,拼死坚守在百羊寨的前沿阵地,终因寡不敌众,百羊寨被清军攻破,李部弃寨退守茅庐山。张怀三不畏牺牲,誓死不投降,被清兵困于洞内。是日,张怀三见弹粮已尽,就劝大家各谋生路,兄弟们不肯,他便鸣枪示警:"谁不听从,我就先死!"弟兄们见状,只好答应。在张怀三的掩护下,大家安全转移,他自己却倒在了清兵枪下。

剑 洞

位于黄粮镇高华村,镇人民政府驻地东 6.2 千米处。传说古时有人藏宝剑于洞中,故名。东至杨家屋场,南连剑洞湾,西接张家湾,北靠陈家湾,海拔 1128 米。喀斯特地貌,石灰岩类型,宽 5 米,高 20 米,主洞深 220 米,容积 2.2 万立方米。侧洞深不可测,为发育较好的溶洞。剑洞乡村公路途经。

剑洞,原名箭洞。连绵起伏的山岚,充满着灵气。相传,很早以前不知何方人到此,将一支金箭藏于洞中,日积月累,慢慢附有天地之灵气,一直试着跳出洞外,但无奈都以功力不足作罢。洞对面山腰处,栖息一只金鸡,羽毛艳丽犹如彩锦,常年在林间觅食。一天,它踱步下山至一农户周边,恰逢秋收季节,地面散落着粒粒小米,金鸡兴奋地吃饱了肚子。接连几天,它都能在这里寻到充足的食物。后来地上的食物吃光了,金鸡便打起了农户晒粮的主意。它悄悄迂回于前,正准备啄食时,不料箭洞里面的那支金箭得到了足够的力量,正好射中了这只偷食鸡。后有民谣:窃食求生占便宜,转瞬之间命归西。嗟来之食吃不得,自古得利必伏弊。

龙王洞

位于高桥乡龚家桥村,乡人民政府驻地东北 2 千米处,G209 苏北线东侧 100 米处的白色板壁岩下。

清咸丰四年(1854 年),洞口竖立一碑,名"望龙洞"。在洞口对岸,一山岭形如游龙蜿蜒而下,有跨河入洞之势。传说,洞为龙王居所,称龙王洞。喀斯特地貌,海拔 815 米。洞长 370 米,宽 5 米,高 4 米,面积约 1850 平方米,容积约 7400 立方米。洞内分主洞和侧洞,主洞为一大厅,深 10 米,高约 10 米,宽约 8 米,大厅顶部有向外的小洞口,形似打开的天窗,阳光可射入大厅。洞顶布满钟乳石,若垂柳、金莲花、钟器皿之形,有的似雄鹰展翅,还有的如万马奔腾,晶莹剔透,气势磅礴。不计其数的蝙蝠凌空起舞,叫声不断。地面钟乳石千姿百态。向前 200 米,有 12 个形似水田的水池,大者约两尺见方,小的不足一尺,呈梯田状分布,形成的田埂一埂一埂排列有序,顶部渗水落入池中。传说田埂代表 12 个月,若哪个水田干涸,就代表哪个月干旱。再往前百余米即到尽头。靠右生出两侧洞,一侧属地下溶洞,洞中布满钟乳石、石笋、石花,千姿百态;深处另一侧洞狭窄,仅能容一人通过,向下前行 15 米,为地下暗河,流水淙淙,岸边细沙成滩。

第三节 悬崖峻岭

吊羊岩

位于峡口镇建阳坪村,镇人民政府驻地以东 2 千米处。有一山崖酷似倒吊着的羊,故名。

属喀斯特地貌,长 1 千米,宽 0.5 千米,面积约 0.5 平方千米,海拔 239 米。修建 S312 宜兴线时,吊羊岩被占用,景观已不复存在,取而代之的是位于 S312 宜兴线上的"吊羊岩大桥"。

有关吊羊岩的故事,众说纷纭,流传最广的要数这样一则民间故事:相传,这只神羊来自水月寺的夏阳河,始称"下羊河"。羊的主人因一时疏忽让它跑掉了,到了晚上神羊没有归家,因为它已怀孕,所以想找个称心如意的地方产下小羊羔。羊主人顺着夏阳河一路寻来,直到高岚的夏阳庙,仍未见羊,便请了七八个人沿河寻找。果然不出所料,他们在夏阳庙里见到了它刚产下的小羊羔。神羊发现后面有人追赶,一路小跑来到杨道河,人们称这里为"羊到河"或"羊道河"。不幸被当地人发现,聪明的神羊见势不妙,头也不回,直跑不歇,来到建阳坪,过去称"见羊坪"。此处人口密集,都出来看稀奇。神羊想后面的人追得这么急,现在又被这么多人看见,后果不堪设想,便往山上奔去,刚至半坡发现无路可走,便迅速转身往山下跑,后称这里为"返羊坪"。至龙王咀,河里涨了大水,追的人来得快,已发现神羊身影,"追到了,追到了"。神羊急中生智,一个箭步跳过河,谓"羊蹿步口"。正在这时,从峡口门坎石来了几个过路人,神羊以为是来围攻它的,在这千钧一发之时,机灵的神羊发现对面岩壁有一洞,一个箭步飞上悬崖洞内,顾头不顾尾,使劲往里钻,头钻过了小峡口,岩洞外仅剩半截羊屁股,名"吊羊岩"。后有人吟道:试问神羊何处来,为何久困在山岩;口渴不饮清泉水,肚饥未啃青草苔。你是活的身体动,你是死的尸没埋;北海牧羊人何在,苏武瞌困未醒来。

吊羊岩

和尚岩

位于峡口镇石家坝村,镇人民政府驻地东北 8.1 千米处。此地为一山崖,山顶呈圆形且秃,形似和尚之头,故名。山体呈东西走向,长约 4 千米,宽约 2 千米,面积约 8 平方千米,海拔590 米。山体为石灰岩结构,S312 宜兴线途经。

关于和尚岩,当地有一个民间传说故事。很早以前,建阳坪有个姓万的老财主,人称万刮毒,长得丑陋不堪不说,且视色、财如命。凡是从他门前路过的人,必交买路钱。为这事,乡亲们戳他的脊梁骨骂:鹰鼻鹞眼不相交,扁脑壳杀人不抽刀。一天,一个十几岁的大姑娘要饭来到万财主门上,他不但不给她饭吃,反而要收买路钱。姑娘哪里有钱呢,就被家丁抓进屋内。老财主一辈子贪色,已有三妻四妾,见小姑娘模样标致,笑着说:"姑娘家家的,讨个什么饭,不妨给我做第八房姨太太,包你天天吃山珍海味,四季穿绫罗绸缎,好吗?"小女子自知势单力薄,拗是拗不过的,顺势回答:"好说,你必须依我三件事。""别说三件,三十件也依你。"万财主已是迫不及待。姑娘说:"第一件,明媒正娶,让周围的乡亲们来热闹三天。"财主说:"行,这好办。""第二,不收人情钱,还要给每个客人偿银十两。""没问题。""第三件嘛,凡是你霸占的土地都要当众退回。"财主一心想得到年轻美貌的姑娘,满口答应:"要得,都依从你,明天就是吉日,我们拜堂成亲。"

第二天清晨,财主家中张灯结彩,高朋满座,好不热闹。随着一声"新郎新娘就位",老财主迈着八字步,与新娘并肩站在堂屋中间,拜天拜地拜亲友,夫妻对拜,拜完之后,只见新娘自己揭开盖头,乡亲们都惊呆了,哪里是什么黄花大闺女,分明是一个光头和尚啊!和尚当众宣布:"贫僧受观音娘娘指派,专门前来惩治这个毫无人性的缺德老色鬼,你的末日已到。"话音刚落,老财主像一滩泥巴瘫倒在地,没气了。和尚一个箭步飞出去,盘坐山巅,化作岩石。

明月岩

位于南阳镇阳泉村,镇人民政府驻地东南 4 千米处。悬岩壁部分呈白色,明月映照如白昼。相传,清初,一匿名人士隐居山间,结草为舍。一天晚上,见月光从岩壁上反射厅内,感慨万分,曰:"清风拂庭前,明月照华堂。"故名。面积约 2 平方千米,海拔 1382 米。S252 欧南线从山下经过。山体以石灰岩为主,山势险要,岩壁如削,人迹罕至。山上有各种野生动植物。山间多生青灌木、枫树。秋季,万绿丛中枫叶红,远眺山色,层林尽染。1958 年,湖北省在此处建有麻风病院,后麻风病被消灭,该院已撤出。

凌柱奇

位于南阳镇百羊寨村,镇人民政府驻地西南 16 千米处。面积约 1 平方千米,海拔 1920 米。清代县志记载:"凌柱二月解,岁稔,三月解,岁多凶。"凌柱奇地处万朝山主峰以北山奇处,人们上山顶必从这里经过。每年冬季大雪降临,雪水从山崖缓慢溢出,冻水成冰,上下凝固,日积月累,形成高约 50 米、宽约 20 米、厚约 10 米的特大冰凌柱,十余里外皆可见。晴天,日照冰柱,分外耀眼。次年春暖花开,凌柱倒塌,声若雷鸣,十余里可闻其声。至今,当地群众仍有观凌柱奇解冻之迟早,预测当年农业生产之丰歉的习惯。

梯儿岩

位于南阳镇龙门河村,镇人民政府驻地西北 11.7 千米处。梯儿岩,岩壁险峻,为跨越山梁必经之地。明末清初,当地人用钻子将岩面凿成形似梯子一样的人行道路,长达 200 米,形如登天石梯,方便行人上下,故名。此台阶至今完好如初。东邻二道水,南连火烽堆,西接黄家槽,北靠白果树垭。呈东西走向,属大巴山余脉。长约 2 千米,宽约 1 千米,面积约 2 平方千米,最高海拔 1610 米。薪炭林和灌木林混生林带,药材资源丰富。动物有金雕、黑熊、野猪、狐狸、大羊豹、猴、獐、鹿、獾、锦鸡、雉鸡等。

第五章　陆地水系

第一节　河流

香溪河

传说王昭君进宫前恒于河中浣纱,溪水尽香,故名。清代诗人王正笏咏香溪:"香溪溪水碧无涯,照见云鬟日浣纱。溪上泉水和佩响,叫侬怎不忆琵琶。"在那清澈透明的香溪河边,发髻高挽的王昭君正在浣纱,其影映在明镜似的水面,流水声和着昭君所戴佩饰发出的响声,叫人怎能不想起悦耳动听的琵琶韵律。上游有东河、西河两大水系在古夫镇与昭君镇交界处的白岩口汇流成香溪河,流经昭君镇、峡口镇,于游家河进入秭归县境内,在香溪口注入长江。长39千米,平均宽100米,流域面积3207平方千米,其中客水流域面积1105平方千米,年平均流量65.5立方米/秒。主要支流有夏阳河、孔子河,汇入高岚河,在大峡口注入香溪河,小型支流有耿家河、大礼溪、小礼溪、纸坊河、秀龙河、泗湘溪、螃蟹溪等。有大峡口峡谷。昭君镇、峡口镇坐落于香溪河滨。三峡蓄水后,香溪河水位从海拔109.5米(峡口镇游家河)升至175米(古夫镇深渡河村),水位直接上升65.5米,形成Ⅱ级内河航道,境内长21千米,平均宽800米,最大水深66米,平均水深40米,可通行千吨级船舶。高阳大桥、平邑口大桥、峡口一桥、G42高速公路线上的香溪河大桥跨越香溪河。沿线建有兴山县平邑口工业园,兴山港区峡口港、平邑口港、宏昌港、峡口旅游码头、涌源码头、嘉仪码头。G42沪蓉高速在平邑口设立体交叉互通,接线公路直达县城。G209苏北线、S255兴五线、S312宜兴线、S252欧南线、县道昭峡公路形成交通枢纽。

东河

位于兴山县东北部,香溪河主要源流之一。起于神农架林区骡马店西北0.8千米处,龙畈河与观音河汇集后流入兴山县境内,全长68千米,兴山境内45千米,流域面积1247平方千米,年平均流量20.6立方米/秒。流向呈东西折向东南,汇聚了七河八溪之水。七河,即观音河、龙畈河、毛家河、竹园河、红岩河、中阳小河、咸水河;八溪,即小河沟、书洞沟、孙家沟、寒溪口、麦仓口、满天星沟、大沟、沙沟。依河段有上、中、下游之分。平水河以上为上游,沿河两岸,

香溪河

悬崖峭壁,峡深谷幽,河床狭窄,最窄处不过 30 米。河道内巨石突兀,水流湍急。平水河至古洞口大坝为中游,即古洞口水库。绵延 14.5 千米,最宽处达 600 多米,水面平静。古洞口水库包含了平水河、团山河、弯洞河、余家河、中阳小河等河段及河流;咸水河于茅岵坪处注入古洞口水库。古洞口至白岩口为下游,地势较为平坦,河床较宽,20 世纪 60 年代以前,古夫至县城不通公路,河道是主要的运输通道。流经深渡河,在古夫镇与昭君镇交界处白岩口与南阳河交汇注入香溪河。沿河建有古洞口、满天星、平水河、马家河等 14 座电站;古洞口、满天星等 5 座水库;跨越河流的桥梁有马家河桥、姜家岩桥、沟二滩大桥、古夫大桥、古夫二桥、柚子树一桥、柚子树二桥;古夫至昭君县道公路(中国最美水上公路)从河中以高架桥凌空飞架;G209 苏北线紧邻河岸北上神农架林区。

西河

　　位于兴山县西部,香溪河源流之一。《兴山县志》记载:"流水有声双峡紧,危峰无路断云归。"西河在石门山流域以上,两岸全为岩溶地貌,峰巍谷幽,山泉飞瀑。发源于神农架山南的红河,经野猪岛河东流至三堆河进入兴山境内,全长 57 千米,兴山境内 37 千米,流域面积 275 平方千米。在猴子包与九冲河相汇注入湘坪河,经南阳河、昭君镇白沙河,在响滩与东河相汇,注入香溪河。主要支流有龙门河、九冲河、杆旗沟、锁子沟、落步河等,平均径流量为 19 立方米/秒。河床最宽处约 300 米,最窄不足 30 米,平均宽约 150 米。河底卵石密布,河道中怪石嶙峋,水流湍急,浪花翻滚。西河水出石门山后,两岸比较开阔,河床逐渐平坦,流速相应减慢,适合鱼类生长,有鱼类 20 多种。河岸溶洞中常有水獭栖息。沿河两岸植被良好。最大流量为 711 立方米/秒,从源头到汇入香溪河,总落差约 2100 米,水能资源丰富。自 1978 年建猴子包电站以来,相继建有三堆河、苍坪河、九冲河、南阳河等 10 座水电站。流经南阳镇的龙门河、落步河、白竹、文武、石门、阳泉、营盘村、昭君镇的昭君村等 9 个村。跨越河流建有猴子包大桥、湘坪大桥、南阳河二桥、南阳河桥、沙坪子桥、龟山寨桥、白沙河桥、枇杷桥等 8 座桥梁。S252 欧南线经昭君镇白沙河达止点南阳河；G347 南德线沿河岸北上神农架林区；G209 苏北线在白沙河经龟山寨桥横跨西河，西进高桥，进入巴东县；郑万高铁经古夫隧道出马岩跨越西河。

高岚河

位于兴山县东南部，流经高岚山下，故名。起于石沟子，在大峡口注入香溪河，呈东北至西南流向，属香溪河的一大支流。河流跨越榛子、黄粮、水月寺、峡口等乡镇，全长 72 千米，河床最宽约 400 米，最窄 80 米，平均宽 240 米。水深 0.6 米，总落差约 1500 米，流域面积 580 平方千米，平均径流量约 8 立方米/秒。主要支流有滩淤河、青梁木河、夏阳河、余家大沟、香坊沟、黄家河等。沿河两岸山清水秀，云雾缭绕，景色宜人，有著名的高岚自然风景区、AAAA 级朝天吼漂流区。主要景点有孔子河、太公钓鱼、棺樟洞、朝天吼、睡佛山、将军柱等。沿途建有雾龙洞、高岚河、将军柱、朝天吼、石家坝、杨道河、香坊沟、建阳坪等 14 座电站。跨越河流建有两河口大桥、高岚河桥、建阳坪二桥、峡口二桥等，G42 沪蓉高速、G347 南德线、S312 宜兴线、S287 白土线纵横交错，形成密集的交通网络。

高岚河

高桥河

位于兴山县西部，兴山县两大水系之一。起于南阳镇龙门河一碗水，流入关门山西麓的夜蚊子沟，止于凉台河。全长 85 千米，兴山县境内 55 千米，秭归县境内 30 千米。河床最宽 80 米，最窄 30 米。平均流量 5.02 立方米/秒，最涸流量 0.5 立方米/秒，最大洪峰达 400 立方米/秒。流域面积 225 平方千米。西北折向东南流向。主要支流有吊楼子沟、小溪沟、大沟、黑沟、车家河、屋檐溪等。经纸厂河、井水口河、姊娌河、鱼儿河、凉台河，进入秭归县归州镇西侧，注入长江。两岸怪石嶙峋，山高岩陡，水流湍急。建有白岩潭、双河和车家河电站。上游建有喷水长渠，供集镇 3000 人饮用水，灌溉农田 1500 亩。被国家列为长江中上游土地重点防治区，治理程度达

87.2%。沿河主要景观有仙女山、万朝山、喷水洞、龙王洞(望龙洞)、橡胶坝、高桥区土地革命烈士纪念碑、象鼻嘴、鸡公岭等。G209苏北线横跨高桥河;S457高水线从河两岸通过,沿途建有龙潭河桥、姜家堰中桥、凉台河桥等;G42沪蓉高速公路上建有凉台河大桥。

高桥河

古夫河

位于兴山县中部,呈东北至西南流向。东河下游河段名。起于古洞口,止于白岩口,河流自北向南穿城而过。全长14.5千米,流域面积0.12万平方千米,年平均流量20.6立方米/秒。主要支流有寒溪、书洞沟、孙家沟、满天星沟等。河面平坦,最宽处可达600米,平均水深1.5米。沿河建有满天星水库,满天星电站,柚子树一桥、柚子树二桥、古夫大桥、古夫二桥。郑万高铁在北斗坪跨越古夫河,进入古夫隧道;G347南德线经柚子树二桥横跨古夫河;G209苏北线紧邻河东岸,河西岸有G42高速公路接古夫至昭君县道公路直达城区。全国著名的生态环保公路位于古夫至昭君县道公路上,被誉为"中国最美水上公路"。城区段,河中建有橡胶坝,音乐喷泉。河西岸,自古洞口至柚子树建有6千米长的防洪大堤,堤坝上建有滨河公园。古夫河流经柚子树、满天星、深渡河,在古夫镇与昭君镇交界处的白岩口与西河交汇注入香溪河。

古夫河两岸,建有防洪大堤。河堤始建于1997年,1999年竣工,呈东北至西南走向,总长1.18万米。东岸河堤,起于天然气站,止于寒溪口桥,全长5千米,底宽3米,顶宽1.5米,高5米。堤上安装有汉白玉栏杆、路灯,建有绿化带。主要功能是县城防洪和保护G209苏北线。西岸河堤,起于古洞口电站,止于柚子树桥,全长6.8千米,底宽3米,顶宽1.5米,高5米。堤上安装有汉白玉栏杆、路灯。主要功能是县城防洪、县城美化、城市环境绿化。堤内建有滨河公园、昭君广场,是市民休闲、娱乐的理想去处。

古夫河

马家河

位于兴山县北部,呈北南流向。起于观音河口,观音河、龙畈河汇入马家河,流域面积 65 平方千米,属东河的河段名。有观音河、龙畈河、菌邑沟、毛家河等支流。长约 13.5 千米,宽约 14 米,水深约 0.5 米,年平均流量约 4.7 立方米/秒,年平均排水量 0.54 亿立方米,是神农架流进兴山境内的第一段河流。止于平水河口,与竹园河交汇注入平水河。河段内建有胡家河水库、胡家湾电站、马家河一级水电站。境内河段建有姜家岩桥。G209 苏北线沿河岸北上。

竹园河

位于兴山县东北部,东南至西北流向。起于高桥河、中岔河交汇处的三岔口电站,止于平水河口,注入平水河。流经榛子乡、古夫镇,长 11 千米,宽约 16 米,深 0.3 米,流域面积为 34 平方千米,年平均流量为 3.4 立方米/秒,年平均排水量 0.44 亿立方米。主要支流有大坡岭沟。河岸有天桥洞自然景观,古夫与榛子乡交界处建有麻林电站。郑万高铁出新华隧道后,双线特大桥跨越竹园河;河东岸有平水至瓦屋矿山专用公路通过。

平水河

位于兴山县中部,东北至西南流向。起于马家河与竹园河交汇处,止于古洞口水库大坝,东河河段名,属古洞口水库。兴山境内流域面积为 189.98 平方千米,长 14.5 千米,最宽处达 600 多米,最大水深 100 米。年平均流量为 10.5 立方米/秒,年平均排水量为 0.98 亿立方米。两岸为居民点,东岸人口密集。有加油站、平水村村民委员会、平水变电站、金子山变电站、饭店、旅社、马家河二级水电站等单位和企业。西岸有石鹅岭,形如鹅卧其山,清有《石鹅岭记》(见古代散文)。G209 苏北线紧邻河东,是兴山县通往神农架林区的重要通道。

沿平水河两岸建有河堤,始建于 2008 年 5 月,2009 年 8 月竣工。起于平水河桥,止于马家河二级水电站。混凝土结构,部分为水泥浆砌结构,呈西北至东南走向。两岸河堤总长 3200 米,底宽 2 米,顶宽 1 米,高 3 米。河堤的主要功能是保护 G209 苏北线、集镇防洪、保护农田。

咸水河

位于兴山县西部,河段名。起于咸水变电站,上游接三溪河,西北至东南流向,注入古洞口水库,流进古夫河。长5千米,宽约10米,深1米,属东河一大支流。主要支流有生银沟、吴家沟。流域面积34平方千米,年平均流量3立方米/秒,年平均排水量0.7亿立方米。河段建有咸水河电站、花坪电站;古夫至咸水乡村公路途经沿河两岸。

咸水河

毛家河

位于兴山县北部,兴山县与神农架林区界河,以西属神农架林区,以东属兴山县古夫镇平水村。起于神农架林区茶园河、长坊河交汇处,与马家河在两河口处交汇(当地称马家河为东河,毛家河为西河)。西北至东南流向,全长15.4千米,其中兴山境内长10.8千米,宽约10米,深0.5米,流域面积18平方千米,年平均流量1.5立方米/秒,年平均排水量为0.02亿立方米。建有沙湾水库、沙湾电站、毛家河水库、毛家河电站。沙湾以上与神农架交界,为原始森林。

毛家河,有兴山的九寨沟之称谓,境内群峰竞秀,青山夹岸,清泉飞瀑,泻珠吐玉。生态完好,原生状态,气候宜人,风景优美。有"一峡二瀑十景"自然风光,两岸高耸的山峰雄姿秀美;流动的溪水忽缓忽急;砂、砾、彩石铺就的浅滩在潺潺流水的映衬下,色彩斑斓;鱼儿在清澈的河水中尽情戏游;男水岩与女水沟雌雄双瀑相对,男水岩高约200米,飞流直下,大气磅礴,气势恢弘,极富阳刚之气。隔河相对的女水沟高约170米,出洞口后,沿崖壁缓泻而下,缠绵温柔;有刀削斧劈的母猪峡、金家寨、南天门、一线天、猴子捞月、深洞等数十处奇特的自然景观。另有白莲教建造的石寨和白云梯等十几处人文景观以及国家二级保护动物"娃娃鱼"。毛家河风光实属难得的自然生态旅游资源,已纳入旅游景区开发规划。

毛家河

黄家河

位于峡口镇人民政府驻地东北部。南北流向,起于宜昌市大老岭林场,于建阳坪汇入高岚河。长约 13 千米,流域面积约 28 平方千米。河面平均宽度为 10 米,深 0.5 米。流量约 1.5 立方米/秒。建有黄家河电站、王家岭电站,灌溉两岸近 1000 亩农田。建有水池,为峡口集镇供水。

苍坪河

位于南阳镇落步河村,镇人民政府驻地西北部。属西河河段,呈西南至东北走向,上游接神农架林区三堆河,下游在两河口处与九冲河汇合后流入湘坪河。全长 6.1 千米,流域面积约 50 平方千米。境内平均河宽 15 米,水深 0.5 米,流量约 10 立方米/秒。河床内怪石嶙峋,水流湍急,浪花翻滚,落差近 200 米。1974 年全县以"吃洋芋果,凑份分钱"的奋斗精神,人工作业,开山凿石,挖掘隧道,引苍坪河河水至两河口处,建成猴子包电站,是兴山县当时最大的水电站。1983 年引三堆河河水,1984 年建成苍坪河电站。两个电站共装机 9 台,总容量 19800 千瓦。G347 南德线沿东岸北上,进入神农架林区。两岸植被以针叶林和灌木林为主。

九冲河

位于南阳镇白竹村,镇人民政府驻地西北部。兴山县南阳镇与神农架林区木鱼镇的界河,上游属神农架林区,下游属兴山县。主要河段在神农架林区,属西河的一大支流。呈西北至东南流向,主要支流有红石沟、七沟河。境内河流长约 3.7 千米,在白竹村的两河口处与苍坪河汇合后注入湘坪河。宽 10 米,水深 0.5 米。流域面积约 150 平方千米,境内约 50 平方千米,流量约 5 立方米/秒。两岸森林茂密,以针叶林和灌木林为主。引九冲河河水在蛇鱼沟与西河交汇处,建九冲河水电站。猴子包至神农架林区松柏镇县道公路途经。

湘坪河

位于南阳镇人民政府驻地西北部,属落步河与文武村的界河。清初,有一湘人落籍河岸坪内,人们称之为湘坪,河流以此得名。起于两河口(苍坪河与九冲河交汇处),呈西北至东南流向,注入南阳河,属西河的一段河流。主要支流有蛇鱼沟、杆旗沟、大沟、落步河等。长 8 千米,为常年河,流域面积约 80 平方千米。河面平均宽 16 米,深 0.6 米,流量约 15 立方米/秒。落差较小,河床比较宽阔,鱼类品种多。山上森林茂密,植被好。G347 南德线经此。湘坪河大桥、下盐寺大桥横跨湘坪河。

南阳河

位于南阳镇人民政府驻地东南部,属阳泉村、营盘村界河。流经神农架山脉之南的一段河流,河床较宽,阳光充足,得名南阳河。《兴山县志》(乾隆版)记载:"县西有南阳河,流二百余里,经邑治,折入香溪,达川江。"南阳河,起于湘坪河,呈西北至东南走向,属西河下游河段,流经昭君镇的白沙河,在白岩口与东河相汇,注入香溪河。东岸为营盘村,西岸为阳泉村,地势开阔。南阳集镇坐落于河西岸,南阳镇人民政府、阳泉村驻地。水流平缓,流量大,河面较宽,长约 10 千米,流域面积约 100 平方千米。境内河面平均宽 20 米,水深 0.7 米,流量约 17 立方

南阳河

米/秒。两岸森林茂密,以松柏杉和灌木林为主。水能资源丰富,接九冲河电站尾水,引入南阳河营盘,建南阳水电站;在营下坪取水,在半峡建昭君电站。郑万高铁穿越鸡笼山,跨越南阳河;G347 南德线沿河岸北上,河段建有 7 座大桥横跨南阳河。清人王者香,名龙德,字者香,号兰谷,兴山湘坪白竹人,清同治八年(1869 年)贡生,以沿河两岸自然景物赋《南阳河即景》:石门山色对斜晖,高岫巉巉耸翠微。流水有声双峡紧,危峰无路断云归。清风寨险猿长啸,明月峰高鸟倦飞。坐看枫林烟树晚,人家三两影依稀。

龙潭河

位于水月寺镇茅草坪村,镇人民政府驻地北部。传说,在狂风暴雨、雷电交加时,潭中黑龙现身,故名。呈东南至西北流向。河段有皂角河、丁家河,主要支流有后沟、安桥河、杜家沟,为孔子河的一大支流。长 5 千米,平均宽约 5 米,水深 0.4 米,流域面积约 20 平方千米。平均径流量约 0.6 立方米/秒。建有龙潭河电站,G347 南德线途经。

孔子河

位于水月寺镇人民政府驻地西北部。水月寺镇与黄粮镇的界河,起于两河口,接门家河、麻溪河、龙潭河,注入高岚河,呈东北至西南流向。相传,孔子曾游此河,传教儒学。走时携书途经河岸不远处,捆书绳断,见田间一农夫耕地,前去向农夫要撇绳捆书,农夫犹豫。孔子说:"你把撇绳给我捆书,这一带今后牛耕田就不要撇绳了。"农夫将信将疑,还是把撇绳给了孔子捆书,孔子谢过。打这以后,这一带赶牛耕田真的再不需撇绳了。从此人们把此河流称为孔子河。长 14 千米,平均宽约 15 米,水深 0.6 米,落差约 120 米,流域面积 160 平方千米,流量约 2.5 立方米/秒。主要支流有麻溪河、门家河、龙潭河、斗子沟、白鸡河、粮山沟和滩淤河。年平均排水量 2.52 亿立方米。境内河段建有孔子河、白鸡河、粮山河等桥梁以及桃园、白鸡河、孔子峡等电站。G347 南德线途经。

白鸡河

位于水月寺镇梅坪村,镇人民政府驻地西北部。在黄粮镇有座鸡公岭山,传说,很久以前当地大地主的一个放牛娃,常来对面山上放牧。一日,他闲来无事,便四下张望,恍惚看见前面一只白色大公鸡正在悠闲啄食。放牛娃生气地说:"我还饿着肚子,你倒逍遥自在填肚子!"说罢,随手捡起一块石头朝公鸡砸去,公鸡闻风振翅,飞往山下落至河岸,谓白鸡河。起于红岩沟,止于白鸡河口,注入孔子河。呈东南至西北流向,长约 7 千米,平均宽约 3 米,水深 0.4 米,落差约 160 米,流域面积 6 平方千米,平均径流量约 0.2 立方米/秒。主要支流为洪岩沟。两岸山势陡峭,水流湍急。建有白鸡河电站。G347 南德线途经。

夏阳河

位于水月寺镇人民政府驻地西南部。相传明朝年间,朝廷令黄夏阳平息万家坪"叛乱",得胜后引导百姓发展生产,于马儿坝驯马练兵,在学堂坪建馆教书,乡民丰衣足食,安居乐业。后人为纪念黄夏阳功德,清初在河畔修建夏阳庙,称河流为夏阳河。夏阳河属高岚河的一大支流,上接碾盘沟,起于碾盘沟的犀牛口处,止于高岚集镇,注入高岚河。呈东北至西南流向。长22.7千米,宽约25米,水深0.6米,落差约240米,流域面积352平方千米,平均径流量约4立方米/秒。主要支流有洪水河、鸳鸯水、芒草沟、小溪沟。河流两岸森林茂密,山势陡峭,水流湍急。流经水月寺、高岚两个集镇。朝天吼漂流、高岚自然风景区位于夏阳河畔,居民点众多,人口密集。沿途建有雷溪口水库、金子坪电站。G42沪蓉高速设高岚互通,S287白土线、S312宜兴线途经。

第二节　峡谷

白岩口

位于古夫镇深渡河村、昭君镇响滩村、昭君村交界处,古夫镇人民政府驻地南部。峡谷长1.3千米,宽0.18~0.4千米,深500米,两岸多为白色山岩,岩间植被为杂灌林及藤蔓植物。地质结构为石灰岩,喀斯特地貌,多溶洞,其中以寨子洞规模最大。1970年,途径白岩口沿东河抵古夫的兴古公路竣工;2002年9月26日,总长893.07米的昭君大桥竣工通车,横跨古夫河、南阳河两条河流,东接G209苏北线,西接S252欧南线;2004年宝坪旅游专线水泥混凝土沥青公路建成通车,神农架旅游专线沿西岸改造完成;2014年新建古夫至昭君公路与神农架旅游专线连接;中国最美水上公路(古夫至昭君县道公路)从白岩口凌空飞架,如巨龙横空出世,由北向南穿越峡谷,在谷口与昭君大桥形成立体交叉。白岩口为昭君村景区的必经之地。G209苏北线沿峡谷东岸北上,S312宜兴线达昭君大桥头,S252欧南线经昭君大桥与G209苏北线相交,昭君村旅游公路相连。白岩口是兴山境内重要的交通枢纽之地,桥立交,路相通,形成密集的交通网络。古夫河流经深渡河,进入白岩口峡谷,出峡谷口与西河交汇,注入香溪河。

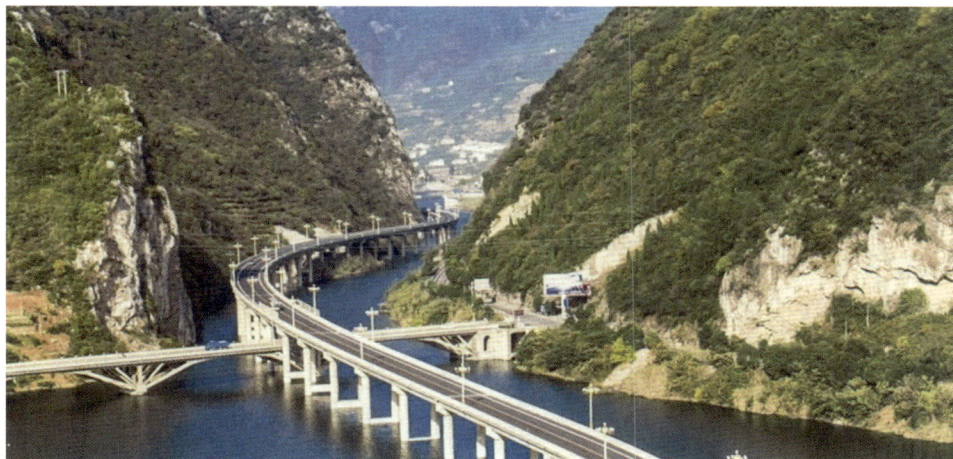

白岩口

1946 年 7 月,解放军王树声部由房县进入平水河,在猫儿观一带休整后,司令部决定由二旅四团攻打兴山县城(今昭君镇)。13 日下午,团长王定烈率领部队由古夫向县城进攻,敌在白岩口设防阻击,火力甚猛。团长见强攻不下,指挥部队攀越严家山,兵分两路。一路由严家山直插县城,越仙侣庙,居高临下向凉风垭之敌发起进攻。一路留下与白岩口守敌继续战斗,经过一夜激战,击溃守敌。14 日凌晨,解放军占领县城(今昭君镇)。

大峡口

位于峡口镇人民政府驻地东 1.1 千米处,《兴山县志》(乾隆版)记载:"县东南有建阳峡,河曲折,四十八渡,入香溪,达川江。"建阳峡即大峡口峡谷,起于建阳坪的玉坊坪,止于峡口二桥。全长 8 千米,宽 0.2~0.5 千米,呈东西走向。谷内悬崖南北对峙,犹如刀削斧劈一般,峰峻谷幽,景色秀丽。在高岚河与香溪河交汇处,豁然开朗,大山戛然而止,形成谷口。过去,在峡谷北面的悬崖间,依山建有"滴水观",观内有山泉,四季不竭。传说常饮此泉可平心静气,乐意忘忧。香客至此,饮泉水观风光,烧龙头香,登九层宝殿,有超凡脱俗、飘飘欲仙之感。峡谷内有一山岭直插夏阳河中,岭旁有一寺庙,名洪山寺。建于宋代,清嘉庆年间有一僧,早出晚归,人不能见,每闻钟鼓声则知其已去,不知何时从何而返,以此数十年,人亦不知其名。适当五月初夏,病中谓其徒曰:"汝视菊花开未?"其徒怪而视之,果见丛菊开数本,清香异常,返以实对。乃曰:"菊花谢,此我死时也,汝其识也。"此僧圆寂后,故事越传越神,引来众多香客,洪山寺香火进入鼎盛时期。因三峡工程的兴建,这里已成为库区,羊跃步口、灵老爷庙已被淹没。S312 宜兴线穿峡而过,建有燕子洞隧道、灵老爷隧道。利方岩钢索桥由南向北跨越峡谷,南接 S312 宜兴线,北接利方岩居民点。峡口二桥南北横跨大峡口,峡口一桥横跨香溪河,将大峡口集镇东西两岸连成一体。香溪河干流经大峡口游家河进入秭归县,于归州镇香溪口注入长江。大峡口不仅是兴山南大门、重要的水上交通门户,而且在军事上还是重要的战略要地。抗日战争时期,宜昌沦陷后,为了阻止猖狂的日军西进四川,国民党抗日部队二六总部、75 军、73 军和 32 军驻扎于此,沿大峡口河岸,最繁忙时有 170 多只木船运送抗日物资。直到日本无条件投降,总部才撤离大峡口。

半峡

位于南阳镇阳泉村、营盘村,镇人民政府驻地东南 4 千米处,与昭君镇交界,昭君镇至南阳镇距离刚好一半,故名。《兴山县志》(同治版)记载:"南阳峡,县西二十五里,两峰插天,一水中流,卓午始见日影。"南阳峡即半峡,起于沙坪子,止于白沙河,呈南北走向,东岸为营盘村,西岸为阳泉村。峡谷长约 5 千米,宽 0.2~0.4 千米。谷内乱石嶙峋,水流湍急,两岸森林茂密,浓荫蔽日,风景优美,是夏季避暑胜地。秋季,万绿丛中枫叶红,极目远眺,层林尽染。南阳河由北向南穿越峡谷。峡谷东岸,有李来亨抗清遗址,西岸建有昭君电站,有风景名胜清风寨、明月岩。1958 年湖北省在明月岩建鄂西麻风病医院,后麻风病被消灭,医院撤出。G209 苏北线经谷口西进重庆;G347 南德线出马麦隧道后,跨越西河,沿西岸北上神农架林区;S252 欧南线跨越谷口,经峡谷西岸达止点南阳河。

孔子峡

位于水月寺镇滩淤河村,镇人民政府驻地西北部。起于孔子河电站,止于小河口,水月寺镇滩淤河村与黄粮镇高华村交界处。传说,孔子曾在此河岸孔子楼讲学,传教儒家思想,故名。峡谷两岸森林茂密,重峦叠嶂。峡长 2500 米,宽 70～150 米,呈南北走向。水资源丰富,年平均排水量为 2.52 亿立方米。20 世纪以来,先后建有高岚河、雾龙洞、孔子峡 3 座电站。有孔子楼、粮山沟等景点。G347 南德线穿越峡谷。经 G347 南德线南接两韩公路达高岚风景区。

高岚峡

位于水月寺镇石柱观村,镇人民政府驻地西南部,水月寺镇与黄粮镇交界处。高岚河两岸山势陡峭,形成天然峡谷。起于小河口,止于两河口,全长 8.7 千米,平均宽约 80 米。呈东北至西南走向,河段名为高岚河,所属山系高岚山。东邻石柱观村,南连峡口镇杨道河,西接黄粮镇户溪村后山村,北靠黄粮镇黄粮坪村。高岚峡两岸山高,雾岚,峰峦迭秀,千姿百态,林掩清溪,嫣然如画。最高海拔 1600 多米,在峡谷石板沟底,仰望山顶,云雾缭绕,石柱观巍然耸立,直插云霄。有棺椁洞、高岚石壁、石猿岭、石柱观等 18 处美景,被誉为"高岚后十里画廊"。G42 沪蓉高速在高岚设有互通,与 G347 南德线、S312 宜兴线、S287 白土线相连接。

高岚峡

喷水峡

位于高桥乡龚家桥村,乡人民政府驻地东北纸厂河两岸。以喷水洞而得名。地处万朝山与仙女山之间,起于南阳镇三元塘沟,止于小溪沟河口。呈西北至东南走向,长约 2 千米,宽不足百米,俗有"一线天"之称。乘车从 G209 苏北线小溪沟桥下车即到。峡谷东西两岸紧锁纸厂河,与喷水洞融为一体,向西北和东南方向延伸形成峡谷。下游东岸有一石,似海螺,疑是造地神留下的遗物。还有鬼斧神工的穿天洞,像镜子耸立山顶,传说为专治对岸鬼门关而生。著名的喷水长渠似长龙蜿蜒峡谷间,幸运者可见金丝猴在山间嬉戏。入秋,谷内八角茴香气弥漫,为峡谷增添了几分诱人味道。满山遍野枫叶火红,如天女散花,与龙王洞连成一片。喷水洞以"寒洞喷水"收录为新八景之一。

母猪峡

位于榛子乡石柱村,乡人民政府驻地中南部。峡深林密,常有野母猪来峡内产崽,故名。峡谷呈西北至东南走向,原生态,一条季节性的河谷。长约1.6千米,最宽处约800米,最窄处30米,两岸岩壁如削,荆棘丛生,偶有红褐岩石裸露,地势险峻,人迹罕至,谷底一般可望而不可即。据说有一好猎者曾进入峡内,见两岸多洞穴,闻涓涓流水声,却不见水流踪影。有几处两巨石相搭呈岩屋状,下有泥塘,野猪常来滚泥,蹄痕满布,怪石上沾满猪毛,猪粪到处皆是。据当地人说,峡谷为野猪聚集之地,有时多达百头,窥游于附近田间,糟蹋庄稼。

当地有个绰号"朱泡"的中年男子,心粗胆大,想发野猪财,试图猎取一群小猪仔人工喂养。一天他约小明到谷边依笾下套,小明不敢前往,朱泡给小明打气说:"别人说一猪二熊三老虎,那是大猪呀! 我们去捉小猪怕什么呢?"于是在谷底岸设下几十个钢丝套,三天后两人带麻袋到峡谷里一看,上套20多个猪崽,正准备解套入袋,说时迟那时快,6头大野猪从不远处的野猪群中凶猛窜出,直扑朱泡和小明,幸亏他二人眼疾手快,闻风爬上大树呼喊"救命",村庄里几个猎友闻声,带猎犬数条,迅速赶来,群猪四散,免遭一劫。

第三节　泉瀑布

龙泉洞

位于古夫镇北斗坪社区,镇人民政府驻地西南2.4千米处。东接林家山,南邻G209苏北线,西连满天星水库,北靠柚子树。林家山西侧,喀斯特地貌,此处有一悬崖,崖壁间有一溶洞,洞中泉水终年流淌不息。传说洞内有青龙,清泉乃青龙之水,故名。年平均水温15℃,最大流量5立方米/秒,水质优良。有农家乐利用此泉水养殖大鲵。G209苏北线途经。据传,曾有胆大者邀数人顶烈日攀崖而上,进入石窟,一路前行,当点燃第7支火把时,眼前的景致把大伙儿都惊呆了。大家站在一个面积约200平方米的大厅里,四壁有钟乳石天然形成的人物、动物、花草,栩栩如生,头顶上方似满天繁星闪烁,众人疑昼去夜来,匆匆忙忙退出洞外,依旧艳阳高照。诗云:玉泉生半崖,横空出洞穴。飞瀑裹腾雾,览胜绝佳处。

一碗水

位于南阳镇百羊寨村,镇人民政府驻地西南5.9千米处。东邻三里荒至庙垭乡村公路,南连严家湾,西接万朝山,北靠红石窖。此处突出一石包,2米见方,1米多厚,直立于地面,石包前有一石坑,形似碗,碗中之水始终保持与碗口齐平,不会减少也不会增加,甚是奇妙,称一碗水。

要水

位于南阳镇营盘村,镇人民政府驻地东北2千米处。相传,蜀将关羽率兵路过南阳鸡笼山脚下,饮马无水,马急,四蹄刨地,水从地下出,故名。为冷泉,水质清澈,日出水量 1000 立方米左右,年平均水温 10℃ 左右。在很早以前,营盘和王家湾两处居民都靠此水生存,因无人管理,长期争水,当地人无法解决,最后告到衙门,经察看后,双方各出一半资金在出水口建一池,东西两侧各开一口,水分流,圆满解决纠纷。分水池至今尚存。

三岔口瀑布

位于峡口镇建阳坪村,镇人民政府驻地东 5.5 千米处的悬岩上,紧靠建阳坪集镇。瀑布地处两条山路的交汇处,故名。高约 30 米,最大宽度 8 米,流量约 0.4 立方米/秒。水从岩壁洞中流出,飞流直下,尤为壮观。

青龙口瀑布

位于榛子乡石柱村,乡人民政府驻地东南 4.4 千米处。山腰一洞,地下水由洞内涌出,传说是青龙喷水,飞泻成瀑,故名。瀑高约 100 米,宽 10 米。悬崖绝壁之上,有三条瀑布,飞流直泻跌入碧波潭中,溅起层层雪白的浪花。高耸的峭壁,伴着阳光飞泻的水珠莹玉闪闪,形成"瀑水喷成虹"的美景。有诗云:仰望瀑布挂崖前,疑是银河落山涧。晴时晶莹雨时虹,九寨不及此处鲜。

青龙口瀑布

第六章　交通运输设施

第一节　城市街道

香溪大道

位于县城主城区,以县域境内香溪河而得名。始建于1995年,1997年竣工投入使用。香溪大道沿古夫河西岸而建,起于城北古洞口电站,止于城南柚子树一桥,呈南北走向,连接古夫大桥、古夫二桥、柚子树二桥、柚子树一桥、古夫至昭君县道公路。纵长5.54千米。路幅宽22米,其中机动车道2×7米,人行道2×4米,植垂杨柳、银杏、桂花树等行道树,左岸人行道与滨河公园相连。道路纵坡2‰~4‰。车行道路为混凝土路面,人行道为彩砖铺砌。由北向南与大连路、湖南路、妃台路、五环路、康宁路、康宁一路、康宁二路、高阳大道、橘园三路、城南路相接,在古夫大桥头与永安路相交。沿香溪大道驻有兴润·香溪郡、香溪大酒店、县盐业公司、县移民局、县住房和城乡建设局、县行政服务中心、县体育馆、兴山国际大酒店、县人民医院、县职业教育中心、县民俗博物馆、古夫加油站、县鹞子坪工业园等。

香溪大道

高阳大道

位于县城主城区,城区主干道。《兴山县志》(光绪版)记载:"兴山县旧治高阳城。"故名。始建于 1994 年,1998 年竣工投入使用。起于城北大连路交会处,止于城南香溪大道交会处,南北走向。纵长 2.13 千米。路幅宽 32 米,机动车道 2×7 米,非机动车道 2×3.5 米,绿化带 2×1.5 米,人行道 2×4 米。机动车道和非机动车道为混凝土路面,人行道为彩砖铺砌。与夫子路、五环路、城南路、康宁路、康宁一路相接。由北向南与大连路、妃台路、湖南路、龙珠路、昭君路、桂苑路、永安路、孙龙路、橘苑路、香溪大道相交。为商业区和行政办公区。驻有兴发集团总部、县司法局、县民政局、国网兴山县供电公司、财产保险兴山支公司、移动通信兴山分公司、联合网络通信兴山县分公司、中国人民银行兴山支行、兴山烟草专卖局、胜隆商都、古夫镇人民政府、兴山汽车客运站、古夫幼儿园、县公安局等。两侧植高大的楠木行道树。

高阳大道

丰邑大道

位于县城主城区。《兴山县志》(乾隆版)记载:"高阳城,县北四十里丰邑坪,按一统志,楚自称高阳氏之后,故筑城,名高阳,即此地也,旧为邑治。"始建于 1995 年,1997 年竣工投入使用。起于大连路,止于北斗街,南北走向。纵长 1.23 千米。路幅宽 20 米,其中车行道 2×7 米,人行道 2×3 米。车行道为混凝土路面,人行道为彩砖铺砌。与梅苑路、龙珠路、竹苑路、桂苑二路、北斗街相接。由北向南与湖南路、昭君路、桂苑路、永安路相交。为商业中心和居民区。驻有文化中心广场、县实验小学、县卫生和计划生育局、县委党校、县教育局、县文化中心、县交通运输局、县财政局、电信公司兴山分公司、邮政集团兴山分公司、汇金购物广场等。街道两侧植银杏行道树。

丰邑坪,自西汉至明朝属归州,清朝属公坪乡一甲,1958 年人民公社化时为丰邑坪大队,1984 年更名为丰邑坪村,县城搬迁至此后,属龙珠社区。至此,丰邑坪作为地名已经成为历史。为保留丰邑坪这个具有历史渊源的地名,将城区此条主干道命名为丰邑大道。丰邑坪,群山环抱之中的一块盆地,气候适宜,土地肥沃,稻麦两熟,最适宜人类居住的富庶之地。由于三峡工程建设,从中央到省、市、县的领导们为兴山县城的选址颇费周折,四移其址,最终还是选定了这块风水宝地——丰邑坪。回顾历史,这个中渊源,不得知晓。三千多年后的 2002 年,兴山县城再一次搬迁至此,9 月 28 日,在这里举行了盛大的新县城落成庆典仪式,重新成为兴山县政治、经济、文化中心。

永安路

位于县城主城区。三国吴景帝永安三年(260 年)置兴山县,故名。始建于 1995 年,1998 年竣工投入使用。西起兴山广场中线轴,向东穿越丰邑大道、高阳大道、香溪大道,经古夫大桥接 G209 苏北线,止于邓家坝小区。东西长 1.35 千米,路幅宽 20 米,其中机动车道 2×7 米,人行道 2×3 米,纵坡为 0.3%～5.87%。车行道为混凝土路面,人行道为彩砖铺砌。附近多为居民区和商业区,驻有县人民政府、县人民法院、县气象局、县自来水公司、县国土资源局、县交警大队、县消防大队、古夫水陆派出所、县海事处、县档案局等。

昭君路

位于县城主城区。为纪念汉明妃王昭君,将此条街道命名为昭君路。始建于 1998 年,2000 年竣工投入使用。西起兴山广场中轴线,向东穿越丰邑大道、高阳大道,止于昭君广场。长 0.96 千米,路幅宽 32 米,其中机动车道 2×7 米,人行道 2×5 米,道路中间设 8 米宽绿化隔离带,道路两旁种植榕树、黄桷树等行道树。纵坡为 0.8%～6%。车行道为混凝土路面,人行道为彩砖铺砌。昭君路为行政区和金融区,驻有县林业局、县农业局、县人力资源和社会保障局、县粮食局、县总工会、县文化中心、农业银行兴山支行、工商银行兴山支行、建设银行兴山支行、湖北兴山农村合作银行、中国人民银行兴山支行、兴山烟草专卖局、昭君山庄等。

昭君路

湖南路

位于县城主城区。始建于 1999 年,2002 年 9 月 28 日兴山县城落成典礼之日,兴山县人民政府为感谢湖南省对兴山三峡库区移民搬迁的大力支援,特在此路立碑镌文,"湖南路"三字为时任湖南省政协副主席王克英亲笔题写。西起兴山广场中轴线,自西向东穿越丰邑大道、高阳大道,止于香溪大道。东西长 1.41 千米,路幅宽 20 米,其中机动车道 2×6 米,人行道 2×4 米,人行道上植广玉兰行道树及绿化植物。车行道为混凝土路面,人行道为彩砖铺砌。沿街道两侧有兴山广场、驻县人武部、县检察院、县妇幼保健院、县实验中学、县实验小学、县地方税务局、县国家税务局、香溪大酒店。

湖南路铭文:三峡工程建设,百万移民,天下称奇。湖南省人民铢积寸累,协助兴山搬迁,这种博大襟怀永远值得兴山人民崇敬。为感谢湖南人民的深情厚谊,为湖南人民和兴山人民的友情源远流长,兴山县人民政府决定,将新县城西起兴山广场,跨丰邑、高阳两道,东抵香溪大道的街道命名为"湖南路",以示永久纪念。兴山县人民政府二〇〇二年九月二十八日立。

湖南路

大连路

位于县城主城区。始建于 1999 年,2002 年 9 月 28 日兴山县城落成典礼之日,兴山县人民政府特在此路立碑镌文,"大连路"三字为时任中共大连市委书记孙春兰手迹。西起丰邑大道北端,向东穿越高阳大道,止于香溪大道。东西长 0.63 千米,路幅宽 20 米,其中机动车道 2×6 米,人行道 2×4 米,纵坡为 0.8%～6.21%。车行道为混凝土路面,人行道为彩砖铺砌,植黄桷树行道树及绿化植物。大连路附近多为居民住宅区,驻有兴山县第一中学、弘仁康复医院。

大连路铭文:从昭君故里到渤海之滨,相距千里,是移民情节把大连和兴山两地人民紧紧联系在一起。大连市对口支援过程中,按照"优势互补,互利互惠,长期合作,共同发展"的原则,义不容辞援之以手,为兴山人民重建家园,恢复发展库区经济做出了重大贡献。来日方长,大连人民和兴山人民的友情在今后的经济、文化交往中会比渤海更深。为感谢大连对兴山的援助,兴山县人民政府决定,将新县城东抵香溪大道、西接丰邑大道的街道命名为"大连路",立碑镌文,以示永久纪念。兴山县人民政府二〇〇二年九月二十八日立。

大连路

第二节　铁路运输

郑万高铁兴山段

郑万高速铁路,是国家《中长期铁路网规划》中"八横八纵"高速铁路网的重要组成部分,为西南地区至华中、华北地区的高速客运通道,兼顾沿线城际及旅游客流运输。2013 年 12 月 27 日,郑州至万州高速铁路项目获得国家发改委批准,复线电气化高速铁路。走向为:郑州东—平顶山—南阳—邓州—襄阳—保康—新华—兴山—巴东—巫山—奉节—云阳—万州。全长818 千米,技术标准为客运专线,速度目标值为 350 千米/小时。在万州北站与先前开工的渝万(重庆—万州)铁路相接,建成后郑州到重庆将不再绕行襄渝线,由郑万铁路最快 4 小时到达

郑万高铁兴山段

重庆。兴山境内起于神农架交界的小烟墩垭,途经古夫镇、南阳镇、昭君镇、高桥乡,进入巴东县,正线长 53 千米。穿越 6 座隧道,经过 6 座桥梁。经新华隧道(18644 米)、竹园河双线特大桥(582.87 米)、甘家山隧道(5599 米)、红岩河双线大桥(175.7 米)、兴山隧道(10030 米)、兴山站、兴山多线特大桥(3250 米)、古夫隧道(4110 米)、南阳河双线特大桥(573 米)、向家湾隧道(4621 米)、卢家坪双线大桥(142 米)、香炉坪隧道(15115 米)、三里坡双线中桥(78 米)至巴东北站。2016 年开工建设,兴山站设县城北斗坪。在建中。

第三节　公路运输

G42 沪蓉高速兴山段

起于上海市,止于四川省成都市。代号 G42,高速公路,横贯中国东西,总里程 1966 千米,是国家规划的"五纵七横"国家主干线公路网的重要组成部分。途经上海市、江苏省、安徽省、湖北省、重庆市、四川省。兴山境内经水月寺镇、峡口镇、高桥乡。2009 年 7 月 9 日,沪蓉高速宜昌至巴东段(宜巴高速公路)在宜昌市夷陵区雾渡河镇举行开工仪式。宜巴高速公路全长 172.65 千米,其中桥梁 138 座,隧道 39 座。

G42 沪蓉高速兴山段,县境内东南至西南走向,起于兴山县与夷陵区交界的界岭,止于兴山县与巴东县交界的马家坡,全长 63.947 千米,其中兴山县境内 49.957 千米,秭归境内 13.99 千米。设计 4～6 车道,路面宽 22 米,时速 80 千米/小时。境内在平邑口(兴山)、高岚设有立体交叉互通,在峡口石家坝设兴山服务区。始建于 2009 年,2014 年建成通车,穿越 17 座隧道,经过 5 座高架桥。自界岭隧道起,经凤凰关隧道、鸳鸯水 5 号桥、青龙隧道、羊河 2 号桥、燕子隧道、教塾堂隧道、鲍家岭隧道、高岚隧道、睡佛山隧道、高岚河大桥、峡口隧道、香溪河大桥、钟家岭隧道、平邑口隧道、纸坊河大桥后,进入秭归县石门垭隧道、郑家垭隧道、张家湾隧道出

G42 沪蓉高速—兴山互通

口至凉台河,又进入兴山境内太阳岭隧道、白家山隧道、周家山隧道、鸡公岭隧道、罗家垭隧道,至马家坡隧道进入巴东县,与 G209 苏北线、S312 宜兴线、S255 兴五线相连接。

G209 苏北线兴山段

起于内蒙古苏尼特右旗,止于广西北海。代号 G209,国道,贯通中国南北,总里程 3435 千米,途经内蒙古自治区、山西省、河南省、湖北省、湖南省、广西壮族自治区。兴山县境内经古夫镇、昭君镇、高桥乡,呈由北至西南走向,起于神农架林区与兴山县交界处的观音河口,止于兴山县与巴东县交界的铧厂垭,里程 92.83 千米,路面宽 8 米,设计时速 40～60 千米/小时。1962 年修建兴神公路;1968—1985 年修建兴巴公路;1986 年国家将上述公路的兴山县黄土包至巴东县铧厂垭 66.5 千米路段命名为 G209 呼北线兴山段。1993 年交通部将线路调整为观音河口至白沙河接巴东县铧厂垭,改线工程于 1997 年动工,2005 年建成通车,更名为 G209 苏北线。道路等级为二级,水泥/沥青混凝土路面。境内与 G347 南德线、S252 欧南线、S312 宜兴线、S457 高水线相接。沿线经过马家河桥、姜家岩桥、阴坪沟桥、平水河桥、弯洞河一桥、余家河隧道、余家河桥、滴水岩桥、寒溪口桥、鄢家湾桥、满天星桥、水田坝桥、沙坝沟桥、昭君大桥、白沙河桥、白沙河隧道、龟山寨桥、王家河桥、棺材沟桥、严家坡桥、龙洞桥、樟树沟桥、小溪沟桥、龚家桥、纸厂河桥、高桥、煤炭沟桥、贺家坪桥共 26 座桥梁,2 座隧道。自观音河口进入兴山县境内后,经马家河、龚家河、两河口、平水集镇、团山河、弯洞河、余家河、沟二滩、黄土包、古洞口、朝阳小区、兴山县城、寒溪口、北斗坪、柚子树、满天星、水田坝、深渡河、白岩口、昭君村、白沙河、邓家屋场、五童庙、严家坡、大包山、滩坪、徐家湾、烟墩垭、伍家坪、小溪沟、龚家桥、长冲、店子垭、蒿坪、贺家坪,进入巴东县。

G209 国道苏北线—兴山段

G347 南德线兴山段

起于江苏省南京市,止于青海省德令哈市。代号 G347,国道,途经江苏省、安徽省、湖北省、重庆市、四川省、青海省。兴山境内经过水月寺镇、黄粮镇、古夫镇、南阳镇,呈东南至西北走向,起于夷陵区交界的羊角山,止于神农架交界的黄土包。里程 87.54 千米,路面宽度 8 米,双向双车道,设计时速 60 千米/小时,水泥/沥青混凝土路面。兴山段分六个工段建设:两观段,始建于 1981 年,1990 年建成通车;两刘段,1958 年开工,1969 年竣工,原为省道宜兴公路之一;刘界段,修建于 1959 年,当时是兴保公路刘家坝至白龙潭其中一段;古界段,1995 年动工,2002 年建成通车;古南段,马麦隧道 2016 年通车;南神段,1962 年开工,1965 年建成通车。始称兴神公路,后称十兴公路;1986 年改为 G209 呼北线;2015 年国家命名为 G347 南德线。道路等级为二级。兴山境内与 S287 白土线、S252 欧南线、G209 苏北线相接。桥梁和隧道有:皂角河桥、小河口桥、安桥河桥、龙潭河桥、炉沟桥、门家河桥、孔子河桥、粮山沟桥、平安桥、圣人桥、旱桥、邹家坡桥、深溪沟桥、两叉口桥、柚子树二桥、马麦隧道、沙坪子桥、南阳河桥、百羊寨桥、礌石口桥、落步河桥、九冲河桥、猴子包隧道。自夷陵区樟村坪镇进入兴山境内,经树空坪、安桥河、茅草坪、梅坪、白鸡河、孔子河、冯家槽、刘家坝、界牌垭、寒溪口、麦仓口、沙坪子、南阳集镇、落步河、湘坪、黄土包,进入神农架林区。

S252 欧南线兴山段

起于保康县欧店,经兴山县的榛子乡、黄粮镇、昭君镇、止于南阳镇接 G347 南德线。代号 S252,省道。连接兴山县与保康县,呈东北至西南走向。兴山境内分四个工段建设:高阳镇至刘家坝段,建于 1958 年,1959 年建成通车;刘家坝至白龙潭段,建于 1959 年,1966 年建成通车;白龙潭至温家垭段,建于 1981 年,同年 10 月完工;白沙河至高阳镇段,建于 1962 年,1963 年竣工;2003 年 9 月,对 S252 欧南线兴山段进行改扩建。兴山境内与 G347 南德线、G209 苏北线、S312 宜兴线相接,里程 75.81 千米,路面宽 8 米,设计时速 60 千米/小时,水泥/沥青混凝土路面。道路等级为二级,是保康县进入兴山的主要通道。桥梁和隧道有:耿家河桥、高阳大桥、白沙河桥、白沙河隧道、龟山寨桥、沙坪子隧道等。途经板庙、和平、张官店、老佛寺、火石岭、仁圣、界牌垭、金家坝、刘家坝、黄粮坪、凉风垭、青华、昭君集镇、白沙河、沙坪子,达止点南阳镇。在沙坪子与 G347 南德线相接。

S252 欧南线兴山段——榛子乡和平

S255 兴五线兴山段

起于兴山县昭君镇集镇,经秭归县、长阳县,止于五峰县。代号 S255,省道,呈北南走向。兴山境内与 S312 宜兴线、S252 欧南线相接,经大礼溪、平邑口、竹溪墓、大峡口集镇,于游家河中桥处进入秭归县。建于 1958 年,当年 10 月竣工通车。始称兴香公路,后名宜秭公路;2007 年更名为 S255 兴五线兴山段。连接兴山县与五峰县公路,兴山境内里程 20.71 千米,路面宽 8 米,设计时速 60 千米/小时,水泥/沥青混凝土路面,道路等级为二级。公路沿线有小礼溪桥、大礼溪大桥、狮子桥、竹溪墓大桥、螃蟹溪桥、倒树湾大桥、龚家二沟桥、庙沟桥、谭家湾桥、峡口旅游码头、游家河中桥。

S287 白土线兴山段

起于水月寺镇安桥河村的白果园,止于点军区土城。代号 S287,省道,呈南北走向。兴山境内与 G347 南德线、S312 宜兴线相交,途经兴山县、夷陵区、点军区。分三个工段建设:水大段,始建于 1978 年,1981 年建成通车;学堂坪至水月寺段,始建于 1965 年,1969 年通车,原属于 S312 宜兴线,王家台至学堂坪公路建成后调整为 S312 宜兴线,此段被降为县道;野竹池至学堂坪段,建于 1974 年,1987 年通车。2015 年调整为 S287 白土线,连接兴山县与点军区,兴山境内里程 40.37 千米,路面宽 8 米,设计时速 60 千米/小时,水泥/沥青混凝土路面,道路等级为二级。沿线经安桥河、水月寺、道路坪、南对河、高家坪、野竹池,进入夷陵区。公路沿线桥梁有:酒厂桥、水月寺二桥、狮子坪桥、金子坪桥、学堂坪桥。

S312 宜兴线兴山段

起于兴山县与夷陵区交界处的界岭,止于兴山县昭君大桥东,呈东西走向。代号 S312,省道。途经兴山县的水月寺镇、峡口镇、昭君镇。属兴山县与夷陵区连线公路。兴山境内里程 63.77 千米,路面宽度 8 米,设计时速 60 千米/小时,水泥/沥青混凝土路面。道路等级为二级,是兴山至宜昌的主要通道之一。境内与 G42 沪蓉高速互通,与 S287 白土线、S255 兴五线、S252 欧南线、G209 苏北线相交接。1965—1969 年建宜兴公路,线路经界岭、马粮坪、龙头坪、水月寺集镇、道路坪、雷溪口、学堂坪、黄家祠、杉树坪、两河口、刘家坝、黄粮坪、青华、兴山县城。1982 年两峡段改线,1988 年建成通车。2001 年王学公路改道。原昭峡段,1957—1958 年建成,名兴香公路,建于香溪河西岸,因三峡库区蓄水淹没而废弃,2003 年后复建于香溪河东岸,调整为宜兴公路。原两刘公路建于 1958 年,1969 年竣工,曾作为 S312 宜兴线,后 S312 宜兴线改线走两河口经峡口至昭君镇后降为乡道。现韩家湾至刘家坝段升级为 G347 南德线。调整后的 S312 宜兴线兴山境内跨水月寺镇、峡口镇、昭君镇,途经界岭、王家台、里村坪、南对河、学堂坪、高岚集镇、两河口、杨道河、石家坝、建阳坪、峡口集镇、昭君集镇、响滩、昭君大桥东。线上建有马粮坪桥、王家台桥、三道瓮子桥、神龙奔江桥、青龙寨桥、羊象坪桥、南对河桥、学堂坪桥、马儿坝桥、两河口桥、杨道河桥、余家大沟桥、香坊沟桥、建阳坪桥、洪山寺桥、灵老爷隧道、燕子洞隧道、吊羊岩桥、门坎石一桥、峡口二桥、郑家河桥、柑子沟桥、李家沟大桥、黄家沟大桥、椰树沟大桥、耿家河桥等 24 座桥梁,2 座隧道。

S457 高水线兴山段

位于高桥乡人民政府驻地东南部，连接兴山县与秭归县，与 G209 苏北线相接。起于兴山县高桥，止于秭归县水田坝。代号 S457，省道。始建于 1978 年，1988 年建成通车。兴山境内里程 20.79 千米，路面宽度 8 米，设计时速 60 千米/小时，水泥混凝土路面，道路等级为二级。途经庙坪、象鼻嘴、三湾、刘家屋场、秦家湾、龙潭、胡家屋场、柏树包、木城、寇家屋场、周家山、王家屋场、太阳岭、彭家湾。桥梁有姜家堰中桥、屋檐溪桥，经凉台河桥进入秭归县。

建屈线兴山段

位于峡口镇人民政府驻地东南部，连接兴山县与秭归县。起于 S312 宜兴线建阳坪桥头，经建阳坪村，止于秭归县屈原庙，接峡屈线，为县道。建于 1979 年，呈北南走向。兴山境内里程 5.61 千米，路面宽度 5.5 米，双车道，设计时速 20 千米/小时，水泥混凝土路面，道路等级为四级。途径兴山王家岭、文家山，至秭归屈原镇。

平水线兴山段

位于峡口镇人民政府驻地西北部，连接兴山县与秭归县。起于兴山县峡口镇平邑口，止于秭归县水田坝，为县道。建于 2002 年，呈东北至西南走向。里程 4.64 千米，路面宽度 5.5 米，双车道，设计时速 20 千米/小时，水泥混凝土路面，道路等级为三级。途径兴山友谊桥、大田槽、秭归椆木树，至水田坝。

峡屈线兴山段

位于峡口镇人民政府驻地东南部，连接兴山县与秭归县。起于峡口二桥，接 S312 宜兴线，止于秭归县屈原镇，为县道。原名小峡公路，修建于 2005 年，2011 年进行改扩建。兴山境内里程 2.5 千米，路面宽度 8 米，双车道，设计时速 40 千米/小时，水泥混凝土路面，道路等级为三级。途经县港航管理处峡江站、兴山港区峡口港、龚家村，在七里峡大桥处进入秭归县屈原镇。

猴神线兴山段

位于南阳镇人民政府驻地西北部，连接兴山县与神农架林区。起于兴山南阳镇猴子包，止于神农架林区驻地松柏镇，为县道，接 G347 南德线。始建于 1978 年 6 月，1979 年 7 月竣工通车。总里程 120 千米，兴山境内里程 5 千米，路面宽度 5.5 米，水泥路面，道路等级为四级。沿途经猴子包大桥、猴子包电站、两河口、二道水、白竹村、天官庙等地，进入神农架林区。1999 年勘界时，在猴神县道公路与神农架林区接界处，设置两面型界桩，编号为 05269021002。

古昭县道公路

位于古夫镇、昭君镇连线公路，古夫镇人民政府驻地南部。起于古夫城区，止于高阳大桥。始建于 2013 年，2015 年建成通车。呈南北走向。里程 10.5 千米，路面宽度 8 米，设计时速 70

千米/小时,沥青混凝土路面,道路等级为二级。地跨古夫镇城区、麦仓村、深渡河村,昭君镇陈家湾村、昭君集镇。沿途建有香溪特大桥、孙家塆大桥、满天星特大桥 3 座桥梁,途经鹞子坪、麦仓口、满天星水库、满天星电站、陈家湾、孙家塆、皂角树、向家河等。沿 S255 兴五线(昭峡公路)、312 宜兴线,南出平邑口与 G42 沪蓉高速互通,东达宜昌、武汉,西进重庆,北接 G209 苏北线、G347 南德线至神农架林区,东北接 S252 欧南线达保康县,古昭线,是连接 G42 沪蓉高速公路,进入兴山县城的重要通道,是兴山县公路网建设的枢纽工程。鉴于古夫河右岸植被好,为了保护生态环境,免遭人为破坏,在修建 G42 沪蓉高速时,一改过去劈山炸石,毁林开路的传统方法,在河道上采用高架桥梁修建,以桥带路。驱车行驶在古昭线上,两岸风景,尽收眼底,崭新的民居掩隐在片片桔林之中;沿公路两旁种植高大银杏树、桂花和樱花树,设置金色中华照明路灯,形成一道亮丽的"水上公路"风景线,被誉为"中国最美水上公路"。沿途有麦仓口、满天星、寨子洞、白岩口、昭君村等景区景点,经鹞子坪沿香溪大道进入兴山县城。

最美水上公路——古昭公路

昭峡县道公路

位于昭君镇南部,属昭君镇、峡口镇与 G42 沪蓉高速互通连线公路。起于 S252 欧南线、S312 宜兴线相交途经的高阳大桥,止于峡口集镇。始建于 2010 年,2013 年建成通车。呈南北走向,里程 14.89 千米,路面宽度 8 米,设计时速 60 千米/小时,沥青/混凝土路面,经 S255 兴五线(昭峡线),在平邑口与 G42 沪蓉高速互通。途经昭君镇集镇、陈家湾村、大礼村,峡口镇平邑口村、秀龙村、竹溪村、柑桔小区、峡口镇集镇,沿途建有高阳大桥、小礼溪桥、大礼溪大桥、狮子桥、竹溪墓大桥等交通设施。

水王县道公路

位于水月寺镇人民政府驻地东南部。起于 S287 白土线水月寺集镇,止于 S312 宜兴线王家台,呈西北至东南走向。始建于 1965 年,1969 年建成通车。原为 S312 宜兴线路段,因 S312 宜兴线改道王家台至学堂坪,此路段降为县道。里程 10.67 千米,路面宽度 6 米,设计时速 40 千米/小时,水泥混凝土路面,道路等级为三级。途经水月寺集镇、牯牛垭、龙头坪、万家台,至王家台。

平瓦矿山专用公路

位于古夫镇人民政府驻地东北部。属矿山专用公路(原名平岔公路)。起于 G209 苏北线平水河桥头东,止于榛子瓦屋矿区。始建于 1989 年,1990 年建成通车,呈西南至东北走向。总里程 23.39 千米,路面宽度 7 米,设计时速 30 千米/小时,水泥混凝土路面,道路等级为四级。地跨古夫镇平水村、榛子乡龙口村、育林村。沿途经过平岔公路一号隧道、朱家坪、麻林坪、寺院坪、三岔口桥、高桥、鲜家河桥。

毛家河专用公路

位于古夫镇人民政府驻地东北部,跨平水村、中阳垭村。为开发毛家河水能资源,修建于 2010 年,起于 G209 苏北线平水村两河口,止于沙湾水库,呈东南至西北走向,长 7.3 千米,宽 3.5 米,单车道,设计时速 20 千米/小时,水泥混凝土路面,道路等级为四级,道路类型为电站专用公路。途经两河口桥、苏家河、毛家河、毛家河水库、毛家河电站、沙湾水库、沙湾电站。毛家河两岸,景色优美,生态完好,原生状态,气候宜人。有兴山的"九寨沟"之称。

第四节　水上运输

兴山港区峡口港

位于兴山县人民政府驻地南 26 千米处,三峡大坝上游第一大支流香溪河。2005 年建成

兴山港区峡口港

投入运行。占用岸线 1400 米,占地 8.68 万平方米,码头泊位 6 个,仓库 3900 平方米,堆场 1.97 万平方米,装卸设备 15 台(套),最大起重能力 25 吨,年吞吐量 1000 万吨。鄂西北地区重要的物流集散地,宜昌市三峡枢纽港重点发展的两翼之一。S312 宜兴线、S255 兴五线途经。

平邑口港

位于兴山县人民政府驻地南 18.2 千米处,香溪河西岸。始建于 2013 年,2014 年建成投入运行。岸线长 912.5 米,占地 9.128 万平方米,陆域平台高程 176.5 米,陆域纵深 210 米。500 吨级兼顾 1000 吨级杂件泊位,年吞吐量 150 万吨。G42 沪蓉高速公路设兴山互通,S255 兴五线途经,经平邑口大桥东接 S312 宜兴线。

宏昌港

位于兴山县人民政府驻地古夫镇南 21.7 千米处,香溪河东岸。2007 年建成投入运行。岸线长 200 米,泊位 2 个,最大水深 66 米。主要经营货物装卸、驳运、仓储,年吞吐量 100 万吨。S312 宜兴线途经。

峡口旅游码头

位于兴山县人民政府驻地古夫镇南 25.5 千米处,香溪河西岸。2009 年投入营运。高程 180 米,岸线长 250 米,占地 5767 平方米,设计客运量 60 万人次/年,停车场 2500 平方米。双向缆车运送旅客,"昭君壹号"与"明妃壹号"两个千吨级泊位。是进出"一江两山"的水上门户及其重要的配套设施。S255 兴五线途经。

峡口旅游码头

涌源码头

位于兴山县人民政府驻地古夫镇南 18.5 千米处,香溪河东岸。2009 年建成投入运行。主要经营货物装卸、驳运、仓储,年吞吐量 80 万吨。S312 宜兴线途经。

嘉仪码头

位于兴山县人民政府驻地古夫镇南 27 千米处,香溪河西岸。始建于 2013 年,2015 年建成投入运行。岸线长 244 米,占地 100 亩,1000 吨级散货泊位 3 个,年吞吐量 150 万吨。S255 兴五线途经。

第五节　桥梁

鸳鸯水 5 号桥

位于水月寺镇人民政府驻地南部的白果园村,G42 沪蓉高速公路兴山段上,5 次跨越鸳鸯水河流的高架桥,故命名为鸳鸯水 5 号桥。始建于 2009 年,2014 年建成通车。长 1027 米,宽 22 米,高 80 米。设计为双向双桥六车道,载重 55 吨。钢筋混凝土整体现浇板结构,沥青路面。

鸳鸯水 5 号桥

高岚河大桥

位于峡口镇人民政府驻地东北部,跨石家坝村、漆树坪村,G42 沪蓉高速公路兴山段上,以河流名称命名为高岚河大桥。始建于 2009 年,2014 年建成通车。下部桥墩采用空心薄壁墩、矩形墩、双柱墩配桩基础,桥台采用重力式 U 形台配扩大基础,最高墩达 57.2 米。三跨 S312

宜兴线,四跨高岚河。左幅全长 1373.95 米,右幅全长 1423.95 米,宽 22 米,高 15 米。设计为双向两桥六车道。钢筋混凝土整体现浇板结构,载重 55 吨。

高岚河大桥

香溪河大桥

位于峡口镇人民政府驻地北部的泗湘溪村,G42 沪蓉高速公路兴山段上,横跨香溪河,以河流名称命名为香溪河大桥。始建于 2009 年,2014 年建成通车。河东岸引桥为 30 米,预制 T 形桥梁;河西岸引桥为 30 米,现浇箱桥梁。主桥为单孔曲拱,四墩均处于香溪河中,最大水深 43 米,水位标高均在 145～175 米,按周期性调度运行施工。桥长 850 米,宽 22 米,高 150 米。设计为双向两桥六车道,载重 55 吨,钢筋混凝土整体现浇板结构。该桥的主要特点是施工难度大,施工工艺复杂,投入设备多,是全线关键线路控制点及重点控制性工程。

香溪河大桥

羊河 2 号桥

位于水月寺镇人民政府驻地南部南对河村,G42 沪蓉高速公路兴山段上,以居民点简称"羊"及河流命名,两跨河道,命名为羊河 2 号桥。始建于 2009 年,2014 年建成通车。长 3130 千米,宽 22 米,高 65 米。设计为双向两桥六车道,钢筋混凝土整体现浇板结构,沥青路面,载重 55 吨。

纸坊河大桥

位于峡口镇人民政府驻地西北部平邑口村,G42 沪蓉高速公路兴山段上,横跨纸坊河,以纸坊河命名为纸坊河大桥。始建于 2009 年,2014 年建成通车。纸坊河与稠树河交汇处,进入秭归县。西起水田坝稠木树村 3 组,东与兴山县平邑口(兴山)出口互通相接,系混凝土连续箱梁结构,连续 T 梁桥,桥体构造复杂,技术精度高,施工难度大,是第 19 标段重点控制性工程。大桥全长 1200 米,宽 22 米,高约 80 米。设计为双向两桥六车道,钢筋混凝土整体现浇板结构,载重 55 吨。

柚子树二桥

位于古夫镇人民政府驻地西南北斗坪村。柚子树的第二座桥梁,始建于 2015 年 3 月,2015 年 12 月建成通车。全长 215 米,宽 8 米,高 10 米,三孔,最大跨径 25 米。双向双车道,钢筋混凝土整体现浇板结构,G347 南德线上的重要桥梁,跨越古夫河,限载 50 吨。

古夫大桥

位于古夫镇人民政府驻地东 0.5 千米处,县城主城区。始建于 1994 年 11 月 5 日,1997 年 3 月建成通车。全长 243 米,宽 15.5 米,高 12 米,7 孔桥,最大跨径 30 米,钢筋混凝土钢架拱结构,双向四车道。东接兴发大道,东西跨古夫河,西接香溪大道,限载 30 吨。曾用"丰邑坪大桥"名,县城搬迁古夫后,更名为古夫大桥。

满天星特大桥

位于古夫镇人民政府驻地南部深渡河村。是跨越满天星水库的特大桥梁。始建于 2012 年,2015 年建成通车,古夫至昭君县道公路线上,为水上公路桥,北接麦仓口,南接满天星电站。长 2737 米,宽 12 米,高 10 米,双向四车道,钢筋混凝土整体现浇板结构,限载 55 吨。

满天星特大桥

香溪特大桥

位于古夫镇人民政府驻地南部深渡河村,古夫至昭君县道公路线上。在古夫镇深渡河村穿越白岩口峡谷,是跨越香溪河的特大桥梁。始建于 2012 年,2015 年建成通车,在峡谷口与昭君大桥形成立体交叉。距古夫镇西南 7.8 千米,昭君镇 4 千米。大桥全长 1775 米,宽 12 米,高 20 米,双向四车道,钢筋混凝土箱形梁结构,限载 55 吨。

香溪特大桥

孙家塝大桥

位于古夫镇人民政府驻地西南 7.8 千米处的深渡河村，地处孙家塝。始建于 2012 年，2015 年建成通车，古夫至昭君县道公路线上。长 266 米，宽 12 米，高 8 米，13 孔，最大跨径 20 米，双向四车道，钢筋混凝土箱形梁结构，限载 55 吨。

寒溪口桥

位于古夫镇人民政府驻地东南 1.3 千米处的北斗坪社区。跨越寒溪河口，故名寒溪口桥，G209 苏北线上。始建于 1996 年 9 月，1998 年 3 月竣工通车，桥身净长 96 米，宽 8.5 米，高 12 米，4 孔，最大跨径 20 米，钢筋混凝土 T 形梁结构，限载 20 吨。

寒溪口桥

平水河桥

位于古夫镇人民政府驻地东北 13.2 千米处的平水村，G209 苏北线上，横跨竹园河。2000 年建成通车。长 51 米，宽 8.5 米，高 4.5 米，双孔，最大跨径 16 米，钢筋混凝土板拱结构，限载 30 吨。

沟二滩大桥

位于古夫镇人民政府驻地东北 7.7 千米处的古洞村，跨越古洞口水库，东接 G209 苏北线，西接中阳垭公路。2014 年建成通车。长 233 米，宽 6.5 米，高 100 米，单跨，最大跨径 210 米，钢悬索结构，最大载重量 20 吨。2017 年全国第二次地名普查，核实此地名应为"沟二滩"，大桥名"勾儿滩大桥"有误。

高阳大桥

位于昭君镇人民政府驻地东南 0.7 千米处的小河社区，S252 欧南线上，东接 S312 宜兴线,西接 S255 兴五线。始建于 2008 年,2011 年建成通车。昭君集镇重要桥梁,横跨香溪河。属中承式飞鸟式钢管结构(又名彩虹桥),单孔公路桥。全长 192 米,宽 10 米,高 13.77 米,最大跨径 129.5 米,最大载重量 20 吨。

高阳大桥

耿家河桥

位于昭君镇小河社区,镇人民政府驻地南 0.5 千米处。横跨耿家河小河口,命名为耿家河桥。2000 年建成通车,S312 宜兴线、S252 欧南线、昭君集镇的重要交通设施。T 形梁结构,五孔公路桥,全长 131 米,宽 12 米,高 10 米,最大跨径 25 米,最大载重量 55 吨。

昭君大桥

位于昭君镇人民政府驻地西南 3.7 千米处,响滩村、昭君村交界处。G209 苏北线上,是连接 G209 苏北线、S312 宜兴线和 S252 欧南线的重要桥梁,横跨东河、西河两条河流。始建于 2000 年,2002 年建成通车。桥梁上部构造为 6 跨 53 米钢筋混凝土钢架拱公路桥;下部构造为重力式 U 形桥台,钢筋混凝土圆端墩配直径 1.5 米的钢混钻孔灌注桩;桥面宽(9+1.75×2)

昭君大桥

米;桥总长 893.43 米(其中桥身长 371.48 米,桥头及中间线 521.95 米),宽 12 米,高 10 米,最大载重量 20 吨。

龙洞桥

位于昭君镇人民政府驻地西北 12 千米处的滩坪村,G209 苏北线上,以龙洞沟而得名。1977 年建成通车,双曲拱结构单孔桥,跨越龙洞沟。全长 46 米,宽 9 米,高 30 米,最大跨径 36 米,最大载重量 20 吨。桥西尽头有石铺小路通往 150 米之遥的旅游景点香炉石。桥下的龙洞沟,只闻潺潺流水,不见龙洞沟影,均为巨大的岩石遮掩,泉水自石间穿流。在龙洞桥以北 2 千米处的茶园坡,有清顺治二年(1645 年)李来亨率部大败清军的遗址。

龙洞桥

大礼溪大桥

位于昭君镇人民政府驻地南 4 千米处的大礼村,S255 兴五线上(昭君至峡口县道公路),以跨越大礼溪河流而命名。历来是水、陆交通要道。1957 年 3 月,修建城关至峡口马车道时在此建一座宽 2 米的木板桥。1958 年修建兴(山)香(溪)公路时,将木板桥改建为钢筋混凝土公路桥,6 孔,长 52 米,宽 8.5 米,跨径 7.7 米,最大载重量 15 吨,是县内第一座永久式桥梁。1999 年三峡工程蓄水被淹,在原址抬高复建此桥,2013 年建成通车。空心板梁结构,8 孔,长 320 米,宽 12 米,高 3 米,最大跨径 40 米,最大载重量 55 吨。

峡口一桥

位于峡口镇人民政府驻地东北 0.8 千米处的峡口居民委员会。始建于 1995 年,1999 年竣工通车。横跨香溪河。长 341.88 米,宽 11 米,高 58.7 米,5 孔,最大跨径 80 米,钢筋混凝土箱形梁结构,限载 55 吨。

平邑口大桥

位于峡口镇人民政府驻地西北 6.8 千米处的平邑口村,跨越香溪河。始建于 2005 年,2007 年建成通车。桥梁主体长达 256.5 米,单跨 180 米,宽 12 米,高 18 米,已进入特大桥行列。当时,全国在建和已建的同类型桥梁中,跨度排名第五,在湖北省排名第一。单孔,上承式劲性骨架钢管混凝土拱结构,限载 55 吨。香溪河西岸与 G42 沪蓉高速(兴山)互通、连接 S255 兴五线(昭君至峡口县道公路),香溪河东岸接 S312 宜兴线。

平邑口大桥

黄家沟大桥

位于峡口镇人民政府驻地北 5.6 千米处的泗湘溪村,S312 宜兴线上,横跨黄家沟。1990 年建成通车。长 180 米,宽 9 米,高 16 米,3 孔,最大跨径 45 米,钢筋混凝土肋拱结构,限载 55 吨。

李家沟大桥

位于峡口镇人民政府驻地北 5.1 千米处的泗湘溪村,S312 宜兴线上,跨越李家沟。始建于 2000 年,2001 年建成通车。长 182.2 米,宽 9 米,高 32 米,单孔,最大跨径 130 米,钢筋混凝土钢架拱结构,限载 55 吨。

游家河中桥

位于峡口镇人民政府驻地南 2.5 千米处的峡口居民委员会,S255 兴五线上。2003 年建成通车,为兴山县与秭归县界桥。桥梁以北属兴山县峡口镇峡口居民委员会,以南属秭归县,秭归县交通部门管辖。长 50 米,宽 8 米,高 10 米,单孔石拱结构,限载 30 吨。1999 年行政区域勘界时,在游家河中桥以西的溪沟北边立县际两面界桩,界桩号为05260527002。

竹溪墓大桥

位于峡口镇人民政府驻地西北4千米处的竹溪村,S255兴五线(昭君至峡口县道公路)上。始建于2012年,2014年建成通车。长295米,宽12米,5孔,最大跨径115米,空心板梁结构,限载55吨。

利方岩钢索桥

位于峡口镇人民政府驻地东2.8千米处的建阳坪村,跨越大峡口峡谷。建于2004年。长181.405米,宽2.6米,高130米,单跨,最大跨径127米,钢索结构,人行桥,限载人群3吨。接S312宜兴线。

利方岩钢索桥

南阳河二桥

位于南阳镇人民政府驻地东0.2千米处的南阳河集镇。始建于1984年3月,1985年12月建成通车,命名为南阳河二桥。全长110米,宽10米,高10米,5孔,最大跨径100米,属钢筋混凝土结构,限载55吨。横跨南阳河,连通阳泉村、营盘村,东接G347南德线,把南阳集镇连成一片。在改造兴山至神农架旅游线路时,因集镇人口稠密,道路窄,为避免从集镇通过,将此段改道从河东岸经过。

猴子包桥

位于南阳镇人民政府驻地西北8.7千米处的落步河村。落步河村与白竹村交界处。兴山县修猴子包电站时,需架桥通往电站厂房,始建于1976年1月,1977年3月建成通车,命名为猴子包桥,猴子包至神农架林区松柏镇县道公路线上。全长39米,宽6米,高5米,单孔,最大跨径 10 米,横跨苍坪河,石拱结构,限载 30 吨。为提高道路运输能力,在桥面铺设钢架加固。

湘坪大桥

位于南阳镇人民政府驻地西北 6 千米处,跨落步河村、文武村,湘坪至九冲河电站乡村公路线上。以湘坪集镇命名。始建于 1984 年 3 月,同年 12 月建成通车。全长 40 米,宽 7 米,高 10 米,单孔,最大跨径 32 米,钢筋混凝土结构,限载 30 吨。横跨湘坪河。与 G347 南德线相连接。

下盐寺大桥

位于南阳镇人民政府驻地 4 千米处的石门村,以通往下盐寺乡村公路,命名为下盐寺大桥。始建于 2015 年 4 月,2016 年 10 月建成通车。石门村下盐寺乡村公路线上,全长 66 米,宽 6.5 米,高 10 米,单孔,最大跨径 60 米,预应力混凝土组合小箱梁结构,限载 20 吨。大桥西头连接 G347 南德线,横跨湘坪河。

两河口桥

位于水月寺镇人民政府驻地西南 14.2 千米处的高岚村。始建于 1983 年 11 月,1984 年年底建成通车,以孔子河、夏阳河交汇处的两河口命名。全长 80 米,宽 9 米,高 11 米,单孔,最大跨径 60 米,钢筋混凝土拱结构,限载 20 吨。S312 宜兴线上,横跨夏阳河。

学堂坪大桥

位于水月寺镇人民政府驻地西南 7.6 千米处的南对河村,以地名学堂坪而得名。1986 年建成通车。全长 87.5 米,宽 9 米,高 8 米,双孔,最大跨径 35 米,悬链线空腹式石拱结构,限载 30 吨。S287 白土线、S312 宜兴线复线上,横跨夏阳河。

高岚河桥

位于水月寺镇人民政府驻地西南 13.6 千米处,水月寺镇石柱观村和黄粮镇黄粮坪村交界处,以跨越高岚河而得名。始建于 1959 年 10 月,1961 年 11 月竣工通车。两河口至韩家湾县道公路线上,全长 53 米,宽 9.5 米,高 16 米,单孔,最大跨径 40 米,悬链线变截面空腹式石拱桥,限载 30 吨。1959 年为全省第一大石拱桥,被列入湖北省十年成就展览。

青龙寨桥

位于水月寺镇人民政府驻地南 7.4 千米处的白果园村,S312 宜兴线上。以地名青龙寨而得名。始建于 1998 年 3 月,2001 年 4 月竣工通车。全长 88 米,宽 9 米,高 20 米,单孔,最大跨径 66 米,钢筋混凝土板拱结构,限载 30 吨。横跨青龙寨溪流。

神龙奔江桥

位于水月寺镇人民政府驻地东南 7.4 千米处的晒谷坪村,S312 宜兴线上。1998 年建成通车,以地名命名为神龙奔江桥。全长 41 米,宽 9.5 米,高 7 米,单孔,最大跨径 25.5 米,石拱结构,限载 30 吨。横跨鸳鸯水。

水月寺一桥

位于水月寺镇人民政府驻地东 0.1 千米处的水月寺集镇。建于 1967 年,以水月寺集镇的第一座桥梁而得名。全长 23 米,宽 7.5 米,高 3 米,单孔,最大跨径 18 米,石拱结构,限载 30 吨。水月寺至王家台县道公路线上,是水月寺集镇的重要交通设施。横跨碾盘沟。

龙潭河桥

位于水月寺镇人民政府驻地东北 8.7 千米处的安桥河村。1990 年建成通车,以桥梁横跨龙潭河而得名。全长 58 米,宽 10.5 米,高 10 米,单孔,最大跨径 41 米,石拱结构,限载 35 吨。位于 G347 南德线上。

纸厂河桥

位于高桥乡人民政府驻地东北 0.4 千米处的龚家桥村。G209 苏北线上,是长冲集镇的重要交通设施,跨越高桥河。1980 年建成通车,单跨石拱桥;2005 年对 G209 苏北线进行改造,在下游约 100 米处重建,空心板梁结构三孔公路桥。全长 66 米,宽 12 米,高 6 米,最大跨径 36 米,最大载重量 55 吨。

姜家堰中桥

位于高桥乡人民政府驻地东南 8.5 千米,木城村、双堰村交界处,S457 高水线上,跨越姗娌河。始建于 20 世纪 60 年代,为单孔石拱桥,名鸡公岭桥。2015 年公路调整升级为省道 S457 高水线时重新建桥,更名为姜家堰中桥。钢筋混凝土整体现浇板结构,双孔。全长 46 米,宽 8 米,高 10 米,最大跨径 20 米,最大载重量 50 吨。

三岔口桥

位于榛子乡人民政府驻地西北 8.5 千米处的龙口村,平水至瓦屋矿山专用公路线上。高桥河、中汉河交汇,形成三岔口,桥以此命名。1989 年建成通行,漫水桥。全长 38 米,宽 4 米。建有香龙山电站。

第六节 隧道

界岭隧道

位于水月寺镇人民政府驻地南部马粮坪村,兴山县与夷陵区交界处,G42 沪蓉高速公路兴山段上。隧道穿越兴山县与夷陵区接界的界岭山体,命名为界岭隧道。始建于2009年,2014年建成通车。类型为长隧道,长5681米,其中兴山境内4613米,宽22米,高5米。设计为双隧道四车道。由于界岭隧道地处雾渡河断裂带,地质条件非常复杂,为G42沪蓉高速公路建设的控制性工程。

青龙隧道

位于水月寺镇人民政府驻地南部白果园村,G42沪蓉高速公路兴山段上。因在青龙寨山下,命名为青龙隧道。始建于2009年,2013年建成通车。设计为双隧道四车道,属短隧道,长870米,宽22米,高5米。

燕子隧道

位于水月寺镇人民政府驻地南部南对河村,G42沪蓉高速公路兴山段上,以所在地地名燕子洞命名为燕子隧道。始建于2009年,2014年建成通车。设计为双隧道四车道,属长隧道。长1622米,宽22米,高5米。

卧佛山隧道

位于水月寺镇人民政府驻地西南部高岚村,G42沪蓉高速公路兴山段上,穿越卧(睡)佛山山体,命名为卧佛山隧道。始建于2009年,2014年建成通车。设计为双隧道四车道,属长隧道,长4500米,宽22米,高5米;岩溶发育,隧道最大埋深约1029米,地应力极大。

峡口隧道

位于峡口镇人民政府驻地北部,跨李家山村、泗湘溪村,G42沪蓉高速公路兴山段上,以所在地峡口命名为峡口隧道。始建于2009年,2014年建成通车。设计为双隧道四车道,属长隧道,长6500米,宽22米,高5米;地质复杂且岩溶发育良好,隧道最大埋深约1500米,地应力极大。

钟家岭隧道

位于峡口镇人民政府驻地北部秀龙村,G42沪蓉高速公路兴山段上,穿越钟家岭山体,命名为钟家岭隧道。始建于2009年,2014年建成通车。设计为双隧道四车道,属长隧道,长1600米,宽22米,高5米。

白家山隧道

位于高桥乡人民政府驻地南部木城村,G42沪蓉高速公路兴山段上,穿越白家山山体,命名为白家山隧道。始建于2009年,2014年建成通车。设计为双隧道四车道,属长隧道,长1000米,宽22米,高5米。

马家坡隧道

位于高桥乡人民政府驻地西部贺家坪村，G42 沪蓉高速公路兴山段上，穿越马家坡山体，命名为马家坡隧道。始建于 2009 年，2014 年建成通车。与巴东县溪丘湾乡接界，设计为双隧道四车道，属长隧道，长 3950 米，其中兴山境内 1270 米，宽 22 米，高 5 米。隧道进口段下方分布有古断层滑坡堆积体，极易诱发滑坡。

猴子包隧道

位于南阳镇人民政府驻地西北 7 千米处的落步河村，G347 南德线上，以地名命名为猴子包隧道。始建于 2007 年年初，年底建成通车。设计为双向两车道，属中隧道，长 542 米，宽 8 米，高 5 米。

白沙河隧道

位于昭君镇人民政府驻地西北 6.3 千米处的昭君村，G209 苏北线上。建于 2006 年。设计为双向双车道，属中隧道，全长 900 米，宽 8.5 米，高 5 米。所在山峰为龟山寨。

马麦隧道

位于兴山县驻地古夫镇西南部，G347 南德线上。马，指南阳镇马岩；麦，指古夫镇麦仓口，命名为马麦隧道。2016 年建成通车，设计为双向双车道，长 2620 米，宽 7 米，高 7 米。所在山峰为双龙山。

马麦隧道

第七章　水利水电设施

第一节　水库

古洞口水库

位于古夫镇人民政府驻地北部,是古洞口电站的蓄水库,兴山县第一座库容式水利水电枢纽工程,大(Ⅱ)型水库。始建于 1993 年 3 月 1 日,1999 年 9 月 9 日建成投入运行,归属兴山县水电专业公司。2009 年由兴发集团收购,属兴发集团。大坝属钢筋混凝土面板堆石坝,主坝高 193 米,拦河坝高 117.6 米,坝顶长 187.8 米,宽 8.5 米。承雨面积 965 平方千米,水库西面延绵 15 千米至咸水河,北面延绵 16 千米至平水河,面积 9.6 平方千米,库容 1.476 亿立方米,正常蓄水水位为海拔 325 米。以发电为主,兼有防洪、灌溉、供水、养殖、旅游等多种效益,最大泄洪流量 1250 立方米/秒。水源来自上游的平水河与咸水河。

古洞口水库

满天星水库

位于古夫镇南部,深渡河村满天星处。始建于 2002 年,2005 年投入运行,属兴发集团。

水库主要功能为防洪、发电。小（Ⅰ）型水库，主坝长 52 米，高 40 米，最大泄洪流量 490 立方米/秒，承雨面积 990 平方千米，总库容 515 万立方米。水源来自上游古洞口电站尾水和寒溪口、孙家沟。

满天星水库

胡家河水库

位于古夫镇北部，马家河二级水电站的蓄水库。2005 年由武汉森佳集团投资修建，2009 年由森佳集团转让给私营企业，归属马家河电业有限责任公司。小（Ⅰ）型水库，主坝长 56.6 米，高 8 米，最大泄洪流量 150 立方米/秒，承雨面积为 324 平方千米，总库容为 1.5 万立方米。水源来自上游马家河一级电站尾水及毛家河。

毛家河水库

位于古夫镇人民政府驻地西北 15 千米处。始建于 2010 年，2013 年投入运行，属兴发集团。小（Ⅰ）型水库，主坝长 150.9 米，高 94.2 米，最大泄洪流量 2240 立方米/秒，承雨面积 266 平方千米，总库容为 1386.4 万立方米。水源来自上游沙湾电站尾水。

滩坪水库

位于昭君镇人民政府驻地，G209 苏北线滩坪南侧。始建于 1977 年，同年 12 月建成投入运行。水源来自水库上游杉树沟，主要用于农业灌溉、淡水养殖、发电等。小（Ⅰ）型水库，库长约 0.6 千米，宽约 0.1 千米，承雨面积 10 平方千米，设计库容 133 万立方米，蓄水面积 0.6 平方千米，有效蓄水容量 117 万立方米，水库底海拔 872.4 米，坝高 907.9 米；主坝高 35.5 米，长 101 米，顶面宽 2 米，溢洪道宽 33.8 米，最大泄洪量 110.7 立方米/秒。建五童三级电站。设计灌溉面积 2000 亩，实际灌溉 1600 亩。

杨家湾水库

位于黄粮镇金家坝村，镇人民政府驻地东北 3.5 千米处。始建于 1957 年 1 月，同年 12 月建成投入使用,主要用于农田灌溉。小(Ⅱ)型水库,主坝长113米,高14米;水库长0.3千米,宽0.25千米,蓄水面积0.033平方千米,平均水深10米,总库容为30.7万立方米,泄洪流量0.24立方米/秒,设计灌溉面积1400亩。水源来自集雨。

拱桥湾水库

位于黄粮镇黄粮坪村,镇人民政府驻地东北3.5千米处。始建于1991年,1996年建成投入使用;2008年对坝体进行加固整修,主要用于农业灌溉和人畜饮水。小(Ⅱ)型水库,主坝长175米,宽4米,高20米,泄洪流量0.5立方米/秒;水库长0.2千米,宽0.16千米,平均水深15米,蓄水面积0.13平方千米,总库容为30万立方米,设计灌溉面积1000亩。水源来自集雨。

胡家湾水库

位于黄粮镇界牌垭村,镇人民政府驻地西北4.4千米处。建于1974年,1977年对水库进行维修加固。水库长130米,宽100米,平均水深5米,蓄水面积0.013平方千米,蓄水量6.5万立方米。主要用于农田灌溉,可灌溉面积250亩。

郑家垴水库

位于水月寺镇郑家垴村,镇人民政府驻地西南9千米处。始建于1970年,1973年竣工投入使用。小(Ⅱ)型水库,主坝长80米,高13米,坝顶宽5米;水库长400米,宽250米,深4米,最大泄洪流量3.7立方米/秒,承雨面积为0.54平方千米,总库容为40万立方米。主要用于农业灌溉,设计灌溉面积2300亩。水源来自溪水和降雨。

雷溪口水库

位于水月寺镇道路坪村,镇人民政府驻地南11千米处。始建于2009年,2010年建成投入使用。水源来自夏阳河和九里冲,主要用于朝天吼漂流和金子坪电站发电,小(Ⅱ)型水库,主坝长60米,高11米,坝顶宽2米;水库长500米,宽200米,平均深5米,总库容为50万立方米,承雨面积60平方千米。

青龙寨水库

位于水月寺镇白果园村,镇人民政府驻地南6.9千米处。始建于2010年,2013年建成,水源来自鸳鸯水,主要用于朝天吼漂流和青龙寨电站发电。小(Ⅱ)型水库,主坝长90米,高20米,坝顶宽2米;水库长1000米,宽200米,平均深10米,总库容100万立方米,承雨面积90平方千米。

青龙寨水库

田家坪水库

位于高桥乡贺家坪村,乡人民政府驻地西 14 千米处。始建于 1958 年,1959—1963 年因自然灾害停工,1964 年复建,1966 年 6 月建成。水库四面环山,海拔 1218.9 米,承雨面积 2 平方千米,正常蓄水深 30 米,平均水深 21.5 米。溢洪道宽 3.8 米,深 1.5 米,设计泄洪量 370 立方米/秒。总库容 117 万立方米,有效蓄水总容量 108 万立方米,设计灌溉面积 3000 亩。水库主轴线呈东西方向,水库东有三座副坝,水库底海拔高程 1187.6 米,坝顶海拔高程 1217.9 米。主坝高 30.3 米,长 100 米,顶面宽 5 米。副坝全长 78 米,顶宽 2.5 米。小(Ⅱ)型水库,主要用于农业灌溉、人畜饮水、淡水养殖等。

田家坪水库

第二节　灌溉渠

万能安长渠

《兴山县志》记载,1967 年,当地一位 68 岁的老人万能安,带着 8 岁的小孙子,携锄头、撮箕修建红岩河长渠,后更名为万能安长渠。解决了肩挑、背驮运水的历史。

万能安(1899—1982 年),兴山县古夫镇平水村古井坪红岩河人,家境贫寒,栖身于红岩河河畔的岩洞内。1949 年 8 月兴山解放,万能安积极投身于清匪反霸、土地改革运动,年过半百才感受到翻身做主人的幸福。他所居住的村子有 20 多户人家,120 多人,地形为高山峡谷,一面陡坡,人们用"三个大月亮就能把庄稼晒死"来形容,用水要下到红岩河里去背,当时流传着"水在河里流,人在山上愁"。

1967 年,68 岁的万能安暗自思忖,要是能把红岩河河水引上山来该有多好。说干就干,他带着砍柴刀,沿着红岩河逆流而上,终于找到红岩河源头三股水。第二天,他带着 8 岁的小孙子,携锄头、撮箕来到工地,爷孙俩就正式动工了。披星戴月,早出晚归,直到 1969 年冬,生产队安排了 10 个劳动力参与修渠引水工程。万能安信心倍增,下定决心,无论如何也要把水渠修通,坚持挖山不止,被人们誉为"活愚公"。1971 年夏,渡槽架设竣工,清澈的河水从对面的悬岩上经渡槽流进了村里。没几天,一场罕见的特大暴雨将刚刚建成的渠道拦腰冲断,长达 166 米。在天灾面前万能安没有退缩,他依旧天天奋战在工地。当时的古井坪大队又派出 10 个劳动力前来援助。终于在 1973 年的春天,这条缠绕于山崖之间长达 2000 多米的水渠又迎来了甘甜的山泉。红岩河人结束了肩挑、背驮运水的历史,100 多亩农田旱涝保收。还建起了一座小型水电站,深山峡谷中开天辟地用上了电。将人们从繁重的推磨、冲碓等体力劳动中解放出来,取而代之的是脱粒机、打米机、钢磨等。

1974 年,万能安被评为省、地、县三级劳动模范,出席了湖北省劳模大会。会议一结束,万能安即刻返回村里,继续带领大家又改田 40 多亩。用他自己的话说,我的精神就是"活着干、死了算"。"向活愚公万老学习""学习愚公万能安"的大幅标语至今尚存。1982 年 5 月 20 日万能安因病去世,享年 83 岁。万能安精神将世代相传,永远激励人们艰苦创业,建设美好家乡。

大礼长渠

位于昭君镇人民政府驻地西南部,跨越黄家堑村、大礼村。1978 年开工建设,1979 年建成投入使用。起源于滩坪水库,经杨家河、漩水观、沙坡岭、旱水田、黄家堑、桃子垭,止于长模院,呈东南至西北走向。全长 15 千米,底宽 0.3 米,最大水深 1.5 米,平均流量 0.8 立方米/秒,混凝土结构。主要用于农业灌溉和人畜饮水,设计灌溉面积 1600 亩。

喷水长渠

位于高桥乡人民政府驻地北部,跨越龚家桥村、洛坪村。1958 年开工建设,1965 年建成投入使用。起源于纸厂河的喷水洞,经龚家桥、长冲、桂花、茅草坝,止于贺家湾,呈东西走向。全长 8.6 千米,底宽 0.8 米,混凝土结构。最大水深 1 米,平均流量 0.6 立方米/秒,主要用于农业灌溉、发电和人畜饮水,设计灌溉面积 1500 亩。

第三节　水电站

古洞口电站

位于古夫镇人民政府驻地北 2.5 千米处,县城北部。利用古洞口水能发电,命名为古洞口电站。始建于 1993 年,1999 年投产发电,归属兴山县水电专业公司。2009 年由兴发集团收购,隶属兴发集团。电站装机 3 台,总装机容量 4.5 万千瓦,日发电量 33 万千瓦·时,年发电量 1.22 亿千瓦·时。

满天星电站

位于古夫镇深渡河村,镇人民政府驻地南 5.5 千米处,利用满天星水库水能,命名为满天星电站。始建于 2002 年,2005 年投产发电,隶属兴发集团。装机容量 1.1 万千瓦,日发电量 8.2 万千瓦·时,年发电量 3430 万千瓦·时。

满天星电站

胡家湾电站

位于古夫镇平水村,镇人民政府驻地东北 18.6 千米处。始建于 2010 年,2012 年投产发电。属径流式电站,落差50米,装机容量500千瓦,日发电量0.6万千瓦·时,年发电量为219万千瓦·时。

马家河一级水电站

位于古夫镇平水村,镇人民政府驻地东北13.5千米处。1997年古夫镇与湖北省水利厅、宜昌市水利局、平水乡人民政府联合开发,2000年投产发电。承雨面积493平方千米,设计水头80.7米,流量9.91立方米/秒,装机3台,总装机容量6000千瓦,年发电量为2672万千瓦·时。年利用4453小时。

毛家河电站

位于古夫镇平水村,镇人民政府驻地东北16.15千米处。始建于2010年,2013年建成发电,隶属兴发集团。属库容式电站,库容1379万立方米,正常水位570米,装机容量8000千瓦,日发电量13万千瓦·时,年发电量为4900万千瓦·时。该工程集防洪、发电、旅游于一体。

平水电站

位于古夫镇平水集镇,镇人民政府驻地东北13.12千米处。承雨面积132平方千米,设计水头84米,流量3.04立方米/秒,装机2台,容量2000千瓦。1999年建成发电,年发电量为794万千瓦·时。

马家河二级水电站

位于古夫镇平水村,镇人民政府驻地东北11.82千米处。2005年由武汉森佳集团投资修建,2009年投产发电,归属马家河电业有限责任公司。属库容式电站,落差28米,装机容量3200千瓦,日发电量6.48万千瓦·时,年发电量1600万千瓦·时。

咸水电站

位于古夫镇咸水村,镇人民政府驻地西北15千米处。2008年投产发电,2008—2011年属私营企业,2012年由兴发集团收购,隶属兴发集团。属径流式电站,装机容量4000千瓦,日发电量6.9万千瓦·时,年发电量为2000万千瓦·时。

耿家河电站

位于昭君镇响滩村,镇人民政府驻地东北2千米处。1965年动工兴建,1968年建成发电。建明渠3000米,压力前池850立方米,落差100米。装机2台,容量200千瓦,日发电量0.228万千瓦·时,年发电量83.22万千瓦·时。水电站取响龙洞之水,是兴山县第一座水力发电站,开创了兴山县水力发电的历史先河。

石家坝电站

位于峡口镇石家坝村,镇人民政府驻地东北 7 千米处。始建于 1984 年,1985 年建成发电,隶属兴发集团。承雨面积 812 平方千米,设计水头 42 米,流量 10 立方米/秒。建筑面积 2500 平方米。装机 3 台,总装机容量 3750 千瓦,年利用 3951 小时,年发电量 1481 万千瓦·时。

朝天吼电站

位于峡口镇杨道河村,镇人民政府驻地东北 20 千米处。始建于 1997 年,1999 年建成投产,隶属兴发集团。承雨面积 433 平方千米,设计水头 79.68 米,流量 7.86 立方米/秒。建筑面积 640 平方米。装机 2 台,总装机容量 5000 千瓦,年利用 3770 小时,年发电量 1885 万千瓦·时。

杨道河电站

位于峡口镇石家坝村,镇人民政府驻地东北 10 千米处。始建于 1994 年,1997 年建成发电,隶属兴发集团。承雨面积 692.22 平方千米,设计水头 75 米,流量 14 立方米/秒。占地 6000 平方米,建筑面积 2500 平方米。装机 2 台,总装机容量 7500 千瓦,年发电量 3802 万千瓦·时。

猴子包电站

位于兴山县西北部,南阳镇白竹村,东距县城古夫镇 10 千米。始建于 1974 年 10 月,1978 年 8 月建成投入运行,为当时兴山第一座大型水电站,归属兴山县天星水电集团。取水于苍坪河,为西河电站梯级开发第二级。承雨面积 327 平方千米,设计水头 129 米,流量 10.7 立方米/秒,装机 5 台,容量 10700 千瓦,日发电量 13.6 万千瓦·时,年发电量 4960 万千瓦·时,年利用 4636 小时。2000 年,兴发集团整体收购。电站由低栏栅坝、冲砂池、引水渠、前池、压力管道、厂房、升压站及职工宿舍等设施组成,占地 0.5 平方千米。厂房位于苍坪河与九冲河汇合处,钢筋混凝土框架结构,面积 300 平方米,底层安装 4 台发电机组,在电站旁另增容安装 1 台机组,中层是输电工作室,上层以蓄电设备为主。办公楼、职工宿舍依山傍河,成梯级建筑群,排列在楠凤岭山下。猴子包至神农架林区松柏镇县道公路与 G347 南德线相接。

苍坪河电站

位于南阳镇白竹村,镇人民政府驻地西北 9.5 千米处。始建于 1983 年,1984 年投产发电,归属兴山县天星水电集团。2000 年,兴发集团整体收购,隶属兴发集团。电站引红花河水,承雨面积 320 平方千米,设计水头 135 米,流量 8.2 立方米/秒,装机 4 台,容量 9100 千瓦,日发电量 13.2 万千瓦·时,年发电量 4829 万千瓦·时,年利用 5306 小时。

九冲河电站

位于南阳镇文武村,镇人民政府驻地西北 8 千米处。属兴山县天星水电集团。2000 年,兴发集团整体收购,隶属兴发集团。始建于 1984 年,1986 年建成投入运行。承雨面积 100.67

平方千米,设计水头 231.5 米,流量 3.8 立方米/秒,装机 4 台,容量 6400 千瓦,日发电量 8.3 万千瓦·时,年发电量 3029 万千瓦·时,年利用 5015 小时。

南阳水电站

位于南阳镇营盘村,镇人民政府驻地东 0.4 千米处。始建于 1987 年,1991 年投产发电,归属兴山县天星水电集团。2000 年,兴发集团整体收购,隶属兴发集团。承雨面积 466.67 平方千米,设计水头 92 米,流量 16.5 立方米/秒,装机 2 台,容量 12600 千瓦,日发电量 35.5 万千瓦·时,年发电量 5457 万千瓦·时,年利用 4331 小时。

昭君电站

位于南阳镇阳泉村,镇人民政府驻地东南 4.1 千米处。始建于 1998 年,2000 年建成发电。承雨面积 650 平方千米,设计水头 19.3 米,流量 19.79 立方米/秒,渠道 3.5 千米,装机 2 台,容量 2850 千瓦,日发电量 0.22 万千瓦·时,年发电量 1367 万千瓦·时,年利用 4796 小时。

高岚河电站

位于黄粮镇黄粮坪村,镇人民政府驻地东部高岚河中游,引孔子河河水发电。由黄粮镇兴建,1980 年 1 月竣工发电。2000 年,兴发集团整体收购,隶属兴发集团。承雨面积 340.75 平方千米,设计水头 28.5 米,流量 4.7 立方米/秒,装机 2 台,容量 1055 千瓦。年发电量 407 万千瓦·时,年利用 3875 小时。低栏栅坝长 24 米,宽 1.5 米,钢筋混凝土结构。引水渠长 2600 米,宽 3 米,深 1.5 米,穿过两个隧洞进入前池。压力前池长 18 米,宽 11 米,深 4.3 米,蓄水量 850 立方米。

雾龙洞水电站

位于黄粮镇黄粮坪村,镇人民政府驻地东部高岚河中游。1984 年由黄粮镇兴建,1986 年竣工发电。2000 年,兴发集团整体收购,隶属兴发集团。引石板沟岩洞泉水和任家湾泉水,设计水头 184 米,流量 0.9 立方米/秒,装机 3 台,容量 960 千瓦,年发电量 353 万千瓦·时,年利用 3677 小时。

将军柱电站

位于水月寺镇高岚村,镇人民政府驻地西南 13.5 千米,夏阳河与高岚河交汇处。始建于 1985 年,1988 年并网发电,属镇办电站。占地 1000 平方米。承雨面积 260 平方千米,引水渠 4772 米,水头 94 米,流量 4.2 立方米/秒,装机 3 台,总容量 3300 千瓦,日发电量 4.11 万千瓦·时,年发电量 1500 万千瓦·时。

孔子峡电站

位于水月寺镇滩淤河村,镇人民政府驻地西北 10.1 千米处。隶属兴发集团。占地 1500

平方米。始建于 1984 年,1999 年竣工发电。引白鸡河电站尾水,水头 83.5 米,流量 6 立方米/秒,装机 2 台,总容量 4000 千瓦,日发电量 4.48 万千瓦·时,年发电量 1636 万千瓦·时。

学堂坪电站

位于水月寺镇南对河村,镇人民政府驻地西南 7.8 千米处,属镇办电站。始建于 1982 年,1984 年发电。1984 年 7 月被洪水冲毁,同年 10 月 1 日恢复发电。占地 2000 平方米。承雨面积 20 平方千米,引水渠 1500 米,水头 37 米,流量 2.7 立方米/秒。装机 2 台,总容量 640 千瓦,日发电量 1.04 万千瓦·时,年发电量 380 万千瓦·时。

青龙寨电站

位于水月寺镇南对河村,镇人民政府驻地西南 7.9 千米处,属兴发集团。始建于 2014 年,2015 年并网运行。占地 3600 平方米。水源来自青龙寨水库,流量 2 立方米/秒,水头 30 米,装机 2 台,总容量 1000 千瓦,日发电量 0.85 万千瓦·时,年发电量 310 万千瓦·时。

金湘口电站

位于水月寺镇白果园村,镇人民政府驻地南 7.5 千米处。取鸳鸯水河水发电。始建于 2003 年,2004 年竣工发电。占地 300 平方米。装机 2 台,总容量 400 千瓦,日发电量 0.41 万千瓦·时,年发电量 150 万千瓦·时。

龙潭河电站

位于水月寺镇茅草坪村,镇人民政府驻地北 8.7 千米处,属镇办电站。始建于 1983 年,1987 年并网发电。占地 1200 平方米。承雨面积 39 平方千米,引水渠 2242 米,水头 76 米,流量 0.8 立方米/秒,装机容量 500 千瓦,年利用 3398 小时,日发电量 0.72 万千瓦·时,年发电量 260 万千瓦·时。

车家河电站

位于高桥乡太阳村,乡人民政府驻地东南 10.8 千米,兴山县与秭归县交界处。引车家河和双河电站尾水。始建于 2010 年,2014 年建成,属私营企业。占地 500 平方米,建筑面积 300 平方米。装机 3 台,总容量 3200 千瓦,日发电量 7 万千瓦·时,年发电量 2300 万千瓦·时。S457 高水线途经此地。建有凉台河大桥。1999 年行政区域勘界时,在电站的背后小溪沟北岸竖立有兴山、秭归两面界桩,界桩号为 05260527001。按照有关规定,每五年对界桩进行一次联检。

门家河电站

位于榛子乡石柱村,乡人民政府驻地东南 12 千米处,高岚河流域榛子乡郭家台。2000 年 9 月建成发电,属兴发集团。承雨面积 99.96 平方千米,设计水头 119 米,流量 2.94 立方米/

秒,装机 2 台,容量 2500 千瓦,年发电量 1176 万千瓦·时,年利用 4705 小时。

青龙口电站

位于榛子乡石柱村,乡人民政府驻地东南 5.2 千米处,高岚河流域榛子青龙仙人桥下。1973 年竣工发电。1975 年 8 月,因洪水灾害受损后进行更新改造,装机容量由 150 千瓦增至 200 千瓦。承雨面积 21 平方千米,设计水头 90 米,流量 0.35 立方米/秒,装机 2 台,容量 200 千瓦,年发电量 67 万千瓦·时,年利用 3333 小时。

第四节　变电站

座斗坪变电站

位于峡口镇白鹤村,镇人民政府驻地东北 1.5 千米处。由宜昌市电力局设计安装,投资 305.44 万元,设置主变压器 1 台,容量 1.69 万千伏安。1981 年 12 月投入运行,1989 年 3 月归属宜西供电分局,2015 年属国家电网兴山供电公司。

平邑口变电站

位于峡口镇平邑口工业园区,镇人民政府驻地西北 7.5 千米处。始建于 2003 年,2004 年建成投运,命名为兴山天星供电公司平邑口变电站。110 千伏,容量 63000 千伏安,设主变压器 2 台,型号 SFSZ11－63000/110,容量 126000 千伏安,输入功率 100000 千瓦,输出功率 100000 千瓦。是兴山电网与大网连接的唯一通道,承担着葛洲坝水泥厂、兴发工业硅、刘草坡工业园及峡口供区供电,最大供电负荷 7 万千瓦,占全县供电负荷的 47%。另汇集峡口区域部分电站上网(12 座/17.115 兆瓦,不含水泥厂余热发电容量)。

万家岭变电站

位于兴山县古夫镇夫子社区,镇人民政府驻地西 0.5 千米处。始建于 1995 年,1997 年建成投入运行,命名为兴山天星供电有限公司万家岭变电站。110 千伏,设主变压器 1 台,型号 SFSZ8-31500/110,容量 31500 千伏安,输入功率 40000 千瓦,输出功率 35000 千瓦。是古夫河流域、高岚河流域电能汇集、再分配的枢纽站,同时承担着古夫、水月寺、榛子供区供电,占全县供电负荷的 10%。

城关变电站

位于昭君镇昭君集镇,镇人民政府驻地北 0.2 千米处。始建于 1977 年,1978 年建成并投入运行,2000 年命名为兴山天星供电公司城关变电站。占地 1200 平方米。初设主变压器 1

台,容量 160 千伏安。1981 年改为主变压器 2 台,容量 9000 千伏安,输入容量 110 千瓦,输出容量 66 千瓦。供电半径 40 千米。

湘坪变电站

位于南阳镇落步河村,镇人民政府驻地西北 5.1 千米处。始建于 1984 年,1985 年建成投入运行,归属兴山水电专业公司管理,2000 年命名为兴山天星供电公司湘坪变电站。由宜昌地区电力局设计安装,110 千伏变电站,设主变压器 2 台,容量 6 万千伏安,主变压器型号为SFS7-20000/121、SFSZ11-40000/110,输入功率 42000 千瓦,输出功率 42000 千瓦。为南阳河流域电站上网的汇集站。

第八章 地名散文

第一节 古代散文

石山坪记

石山坪者,高桥下湾淹水淌。《归州志》记载:作者陈孝浚(陈凤鸣,字平川,号梧冈),清代贡生,道光年间知县,《周易条辨》十卷著有《石山坪记》:仙女山之麓有平原焉,曰石山坪。壤黄宜稼,视他处先熟。周遭二里许,左右溪流,中有石山二,拔地并起。左圆而锐,右直以方,高各计十丈,其闲隙地半亩。前二里三峰屹立,中微高,左右微下,远而望之,宛若银架之置于案。然予自省垣至京师所阅:胜境多矣,未有若此之巧,有备者化工之,谓工信乎! 花鸟之晨风月之,夕心尝久之,而此地又适为予有。今年秋,拟筑室三,重于其间:左因其圆而圆垣之,额之,曰笔峰;右因其方而方垣之,颜之,曰墨岫。笔峰之下,前营一亭,曰射斗亭;后营一馆,曰生花馆。墨岫之下,前构一轩,曰草云轩;后构五阁,曰研露阁。刈其积棘,树以松柏去其萧稂,种之兰薰,图画几席尽其妍,黝垩丹漆,举以法率。吾子弟诵读于其中,邀吾朋侪吟尝于其际。藉两间之翰墨,写大块之文章。山不负予,予亦庶不负山乎。苦家贫力,有不逮未知。能落成否,志既专竭,吾力而止。能落成,布为目前之景可也;不能落成,留为意中之事可也。山其有以谅之矣,抑予尤有感焉! 以斯地之胜,置之金台。镐洛之间,则骚客吟,人游眺者众,匪特一人之所欣。六朝五代,图说久详,岂待今日? 而始记胡为峙,兹僻壤开阔,以来得予始,为之著又未知,培之奚似其遇合之,无期乎! 抑知希而贵乎! 已而思之,美玉之韫,待价而沽。则知必观,其深而非,以众寡论也。后雕之姿,岁寒始见。则遇必俟,其时而非,以迟速计也。山乎山乎,固如斯乎! 山乎山乎,岂惟山乎?

石鹅岭记

清·《翰墨生香》石鹅岭记:兴邑之北,平水之西,有一岭焉。远望之,如鹭如鹜。近视之,非雁非莺。昔人见其奇异,有似鹅形,因从之,而拟之曰石鹅岭。或曰是物也。与河水相连,与龙山相伴。牧夫樵笠,恒往来于其间。飞禽走兽常栖息于其内。上连叠嶂,下接流泉。居人五德之鸡,未闻拍手呼於见食。于陵仲子之母,未闻供殻而出哇,大可异哉。恶声至,不动不鷔,不飞不跃。旱涝至,无渴无饮,无饥无食。然而天下清旦廉也,噫！误矣,不知此山也,非真物也,类比者多矣。尚能充其类而言之,熊耳高峙。何其振古如兹。灵鹜小峰不知何年飞去雁门严塞上之雄关,域限中外。豫章葵花明井,毒龙羁于铁柱。梁山州眉山名县,三苏产于一门。是何。意态雄且傑。卓立天骨森开张。诚哉。宇宙之大观也,前人之述备矣。若鹅岭者其名甚远,其地甚僻,秭城志书虽载降鹅之事实已杳。地非金牛,开山空劳五丁之力。路非羊肠,驾驿岂闻王尊之叱,不须夸娥之负,自峙一边。何用巨灵之擘,标名奕世。倘使灵气独钟,异物相感天命玄鸟降而生商。履帝武敏,实娠后稷,得夔门两扇之开,中心有鲍,居湖南三湘之地,文政有存,虽无自比管乐,犹是隆中馀择。即使户无斗莺。尚想三峡流风。庶我国家深恩厚泽,能挽已去天心,图治励精,足使人心怀贰。莫谓天不助汉,固国有山溪之险,岂曰地不生毛,穷乡毓跋屃之山。

石鹅岭-鹅嘴

茅麓山记

《兴山县志》(乾隆版)卷之九《茅麓山记》:国朝知县潘内召茅麓山记:兴邑西北七十里曰茅麓山,系逆贼李来亨盘踞之所,来亨本闯贼,余孽兵败,窜四川。顺治十年,复帅众四五千,自建始县达巴东归州至兴山七连坪,据险结聚一十二年,因此地深入万山层崖复岭,跋屃莫制,后肆掠南障塞姓,经提督董学礼领兵进剿。康熙元年壬寅冬,兵至李家店蒿坪,杀退贼兵,来亨未就擒获。二年癸卯三月,兵至南阳河双龙观,复与贼斗,贼大败走,遂拔七连坪寨,贼巢既破。复创栅拒守黄龙山,后提督董兵屯万朝山下,相聚三月,时秋雨积旬,道途沮洳,衣甲尽湿,军士各有懈心,贼乘我不备,率众夜袭,鏖战于黄龙山之大茶园,我军失利,退当阳请援,援兵既集,遂合大将军穆,将军查,陕西提督王,四川提督李,冠会剿于本年冬月,四路进兵,李贼势穷,夜遁至黄龙山北之茅麓山,据绝顶横坡,聚守险隘,势难攻取,幸贼运粮甫三日,而大兵长围,绝贼粮道,大将军穆屯兵黄龙山上,以扼其前,陕西提督王屯兵茅麓山尾,以杜其后,将军查屯兵湘坪,以拒其左,四川提督李屯兵显灵观,以拒其右,提督董屯兵于山之西南,以防其逸困。至康熙三年,甲辰八月,逆贼食尽,从党争降,欲战不能,于逃无路,来亨计穷自焚,死茅麓山。平遂,设县令,招来人民,开垦复业,派拔夷陵镇左营官兵驻防,设塘汛,以盘诘奸究,余抵任后,单骑亲勘,附葛扪藤,攀援而上至茅麓山顶坡,详验来,李来亨焚死处所,坡基约长三里,宽里半有余,傍有山泉可汲,山高十里余,四围约七八十里,横岭悬岩,窄不可履,山后深林叠嶂,人烟阻绝,近连巴东、归州,远接四川界,峰峦矗矗,无路可寻,此西南山境也。至东北接界则有保康、房县,陡涧巉崖,亦与西南等。前后左右八塘布列,盖山本穷壤孤峒,出入交阻,泉石凿凿,馈饷何来,此无用之绝地,兵法所忌,贼平后已成废土,地方之宁固,将永永无极矣。(茅麓山即茅庐山)

高坪观记

吴翰章高坪观记:高坪观者,在县西七十里,或言有时中叶神自飞来,像为真武,里人因而祀之,其言不雅驯,然稽诸遗文,则观固永乐时所建也,国初居人捐香火田,迄今又二百有余载。荒榛蔓草,渐即废颓,屡欲葺之不果。岁丙寅、李君仁轩、王君兰谷至观中,见栋宇之摧,墙垣之覆也,为之恻然,建议修复,醵金若干,遂兴工役,其年八月竣事,王君以记属予,辞之不可得,窃思秭城居万山之中,邑西诸山嶒崚峭拔,超然于意想之外,尝试登高而望,其前有仙人洞,为明羽士萧道元炼丹之所。背临五指,空翠凌霄,烟雾弥漫于其下,西自老君山纡回曲折数十里,冈峦起伏,如断如连。北则茅麓孤峰,森然特立,即大军擒李来亨处也。观之中碑志无存,惟有废钟,字蚀过半矣,其高阳氏铸四字犹可识认,年月亦不可考。楚为高阳氏后裔,故兴山县高阳城,岂其建国时所铸钦?抑永乐时建观者冒托其名钦?然经两代之兵焚,阅数百年之风雨,断碑残碣,皆可珍也,李君、王君重而新之,后之人以时修葺,则将永无摧崩之患也,是所望于来者。

第二节　近现代散文

石柱观

徐永才

在兴山县著名的高岚风景区,有一座山峰,粗看,似一只数百米长的利剑从山巅刺出,直插云天;细看,又如一只高大的公鸡昂首挺胸,正回首窥视对面的卧佛山,那尊仰天酣睡的卧佛是在做梦还是醒了。站在高岚集镇上,从下朝上望去,垂直高差有七八百米,山巅已经接近千米海拔,因而整座山峰的背景是蓝天白云,大有刺破天穹的气势,威风八面,气象万千。若遇天阴,山峰云遮雾罩,又成了犹抱琵琶半遮面的娇羞美人。这座山峰,叫作石柱观,是高岚风景区著名的景点之一。

在很久以前,我初次到高岚游玩,有人给我介绍石柱观,便极言它的高耸、挺拔、陡峭,山上风光是如此如彼的俊美和幽奇,并且还神神秘秘地说,在那个山巅之上,还建有一个道观,过去香火还很盛,这山的名字就是这么来的。我似信非信,在那样的山巅上,神仙在那里居住还可以,人怎么能够在那里生活啊?建道观的材料怎么搬运上去呢?从这之后几十年了,高岚我去过不下百次,但由于石柱观太遥远、太高陡,这疑问就一直留在心里,而没有机会去一释心中的块垒。

前不久,我偶翻清朝同治版的《兴山县志·山势》,上面赫然记载:"石柱观在县东夏阳河,上干云霄,撑绿拥翠,二水回还,极为胜览,中有古柏森森,高百仞,大十围,四时常青,枝叶如盖。"观荒圮,石门犹存,有联云:石头问九天日月,柱脚立万古江山。横批:石柱仙山。这引发了我想一探石柱观究竟的向往。

也是凑巧,在这之后不久,县文物局局长邀我去石柱观,说由于通村公路的兴建,汽车可以开到石柱观的半山腰了,上山已不是很难的事情。这正中我下怀,便欣然前往。

汽车在仅有一车宽的村道上颠颠簸簸半个小时,在走到公路的尽头时,就开始弃车爬山了。上山本来是有路的,但由于现在这里人迹罕至,草木疯长,路又还原成了原生态,使我们那位几年前来过这里的文物局局长也费了一番周折才找到路口。不过每前进一步都非常艰难,处处是横七竖八的草木,不时有荆棘把头发揪住了,把衣服挂住了,在接近山顶时情况有好转,但荆棘少了,路却更加陡峭,就是在岩缝和古木老树之间穿行,头上是山石压顶,脚下是万丈深渊,其险不可名状,我们也只能把身子贴在路上往上爬。

接近山顶时,有一小块平地,平地是一块巨石突出山体凌空而成,四周的石隙里长出几棵古朴苍劲的柏树,将这块平地掩映其中,这里有一处房基遗址,基础用火砖垒砌,正方形,面积大概有八平方米,我想,这里应该是当年道士们生活起居的地方。道士们敬畏自然,他们不愿意动山上的一土一石,垒房基还从山下背火砖上来,其苦其难可想而知。

从这里再往上十多米就到山巅了,从下面看,石柱观峰顶如剑尖,似乎站一个人都很困难,但登了顶才发现比想象的宽敞了许多,面积大约有30多平方米,全是几块巨石堆砌的小平原,石缝中生长着叶子已经发红的栌木树,还有一株已经枯死的柏树,树皮落尽,露出白花花的枝干,陡添几分沧桑和古朴。站在这里,四面凌空,天上的云彩似乎触手可及,大有"山高人为峰"的气概和豪迈,举目四望,整个高岚风景区尽收眼底,千峰竞秀,层峦叠嶂;孔子河和夏阳河左右环抱,如丝线一般在遥远的山脚蜿蜒,在石柱观的脚下合二为一称高岚河,又向南淌去;正对面的是被称为高岚一绝的卧佛山,从这里看卧佛,因为在一个水平线上,鼻子眼睛嘴巴纤毫毕现,气势更为磅礴雄伟,似乎我们如果说话的声音大一点,就有可能把熟睡的那位老和尚吵醒。

山顶上在一面巨石旁也有一个房基的遗址,用石块垒砌,也是正方形,面积有十多平方米,这就是当年的石柱观了。这个遗址和下面的遗址一样,除了石块和火砖的房基外,没有其他瓦砾一类的东西,也没有菩萨和香案一类的东西,可以想象当年这个道观是比较初级和简陋的,墙壁应该是木头的,上面覆盖的一定是茅草,因年代久远而风蚀殆尽。县志上描述的十人合围的大柏树也不见踪影,现在还挺立的那棵枯死的老柏树,也不知道是那大柏树的第几代孙了。文物局局长告诉我,这个道观建于明代,也只兴盛了几十年的时间就荒废了,原因嘛,大概是地域太荒僻,生存条件太艰苦。

让我们迷惑不解的是,道观为什么没有供奉菩萨?几乎所有的道观都有元始天尊、太上老君,或者真武大师等,而这里连一点碎片也不见。正在这时,不知是谁发现了一个惊天的秘密,在那房基正对面的石壁上,天然而生的缝隙好像一个图案,大家的目光都集中到了那里,审视、比较,然后心里都有了一个清晰的印象:是一个人头像。鼻子、眼睛、嘴巴一应俱全,头上还有一顶高高的峨冠,酷似影视作品里玉皇大帝的帽子。我们一下子恍然大悟,这个道观是专门为这位天然的道教至高无上的神仙元始天尊修建的。我们真佩服古人的发现力和吃苦精神,在这样遥远高耸的山顶,谁第一个走到了这里?谁的鉴赏力一下子就发现了那尊天然石像?哪位道士竟然下那么大的决心在这山巅建一个道观?他们吃什么?喝是什么?那风霜雨雪怎么抵抗?唉!我们这些当代凡人根本无法解释这些疑问。

道教崇尚自然,道是天地万物的本源,追求清静自然,离境生忘的精神境界。宠辱不惊,看庭前花开花落;去留无意,望天上云卷云舒,是他们日常的生活状态。从这个层面说,这里建一个道观是理想的地方,这里四面临空,摩星接月,人迹罕至,人间所有的事情几乎都与他们无关,他们都生活在自我修炼、清静无为的理想之中。但是,人是肉体凡胎,他们在这里怎么样修炼,怎么样生活下去?这在我们今天想来,依然百思不得其解,留给我们太多的悬念。

秋风余仕坡

张学元

好几年前的一个仲秋,我陪同几位记者到黄粮镇的余仕坡去采访。这次采访,使得我大为震颤。因为,在我的印象中,余仕坡这个名字一直就是兴山历史头顶上的一颗夜明珠。那神奇的熠熠辉光,穿透了兴山几个世纪的梦幻。在我很小的时候,父亲就对我讲起这个地方的雄伟与宏大。几十年了,那潜伏在心底里的好奇,窖酒一样终于有机会发酵了。

那是个阳光很辣的日子。温暖的秋风也是辣辣的。我们坐着破旧的吉普车,从黄粮小镇向着陡峭的山坡逶迤下行。那路既狭又窄,我们坐在上面如履薄冰,如临深渊。虽然沿途的风光不错,但我们始终忐忑不安。在这样封闭而荒芜的环境里,我怎么也想象不出余仕坡当年叱咤风云的精神风貌来,这其中的疑虑简直就有一种对神话虚拟的否定心理。

当我们带着倦意地来到这个地方的时候,时间仿佛是中午,百十来个小学生正在当年余家大院的遗址上欢欣鼓舞着。这所小学是刚通过希望工程建立起来的。三层水泥结构的小洋楼坐落在当年余家大院的中心地带。环顾周遭的髡山秃岭,你就会油然地为这样的不协调而顿生一种悲悯。这里是一个十分标准的山坡,无论是从山势来看,还是从风景来看,这儿怎么也算不上堪舆先生所说的那种风水宝地。当然,我更想象不出当年的余家人是怎样在这种坡度明显的地方建起五个天井大院的。

两位摄影记者好像特别兴奋。他们在这少得可怜的遗址前不停地变换着角度,十分投入地聚焦那些似是而非的记忆,仿佛要把镜头伸进历史的某个层面。我站在那唯一可以展示往昔余家大院派头的大门前,让无尽的思绪顺着那硕大的石级攀登而上。

　　据说,余家的祖籍在今山东平度市。就在清朝问鼎中原不久,一个年龄在23岁左右的青年,从山东千里迢迢地来到兴山的黄粮小镇。那时是康熙七年(1668年)。这个青年的名字叫余登荣。可以想象,当年风尘仆仆的余登荣,或是在一个鲜花绽放的春日,或是在一个万木葱郁的夏天,或者踏着漫山的红叶,又或者冒着纷纭的雪花,风信子一样飘荡至此,一头扎进了这个名叫李家庄的土壤里,生根发芽开花结果。是有意,还是无心?恐怕当时这个小青年也没有想到;就他这一落籍,他的这个家族,竟然传宗八代,历时三个世纪。

　　在这泼辣的秋风里,我看见小学的四周散落着三三两两的农户,懒懒怯怯的炊烟无所事事地四散开来,几头老黄牛正在山坡上呆滞着。那几方小小的水田里,残存的稻秆儿无言无语,只有那层浮现在酽泥之上的水清澈无比。阳光下,那透明的波光仿佛正在审视着历史的沧桑。我微闭着汗涔涔的双眼,总想让自己的思绪钻进余氏家族那"功名奕世、富贵流传"的境界之中。但是,在这种尽是空白的荒野里,我发现这是一件十分困难的事。那个年仅23岁的小青年,在当时清朝还未完全顺化中原大地的时候,为何冒着风霜之苦,为何面对兵燹之灾,不远万里来到这里?!按照历史的惯例推测,他也许是为了躲藏仇家,也许是为了逃避战乱,或是不甘心于"留头不留发,留发不留头"的野蛮政策,或者他本身就是满族特务?!……也许,最清楚的只有历史本身了。文史记载,余家自第四代余廷孝开始发迹,第六代余文鋆鼎盛。拥有20个庄子,61个佃户,良田1092亩,山林9740亩,其家产遍布兴山、宜昌、钟祥三县、四乡、九村。

　　当清朝日薄西山之时,几千年的封建社会也露出了回光返照的端倪。然而,余家却正是在这即将残废的肌体上崛起了自己巍峨的大厦。生于嘉庆十七年(1812年)的余廷孝,也许早已不满足于小农经济的束缚了。也许他早已在小农经济的困惑之中悟出了家族兴旺发达的真谛。理所当然,要建立起辉煌的大厦,首当其冲的是坚实的经济基础。也许,那时候,他的祖上经营塞滞。也许,那时候,在他的手里已经没有多少原始积累。虽然,他的胸中并无多少文墨,但他的头脑里却有着清晰的思想。他的鼻子很灵,他早已嗅到了封建腐朽的尸气。他的眼睛很利,他早已看到了封建社会百孔千疮的躯体。然而,他正是在这种紊乱的社会秩序里,聪慧而狡黠地步入了富裕之路。据说,他发财的手段多少还有些晦涩。但是,"舍不得孩子,套不着狼"。在那种黑暗的社会里,他却是通过商业的法术让别人的金条和银两,心甘情愿地装进了他的腰包。

　　用时下的话说,他是个暴发户,虽然腰缠万贯,但仍然浑身沾染了扑打不掉的黄土。在唯利是图、尔虞我诈的社会氛围中,光有钱没有权是不行的。他那鹰隼一样的目光,穿透了几千年的权钱交易场所。同时,他也把自己的参悟付诸实践。而且,他成功地在两个儿子身上实现了自我的理想。通过他的苦心孤诣和精心栽培,大儿子余志烺获得了"诰封三品中议大夫,例奖一等嘉祥章"的爵位,官居归州州判。据说,他的武艺也达到相当高的水平,飞檐走壁,掌开石条,力敌数十人。二儿子余志锐,也获得了"诰封三品奉政大夫"爵位,官居江苏省淮扬道道台。一个土财主,一个封闭而不失睿智的山里人,终于在儿子的官爵武功里威武地挺直了自己的腰杆。虽说不是参天大树,却也可以沐着自豪的阳光鸟瞰这狭小的县城。那份儿舒畅,那份儿壮阔,那份儿跋扈,使他人仰之弥高,噤若寒蝉。

　　一阵秋风,携着金铁之声,让满山的红叶震颤不已。强有力的阳光,轰轰烈烈地推开了那扇沉重的大门。锈迹斑斑的铁环,时而发出让人心动的声音。长达几十米的大门围墙,是这里保存最完美的建筑物。虽然彩釉绘制的图案难免斑驳,但一个时代的华丽依稀可见。仿佛通过一根恐龙的脊骨化石就可以想象恐龙的庞大。如果这里的建筑依旧完好,那完全可以复制一个完整无缺的封建躯壳。这个被余文鋆命名为伏龙庄的建筑群,面积达 2610 平方米,房屋 39 间,天井 5 个,石院墙长 240 米,高 5 米,厚 2 米。从现有的文史资料之中可以发现,这个建筑群就是一个封建文化的盛大展览厅。在这个庞大的雕梁画栋里,余氏家族精心装潢着封建伦常,镶嵌着传统文化的道德观念。其中,精美的木雕几乎涵盖了所有的古典精髓。既有"龙凤呈祥"的祥和,又有"八仙过海"的玄妙;既有"举案齐眉,麒麟送子"的和睦与昌盛,又有"太公钓鱼,渔樵问答"的深邃与韬略。

"忠孝节义,礼义廉耻"是封建主义的社会精髓,也是余氏大家族的建筑理念。如果说,封建礼教自有其难免的糟粕,那是一个意识形态的问题。至于这堂皇的建筑,除了反映中华民族的聪明才智之外,恐怕很难再寻找到值得诅咒的理由。据资料介绍,这个建筑群里还有许多木雕,内容大都是岳母刺字、割股啖君、悬梁刺股、孙康映雪、李密挂角、匡衡凿壁、车胤囊萤、孟母断杼、黄香温席、孟宗哭竹、卧冰求鲤、陆绩怀桔、桃园结义、孔融让梨等典故,其用意也无外乎就是劝告子孙牢记"忠、智、孝、义"的古训。乡村士绅,耕读之家,富贵何以久长? 传统文化,伦理道德,功不可没。

庭院深深,钟鸣鼎食。余家自有其寂寞,自有其森严,自有其残酷。但其寂寞来自堂皇,森严来自规模,残酷来自礼教。那些封建礼教,正如这高墙大宅,封锁着一个家族,封闭着众多的性情,扭曲着无数的心灵。余志娘的小女儿余贞清,就是一朵在礼教的严霜下枯萎的鲜花。"关关雎鸠,在河之洲。窈窕淑女,君子好逑。"年轻漂亮的余贞清,也曾经在青梅竹马的氛围里心旌摇荡,但她最终的结果是,一盏青灯惨照冰肌玉骨,一尊古佛枉然亭亭玉立。为什么那 25 岁的青春华年就如柳絮飞升,我们不得而知。但我们不难想象的是,一张无形的大嘴巴吞噬掉了她的青春肌体和鲜艳的灵魂。然而,余贞清的悲剧,也并非就是一个年轻姑娘的悲剧,也并非就是一个余氏家族的悲剧,它是整个时代的悲剧。

曾几何时,这余仕坡,在世人眼里还是一个吸人血液的人间地狱。面对这种贫富悬殊极大的风景,阶级的仇恨不共戴天。这似乎就是一种理直气壮的推理。欺诈,悭吝,或者说是坑蒙拐骗的手段又是何其残酷。似乎,这余仕坡的繁荣昌盛就是一种阶级压迫的最有力的罪证。虽然,余家也和其他众多的封建家庭一样,在儒家的孝治里苦心经营,而且还面对释迦牟尼和观音娘娘诵经拜忏。但人们总要另辟蹊径,火眼金睛一样看到"为善宗乐"的伪善,或者说是维护封建伦理的伪装。翻开余氏家族的祖训,我们不难发现这些警言名句:"勤俭立业,忠厚传家""为子孙者,当思本源之有自,益凛德业之勿荒""亲其亲,长其长""遇下以慈,厚薄不分乎亲疏;事上以诚,爱敬勿间于始终""男勤耕读,女重纺织,以养以教,勿怠勿忘""今创业之惟难,知守成之不易。各其自爱,无忝所生"。当然,再好的名言警句,也可能只是一种道德的摆设。但是,我们却绝不能空穴来风地认为,凡是如余家的道德训诫就是别有用心的,或者说是披着羊皮的狼。我们再来看看余家的族规:"上慈下孝,兄爱弟敬,家室和好,宗族敦睦,敬礼戚友,亲爱乡邻",这简直就是温文尔雅,至善臻美。

也许,在世人眼中,这余仕坡就是一个肥硕的寄生虫。它的存在,它的壮大,使得另一个阶级山穷水尽,日暮途穷。那已经拥有五个天井院落的建筑,也就是另一个阶级肌肤上的特大毒瘤。而且,就是这个毒瘤,使得剥削的面貌日益狰狞,更是始终不渝地张着血盆大口。在这种心理状态下,我们再去看余氏家族的族约,你是愤怒呢？还是惆怅？"族中有贤德者共尊礼之,有年高者共爱敬之,有残疾及贫苦无依者宜救济之,有优秀子弟无力造就者宜扶持之。"如果是余氏家族以其伪善欺骗了你,你当然只能有一种不共戴天的仇恨。倘若是我们误读了某段历史,或者说是片面性地武断了某种理论,那我们只可能是在深深的遗憾里苦思冥想。

据说是余氏二祖余瑾,把当时周围的余氏家族合并为一个大族,而且还正式定下派序,"宗廷志文明,祖德宏运长,崇正绍世学,开元永发昌"。就在这首近似五言绝句的派序里,明显地蕴含了余氏家族的美好愿望和远大理想。有趣的是,这种美好的梦想,到"明"字一辈,就难免灰飞烟灭了。

历史潮流,浩浩荡荡。顺之者昌,逆之者亡。余氏家族也并非是没有看到这一点。二十世纪之初的风雨雷电之声,或许早已震颤着这个庞大的封建家族。也许,就在这片坚固的建筑里,有一种思想早已是摇摇欲坠,有一种灵魂早已是诚惶诚恐了。如果说,余家在第六代余文鋆的手里太过张扬的话,那也是很有道理的。这个半边脸黑半边脸白的"清荣奉政大夫",虽然难消花脸的肖像愧疚,但他财大气粗,张扬跋扈,竟然把自己的一方天地赋予了龙的色彩。在他的眼里,大花屋成了"伏龙庄",山岭成了"伏龙岭",水井成了"龙泉井"。在他的内心深处,也许,有一条不大不小的龙一直在苦苦地折腾着他,使他食不甘味,寝不甘梦。也许就是他的张扬,过早地把祖辈的韬光暴露了,这才使飞来的横祸殃及己身。原指望飞龙在天,结果却遭遇绑票,非命荒野。

对于一个有着十分渊源的家族来说,这当然是一个最为惨痛的教训。尤其是对于一个历来以耕读为训的世家来说,这个挫折不仅伤及筋骨,而且元气损耗殆尽。"月盈则亏,日中则昃"。就在余氏家族的辉煌接近尾声的时候,第七代人之中一个叫余明亮字采畴的人,以其敏锐的嗅觉和清醒的头脑开始正视这余仕坡即将倾塌的巍峨。他是一个随着二十世纪的到来而分娩的聪明人。他的脚步已经开始步出了封建的门槛,他的思想已经开始迈进了新世纪的广场。他既有一定的四书五经国学根基,又有一定的现代科学知识。

山雨欲来风满楼。虽然这余仕坡地处偏僻,但在他心中早已不是世外桃源了。在即将翻天覆地的浪潮里,他已经清楚地看到那些山林和土地潜在的危险,他已经清晰地听见那些飞檐画栋骨骼断裂似的扎扎之声了。面对这庞大的家产,到底是祸是福？富与贵,人所欲也。生与命,亦人所欲也。可是,二者不可兼得啦！果然,他当机立断了,他一甩手就卖掉了17个庄子,3/4的土地和山林。难道真是"崽卖爷田不心痛"么?!不会的。绝对不会的。这其中除了睿智,就是一种无奈。在即将改朝换代的冲击中,割掉了这许多的财富,实际上也就是抛弃了一种罪孽的负担。这种负担不仅仅是肉体的,更是精神的。卖掉了偌大家产的余采畴,就仿佛一个行走在薄冰之上的负重之人,也许,他有过一阵子喘息的轻松。但是,他毕竟背负过华丽而硕大的行囊。即使畏罪抛弃了其中的金银财宝,也难辞其咎。终于,在革命的红旗插上兴山城头的前夜,他惊恐地结束了自己的生命。那是一个雪花翻滚的冬季,他选择了一条一死解千愁的捷径。在那种寒冷的氛围里,他用三尺白布或是一柄刀具窒息了余家几百年的呼吸,割断了这余仕坡曾经茁壮的血管。是他用生命为余氏家族画上了一个血腥的句号。

当我从沉思中回过神来的时候,那秋天的太阳早已下山去了。什么时候,我已经感觉到丝丝秋风的凉意。那片演绎在我梦想中的余仕坡,瞬息间就仿佛海市蜃楼般消失得无影无踪。只有学校里的孩子们踏着放学的歌声,如鸟儿归巢一般快乐。两位记者的镜头早已从我的思绪里收缩,我的面前仍然只有那段满是烟火色的大门城墙。我知道,这个美丽而奢侈的建筑,几十年前就消失了。是因为它浸淫了剥削的毒素而不可救药吗?! 还是因为它的辉煌造就了两个阶级的无限仇恨?! 只要是恶的,就一定要除恶务尽,而且应该使之寸草不留。然而,富贵或者说是建筑并不能说明恶。相反,富贵的欲望还是"野火烧不尽,春风吹又生"的真理。革命不仅仅是复仇,一旦局限于复仇,就难免血腥。革命亦更不能是简单的否定,一旦全盘否定,就难免洗劫。无论是复仇还是洗劫,都是人类的悲哀。不战而屈人之兵是战争的最高境界。制造仇恨难道是革命的唯一途径吗?

余仕坡这枚历史的硕果,毫无疑问是吸取了无数人的血汗而发育成熟的。它的生长,它的发育,也毫无疑问是那片热土的滋补所致,但我们也不可否认余氏家族的聪明才智。如果,这枚硕果是毁于自然灾害,那就是一种无法回避的悲剧;如果这枚硕果是毁于兵燹,那也是一种无可奈何的劫难。

而今,余仕坡已经只剩下那一丝干瘪的果皮儿了。但是,就在这一丝干瘪的果皮儿里,我们却能够联想出历史的许多鲜活。

贴面约会朝天吼

陈爱社

我约,你来吗?

来,一定来!

兴山有一条河叫夏阳河,盘旋于"桂林山水甲天下,高岚风光天下奇"的高岚十里画廊的深山峡谷之中,它绕过沪蓉高速的阻拦,谢绝鸳鸯石的挽留,一个劲儿地欢唱向前,向前。在一匹朝天长啸怒吼的雄健狼面前,夏阳河带着雄性的勇猛砸开层层封锁,奔腾咆哮,乱石穿空,惊涛拍岸,一马平川与香溪河相汇,直奔长江。天狼长啸,故名朝天吼。

兴山人是全中国最会玩水的人,放荡不羁的夏阳河是山里人运输木材的黄金水道,20世纪80年代他们在短短的6千米的夏阳河上修建了6个瓜藤式的水电站,可谓寸金寸土。进入21世纪兴山人返璞归真,回归自然,保护生态环境,炸掉夏阳河上4座电站,玩起了自然水域的漂流。清泉碧水给人们带来了前所未有的喜悦,天赐的圣水可与九寨沟媲美,漂流静若处子,动如野牛,惊险刺激,一举成名,被誉为"中国自然水域漂流之都"。奥运冠军杨文军来此体验激流皮划艇技能,成为"朝天吼漂流形象大使",属国家唯一AAAA级漂流景区。

朝天吼漂流近在咫尺,游尽全国大好河山,何必舍近求远? 六月盛夏,飘约我体验一回家门口的盛宴,放下一个老男人的矫情,如期前约。

　　仲夏之日中午,天空湛蓝,凉风翻动树叶飒飒作响,水泥地面好似生起缥缈的白烟。夏阳河失去雨季的咆哮,变得十分温柔,十分诱人。举目望去,河道里红的、绿的、黄的皮划艇像下饺子一般挤得满满当当,一路尖叫呐喊。对漂流情有独钟的飘早等在入口处,已为我们购好了票,催促我们到更衣室换装,戴好头盔、护膝和运动鞋,穿上黄色的救生衣,在安全员的护卫下,我与飘登上橡胶皮划艇,只听皮划艇嗖嗖作响,没来得及厘清头绪,皮划艇已突突地跑起来。

　　人仰面朝天呈"大"字形睡在皮艇上,双手抓住套环,耳边传来咕咕流水声,星星点点的水花打在脸上,暑热殆尽。我触景生情,脑海里蹦出"天高云淡,望断南飞雁"的诗句,前面一阵惊呼,皮划艇左突右撞啪啪作响,好像长长的鞭子抽打在马屁股上,马儿放开四蹄狂奔,皮划艇颠簸,人成直立状竖起来,飘大呼小叫,皮划艇从三米多高的水槽冲下去,冰冷透亮的水劈头盖脸砸过来,一个俯冲一头栽进了水潭,场外的惊呼声一浪高过一浪,仅几秒钟,皮划艇钻出水面,憋住一口气放出来就是一声刺耳的尖叫,男女双方早已沐浴在一个澡盆里,耳朵、鼻子全是水,呛几口水,全身透凉,还兼一丝寒意。第一滩就给我一个下马威,几分雄性的姿态折损一半。皮划艇盛满了水,不利滑行,在浅滩处把皮划艇里的水倒出来。稍作休整,准备迎接更大的挑战。

　　一架弧弦式的沪蓉高速公路钢筋水泥大桥顺着河流如一条飞龙钻进山洞,皮划艇在桥墩下穿梭,波光粼粼的水面如一面镜子闪烁着清幽幽的光,涟漪印在岸上,印在肥嫩的草地上,树木上,如同进入仙境。人在皮划艇可坐、可卧、可蹲,男女嬉戏用手拍打水面,笑声从喉咙里跑出来,喜悦从皮囊里挤出来,宠辱皆忘。一路漂流一河笑声,一路漂流一河诗歌。感谢你,天赐的圣水,让我们每一个人成为诗人。

　　望着两岸葱绿的青山,红石笋、将军柱从我们的眼帘中钻出来,昭君石、金马褂、望夫石比肩接踵,太阳从将军柱顶端洒下一片金辉。飘是一个歌手,将手比作一个喇叭:"这里的山路十八弯,这里水路九连环,这里的山歌排对排,这里的山歌串对串,十八弯弯出了土家人的金银寨,九连环连出了土家人的珠宝滩,耶……没有这十八弯就没有美如水的山妹子,没有这九连环就没有壮如山的放排汉,十八弯啊九连环,十八弯九连环。"尖叫声变成了一路歌声,一只只皮划艇像一片片叶子飞进乱石岗,我们的皮划艇像打摆子似的乱窜,发出几声"噔噔"的声音,皮艇像一条条大鱼在乱石岗中跳跃,忽高忽低,忽左忽右,在危急时刻好像从水中伸出一只手推你一把,让你把心提到嗓子眼,一个浪把我们的皮划艇掀了个底朝天,鼻子好像进了辣椒面,喉咙换气不匀,给水打开一个通道,直接灌进肠子。心想这次是死定了,还有许多未了的事情,求生的欲望让我手脚抓狂,早有一个水手把我拽出来,飘抓住了岸边的石头,皮划艇却乖乖地被抓在水手手里,飘望着我露出惊恐而又调皮的笑脸。我提出弃皮划艇顺岸游走,观看飘在水中漂。飘不同意,水手让我们交换位置,我的重量比她重,蹲在后面,一路尖叫,一路滑行,轻松自然。乱石岗中有些水道是人工故意制造的险滩,让你在水中有坐跷跷板的感觉,一上一下,十分有趣。我已有了经验,一遇险滩,双脚张开,发出吼声,抖落胸腔积压的恐惧。皮划艇轻飞如箭,调头而来,飞奔而去,惊险刺激吼叫十多分钟后,皮划艇慢下来,进入一块开阔地,皮划艇像五颜六色的饺子,又像七彩馒头,横七竖八地横亘在河滩上。

　　河里左岸设有能量补给站,小吃摊依次摆开,诱人的油烟味迫使你放慢脚步,羊肉串、豆腐干、皮蛋、卤花生、烧韭菜、炕土豆等烧烤应有尽有。如果你想吃水果,柑橘、苹果、梨子、葡萄、香蕉也能补充能量。自由漂的游客大多是初次漂流,相互交流心得,互磋技艺,讲一些漂流中的秘闻逸事,准备迎接新的挑战。

漂流刚过半程,有一处迷人的景观凸显在眼前,右岸八大景下面的岩溶地形,地壳作用力与反作用力相互挤压,地壳表面呈水蛇状蜿蜒,大自然鬼斧神工的力量把地表切成一个断面,一堵石砖墙壁挡住水的去路,细流舔食山根转一个胳膊弯儿,小鱼与游人同乐,又像是一幅山水画向你徐徐展开。这里是典型地壳断裂带天然博物馆,被中国地质大学定为户外运动实习基地。河流有意在这里变得温柔,让你尽情享受大自然的恩惠。

绵羊滩在漂流的腹部,一河石头像一只只白色的绵羊,石头逼真的程度可以以假乱真,头羊昂首挺立,羊群随着河流奔跑,游客就是这羊群的主人,头羊使个小性子与你玩捉迷藏,一个激灵,吓得你颤抖不已。水流加速,暗流涌动,河流带你快速奔跑,人工栈道一晃而过,吼声此起彼伏。游客已有许多经验,不再出现颠覆的尴尬,落差高者抓住船舷冲过去,落差低者放松自如漂过去,遇到水帘飞瀑钻过去。乱石穿空,惊涛拍岸,水花四溅,跌宕起伏,欢呼声一浪高过一浪,激流送走汽车拉力赛场,迎来清澈宽阔的河道,一匹望天长啸的狼矗立在孔子峡口,宣告漂流结束。

朝天吼漂流可谓惊险刺激的一漂,有惊无险,回家半个月,耳边还残留朝天吼的水声,更是一路刺破时空的尖叫!

朋友,你约,我还来。

朋友,我约,你来吗?

风流古夫

余首成

仅以此文献给:我们永恒的心灵家园、屈原昭君的故乡、神农架之门户——在大三峡建设中涅槃新生的三峡库区兴山县古夫新县城。

很长时间以来,我一直为兴山这地方缺乏历史文化的积淀而深感遗憾,其实这是自己对家乡的无知,新县城古夫这地方的确是有些来历的。

古夫,就和它的名字一样,是一个名副其实的古镇。相传七八千年前,就有人类在这里繁衍生息。春秋时期为楚始封地。史书上说高阳帝的后裔熊挚曾在这里筑城而居,曰高阳城。出生于香溪之滨的爱国诗人屈原曾在《楚辞》中自豪地唱道:"帝高阳之苗裔兮,朕皇考曰伯庸。"据各种资料和专家的研究、考证表明,屈原出生及其家族与历史上曾和秭归同属一县的兴山古高阳城是有着千丝万缕的联系的。《方舆论要》这本书中说得明白:"高阳城在兴山县西,今丰邑坪其故地也。"丰邑坪是古夫的腹地,有丰邑坪村。如今新县城宽阔笔直的丰邑大道横穿其中,与高阳、香溪两条大道并驾齐驱,其势不言而喻。丰邑乃王侯的采食地,丰邑坪又名封侯坪。其真正的来历却要推至汉景帝时代,《兴山县志》(同治版)记载,汉景帝在长安做了皇帝以后,为了巩固其统治,削弱皇室宗族权力而大封诸侯,将兄弟们分封各地。其三弟以自身的文韬武略深得文武百官的拥戴，景帝嫉贤妒能、心存芥蒂，视其为心腹之患，便以封侯为名将其贬到这大巴山东南的神农架之麓。封侯坪就由此而得名。古夫河对岸与丰邑坪遥遥相对的邓家坝村出土了不少汉代的文物，这里的"汉墓群"为省级重点文物保护单位。看来，古夫这弹丸之地早已人杰地灵了！

兴山因山而得名，据说境内共有大大小小的山头3580多座。县志上也有"环邑皆山，县治兴起于群山之中"的句子。平原和都市的人读"群山万壑赴荆门，生长明妃尚有村"的诗句时，对"群山万壑"都似懂非懂，来过兴山后，对此一下子就豁然开朗了。多年前，我向诗人方冰求教诗艺，老诗人回信时说："你们兴山，我是去过的，那里山大、山多，你们要充分地利用山、依靠山，多在山上做文章，才能致富。"可见，兴山之山是给方老留下了烙印的。可让人总也弄不明白的是在这茫茫群山之中，怎么会突然出现"古夫"这么一块罕见的开阔平地呢？而且，那气势于富贵中透出一些王者之气。我们无暇探究地理之奥秘，在顾盼之余，也只能感叹大自然的鬼斧神工和神秘莫测。还有让人不明白的就是这地方的地名，既然是古高阳，那么，"高阳"这般大气富贵的名字为何弃之不用而让其冠名于他乡？自己却落下"古夫"这么一个令人费解的名字呢？

然而，谁也料想不到"古夫"这地名竟然有一个动人的爱情故事为它作了铺垫。相传宋朝的时候，这里有一位名叫奂谷珍的青年秀才，人称奂夫子，他与美丽善良的姑娘古文清两小无猜、海誓山盟。奂夫子家贫，在恋人古文清的帮助下，进京赶考，金榜题名，中了状元。正当奂夫子兴高采烈地准备荣归故里与心上人完婚之际，一道圣旨犹如晴天霹雳打破了奂谷珍的美梦，皇上要招奂状元为七驸马。皇恩浩荡，皇命不可违，但自己一个读书之人，岂能因贪恋富贵、攀龙附凤而忘恩负义？奂谷珍万死不从，皇上龙颜大怒，小小一介书生竟敢蔑视皇权，如此不识抬举，便以欺君罔上的罪名将奂状元五马分尸，尸体运回家乡葬于龙头寨的邹家岭上。为纪念这位忠诚爱情的奂状元，人们把状元墓后的山岩取名为"夫子岩"，把古夫小镇也叫作"夫子镇"。心仪已久的未婚夫死了，古文清却非奂谷珍不嫁，终日以泪洗面，哭干了眼泪，哭瞎了明眸，殉情而终。人们为纪念这一段感天动地的爱情故事而将这块宝地取名为"古夫"。也有人说，古夫不就是古洞口与夫子岩两地名各取一字的简称吗？传说太过牵强。当然，民间传说已无从考证，然而奂谷珍却是确有其人，中状元也真有其事。关于奂状元墓，《兴山县志》（光绪版）清楚地记载着："邹家岭，县城繁盛处也。宋状元奂谷珍之墓在焉。"直到民国时期，位于邹家岭后龙头寨上仍保留着奂状元的墓，在兴山的文史资料中，关于奂状元的墓碑有着详细的记载，并非野史。由此看来，古夫这地方不仅富庶，可以采食，而且具有非凡的品格，为了纪念本地优秀人物，弘扬民间崇高品德，它可以弃皇家之盛名，取现实之教义，图未来之精神。其眼光不可谓不远大，其胸襟不可谓不恢弘。

古夫是兴山最早的县城所在地，在邓家坝曾有古高阳城。这是毫无疑义的。我在乡下的外公曾不止一次地与我谈古论今，说兴山过去曾叫萧山县，县衙就在今天的邓家坝，邓家坝过去曾叫县堂坪。有资料表明，兴山的确曾叫萧山县，老百姓也都这样说。不过，这一直没有得到官方的认可。我想，这只不过是给古夫的高贵提供了又一份佐证罢了！是没有必要去深究的。问题是，这么美的古夫，怎么没有保持住其县城的名分地位呢？县城迁走的真正原因，我们至今不得而知。文人墨客提出了种种假设,但终究只不过是猜想罢了,史书上没有记载。在今天看来,只有一种可能是可信的,那就是交通问题。交通困扰兴山人的岁月已经很久了,有太多太多的兴山人迫切地希望摆脱交通不便对人生的制约。直到如今,交通问题仍是制约兴山经济发展、兴山人发展的首要问题,也是古夫作为县城的唯一缺憾。

然而,古夫毕竟是厚重而大气的,历史悠久,文化多彩。如果你穿行于古夫的村落之中,脚下踩到的任何一块砖头,都有可能是一块汉砖;房顶撒落的任何一块瓦砾,都有可能具有文物价值;农家里珍藏的任何一件破旧家什,都有可能饱含着一串串动人的故事;老人们哼唱的每一句歌谣里,都遗存有文明的芬芳;白云深处嘹亮唢呐的每一个音符和铿锵围鼓的每一声鼓点中,都传递着生命的激情;从四面山涧飘荡出的每一缕山风里,都有可能弥漫着先人的智慧;透过云层照耀在这灵山福地的每一片清辉里,似乎无时无刻不闪烁着历史的瑰丽。

这就是古夫,历史的古夫,文化的古夫,醇厚的古夫。风流乎?风流!然而,随着历史车轮的滚滚向前,古高阳之古夫已缓缓地、不易觉察地滑向记忆的最深处,融于宇宙的幽静里了。

时常于记忆里显影,在梦境中追随的,是自然的古夫。那种情调、那种美,深入骨髓、融入血液,始终让你魂牵梦绕。如果说"自然是神造的",那么,古夫就是神的掌上明珠。这颗明珠处于群山环抱之中,犹如一位美妇人幸福甜蜜地酣睡于情人的怀抱中。那山也如一位含蓄、沉默的汉子,缓缓地、坦荡着、阳刚着,山山相连,波浪起伏似的……那天空间的曲线常常令人产生出许多美好的联想。有雄健之山,就有秀美之水。山与水的和谐搭配犹如男人与女人相爱后的默契。古夫四周分布着古洞口、书洞口、寒溪口、麦仓口四道神秘的山门,从每道山门中都有一条溪河流淌出来,给古夫的躯体增添了一道道富有灵性的线条。绿树葱郁的古夫,村落与村落之间星罗棋布地分布着一口口古井和泉眼,井水甘泉滋养着古夫人,古夫人也给那些古井、泉眼赋予神秘动人的传说。在古夫的溪流中,最大的河流是香溪的东河,也叫古夫河。香溪东河之水从古洞口倾泻出来,如少妇般舒缓而多情,她恋恋不舍、别情依依地向南逶迤而去。河水浅浅的,清澈透明,河底五彩缤纷的石子经阳光照射亮晶晶如珍珠般惹人喜爱,常常吸引着古夫小镇街头巷尾的少男少女们去寻觅、去追逐。不少热恋中的痴男靓女还把那五彩的石子当作爱情的信物馈赠给情人。对对情侣的人生梦想正是于似醉非醉、似醒非醒中从古夫河边的一块草地、一片柳阴、一缕清风、一捧溪水、一湾泳情而开始的。爱情在这里起步,婚姻的序幕从这里拉开。古夫河啊,一条爱之河。如果有心要去探寻真正的香溪之源、爱河之源,则应溯流而上,经平水进入神农架的最幽深处。

古夫的山水,是这般的惹人动情!假如说山峦是古夫的骨架、臂膀,那么河流小溪则是古夫的血管和经络,古井、泉眼就像她的重要穴位。古夫的乡民们描绘女人的美,总是说"很水灵、水色好"。看来,水是养颜的。一个地方也是这样,倘使无水,便没有了生机;倘使缺少水,便缺少了一种韵味、一种性格。风水、风水,有足够的水才是好地方,是水使古夫具有了神韵和灵气。这种韵致和灵性最终体现在了人的身上。不少古夫人走出大山或经商、或从政、或做学问,都有着自己的一番事业。走出去,就是一个人物。这已成为不争的事实。不仅如此,古夫还是个出美女的窝子,这里的女子善良聪慧、窈窕多姿、稳重而多情。内蒙古著名雕塑家张恒创作汉明妃王昭君雕像时,来古夫采风,寻找"昭君"的模特儿,捕捉灵感,就是在丰邑坪这地方找到了艺术家心中的"昭君",找到了百姓心目中的"和平女神",找准了"王昭君"动人的神韵。如今,"王昭君"亭亭玉立于昭君村里的昭君宅,吸引着中外游客。昭君的模特儿——一位貌美的丰邑女子,仍然深爱这片水土,在古夫静静地生活着,就像一朵默默开放在原野的无名花。

乡村的古夫是一幅恬淡、静谧的水墨风情画,又似乎有那么一丝水彩的意味,品的时间久了,似乎又觉得是一坛陈年老白干儿,醉人。我曾多次登上丰邑坪中心的"龙珠"山(俗称珠堡)顶上,去领会她的神韵、体味她的美感。

蓝天白云下,一块块大小不等、方圆不一的稻田铺满古夫河两岸。在太阳的照射下,波光似镜,金黄耀眼。傍晚,太阳下山后,青山、农舍、蓝天都映照在稻田的水波之中,如果置身于田埂,欣赏水中的天,看游弋的白云间,有白鹤飞过,有苍鹰盘旋。真是天在水中,水在天上。倘使看花了眼,一不小心就跌入田中,糊得浑身是泥。孩子们一定会笑话你,要是被村妇们看见,她们认识不认识都要缠上你嘻嘻哈哈开一阵子玩笑,逗得你恼恼地,又甜甜地,还痒痒地想折回去再来一次口舌交锋。

古夫这块坪,由一条乡村公路贯穿其间、连接南北,从古洞口经夫子镇连通高阳,通向山外。一截一截的机耕路连接着院落农家。农家的白墙青瓦掩映在密密匝匝的果树林中,鸡鸣犬吠,此起彼落。下雨的日子,空气里似乎又增添了一丝丝品茶之后的甘甜。白棉丝似的雾气慢慢朝山根汇聚。雨过天晴的早晨,那洁白的云雾则久久地偎依在半山腰里不肯离散,就像出席高层次舞会的贵妇人轻轻围搭在胸部的白纱或丝巾,在明媚阳光的抚弄下,白得更加纯净、更加诱人。

春天,这里泥巴水响,乡民们挥舞着木条皮鞭,连声带气、一声长一声短地呵斥着壮实的水牛,紧握手中的犁铧,把水田翻耕得透透彻彻,那完全称得上是艺术品。听着那风格各异的吆喝声,嗅着新翻泥土的芳香,你会从心灵深处爱上这美妙的乡村。夏天,这里虽然炎热,但放眼望去,稻田里绿浪滚滚,在传递着丰收讯息的当儿还让你感受到一股绿的清幽沉下心底。秋天的色调是金黄的,身影是忙碌的,声音是欢乐的。冬天,这里是大片大片的绿油油的油菜,它为第二年春天再次铺上金黄色攒足一把劲儿。这时节,农家小院里却多了一份闲适,主妇们老早就准备着过年的特色佳肴。孩子们在火笼边趴在木桌上一边写寒假作业一边计算着过年的日子还有几天。老人在翻着木头架火,"吧嗒、吧嗒"地抽着一袋旱烟,烟香在头顶弥漫着,土豆和红苕也烧得满屋串香。男人在苞谷酒的醇香里轻一声、重一声扯着酐,梦见自己回到了十八岁,村花儿羞羞答答塞给自己一双绣花儿的鞋垫儿,平日舍不得穿,遇上个节日买了双新鞋想垫上,满屋三间到处找,却怎么也找不着,忽然听见一阵热闹的唢呐、围鼓声从远处传来:"糟糕!村花出嫁了。"他心里一着急,醒了,原来是个梦。但围鼓声却是真实的。一队送亲人马从山上下来,吹吹打打,脚夫们背着红彤彤的陪嫁家具,身着红嫁衣的新娘子眼中满含渴望与羞涩,极不情愿地放慢步子走在前头,心里却在想,这人咋不也长双翅膀呢?这当儿,一个朴实帅气、健壮机敏的新郎一路小跑迎上前去笑容可掬地装烟发糖,可平日里亲亲热热的叔叔大伯、兄弟姐妹们却丝毫不领情,走起路来还是磨磨蹭蹭地,新娘新郎那个急呀,早已被玩笑声淹没了。同村的男人们见此情此景,笑哈哈地深吸最后一口纸烟,朝空中吐出一个圆圈,丢掉烟头,兴冲冲去吃喜酒、闹新房。

在欢乐的嬉戏中,客人们闹累了,新娘也累了,新郎却兴奋着……在火辣辣唢呐声的催促下,夜幕轻轻落下来了。

古夫之夜是宁静、祥和的,偶有几声犬吠,在高高的百城梁子和仙女山上,俯瞰古夫,那璀璨的灯光,一串串,一团团,让人疑心是远古时哪位神仙遗失在这里的串串珍珠,又似乎是"大珠小珠落玉盘"的形象化展现。这就是古夫吗?这就是古夫,自然的古夫,乡村的古夫,风情的古夫,我说不完也道不尽的亲亲家园啊!

此刻,当我沉浸在对乡村古夫的追忆与怀想之中时,我也同样记起了当年曾与好友一起激情满怀地憧憬过古夫充满活力的未来,期待着古夫的巨变。

不知是哪一位哲人说过这样一句话:只有人想不到的,没有人办不到的。这话颇有意味!多年前,我曾做过一个梦,梦见自己心情舒畅地漫步于一座美丽陌生的城市。为此,我十分诧异,但当三峡建设如火如荼,作为三峡库区的兴山县在古夫这片圣地建起一座崭新的生态园林城时,我的梦得到了应验。梦中的城池不就是崛起于古高阳沃土上的新县城、新古夫吗?我不禁心中一动,那句话是否可以改一改?人想得到的,最终都能办得到呢?

古夫的变化始于二十世纪九十年代初修建兴山的三峡——古洞口电站,但古夫实质性的变迁却在新世纪开始后的县城迁建。在轰轰烈烈的新县城建设中,作为记者的我,曾在奠基现场激情满怀地做过现场报道,也曾一次次在建设工地摸爬滚打采访宣传新城建设的方方面面。作为一名记者,我既是一名参与建设者,也是一名现场观察员。他们的事迹和精神感染着我,我将他们的故事传播开来,去激励更多的人。其间,有许多人和事,至今仍历历在目。有一位新县城建设者的代表人物让我们至今难忘。他既是一位总设计师,也是一个监理员;他讲美观又求质量;他既注重新县城的整体形象体现,又不放过细微末节、一点一滴。许多兴山人都能感受得到,对于新县城建设,他就像一位母亲在孕育着自己的孩子,像一位艺术家在倾注全部情感和心智创作一件绝世佳作。他爱新县城犹如爱自己的眼睛啊!记得当年他向高阳走来,我专访他,在我的镜头里他是那样的年轻。而今,他鬓角已有白发,额头和眼角已爬上细密的皱纹。从香溪之尾来到香溪之头,也才刚刚十年啊!

十年,对于人生并不短暂,但当我们回首望去,十年似乎也并不漫长。近十年的时间,兴山人在国家和兄弟省市的帮助、支持下,用力量、智慧在先祖高阳氏筑城故地再次筑造起了一座精美的城市。风流啊,新县城的设计者、建设者;风流啊,高阳的子孙、当代的兴山人。

二〇〇二年九月二十八日新县城落成庆典所立于兴山广场的《迁城碑记》中说,新县城是"一座建筑景观与自然环境相和谐、传统文化与现代精神相统一的山水园林城、旅游文化城、生态环境城"。许多专家学者和外地游客也都评价古夫新县城是镶嵌在三峡江北岸的一颗璀璨的明珠。三峡建设委员会的专家评价说,兴山新县城古夫是三峡地区最美的县城,甚至是全国最美的县城之一。《迁城碑记》对县城迁进古夫当日的情景做了这样的记述:历史不会忘记,二〇〇二年五月二十九日,我们作别千年古镇高阳,细雨纷飞,离情依依;抵达新城豁然开朗,风和日丽。山水多情,天从人意……

那一天,我最后一次作为记者身份,目睹了迁城的全过程。离别高阳的简短仪式上,所有的人都撑起了雨伞,县人民政府领导作了充满感情的精短讲话后,搬迁车队向古夫进发。到达古夫,太阳忽然冲破云雾,闪闪金光洒满新县城。许多人心中一动:"真是天遂人意啊!"在金光大道上,县里的决策者们跨过兴山广场,迈着坚实的步伐向上攀登,进入宏伟的人民政府办公大楼。

从此,兴山的一个新时代开始了。

生活在新县城,每一天都似乎有新的感觉。县里正在实施一项计划,在香溪东河上建橡皮坝,使从神农架原始森林中流淌出来的清清河水形成一定的深度,成为一个蓝色的泳池,以增加新县城的美感。多么浪漫、诱人啊!工程完工后,香溪碧水绕新城,古夫新城的倩影倒映在水中,波光粼粼,亦真亦幻,恍如仙境,真是美不胜收啊!从远处看,那无疑是给新县城这位美人戴上了一只碧绿的玉手镯,使她的气质无时无刻不显现出一种诱人的高贵。夏日的傍晚,我和友人漫步于充满动感的昭君广场,走向香溪公园,聊起古夫的未来,都希望山水相连、唇齿相依的兴山、神农架能够实现有机整合,在保护神农架原始生态的同时,提高古夫的人气指数,把古夫做大、激活,使之成为华中第一峰神农架下的旅游、购物、居住、娱乐中心。那该多好啊!我们知道,无论是兴山人还是神农架人,都期盼着这一天的早日到来。许多时候,民意往往是决策的先导。但要成事,还必须把创造条件和等待机遇结合起来,如此才能水到渠成啊!

徜徉在这座移民新城里,我常常浮想联翩,古夫的历史文化是风流的。今天的新古夫、新县城也是风流的。

如果说地灵人杰有那么一丝神秘的意味、唯心的色彩,那么,人杰地灵则是现实的要求、历史的必然。毛泽东曾挥舞着他那饱含乌墨的狼毫,用浓重的湘音唱道:数风流人物,还看今朝!明天的古夫,能否有新的风流展现?

倘使有,到那时,我虽已成白发银须的老夫,但仍可登台高歌一曲《风流歌》,台下定然掌声不断。其声如潮!其势如海!如醉如痴!——2003 年 5 月 28 日于香溪之滨

香溪源记

王芳

世外桃花源,人间神农架。

地处鄂西边陲的神农架,因境内神农顶海拔三千多米,成为华中第一峰,赢得了"华中屋脊"的美称,古老,原始,传奇。这一方中国内陆唯一保存完好的绿洲和世界中纬度地区唯一的一块绿色宝地,自盘古以来,沧海桑田,风云变幻,已成洪荒秘境,文化洞天,引天下人前往探秘、访古,追溯万物的本源,解码生命的真谛。在众多的寻访之中,香溪源则是人们绕不开的一个传奇。

登临神农顶,必经木鱼镇。而在神农架木鱼镇西 2 千米,209 国道旁,就是长江支流香溪河的发源地——香溪源。因哺育过世界四大文化人之一的屈原和我国四大美人之一的王昭君而闻名于世的香溪河,也因"昭君临水而居,恒于溪中浣纱,溪水尽香","香溪水味甚美,常清浊相间,作碧腻色,两岸多香草"的美丽传说,得名"香溪"。而傍倚着木鱼小镇的香溪源,则以自然的原生态和秀美的山水景色进入人们的视野,成为神农架的著名风景区。那天然清澈的香

溪源水,经木鱼,穿兴山,至秭归,奔流九十多千米注入滚滚长江。

香溪源头,参天的古木比肩林立,粗大的树干和斑驳的树色,总让人担心一触手是否就惊醒了神农。一架小巧的石桥,弯弯地落在溪上,连着溪边曲曲折折的木栏和桥下涓涓的溪水,成为一幅画的模样儿。长长的小溪两畔,那逐岸而生的油油的碧草、缤纷的花朵,自然是最美的画框了。还有风,清凉的山风,徐徐吹来,温柔地解了古木、碧草、花朵的矜持,香溪源便成了一幅令人心旌荡漾的动画。动画里,最引人注目的,不是古木、小桥,不是碧草、鲜花,是水。

是的,走进香溪源,就走进了一个水的世界。一线清泉,于山腰涌出,在山间的浅池中稍作停留,便牵衣拽裙,款款走向山外。

水柔,如练,似缎。从岩坎上落下,在浅滩上铺开;从石罅中皱起,在拐弯处斜逸。起落有致,跌宕生姿。水清,如珠,似玉。顺山涧滚落,遇溪石迸碎。鱼翔浅底,历历在目;水草招摇,丝丝可见。炎炎夏日,探手入水,沁凉透骨。唐代茶圣陆羽曾泛舟长江,经过香溪口时,被香溪水的清澈甘甜所吸引,一路寻至香溪源头,用香溪源之水煮茶品尝,顿时满口清香,心旷神怡,当即称赞香溪源为"天下第十四泉";而水中的游鱼,传说是王昭君在回乡省亲后起程回宫时,依依不舍,站在船头手弹琵琶,与亲人挥泪告别,两岸桃花纷纷飘落水中,随着琴声化作的桃花鱼。

香溪源的水势不大,也就不甚张扬。只在陡急处叮咚出声,如筝韵悦耳,轻荡心房。多数时候,任其翻岩越石,跌落流淌,均静流无声。可就是这一份静,直逼心眼,挡住了两岸无边的翠色对人们的诱惑,消逝了心中的烦躁与喧嚣。

于是,凝神屏气,脚步轻移。于静谧中,人们的心渐起波澜:就是这一线碧水,越地而出,从远古奔来,汇入长江。一路奔流中,诞生了"灵异之水天上来,神农在此浴百草"的神话故事,留下了"昭君自有千秋在,胡汉和亲识见高"的千古佳话,写就了"路漫漫其修远兮,吾将上下而求索"的诗家绝唱。浸润和滋养了华夏民族数千年历史文化的琼浆玉液,源头在此。而这清清的一线溪流,是如何承载起那沉沉的历史重任,哺育了一代又一代龙的传人!

探寻的视线投向前方,在那儿,小溪源头,一方浑圆的古代冰川遗下的巨大漂石,依水而立,由著名诗人徐迟题写的三个绿色的隶体大字——香溪源,镌刻其上。圆润秀丽、飘逸婉畅的三个大字,与石缝中汩汩流出、清至若无的泉水,浑然一体,相映成趣。这一线清泉,与众不同。她不是天降甘霖,也不是化雪成水,而是在地下藏身千年万年,然后涌出。凝视着那三个大字和这一线来自莽莽神农架群峰之底、无声静流的清泉,人们心中豁然了悟:这哪里只是一线清流!分明是在深远的地底奔腾、咆哮、蛰伏了千年万年,也寂寞了千年万年的洪荒之水呵!它强扼生命的激情,固守亘古的寂寞,在流年的消逝中磨砺出高洁的品质,不温不火,急徐有致,得遇释放生命的空隙,即以至清至纯的形态,款款而出,淙淙流淌,源源不绝。

因守得住寂寞,这水,就少了几分狂放倔强,多了几分内敛蕴藉。因磨砺得纯粹,这水,就由那狭隘的胸怀变得铺排广袤。千山万壑,藏不住临潭照影;九转回环,掩不住依泉涤妆。纤腰一扭,轻盈东去。一路上,吸吮神农精华,携裹巴地风情,聚集楚地神韵,滋润万物。这一走,就是千年。东去的身影,渐行渐远,渐行渐阔,慢慢铺排成一条浩荡的文化之河、母亲之河。在这条河里,溪水飘香。那香气,是药香济世、花香袭人、诗香救国,一种香气,显示出一种家国情怀；一种香气，烛照出一份高洁品质。在这条河里，文明长传。这文明，是神农尝草药、廪君化白虎、昭君出塞的大义，屈原投江的忠贞。一个传说，折射出一种文化；一个故事，透视出一种文明。古老的神农文化、巴楚文化、昭君文化和屈原文化，在此汇集、交织、繁衍、新生。再一路奔流，融入浩浩荡荡的长江文化，托起数千年不败的古国文明。

读水至此，不由想起孔子曾云：水有五德。有德、有义、有道、有勇、有法，君子遇水必观。再想起老子也有一句：上善若水。水善利万物而不争，处众人之所恶，故几于道。圣人观水，常人无及。但所述道理，野夫亦然。而眼前的这一线清流，隐没深山，清澈高洁，润万物而不争，入江河而不恶，其品其行，渗入香溪两岸的黎民之骨，成就了楚人的才气与骨气，谱写了流传千古的华美篇章。

思绪回转，俯首临溪。掬一捧溪水在手，啜一口清泉入喉，如饮芳醇，醍醐灌顶。于清凉中，不胜唏嘘。今日香溪，因三峡大坝的修建，水位升高，已是丰乳肥臀，成一条黄金水道，往昔的娇小俏丽、皓齿明眸沉入高峡平湖。倒灌的江水，这难以抗拒的反哺，浩浩乎、渺渺乎。时代的激素，置换历史的 DNA，富营养刺伤的味蕾还怎么能咂摸出地米菜的清香，又怎么能咀嚼出骆驼刺的辛涩？豌豆角上的号子何处唱响？老鸦船上的舟子哪里容身？

回首只见，香溪两岸，传说犹在，水母不存，空余桃花送晚晴。百转千回的是女儿情，渐行渐远的是女儿身。

板庙

徐永才

板庙的来历源自一个十分美妙的传说。

大约是在明朝初年，这里是一条重要的古盐道，有一年冬天，一个四川的盐贩，也不知姓甚名谁，当他走到板庙这个地方时，突然天降大雪，天寒地冻，道路阻塞。当时这个地方还没有人居住，到处是树木荒草，并不时有豺狼虎豹出没，他孤身一人，在这样恶劣的天气沦落到这高山野洼，感到十分的害怕，但是又没有办法前行或者后退，便就地找了一些树枝和茅草叉了一个棚子住了下来。到了夜里，经过白天的劳累和惊吓，很快就睡着了，然后就做了一个十分奇怪的梦：一个神仙，也没有搞清楚是观世音还是关云长找到他，对他说，你只要在这个地方给我修一座庙，我会保佑你今后无灾无难，什么事情都会一帆风顺。当他一觉醒来，回想梦境，感到十分蹊跷，同时又觉得这真是神仙的托付，便不敢大意，立即起来对天祷告：大仙的意思我知道了，你们如果保佑我脱离了这次灾难，有了能力，我一定在这里为你们修庙建刹，塑造金身，香火绵延万万年。

不知是菩萨在天显灵，还是被他的诚心打动，第二天便雪止天晴，使他顺利脱身。过了几年，这位盐贩又来到板庙，他记得当年在这里许下的为菩萨修庙的诺言，然而他并没有财力兴修一座真正的寺庙，便用木板按照寺庙的格局做了一个微型的庙宇，里面还相应地雕上了大小菩萨，把它挂在树上，然后烧香磕头，顶礼膜拜。据说，这位盐贩从此之后就发财了，不过他再也没有来过这里。

挂在树上的板庙虽说很小，但是在人们的传说中却十分的灵验，是求财有财，求子得子，求仕途就会飞黄腾达，因而有很多人来朝拜，一时香火盛炽。再后来，人们就用砖土木石修起了真正意义上的庙宇，依然称作板庙。根据现存板庙里的碑刻记载，从明至清，板庙新建、改造、扩建一共有五次之多，最后一次扩建是清光绪十四年（1888年）。遗憾的是，在中华人民共和国成立后，人们将板庙用作了供销社的仓库，把里面供奉的观音和关公等全部清除得一干二净，不过整栋建筑经过几百年的风雨侵蚀，依然矗立在村子的老街上。

走过那条古老、朴拙的村里老街，在街的尽头就是板庙。庙前有一大约两亩地的场坝，上几步石砌的台阶，正面立着四根直径大约40厘米粗细的木柱，木柱支撑着廊檐，在庙前便形成了2米宽，10多米长的廊道，显得气势恢弘。正面的墙壁全部用粗壮的木头立柱穿梁，再用木板镶嵌。这个门厅是光绪年间新建的，可见先辈们在扩建时，依然保留了原始板庙的符号和底蕴。

走进门来，就进入了庙的第一个大厅，厅的主体框架也完全是木质结构，山墙用火砖斗砌，前后都是木板，厅很高，在10米左右。据义务看护该庙的李进芳老人介绍，这个大厅叫武圣宫，过去这里塑造有关公的座像，他小时候还看见过，高大威武，威风凛凛，金光灿烂。

从武圣宫再往后，穿过一个天井，就到了板庙的主殿。主殿依然是以木结构为主，不过厅堂很大，有100多平方米，这里过去是供奉观音娘娘的地方，慈眉善目的观音两边，有100位泥塑的孩童，寓意观音送子，现在观音和那些孩童不知都到什么地方去了，仅剩一个空空荡荡的厅堂，不过在正面的墙壁上还残留着一副壁画，3米长，2米高，画面是一只大麒麟正在回首看护一只刚出生的小麒麟，生动传神，寓意麒麟送子。在这个壁画下面，有一只香炉，里面有一丛燃烧过的香杆，好像烧香的人刚刚离去，可见如今这里依然有人顶礼膜拜。

板庙虽说历史悠久，但是却没有留下任何文字依据，老人们的回忆中也没有什么和尚尼姑、主持方丈的概念，仅有庙里庙外6块石碑可供今人研究，而这些全部是功德碑，记载什么时候修庙，某人捐钱多少云云，如清嘉庆二十三年（1818年）十月新修板庙碑记载："盖谓板庙古刹神堂乃前朝所建，因凌风雨颓败，众姓视之不忍，只得邀约十方善姓，诚心修理，补百子观音一切圣修，募化十万，勒石留名，永垂不朽矣。"下面就是谁捐了多少钱的明细表。这6块碑上，最少的一块只有3人，最多的一块有100多人，也就是说，板庙完全是靠当地人共同修建和维护的。严格意义上说，板庙在寺庙系统中有点业余和非主流，完全是按老百姓的喜好来建造的，把观音和关公供奉在一个庙里这很罕见。

板庙村的居民是因为有了板庙之后才逐渐从四面八方到这里来的，在中华人民共和国成立初期，有人统计了一下，板庙的人来自7省8县，有河南、浙江、安徽、广东、广西、四川、云南等省和湖北的8个县，这个村居民的姓氏有好几十个，很多在兴山县都绝无仅有，如仇、都、朝、双、户、宿、侯、习等，可见这里的居民来源之广泛。他们在这里繁衍生息，没有宗族可以依赖，也没有祠堂可以供奉先祖，但他们却有一个共同的精神家园和宗教信仰，那就是板庙，因此在修庙时大家齐心协力，庙的管护也都是尽义务，包括到如今依然是这样。

来自五湖四海的人居住在一个地方，自然就带来了不同的文化，这些文化在一起相互交流，相互融合，因而对人们的思想产生了深刻的影响，板庙人虽然处在高山上，距离城市也很遥远,但这里的人历来非常新潮和前卫。

从明朝开始,板庙就是鄂西古盐道上的重要一站,民国时期,连接鄂西著名的巴(巴东)柯(丹江口柯家垭)人行道在板庙设有重要的驿站,往来的人员很多,板庙人看到了这一商机,纷纷建起了客栈、饭店、骡马店、药材店、杂货店、豆腐坊等,形成了一个繁华的街市,《兴山县志》(光绪版)记载:"板庙市县北一百三十里,以一、四、七为热场,贸易亦火。"到抗日战争时期,宜昌沦陷,巴柯道成为重要的抗战物资供应地和人员往来的通道,这里的商铺多达100余家,尤其以广东人严觉民和广西人李建洲合伙开办的"两广饭店"最为有名。

1928年,板庙人袁霭峰加入了中国共产党,他遵照中央"八·七"会议精神,开展秋收起义,在板庙发展了15名共产党员,组织了100多人的农民队伍。在这年7月17日,袁霭峰率领队伍攻打国民党驻榛子岭团防郭宝先部,打死打伤多人,缴枪10多支。这是共产党领导的武装斗争在兴山县向国民党打响的第一枪,后被党史部门定义为"板庙暴动"。后来,袁霭峰带领这支起义队伍建立了兴(山)保(康)边游击大队,开展了一系列武装斗争,坚持了两年之后在国民党重兵围剿下被打散,袁霭峰则到了"巴兴归"苏区,后来在党内斗争中被错杀。

在改革开放的市场经济大潮中,板庙人更是敢为人先,在20世纪80年代,贩买贩卖还被人叫作投机倒把,但是,板庙却有李林、石万兴、李进芳、林吕宏等8个人把榛子的香菇卖到了广州。那个时候,万元户就让人眼羡得不得了,他们一个人一年最多可以赚10多万元(当时他们是不敢说这个数目的),他们用这些钱盖了楼房,买几万块钱的摩托车四处兜风,把一些人惊得目瞪口呆。他们在回顾当年贩香菇经历时很有搞地下工作的味道,为了躲避宜昌火车站的检查,他们把香菇用船运到湖南的岳阳再上火车托运,把客车座位卸了装满香菇,再用布做成窗帘遮挡起来,等等。但最终,在工商、税务等部门的严查下,也有市场变化的因素,歇业了,不过他们敢闯敢干的精神至今在兴山县还传为佳话。

现在,板庙村正在规划发展乡村旅游,不过他们迫切希望有关部门加强对板庙的保护和维修,这是目前兴山县唯一还保存完好的古代庙宇。现在,到这个庙里游玩、观瞻、朝拜的人络绎不绝,他们在看了损毁严重的板庙之后,总感到有些揪心。

细雨榛子岭

张学元

五月的榛子岭上,那春天,刚刚从雨雾中回过神来,小羊羔一样在青草地里徜徉着。这雨,不大,牛毛一般。无以数计的三叶草,聆听着这雨的叨唠,默默无闻地组合着一种诗意的亲切与柔和。袅娜的炊烟,在淡淡的绿风里,轻舒着音乐的长袖。

我的面前,是一条几百米长的街道。在这纷纭的细雨里,它正从那参差不齐的房屋间逶迤而来,颠簸起伏着一份儿细雨中特有的深沉与安详。有人说,这儿的居民沿岭脊两侧建房,终于形成了一条长200米、宽5米的石土路面街道。当然啰,我的脚下曾经就是一条石板小街,也就是那种很有风味儿的,同时又很有历史情调的石板小街。可现在静默在我眼前的却只有那粘粘的黄土,还有那些镶嵌在黄土里的零碎石块儿。有那么几处,似乎还残存着石板路的痕迹,零星的石板淹洇在黄土里,仿佛历史偶然留在时间雪地里的指爪,其余的石板早已随着远去的飞鸿而杳无音信了。我想,现在这儿即使又铺上那原汁原味儿的石板,也缝补不了历史的沧桑和厚重。

我沿着这条历史的小街,走了一趟又一趟。我多么想,就这么不知不觉地走进古典的醇梦里啊。可是,我的遗憾就仿佛那远逝的飞鸿,在记忆的心灵深处盘旋着阵阵隐痛。实际上,历史也只是在这儿悄悄打了一个盹儿。殊不知,那百余年的时光也就作了鸟兽散。逝者如斯,岂不痛哉!

百余年前,这儿不仅是一个商业重镇,还是连接兴山与保康的交通枢纽。尤其是在二十世纪之初,这儿商贾云集,客货南来北往,三教九流,应有尽有。据县志记载,"榛子岭市,县北一百二十里,以二、五、八为热场,至期甚盛"。中华人民共和国成立前,这条街上仍然生存着"恒兴和""天兴文""松茂长"三家百货店。这"松茂长"兼营中医药。此外,还有专营糕点的"曹顺兴"和两家餐馆、七八家小吃店。虽然,这里的百货店和小吃店早已随历史远逝,但就在这诗化的回忆里,我仿佛嗅到了那中药温暖的慰藉,我仿佛品味到了小吃店里缥缈的油香,我仿佛听到了自由买卖的喝叫之声……是的,我肯定早已看见了那些诗意十足的商店招牌。"兴""和""顺"的古典微笑,敦厚而尔雅。我早已置身于"童叟无欺"的诚信中,在送往迎来的和睦里忘我。

可以想象,那时候,这巍峨于兴山之巅的榛子岭,以它特有的繁华鸟瞰着四面八方的崇山峻岭,那是多么的自豪与惬意啊!

细雨,时不时地在我头顶上敲打着深层次的思绪。我读着街道两旁的建筑物,似懂非懂,若悲若喜。宽容点儿讲,这儿的建筑还有一半保持着历史的风貌,但都很勉强。在淡淡的雨雾里,那零碎的飞檐勾椽,还可以演绎出昔日工匠们精巧的手工艺。那些强撑着的残壁断垣,也还可以让人联想到历史曾经的潇洒与微笑。只可惜,绝大多数建筑已经改头换面,只有一些盖瓦和廊檐还在那里若有所思,若有所悟。仰视那些长寿着的屋顶,仿佛古典的冠冕,使你浸淫在堂皇的岁月里,不忍放飞自我的旷然情思。什么时候,我伸手拨一拨眼前淡淡的雨雾,依稀看见队队骡马噔噔而来,在鱼贯而入的铎铃声中,漫漫的榛子岭上一时就有了超越时空的兴奋与喧哗。

当然,此时此刻的我,只可能看见,那一群群从皑皑白雾之中蹒跚而来的黄牛。也许,它们是从那个世纪的深处踱来的,但我却只能在它们身上想象和窥探一个世纪以前的倩影。牛铃,丁丁而当当。时光,颤颤而潺潺。

阳光,就在我的深思里,偶尔透过雨雾的帘子。我看见三五个耄耋老人散坐在那亦新亦旧的廊檐下。他们的脚下,就是那些寂寞的青石板。看那青石板上古老的錾凿之痕,你就可以发现,那些祥和的目光一直深陷在记忆里。更有趣的是,有许多老人的怀抱里都有一只幸福的猫咪。就在这嗯嗯哼哼的氛围里,我觉得老人们比这条小街更为安闲。还有许多的狗,匍匐在石坎上,亲切地嗅着来人,不吠亦不动。其友善,似乎超脱了它们的本性。我想,这还是缘于这条街的温情。

走完这条街道,也就是那么几分钟的时间。但是,我总觉得余味漫长,它的内涵与外延,也许一辈子也走不尽。终于,在一棵大树下,我遇到了一位健谈的老人。这位老人的矍铄,就仿佛那棵古树一样凸现着岁月的精神。他对我说,这榛子岭就像一只倒覆的船底。这岭上,早先啦,有一棵特大的榛子树。这树大到什么程度,他也说不清楚了。就在这树的根上,有一座古庙……当然,我还联想到了,这庙里啊,还有和尚,或者说是尼姑。还有那木鱼声声,香火阵阵。还有那虔诚而繁华的佛事儿……

榛子岭下,是四十五里的田野。虽然夹在峻峭的两山之间,但却有着两万亩的磅礴大气,辽阔而苍茫。有人说,这里就叫"厚家坪"。也许是因为田地肥沃,厚实家室的缘故。也有人说,这里就叫"侯家坪"。也许是因为这里曾经出过侯爵的原因。不管是什么渊源,我想,都有其道理。忠厚传家,沃土厚家!王侯将相,宁有种乎?!

俗话说:"四十五里厚家坪,不带干粮饿死人。"当我漫步在这松软的田径之间,品味着香甜的田间气息之时,对于这句俗语大惑不解了。终于,同行的乡干部告诉我说,这句话说的是过去的厚家坪。中华人民共和国成立前,这里没有几户人家。几十年前,这里还一片荒芜。坪里到处是大石块,而且,还丛生着粗大的柳树,苍凉得令人惊悸。而今,这里早已是规模农业的示范基地。茁壮成长的蔬菜,早已为这里的农民编织了五彩缤纷的时装。还听说,国家即将对这里投入大量的资金,进行高标准的农田改造。我想,在不久的将来,这四十五里的田野,定会成为榛子岭下一条生机勃勃的画廊,定会成为这高山平原上的一条光彩夺目的绥带。

画眉清脆而婉转。我长时间地伫立在这颇具北欧风貌的田野里,我听见有一阵书声,琅琅地渗透着这牛奶般的空气,使那葱郁的植被更加苍劲。雨雾,尾随着画眉声,向着满目青山的舞台依依而去。什么时候,细雨,就把这山之巅的乡村洇淫在诗意的暮色里了。还是那些弥漫而旺盛的三叶草,在风雨声中散发着玲珑而安谧的绿色。

白龙挂须

徐永才

五月春雨天,处处催生出一片新绿,满眼都是光鲜和亮丽,我们几位摄友兴趣大发,要去拍摄雨中的昭君镇。

昭君镇是老县城,我们几位都是在那个古老的小城里出生和长大的,对那里的些微变化都十分的牵挂和关注,并不时地把这些变化记录在镜头里。如今,昭君镇凤凰涅槃,浴火重生,过去那个临河而建的小城已经被三峡水库的一汪清水彻底淹没,取而代之的是在那片河滩上筑堤 30 多米高,人造了一片上千亩的平坝,在这个平坝上新建了一座崭新的小城。这里我们已经来过无数次了,但雨中的昭君镇更是别有一番韵味:碧绿的湖水烟波浩渺,葱茏的山岚青翠欲滴,在山与水之间,依山傍水静静地躺着一片粉墙黛瓦,古色古香的小镇,在烟雨朦胧中似一位高贵典雅的美女出浴,又似薄纱背后若隐若现的惊艳少妇,我们将照相机咔嚓咔嚓地按个不停,大有不虚此行的快感。

在我们的镜头不断拉伸的过程中,突然发现,在背景远处的山根,有一道白花花的水帘十分引人注目,在连绵不断苍翠的山岚中,像蓝天里高悬的一轮圆月,又像一件阔大的衣衫上佩戴的一朵白花,不知是谁叫了起来:白龙挂须了!

白龙挂须,几乎在我们过去老县城居住的人都知道这个地方,因为它离县城很近,不到两公里路程,但是能够目睹白龙挂须的人却并不多,一是那里山势凶险,地域偏僻;二是平日里河里不涨水的时候,只有涓涓细流,没有飞流直下的磅礴气势;三是过去那里是我们整个县城的水源地,为了用水的安全和洁净,政府不提倡人们到那里去游玩。我也仅仅到那个地方去过一次,那还是在 20 世纪 80 年代初,我在那个村子工作时顺便去看了一下,不过,那里的奇异地貌和壮丽风景却深深地刻在了脑海中。

我们去看白龙挂须。

汽车在崭新洁净的街道中穿行,当街道走完,就到了一个叫耿家河的地方,在这里公路也到了尽头,前面是两座巨大的山岩,如两扇高耸入云的大门,门开了一道窄窄的缝,缝里草木葳蕤,乱石嶙峋,河水从远远的高处一叠一叠地淌下来,既翻滚着耀眼的浪花,也演奏着悦耳的声响。在河边,有一个小水电站,站房顶上有它的名字:耿家河水电站。这个水电站目前在兴山县是最小的了,但是,它却是兴山水电事业的祖师爷,奠基石。它建于 20 世纪 60 年代初,因为它,兴山县结束了没有电的历史,也因为它,兴山一步步走向了全国小水电明星县,这个水电站的水源就在白龙挂须,那里有一个龙洞,龙洞里常年都流淌着一股清泉。

从这里再往前走,就只好步行了。路很小,就是顺着河边在翁郁的森林里往上攀爬,且由于连续几天的雨,处处流水,步步泥泞,我们却丝毫不在意,反而兴趣越来越高,因为每前进一步,那白龙挂须瀑布的轰鸣声就增大一点,那白花花的龙须也逐渐露出了庐山真面目。

但是,要目睹白龙挂须的全貌,却不是件容易的事情,当我们费了九牛二虎之力爬到瀑布跟前时,却发现我们所在的位置已经到了瀑布的顶端,这里有一个小村庄,住着三两户人家,一位大嫂听说我们是来看白龙挂须的,告诉我们,要看到全貌,还要从这里下去里把路,一直到河底才行,路很小,现在树都长严了,看你们有没有这个功夫。她建议我们先去看龙洞,就在她家的房子旁边。

龙洞很近,就在离那个村子不到 50 米的地方,下两个坎就到了。这里是两条小河交汇处,背后是海拔达 1800 多米的孟家岭,也就是在孟家岭的根底处,赫然一洞,洞口面积大约有 30 平方米,其形状很像煤矿的马门,里面深不见底,只有清澈的泉水不停地往外涌出,因为最近连续下雨,地下水也涨起来了,流量大概有 1 立方米/秒。由于这洞里常年流水,在洞口总能听见里面有轰轰隆隆的声响,因此人们又把这个洞叫作了响龙洞,这个村子也因此叫作了响龙村,过去这里设乡的时候,也被叫作响龙乡,我年轻时就在这个乡的政府里工作过。

从这个洞口往下,是一个有数十米长的漫石滩,从洞里涌出的水扬着浪花在石滩上左突右拐,从对面望过来,酷似一条白花花的巨龙在山间盘旋,而再朝前,就是一面高达百米的绝壁,那盘旋着的巨龙一头朝下,轰然坠落,形成了一个巨大的瀑布。人们说,这是那条白龙挂着的胡须,这地方也因此叫作了白龙挂须,这名字诗情画意,让人产生许多的遐想。

的确,白龙挂须还有一个十分美妙的传说。

从这里往上走,翻过一个山垭,有一个叫龙池的地方,龙池里住着一条青龙,青龙当然是黄花大闺女,住在响龙洞里的白龙对这条青龙是爱慕已久,两条龙约定在某年某月某日一起动身,在香溪河的回水沱幽会,谁知天有不测风云,那青龙在那个吉日的前几天被人弄坏了一只眼睛,这个样子了是没有办法和心上人见面的,她给白龙捎信,等她把眼睛治好之后再见面,白龙回信说,我愿意等你。可是,令人遗憾的是青龙的眼睛一直没有治好,而白龙却信守承诺在痴痴地等候,久而久之,白龙的胡子就长出来了,再到后来,一大把胡子全白了,到如今,他们依然还没有见面,不过,他们依然在等候。

这个故事很美丽,它激励我们下定决心要下到河底去一睹这位对爱情忠贞不渝的老白龙的风采。

下去的路的确难走,要说是基本上没有路,就是在草棵中钻去钻来,衣服被露水打湿了,腿上到处沾着泥,但最终,我们还是站在了白龙挂须的面前。这是一个山间跌水瀑布,在一个十分逼仄的峡谷深处,高约百米,宽也有二十多米,水并不是垂直坠落,而是挂在一面陡峭的石壁上,石壁碰水,水碰石壁,翻滚腾挪,飞珠溅玉,使得整个瀑面似长绢挂壁,雪白一片,大有"飞流直下三千尺,疑是银河落九天"的气势。瀑底是一个深潭,但此时从上飞落的白色水珠把潭面也铺排得洁白洁白的,并且溅起来的水珠在空中形成一团团白雾,使得整个河谷都白茫茫的。看来这老白龙随着岁月的增长是胡子越来越多,越来越长,也越来越白了。

昭君别院:尘封在时光里的乡愁

王芳

一座滴翠的山,一条流波的水,一个至美的人,一方古典的村落,一段尘封在时光里的乡愁……

一

"群山万壑赴荆门,生长明妃尚有村。"

唐朝诗人杜甫的一首《咏怀古迹》,让世人记住了一个人,一个村。一人,就是两千年前远嫁匈奴的王昭君。一村,就是王昭君幼时生活过的昭君别院。

两千年的时光,太久。曾经显赫一时却最终沉寂的昭君别院,如一方浑然未开的璞玉,被时光不动声色地珍藏了千年。两千年后,因水陆交通条件的便捷而拥有了得天独厚的区位优势的昭君别院,失了往日的宁静。历史厚重、民风古朴的昭君别院,携裹着由在中国偌大的版图上无法标出的百年老屋、一把年龄的昭君古井、守望千年的昭君亭台和金果满树的柑橘园林营造的别样风情和美丽,走进世人的眼,醉了世人的心。

最具匠心的,是将昭君台、古井、香溪这三个最具历史意义的文化符号连为一线。站在以古井为圆点成扇形铺开的古井广场的中轴线上,抬眼,是高高矗立于妃台山顶的昭君台。回首,是碧波荡漾的香溪河。西边,是村委会办公大楼。东边,是游客接待中心。那些高低起伏、参差错落、青瓦土坯或黄墙红面的屋舍沿着古井广场四散开去,或三五成院,或独立一隅,或连成一线,但不会离得太远,都亲亲热热地靠在一起,拢在一堆。一条平坦、宽阔的公路,画着弧线从村子右边的上马台那儿拐进去,穿街走巷、访家问户后,再从村子左边的下马墩那里弯出来。这一弯一拐,就拐出了上马台、下马墩、昭君台、绣鞋洞、珍珠潭等动人的故事,也弯出了乡村大舞台、乡村印象、老喻客栈、茶书吧、磨坊、田园村舍、古水井等巷陌人家。千百年来,昭君别院的父老乡亲就在香溪河畔这个叫妃台山的山洼洼里男耕女织,繁衍生息。

最惹眼的,是村委会侧墙上的一副巨画。画中,斜倚绣凳、怀抱琵琶的王昭君,侧身、低眉,凝望着脚下的这片土地。让人立刻于清代诗人王循的"女子英雄泪,琵琶壮士歌。一心争不朽,莫漫蹙双蛾"中豪气顿生的同时,又在杜甫诗的"千载琵琶作胡语,分明怨恨曲中论"里再生万千愁绪。

于是,一段尘封在时光里的乡愁,如烈酒,静候着来客,浅斟慢饮,静享时光。

二

昭君别院地处湖北省兴山县昭君镇陈家湾村,是中国古代四大美人之一、民族和平使者王昭君生活过的地方。

被穿镇而过的一条碧水隔在河的南岸,沿着岸边妃台山的山脚一路起伏着向山顶铺排上去,面积仅有十多平方公里的陈家湾村,村子虽小,却从不敢让人忽视。因为,这是一方厚重的水土。

在妃台山的脚下,有一块被香溪河三面环绕的山间台地,而在那个台地上,有三个呈"品"字形布局的圆顶山包。山包之间,是一块约有数百亩大的盆地,土地肥沃,环境优美,上百户人家居住其间,自成院落。这个大院就是昭君别院。被妃台山紧紧环拥在怀中的昭君别院,就是这方厚重水土的源。

兴山有一千七百多年的立县历史。在长长的历史发展进程中,昭君镇多次为兴山县治所在地。淳朴的父老乡亲,忘不了他们远嫁的女儿,他们把曾有过王昭君生活痕迹的那个人户密集的院落,叫作王家院子。忘不了王昭君的,还有清明的一方诸侯。据清《宜昌府志》记载,宋开宝元年,即公元九百六十八年,小小的王家院子,竟成了堂堂的县治所在地。不过,显得有点小家子气的王家院子,换了大名,叫作昭君院。

昭君院到底是小了点,二十一年后,县衙搬到了更为开阔的香溪河北岸。后来,江西一位姓陈的富商搬迁到这里,凭着他的财势将满是王姓人家的昭君院改名为陈家湾,而把陈家湾所在的村子,就叫陈家湾村,一直沿用至今。失去了本族姓氏的土地,似乎再无扎根生长的土壤,陈家湾里的王姓人家,在数百年间陆续搬走了许多。现在,在当年曾叫过王家院子的大院里,是找不出几户姓王的人家了,陈家湾已成为一个广纳百家之姓的大家庭。那离村口不远的"老喻客栈",就是明证。在时光的轮回中,这方院落又寻回历史之源,2015年,陈家湾被正式定名为"昭君别院"。

在昭君别院行走,莫如说是在历史中回溯。

走着走着,你就会发现,每一次注目都会与历史对视,每一次触摸都会感受苍凉。在摇橹中吱呀有韵的井绳,懒懒地打捞着一掬一掬的时光。泛着幽幽青光的石板路,印刻着传承人类文明的二维码。而屋井相连、黄泥抹墙、青瓦覆顶的土坯天井屋,则是昭君别院这座历史悠久的村子的文化名片。

建筑于清代的老屋,古朴雅致。整齐的青瓦,如一行一行素净的诗句和一篇一篇质朴的辞章,在老屋用粗大、结实的斗方做就的屋顶上密密行走,给乡亲们的生活平添了几多诗意。门窗上伸出的木方青瓦的檐棚的别致,天井内方正的青石条的冷硬,板壁上雕刻的花草鱼虫的精美都如一句绝句,一个好词,恰如其分地点缀着老屋,熨贴着人们的心灵。

三

有人赞道:昭君别院别样美。

这话是不错的。别院的美,就在它的别具一格。村中的建筑,大到一栋楼的造型,小到一个花盆的摆放,都精心设计,匠心独运。

村中房屋的墙面,是多彩的。大量保持着土坯墙的原色的房屋中,时不时冒出一面蓝色的土墙面或者红色的墙面,点缀其间,于古朴中透一些时尚的亮色,增添了一份活力。而五彩的墙面,不经意就让人想起昭君浣纱的缤纷色彩了。房屋结构,各不相同。有土坯木斗的天井屋,有红砖砌就的小楼房。屋外的装饰,也各成一景。这里以木为柱、以玻璃为墙,通透而又厚重;那里以片石为裙、以红砖为衣,原始而又艳丽;东家以修竹为栏,根根直立,间隔有序,如一张竖帘,挂于楼间,人行其中,步步生姿;西家以木栏为饰,节节相连,曲折有致,似一首旋律,婉转巷里,玉指轻扣,声声有韵。以红砖砌就的院墙与木板铺就的地板相得益彰;木栏与石阶偎依成趣。墙上垂下的青藤,坎边盛开的红花,檐下挂着的苞谷,院角站着的秋柿,屋后整齐的菜园,展示着日子的滋润和风情。石阶上静卧的小猫,门洞里撒欢的小狗,秋千上摇晃的孩子,橘园里摘果的姑娘,木楼上仱望的老人,体现着村子的生机与活力。

院落之中,也颇有讲究。柚子树下的布衣客栈,就是一例。几栋被涂成蓝墙、黄墙或者根本就露着原色的土墙高低错落着成围合之势的房屋之间,块石石阶次第而上,或红砖或木栅为栏,转来折去地将几栋房屋连接,石阶的尽头,是一幢开着门户的土坯屋,从下往上望,石阶和木栏层层叠叠,曲曲折折,竟似在平平仄仄的韵律中,走向了岁月的深处。坐在门边的老人,拉着长长的线头,悠闲地纳着鞋底,那长长的岁月,似乎也被纳在里头。院子里,一架青枝绿叶的葡萄正长得茂盛,攀着木栏顺势而上,伸长了颈子在屋顶向人们招摇。小场坝里的一树柚子,略显含蓄,蓬勃伸展开的树枝上,无数青色的柚子像巨大的绿色宝石,向人们显示着无尽的风情和诱惑。

大人们在昭君别院寻到了放慢脚步、安放心灵的物事和场所。成群结队来到别院的孩子们,也自有他们的开心之事。除了时尚的黄墙、蓝墙与老土的土坯墙相间并存的奇观给他们带来视觉上的新奇之外,整洁漂亮的别院也改变了他们心中对农村的成见。而最让他们兴奋不已的,是在那堵老旧老旧的墙上,居然扑闪着一对巨大的、白色的天使翅膀,翅膀下面搁着一架三级的木梯,刚好可以让孩子们贴着翅膀,伸开双臂,摆一个展翅飞翔的poss,在Wi-Fi全覆盖的昭君别院里,瞬间向全球展示。再仔细看,那扭腰、摆臀、跳跃的人儿中,竟也不乏童心未泯的大叔或阿姨。

四

别院的美,还美在风情。

昭君别院的乡亲们逢年过节都要热闹一番,闲时也会找下乐子。古井广场是乡亲们施展伸手的最好舞台。绕着广场边儿,摆了一圈儿小摊。根雕、奇石、手工鞋、鞋垫儿、小吃……凡是山里、地里和水里能出的东西,乡亲能做的物事儿,都应有尽有。最多的,就是产自于昭君别院千亩橘园里的柑橘了。金灿灿的,一篮一篮沿着广场摆了一圈儿,给广场镶了道金边。

看看客人少了,一边儿卖绣花鞋垫儿的老婆婆拿着一把红绸扇站起身来,走到广场中间一声吆喝:老姐姐老哥儿们,我们来耍一把哦! 唱他一折花鼓子戏! 于是,没有锣鼓,没有伴奏,几个满头银丝的老人,自哼着唱词,在场地中进退有序地跳起了花鼓子戏。引得游人们一阵喝彩。一群来自人民大学的画家自是不肯放过这么好的机会,纷纷架起画框画了起来。一位村民看得兴起,张口来了一首诗:画师至别院,墨香格外浓,莺蝶硬在纸上飞,笔尖下面生虎龙,长江黄河似巨蟒,千山异态花儿红。

爷爷、婆婆们都上了阵,年轻的媳妇哪还坐得住? 放下菜篮,丢下针头,挎上盘鼓,拿起鼓槌,十五六个呼啦一下就在昭君别院的古井广场上摆开了架势,咚咚咚地敲起来,舞着绸子跳起来。领头的一个美村姑边挥槌擂鼓边领着大伙儿放声唱道:"我们的日子别样美,唱歌跳舞还要鼓!"

乐得一旁捏着菜籽儿、拿着小锄看热闹的九十出头的王婆婆咧着只剩三颗牙齿的嘴巴说道:"我老婆婆子真想再活五百年啦!"

紧挨着古井广场,是一栋上下两层的楼房,长长的木廊里,挂着两串红红的灯笼,一方写着"田园村舍"的木牌钉在灯笼下面的土墙上面。

在一溜摆着七八张八仙大方桌的村舍里坐下,盯着桌上的菜单,心攸地就回到了老家的饭桌旁。菜单上的菜系是:妈妈的味道,土家土菜,乡村土灶头。菜系下面,是一串串散发着儿时记忆的菜名和食名:土豆炖腊蹄、粉蒸格子肉、花椒叶拖面、油炸洋芋泡儿、火烧老面饼、香酥桃花鱼、蒿子懒豆腐。点好菜,吧台小村哥拿起对讲机,喂喂喂地一阵呼叫:"喂! 王大哥吗? 来一个花椒拖面! 陈大婶吗? 炒一盘青椒核桃米! 喻婆婆吗? 请您露一手粉蒸格子肉哦。"

一杯茶喝下去,点下的菜肴陆续上了桌。吧台的小哥悠闲地将一切搞定,才对着惊诧的客人得意地一笑:开了眼界吧。这菜都是由昭君别院参加了乡村旅游专业合作社的乡亲们在自家厨房做出来,然后送过来的。我们这叫户整一盘菜,共办一桌席,品味百家宴,舌尖识乡愁。你们吃的是百家饭、品的是老乡情啊。

五

带着些微的醉意,穿过层层橘园,到妃台上的昭君台登高望远,是最好不过的了。

昭君台在妃台山的东端。相传,昭君台是昭君幼年拾柴劳作之处。出塞前,王昭君回家探亲,走时,因留恋家乡,曾在此登山回眺,就以"妃台"为名了。昭君出塞后,乡人怜其远嫁,便筑台而望。并立有刻着"乡人怜昭君,筑台而望之"的石碑以记之。但在历史的风云变幻中,昭君台几度损毁,又几度重建。据记载,汉时在此立有昭君祠,唐时建有昭君院,宋时立有昭君故里碑,明永乐十三年(1415年)曾重修昭君院,清光绪十年(1874年)秋,在此重立昭君故里碑,如今碑文尚存。中华人民共和国成立后,重修了昭君亭、昭君坊和昭君故里碑,建筑风格古朴雄健。乙未年春,昭君镇政府再出重资,将昭君台修饰一新。被簇拥在金果绿叶中的昭君台,红柱、绿瓦、两层、八角、蓝画檐。三个黑色的隶体大字"昭君台"一如昭君美丽温婉的面容,迎接着来往的拜谒者。

登台四望,山峦重叠,云蒸霞蔚,满坡桃李柑橘,拥翠堆金,台前溪水澄澈,宛如碧罗绶带,飘曳于九曲峡谷之间,风物俊秀清丽。这秀丽的风景,让人们不再为哀唱着"走一山啊远一山,过一河啊隔一河。含两颗泪珠儿不忍落啊,马蹄声声踏碎了我心窝"远去的王昭君而愤恨,也不再为杜甫诗"群山万壑赴荆门,生长明妃尚有村。一去紫台连朔漠,独留青冢向黄昏"中散发的悲怨而感伤。山下那拔地而起的昭君新镇,流畅的公路线上疾驰的车辆,还有那从江南一直开到草原的格桑花,那从黑河一路追寻到香溪的足迹,都告诉人们,王家女儿远嫁漠北的初衷已然实现,和平和安宁,已如鲜花开遍神州大地。那么,人们还有什么理由,不用最清朗的声音,大声诵出"昭君自有千秋在,胡汉和亲识见高"!

立于台上,回望别院,与昭君台遥遥相对的古井广场,广场中那眼古井,赫然在目。据说,当年王昭君生活在昭君别院时,就是在这口井中打水吃。古井能够历经千年而不毁,与它的井水有关。乡亲们说,这井水是昭君娘娘吃过的,怎能让它损毁!

历经了千年风雨沧桑的昭君台和古井,就如两枚历史的印章,印在了昭君别院文化的厚土上。

两千多亩的柑橘,一层一层重叠而上,如一方巨大的绿毯,将妃台山的岭、坡、沟、洼都给盖了个严严实实,也将精致的昭君别院镶嵌其中。更神奇的是,随着四季的更替,这方绿毯自动添加、变幻着不同的颜色,成为一幅置放于天地之间的绝美动画,大美着人们的眼睛和心灵。

最美的还是十月,你再看吧,柑、桔、橙、柚,一律以金黄的姿态挂在树梢,藏在叶里,远远望去,满山都是夺目的黄星星。在阳光的照耀下,绿的更绿,黄的更黄,那一种壮观,是在每个人心里不由自主地升起的一种感慨。这金黄的果子,成为昭君别院的主导产业,让昭君别院的人们早早过上了小康生活。

阳光下的昭君别院,已是迷人。夜色下的昭君别院,更令人沉醉。

所有的繁华,都被妃台山轻轻地挡在了身后。月色下的昭君别院,静谧、祥和,正适合做一个归家的梦。而院中,老喻客栈也好,布衣客栈也罢,随便进一间屋子吧,那儿,都会是游子们最好的梦乡。

第三节　地名传说

神石马

徐永才

神石马曾经是我家乡金乐村最为神秘和诡异的地方,在人们的心目中,就如同埃及的金字塔、英国的太阳石一样,既古老又神奇,既壮观又怪异。小时候,每当大人们提起那个地方,脸上的神情就云山雾罩,高深莫测,如果再往深里问去,他们的唇齿间就有些生涩,一阵哼哼哈哈之后,一句小娃子问那么多做什么而遮掩过去。

很长时间,神石马在我的心里始终是一个没有解开的谜,因为那时候年龄小,很多东西都没有弄明白,也就随它去了。

　　神石马就是一群石人石马,后来演变成了一个地名,那周围一大片区域都叫作了神石马。地点在我们村的中心位置,在金家院子和龚家院子之间的一个山包上,山包不大,大约有上十亩的面积,对面的缓坡是一大片梯子样的稻田。那些石人石马都坐南朝北面向稻田而立,好像是在守卫,也好像是在向往,因为那块稻田是我们村子最为富庶的土地,地势平坦,土地肥沃,还有长年不竭的泉水,可以旱涝保收。有人说那是一块风水宝地,这话肯定有来由,否则那些石人石马不会安放在那里的。

　　石马有六匹,四大两小,大的是成年马,小的是幼马,高矮长短和真马一般差不多,全部用整块巨石雕凿而成,头、尾、身、蹄都雕刻得十分的精细,马蹄和底座一块板石相连,用作固定整个马身。大马身上有鞍鞯和辔头,作直立状,前面有真人大小的石人牵拉,石人浑身披挂,身上的铠甲和头上的冠缨清晰可见,面部肥厚,高鼻阔嘴大眼睛,和西安的兵马俑十分的相像。这些大马和牵马人不规则地随意摆放在山坡上,神态都十分安闲,好像是经过长途跋涉之后正在这里歇息。而在他们前面的两匹小马却三腿落地,一蹄前倾,好像在撒腿狂奔,显得活泼和顽皮。在石人石马正对面大约五十米远的稻田中央,立有两根高约五米、直径有四十厘米的菱形石柱,两柱相距有三十米远,柱顶各雕有一个石猴,一雌一雄,面向东南方,作瞭望状,这应该是这些石人石马的哨兵了。

　　这些人、马、猴组合在一起,应该成为一个阵候了,但在我们年少时,没有去探究这是什么东西,干什么用的,只是偶尔听大人说这里是明朝埋葬的一位姓金的达官显贵,具体是什么时代建造的也没有人知晓。大人们还神秘兮兮地说,这些石人石马都是灵物,一到夜晚就都活动起来了,人拉着的马在转圈圈,小马则跑到稻田里去吃秧苗。我对大人们的话很是相信,我在金家湾学校里读书的时候,从家里到学校都要从神石马旁边经过,经常三五成群地跑那里去玩,摸摸石人的脸,捏捏马的鼻子,爬上马背耀武扬威的“嘚儿驾”吆喝一阵,作骑马射箭状。有一次,因为参加学校晚上的活动,回家天已经黑了,我从神石马旁边经过的时候突然想起大人说的那些石人石马到夜里就活了的话,就想去看看它们是不是在转圈圈或者下田里去吃秧苗了,但到那里一看,那些石头依然和白天一样黑黢黢地立在那里一动不动,就知道大人们说的是糊弄人的话,逗小孩玩的。

　　在我上了一些年纪的时候,突然对兴山县的历史有了兴趣,在查阅《兴山县志》时,我发现在明朝万历年间金乐村出过一个大人物,叫金可教,曾在云南知府位置上干了十多年,他是兴山县有史书记载以来的第一个大官。据史书记载,金可教出身寒微,但天资聪颖,年轻时在县府里当差,很得知县大人的赏识,便推荐他参加科举考试,中举后出任江西抚州通判,后调任云南崇州知州,再升任云南知府。他在这个位置上致力于各民族的团结,发展生产,政绩显赫,史书上赞扬他“所莅之境,士民思之”。朝廷为了表彰他主政云南时所做的贡献,特诰封他的父亲金生芝为“奉直大夫”(从五品),这是兴山历史上被朝廷封袭最高的官位,诰封的理由是“其子可教贵”。明朝是一个对孝看得很重的朝代,个人做出了成绩,往往表彰父亲,父母亡故,儿子做再大的官,都必须回家守孝三年。

　　明朝也是一个等级森严的朝代,什么级别的官员住什么样的房子,死后丧葬规模闹多大,坟墓做什么样子,都有严格的规定。神石马如果是一座墓葬的话,那就一定埋的是金生芝(金可教死后埋在老县城旁边的陈家湾,县志上有明确记载)。因为他有奉直大夫的级别,享受的是从五品的待遇,相当于现在的副厅,其丧葬的规格就高了,墓前可以立石人石马,可以立高大的石碑,但他被诰封的级别是虚职,只享受待遇而没有实职,而且诰封时年龄也不小了,更说不上有什么功德,也就无话可说了,所以就立了无字碑。

使人百思不得其解的是,神石马仅仅只有那些石人石马,而且带有显著的明代风格,而没有一般坟墓的主体棺椁存放地,连一个土堆都没有。有人说这个山包不知在什么时候南边发生了一次大滑坡,坟墓都滑走了,只剩下北边的这些墓前的石人石马了,人们都把它们叫作神石马。后来,这里也没有人对这些东西给予考证,更没有进行发掘,留给后人许多的想象空间和莫衷一是的传说。

现在想来,神石马的工程是十分浩大的,那些石人石马完全用青石雕凿而成,每个重量有好几吨,而在这周围几里路的距离内没有这种石头,它们是在什么地方建造,又是怎么把它们运送到这里安放起来的? 在五百多年前,生产工具是很落后的,而在那一面山坡上没有舟车可以利用,全靠人拉肩扛,那场面一定是十分宏大的,动用的人力之多也是很难想象。

遗憾的是,神石马在二十世纪七十年代中期,在一片"学大寨"的热潮中,被石匠们一点点分解、敲碎,然后都砌到大寨田里去了,唯一还幸存的是那两个石柱上的望猴还孤零零矗立在那里,显得既荒凉又冷落,抬起的前爪不再是在张望和守护着什么,好像是在掩面哭泣。

晒谷坪

徐永才

晒谷坪是远古时代火山灰堆积的地方,地势相对平缓,虽说是山区,但是却没有高坡和陡岩,更有丘陵地区山重水复的味道。山头不高,山顶浑圆,山与山之间都是宽阔的冲槽。山上树木高大繁茂,过去是兴山县重要的木材、药材产区;冲槽里田陌纵横,土地肥沃,流水潺潺,这里从很早就开始种植水稻,稻田面积有1000多亩,盛产优质大米,也因为此,这里虽说偏僻,但是在历史上却是富庶、繁华、人丁兴旺的地方。

传说在村子的中心地带,地面天然平铺了一块很大的石板,面积有一亩地大小,附近的村民在收割稻谷之后就放在上面晾晒,因此,这个地方就被人叫作了晒谷坪。遗憾的是,也不知在哪朝哪代,人们在这块石板上垫了土,也把它变成了稻田,晒谷坪不在了,仅仅留下了这么一个充满诗情画意的名字,一直传承到了今天,并冠以村名。不过,我们应该佩服古人的文化涵养,给这个地方取了这样一个美妙的名字,晒谷坪! 使人一看,就想起了丰收、富庶、阳光,心里就有了天高地阔,阳光灿烂,稻香千里,幸福美满的憧憬和向往。

据传,晒谷坪在唐宋时代就有人拓荒种植,繁衍生息,但史无记载。真正使这个地方兴旺发达的是明朝一个叫邹仕英的江西人。

《邹氏族谱》记载:"启者我邹氏英公自明成化二十二年丙午岁,落叶兴山晒谷坪,生四子:实、宝、寅、宾。自明朝以建民国,派横十余世,由兴山而延宜昌,丁传数千家,历数世而游泮得隽,莫不有人,正是声文物盛,又如瓜瓞绵绵。"邹仕英祖居江西省南昌府沣城县姚石河,在江西填湖北的人口迁移浪潮中,他在明成化二十二年只身来到兴山,最先落户在香溪河畔的大峡口,在那里居住了一段时间,并且娶妻生子。一个偶然的机会,他来到了晒谷坪,发现这个地方实在是太好了,山清水秀,土壤肥沃,物产丰富,使他乐不思归了,便住了下来,并先后娶了罗氏和张氏两个妻子,两个妻子给他生了4个儿子,取名邹实、邹宝、邹寅、邹宾。这4个儿子都不是等闲之辈,长大后个个精明能干,邹仕英便学着皇帝分封一般,以晒谷坪为中心,分别将他们分到夷陵区的秀水坪、兴山的水月寺、高岚等地,经过一些年的发展,这4个儿子都形成了自己的家族势力,被邹家称为四大房系,但他们都共同尊崇一个先祖,认同晒谷坪是他们的宗主地,这一点在他们共同建设邹氏祠堂的时候表现得尤为突出,也显示了邹家的强大势力。

大约在清朝中期,在邹家准备兴建祠堂的时候,晒谷坪发生了一件事情:有一户邹氏人家,当家的主人在早上祭拜祖宗的时候,突然发现供奉祖宗牌位的香阁上蹲着一只斑斓猛虎,一下子把他吓得魂不附体,急忙叫其他家里人来帮忙打老虎,然而当家里人抄着刀棍斧叉来的时候,那只老虎一个飞步从香阁上跳到了院墙外面跑了,这把一家人吓得不轻,他们感觉这好像是什么不祥之兆,便商量把这栋房子卖掉另择新居,于是就把房子卖给了一户黄姓人家。邹氏宗族的人听说这件事情之后,他们却认为这应该是一块虎踞龙盘之地,是一种吉祥的兆头,并且商量把这宗土地弄过来兴建祠堂。但是,他们在同黄家交涉时却怎么也说不好,没有办法的情况下,只好把黄家告到了县衙。知县在过堂的时候,邹氏四大家组织了12人应审,且这12人个个都是秀才、举人、贡生等有头有脸的人物,穿着朝服,顶戴上级别鲜明,按照当时的规矩,有顶戴的人在衙门里过堂的时候是不必下跪的,而黄家去的人什么就没有,都是平头百姓,知县一喊升堂,都要齐刷刷地跪在地上。知县一看这阵势,虽说理在黄家,但是却没有办法判案,说了一通糊涂话就草草收场。这官司又打到宜昌府,邹家还是那个阵势,知府也不知道怎么才判好,知府的办事人员就悄悄给黄家做工作,说你虽然有理,但这官司你是打不赢的,不如算了。黄家的人想想也是,几场官司下来,光下跪就把腿跪木了,而对方却昂首挺胸地站在那里,也就自愿认输,还是把那个房屋让给了邹家。

邹家在得到这块风水宝地之后,便大兴土木兴建祠堂,并动员所有的邹姓百姓,有钱的出钱,有力的出力,有物的捐物,在很短的时间内,一座集当时最高建筑水平的邹氏祠堂便在晒谷坪建起来了,面积有上千平方米,火砖墙,望山飞檐,大小房间几十个,整石錾砌大门上,镌刻一副长联:"自明而清四百年间始开宗序;由赣及鄂三千里路重振家邦。"这座祠堂使用了近200年的时间,直到中华人民共和国成立后,把它用作村办小学的校舍,只可惜在"文革"的"破四旧"中被完全拆除了,至今依然有石础、石磨、石兽等遗迹。尤其是当年在建祠堂时从江西移植来栽在祠堂后面的两棵摇钱树,后被林业部门命名为兴山榆,至今依然枝繁叶茂,高大挺拔。这种树在秋后的果实酷似用线串起来的铜钱,风一吹便哗哗作响,人们一直把它当作吉祥物看待。

这座祠堂的修建,对于邹仕英以下所有邹氏宗族具有里程碑的意义,它把散落在兴山、宜昌县(今夷陵区)的邹氏族人都凝聚在了这里,并新拟定了谱序:"拥首宗先施吾吉,若金生水永才良,志学远大绍家正,邦国维新继世长……"等56辈。这一谱序到如今已经传了20代左右,如今在兴山县和夷陵区(主要是夷陵区西部),只要说姓邹,都同宗同派,他们都认同邹仕英这个祖宗,认同晒谷坪这个发祥地。民国以前,在这座祠堂里,每年农历的十月初十,都要举行邹氏宗族的秋会,秋会由族长主持,所有族谱内的邹姓当家人都必须到场,内容一般是三个方面:一是祭祀祖先,祠堂内都供奉有已逝先人的牌位,一辈人为一列,祭祀时,用整猪、整羊和瓜果酒食作祭品摆列,然后燃烛上香,所有参祭的人都跪拜先祖,再由主持人念祭文,对于在历史上对本族和社会有贡献的人都有专门的祭文,一般的人则一带而过。二是旌表贤达,惩戒犯罪,对于在过去一年里孝顺父母,抚育子女,扶贫济困,努力生产,有功家国的人和事给予表扬,而对于那些作奸犯科,危害他人的人要给予惩罚,惩罚的方式主要是以打屁股为主,犯罪轻的打几下,犯罪较重的则打得皮开肉绽,哭爹叫娘。三是族长训话,要求本族人应该怎样怎样,不应该怎样怎样等。

这种家族式的年度总结会,在封建时期是国家管理社会的重要方式,我们的文化和社会规范大多数都是通过这种形式传播教化到普通的民众中去的。到民国,邹氏宗族已经有一千多户,每年的秋会要进行两天,一千多人云集晒谷坪,家家户户住的都是人,吃饭时20张饭桌吃流水席,那场面十分的壮观。晒谷坪作为邹氏宗族根基地,这里的民众受到的影响也是巨大的,这个村子到如今依然以邹氏为第一大姓,这里自古民风淳朴,尤其是在群众文化方面在兴山县可以说是出类拔萃,玩狮子、打围鼓、唱地花鼓等方面的艺人很多,并多次在县内外的比赛中获奖,这无不得益于他们邹氏的宗主地的影响。

晒谷坪的邹氏宗族数百年在兴山县都是名门望族,在科举时代也考中了不少的举人、秀才、贡生等,即使在今天,依然从这里走出了很多对国家有用的人才。但是,在晒谷坪,历史上最有名的是清朝初期被人称作草王子的邹世伦,是个神话级的人物。

据传,邹世伦身长丈余,脑壳有九斤半重,一双靴子可以装一斗二升大米,其声音可以传数十里路远,传说他曾在晒谷坪的山顶朝着宜昌的方向大喊:给我发援兵来!过后不久,宜昌那边的援兵就到了。清朝初期,满人入主中原,很多汉人心怀不满,各种形式的抵制和反抗到处都有,邹世伦仗着自己高大威武,力大无穷,也拉起一支队伍抗清,因此被人称为草王子。传说他在被朝廷的军队砍掉脑壳之后,依然骑马狂奔九里路而不死,他在溪边碰到一个妇人在洗萝卜,就问:"萝卜菜砍了萝卜还能不能活?"妇人回答:"那当然可以活啊!"邹世伦接着问:"那人的脑壳砍了还能不能活呢?"妇人说:"人脑壳砍了就活不成了。"邹世伦一听,立马气绝,滚下马来死了。如今在晒谷坪还有很多因草王子而得的地名:九里冲,传说就是他被砍掉脑壳之后狂奔九里的那个地方;米汤坪,传说是他的部队驻扎在那里,煮饭的米汤流到地上而得名;赤脚坪,传说他用靴子装了大米,自己打着赤脚行走而得名。

在民国时期,晒谷坪还出了一个十分有趣的人物,叫邹松柏。他曾就读于北京大学,后又到日本留学,回国后就被委任为兴山县县长,但是,他在县长位置上干了三个月之后,以300两银子把县长的位子卖了,自己则回晒谷坪老家过起了老百姓的生活。当人们问他为什么把县长卖了时,他说:"这世道,做官难,难做官。做昏官,亏良心,背骂名,不愿做;当清官,要维民,得杀人,当不成。"虽然他不愿意当官,但是他学问深厚,见多识广,十分乐意为老百姓办事。1943年,日本人占领宜昌,石牌、雾渡河一线成了阻止日军西进的正面战场,晒谷坪也驻扎了许多国民党的军队,村里的青壮年都作为民夫去为前线运送物资,到春耕大忙季节,田里却没有人耕种,眼看季节就要过去了,家家户户都急得要命,却没有办法。邹松柏就到离晒谷坪不远的马粮坪,找到了驻扎在这里的国民党第 75 军军长柳继明,请求他将民夫放一段时间的假,让他们回家把地种上,军长很为难,说前方运送物资的任务很重,耽误了战事,那可不得了。邹松柏就给军长出了一个主意,让他派闲着的士兵运送一段时间,把民夫放回家种地,并拍胸脯保证,规定时间期满,一个不少的送回来。军长早就知道邹松柏是这一带很有名的乡贤,就答应了他的请求。那些民夫很是感激邹松柏的行为,在把春耕忙得差不多的时候,一个不少地跟着他回去运输军需物资。

龙王洞的传说

陈孝国

在高桥乡,有个远近闻名的龙王洞。远远望去,洞口确像人的嘴巴,洞上边有鼻子和眼睛。洞口筑有一丈多厚的石墙,洞里面有一朵栩栩如生的石百合花。要知龙王洞的来历,还得从头说起。

相传远古时期,万朝山脚下有一个桃花村,村头小河旁住着一户姓白的人家,养了一个独姑娘。这姑娘标致极了,取名叫百合花;十里八村的儿娃子都想娶她做媳妇,媒人去了不少,百合花总是不如意。

小河上有一座桥,修得很讲究,是河那边的员外龚善人修的,人们称这桥叫龚家桥。龚员外有个儿子叫龚隆旺,五官清秀,能文能武,学了一手好箭法。常在龚家桥上操弓射箭,吟诵诗文。

有一次,百合花在河边洗衣服,从水里捉到一条金色鲤鱼,忙喊桥上的龚隆旺来看。隆旺发现鱼背上有一条伤口,就扯了些草药嚼烂了敷在鱼背上,把鱼又放回了河里。百合花见隆旺心肠好,模样又长得周正,暗中爱上了他,偷偷地送了一个荷包给隆旺,上面绣了一枝梅花,暗示隆旺请媒人来提亲。其实隆旺也爱上了她。回去后将这事告诉了父母,父母觉得合适,连忙请媒人去提亲,还请老先生给他俩合了八字。

离桃花村十里外的松树垭,有一个财主叫贺大海,家财万贯,他跟祖仙爷学了一手借地火的本领,到处欺男霸女,抢人财物。他的儿子贺根,长相丑陋不堪,二十四五岁还没找到媳妇。别看他丑得出奇,他的心却比天高呢! 他请媒人去向百合花提亲,遭到拒绝。听说隆旺要娶百合花,他就起了歹心。请了几个棒老二去找隆旺的麻烦,被龚家父子略施小计就撵跑了。贺大海气吹了,恶狠狠地大骂几个家伙无用。于是他派人悄悄去抢百合花,自己在屋里作起法来,借地火烧桃花村。

隆旺料想贺家不会放手,就悄悄把百合花送到她舅舅家躲起来。刚回到桃花村,就见村中燃起一股冲天大火,霎时,狂风大作,整个村子成了一片火海。隆旺拔腿就往村里跑,火把他的头发、衣服全烧燃了,一股热浪涌来,他一扑扑下去就昏过去了。正在这时,天上伸出一只手,一把将隆旺提出火海往前奔。隆旺似乎觉得耳边有人对他说道:"这是贺大海放的地火,普通水是扑不熄的,要用观音菩萨净瓶里的水才扑得熄。观音菩萨如找不到,东海龙王灵珠子里装有三点净瓶水。灵珠子放在南方蜘蛛洞里的金殿上。蜘蛛洞口由一只大蜘蛛把守,想进洞,必须用蜂王箭把蜘蛛杀死。北方三千里外的蜂王山上有蜂王箭,你快去想办法吧。"突然一声响,隆旺猛地醒来,发现自己坐在小河边上,身旁站着一个白胡子老头。隆旺道:"老伯伯是您救了我吧,请受我一拜。"老人说:"恩人莫讲礼行,我就是你救的那条鲤鱼,特来报答你的救命之恩的。"说完便化作一阵风不见了。

隆旺告别百合花,背着干粮和弓箭,日夜赶路往北走。他翻过九十九座山,渡过九十九条河,越过九十九条岭,来到了蜂王山。只见遍山都是寸把多长的七榴蜂。隆旺一把火烧光了山上的七榴蜂,进入蜂王洞,杀死了蜂王,得到了两根一尺多长的黑色金箭。

隆旺又赶快往南走,用了一年的功夫终于找到了蜘蛛洞,见洞口有圆桌那么大一只红蜘蛛守在那望,他急忙取出蜂王箭杀死蜘蛛精,向老天爷磕了几个头,就一头钻进洞里。来到金殿上,果然有一颗金光闪闪的珠子,他伸手就拿到了珠子,可是被虾兵蟹将发现,遭到了它们的围攻。隆旺怕灵珠子丢失,就把它放到嘴里,在与水兵交战的时候,不小心将珠子吞进肚里,只觉脑壳"嗡"的一声,倒在地上不省人事了;不知过了多久,隆旺苏醒过来,睁眼一看,大吃一惊,他变得身高千丈,头如大山,腿子还站在洞里,脑壳钻进了云里。他拔出双腿,刚一动脚,整个身子就飞了起来。他在前面飞,雷公老爷紧紧地在后面赶,雷轰火闪,狂风暴雨一齐卷来。他刚飞到桃花村的上头,雷公老爷一锤砸断了他的腿子,隆旺"扑通"一声从天上摔下来,落在桃花村的后山平地上昏过去了。雷公老爷也收兵回营了。

隆旺苏醒过来,双腿痒痛难忍,他望着桃花村的大火还在燃烧,心急如刀绞,急得大吼一声,从嘴里喷出一股大水,哗哗地朝桃花村的大火冲去,大火顿时就熄了。贺大海听说隆旺借来神水浇熄了桃花村的火,赶忙又画符作法,借火来烧隆旺,还在洞口筑起一道一丈多厚的石墙。隆旺忍无可忍,"呼"地一气吹去,把贺大海放的火挡回去了,还把松树垭烧了个精光,贺大海一家也被烧死了。

百合花知道隆旺回来了,便日夜守在他的身边,并住在隆旺嘴里,又在一旁挖了一个洞口让水流出来,浇灌桃花村的良田。年复一年,隆旺化作一座山,百合花化成了一朵石百合花,永远留在洞里。人们为了纪念隆旺,又因他吞了灵珠子,成了龙王的化身,所以将这个洞取名为龙王洞,把桃花村改名为龚家桥村,把松树垭改为火烧垭。于是,龙王洞、龚家桥、火烧垭的名字流传至今,火烧垭在今天又改名为火石垭。

滴水观

王进

石墩盘空上,禅林一径幽。山花迎客笑,潭水滴僧愁。

鹤带云巢树,猿啼月抱楼。蒲团容我坐,身外更何求。

——清·晓岚山人吴胜初《题滴水观》

观,道教的庙宇。

滴水观,位于湖北省兴山县峡口镇孝子山上3公里处。观内距地面约10米高的洞顶,凌空突兀着两块状如飞鸟的岩石,泉水从岩嘴滴入潭中。叮咚的泉水,似一串串清脆灵动的音符,又如木鱼声声,在幽深的洞中终日回响。观亦因此而得名。

多少年前,这里曾经香火鼎盛,游人如织,四面八方的行人络绎不绝,一派热闹景象,系有名的道教圣地。虔诚的善男信女,在此顶礼膜拜,观内的香烛云雾般终日缭绕,为奇绝的滴水观,更增添了几分神秘和缥缈。

然而,这座有名的观宇,在"文化大革命"时期,被毁灭了。

为了还原滴水观的本来面目,拂去岁月的遗尘,丙戌孟春,我们民间协会一行4人,再次踏上了拜谒滴水观之路。

沿孝子山蜿蜒而上,脚踏古人曾无数次走过的足迹,心中有无限的感慨。几十年来,道路早已荒芜,路旁榛莽密布,杂草丛生,石阶上长满绿苔,鲜有人迹,诉说着无限的沧桑。唯四野的山花,仍不曾辜负春风,犹自迎风绽放,让人依然可以领略到当初的景致。遥想当年,来往的香客、文人雅士,也许正是站在此处,凭栏远眺,遍赏美景,吟咏赋诗,为奇绝的滴水观,平添了更多的灵趣。我对滴水观的认识,便是由此开始的,正因那种无形的力量,而令自己更加神往。据老人们讲,多年前,每到阴历二月,人们便从四面八方赶来,前往滴水观求神拜佛,了却夙愿,伴着袅袅青烟,洗礼内心深处的灵魂。滴水观,曾经是善良的人们心中最为质朴的信仰。

行及未远,榛莽愈深,路也愈险。许多地方,荆柯纵横交错,仅容人俯首前行。不少地方更是修建在万丈绝壁上,惊险不已。路的外侧,可见人工凿就、十分整齐的石孔,草丛中偶然可见长满绿苔的石条、石柱、石凳,这些默然的遗迹,无不向人展示出昔日的雄伟。俯览脚下,便是万丈深渊,令人不寒而栗。这亦是前往滴水观唯一的道路,真乃"一夫当关,万夫莫开"。经过绝壁上的这段奇险的路,滴水观便赫然在目了。呈现在我们眼前的,是一片天然的绝壁,绝壁下面,有二方洞窟,颇为宽敞,可容纳百余人,此乃滴水观的洞厅;洞厅上端十余米处,又有二洞,较小,且更为险峻,今已无法攀登。顶端洞口,犹存二根直径逾尺的横木,兀自插在洞下的石孔里。据传,此乃藏经洞。该洞的左侧,又有一洞,举目望去,深不可测,据说系当年长老的起居之所。洞窟四周的石壁上,随处可见人工凿就、大小不一的石孔,木质结构、高达十三层的滴水观,便是依附于这些石孔建造而成的。其规模之大、造型之奇,实为罕见,令人叹为观止。绝壁上,石灰的遗迹尚存,甚至可见至今仍牢牢依附于其上的瓦片,地上尚遗有腐朽的木板。纵观滴水观,高约二十余米。遥想当初,高十三层、凌驾于万丈绝壁之上、飞檐翘阁、图案精美的滴水观,该是何等雄奇壮观!只是,而今早已烟消云散了,唯洞内的泉水,依然叮咚如昨,如泣如诉,似乎多年前诵经的老僧,犹未曾离去。

洞厅的外面,横卧一条石龙,长二米余,径不盈尺,昂首向外,似从洞口奔出。龙头设有香炉,此乃"七步龙头香"。七步意为长度,这龙头,犹似万丈绝壁上兀自伸出的一段横木,七步之后,置身龙头,身悬半空,脚下系万丈深渊,稍有不慎,即会坠入深谷,十分惊险。曾经,多少虔诚的香客,在眼前的龙头上举步,蹑足于万丈深渊,魂系生与死之间,演绎出一幕幕惊心动魄、千古奇雄的神话!未敢想象,当年的古人究竟是怎样烧这龙头香的,据说,凡心不诚者,烧此香时,便会葬身幽谷,永不复生矣!

　　关于滴水观,流传有许多神奇的传说。据最近出土的"圆寂恩师上通下禅老和尚之塔墓"碑所载,此观乃一邹姓人所建,即"上通下禅老和尚"。塔志云:"……上通下禅老和尚原本邑人,生来性仁,常念离尘,未遇良师,不得清净。之所时,有巴邑邓善士朝武当山而遇舍下,急病,梦游此地,觉而与言:愿舍香资路费,重修此寺,以为起根之基。而后,募化十方,行大善,行上感天神,下动人意,俱发善心,同乐施捐,不久,寺庙佛圣神像,一切完成,复兴开创仙女山庙,又培修补寺庙数座……"最后,"……思念离尘,出家本寺,礼上普下明老和尚,更取法名通禅,佛号达本具足。"此便系滴水观之由来。

　　多少年了,以雄奇险峻著称的滴水观,一直为人们乐道,且流传久远。它堪称建筑史上的一朵奇葩、人类艺术的结晶。在数百年的风雨中,充分展示并弘扬了民族文化,实乃珍贵的民间文化遗存。(注:"圆寂恩师上通下禅老和尚之塔墓"碑由峡口民间协会邹学传、王进等人发现,并由以上几人筹资,将其移至滴水观附近一闲置小屋内,得到妥善保存。)

棋盘垭的传说

蔡长明

　　人从地土肥,普安土质肥沃,山下水田连片,山上茶园飘香,出产的贡米色鲜味美,炮制的白鹤茶远近闻名。

　　相传明代时,有位德意和尚云游至此,正逢山民采摘春茶,见树下有闲汉对弈,驻足细瞧,棋是成三棋,其一执木棍儿,其一执石子儿,轮流着子,下得津津有味。

　　艳阳当空,农妇中饭下田,请德意和尚用饭。客随主便,德意和尚吃糙米饭,下苦菜汤,喝瓦罐里的大碗茶。饭毕,兴趣使然,欲执子下棋,以棋悟道,观其人心。

　　德意和尚目睹普安民情淳厚,安宁祥和,处处鹤鸣莺歌,气象非凡,便安下身来,四方募化,修了一座寺庙,取名普安寺。那个下棋的地方就成了无人不晓的棋盘垭。

　　如今古俗难改,人们劳作歇息,仍然忘不了到棋盘垭下棋、取乐、聊天。可谓:古今多少事,都付笑谈中。

第九章 地名诗词

第一节 古代诗词

　　兴山,山清水秀,文化底蕴丰厚,历代文人多有赞美兴山灵山秀水景色,赞美昭君故里的诗词,仅选萃于此,以飨读者。

怨旷思

汉·王嫱

秋木萋萋,其叶萎黄。有鸟处山,集于苞桑。养育羽毛,形容生光。既得升云,上游曲房。
离宫绝旷,身体摧藏。志纪抑沉,不得颉颃。虽得委食,心有徬徨。我独伊何,来往变常。
翩翩之燕,远集西羌。高山峨峨,河水泱泱。父兮母兮,道里悠长。呜呼哀哉,忧心恻伤。

王明君辞并序

晋·石崇

我本汉家子,将适单于庭。辞诀未及终,前驱已抗旌。仆御涕流离,辕马悲且鸣。
哀郁伤五内,泣泪湿朱缨。延我于穹庐,加我阏氏名。殊类非所安,虽贵非所荣。
父子见凌辱,对之惭且惊。杀身良不易,默默以苟生。苟生亦何聊,积思常愤盈。
愿假飞鸿翼,乘之以遐征。飞鸣不我顾,伫立以屏营。昔日匣中玉,今为粪土英。
朝花不足欢,甘与秋草并。传语后世人,远嫁难为情。

咏怀古迹

唐·杜甫

群山万壑赴荆门，生长明妃尚有村。一去紫台连朔漠，独留青冢向黄昏。
画图省识春风面，环佩空归月夜魂。千载琵琶作胡语，分明怨恨曲中论。

过昭君村

唐·白居易

灵珠产无种，彩云出无根；亦如彼姝子，生此遐陋村。
至丽物难掩，遂选入君门；独美众所嫉，终弃出塞垣。
唯此希代色，岂无一顾恩？事排势须去，不得由至尊。
白黑既可变，丹青何足论；竟埋代北骨，不返巴东魂。
惨澹晚云水，依稀旧乡园；妍姿化已久，但有村名存。
村中有遗老，指点为我言；不取往者戒，恐贻来者冤。
至今村女面，烧灼成瘢痕。

明妃曲（二首）

宋·王安石

一

明妃初出汉宫时，泪湿春风鬓脚垂。低徊顾影无颜色，尚得君王不自持。
归来却怪丹青手，入眼平生几曾有。意态由来画不成，当时枉杀毛延寿。
一去心知更不归，可怜着尽汉宫衣。寄声欲问塞南事，只有年年鸿雁飞。
家人万里传消息，好在毡城莫相忆。君不见咫尺长门闭阿娇，人生失意无南北。

二

明妃初嫁与胡儿，毡车百辆皆胡姬。含情欲语独无处，传与琵琶心自知。
黄金杆拨春风手，弹看飞鸿劝胡酒。汉宫侍女暗垂泪，沙上行人却回首。
汉恩自浅胡恩深，人生乐在相知心。可怜青冢已芜没，尚有哀弦留至今。

和王介甫明妃曲

宋·司马光

胡雏上马唱胡歌，锦车已驾白橐驼。明妃挥泪辞汉主，汉主伤心知奈何。
宫门铜环双兽面，回首何时复来见。自嗟不若往巫山，布袖蒿簪嫁乡县。
万里寒沙草木稀，居延塞外使人归。旧时相识更无物，只有云边秋雁飞。

279

愁坐泠泠调四弦,曲终掩面向胡天。侍儿不解汉家语,指下哀声犹可传。
传遍胡人到中士,万一佗年流乐府。妾身生死知不归,妾意终期寤人主。
目前美丑良易知,咫尺掖庭犹可欺。君不见白头萧太傅,被谗仰药更无疑。

昭君村

宋·苏辙

峡女王嫱继屈须,入宫曾不愧秦姝。一朝远逐呼韩去,遥忆江头捕鲤鱼。
江上大鱼安取钓,转柁横江筋力小。深边积雪厚埋牛,两处辛勤何处好。
去家离俗慕荣华,富贵终身独可嗟。不及故乡山上女,夜从东舍嫁西家。

昭君村

宋·苏轼

昭君本楚人,艳色照江水。楚人不敢娶,谓是汉妃子。谁知去乡国,万里为胡鬼。
人言生女作门楣,昭君当时忧色衰。古来人事尽如此,反覆纵横安可知。

明妃村

明·周相

秋风吹草万林黄,青冢遥连漠北荒。烟锁山眉颦翠黛,月临村口照宫妆。
天边沙碛冰霜苦,马上琵琶道路长。总为汉宫深似海,千门寒日怨昭阳。

香溪

清·王正笏

香溪溪水碧无涯,照见云鬟日浣纱。溪上泉水和佩响,教侬怎不忆琵琶。

香溪观月

清·刘允升

林峦云水共幽芳,不与昭君写淡妆。明月溪光开镜匣,芙蓉山色想衣裳。
哀情诉自琵琶曲,兵气销为粉黛香。青冢年年无恙在,西风吹彻玉关凉。

咏夏阳河大杉树

清·胥遇

翠色婆娑百尺长,未知经历几风霜。根蟠溪畔如虬伏,枝耸云端似鹤翔。
净识久参天地秘,贞心唯共竹松芳。亭亭玉立山之麓,月正园时影作行。

南阳峡

清·王者香

石门山色对斜辉,高岫巉巉耸翠微。流水有声双峡紧,危峰无路断云归。
清风寨险猿长啸,明月峰高鸟倦飞。坐看枫林烟树晚,人家三两影依稀。

居坪

清·窦欲峻

州里居坪路,山腰一带纤。萦回盘马足,疏散结蜗庐。
绝羡田非石,休嗟米似珠。此间幸丰稔,庚癸不须呼。

登青华观

清·万奇之

一峰转处一峰高,登到峰顶兴倍豪。四面云山供老眼,半天风云洒征袍。
游人畅醉将军酒,坐客争题学士羔。景物幽间神澹荡,疑烧丹灶聚仙曹。

初到兴山

清·范昌梅

一水萦纡险百盘,萧条城廓倚危峦。地临熊绎开疆古,山耸蚕丛觅路难。
闻道蕉苻曾啸聚,至今篮筚易凋残。东南转饷飞书急,民力深知瘵士殚。

题"珍珠潭"

清·乔守中

澄澈在中央,深潭夜有光。明妃留胜迹,此地涤新妆。
月色三秋白,溪流万古香。遗珠人不见,野渡自苍凉。

昭君村

清·陶澍

薄雨匀山黛,村容上晓妆。昭君浣纱处,溪水至今香。
波镜秋磨月,岩花晚破霜。紫台应有梦,归佩绕郎当。

早起望南诸山

清·贾治

浮云不共此山齐,山色苍苍望转迷。晓月渐飞千树里,秋河隔在数峰西。

望县后山

清·胡定国

黄莺啼处乱峰遮,罗镜山高拥翠华。每依昭君台畔望,东风开遍杜鹃花。

明月山

清·吴翰章

山头霜雾消,石上春芳歇。暮影入林端,高峰挂明月。

妃台晓日

清·段大全

初日照人来,梳妆胜此台。山村余粉黛,溪水涌悲哀。
早雾笼青家,朝烟冷碧台。琵琶终大去,环佩几曾回。

珠潭秋月

清·姚臣

一自和成委玉虏,遗潭河处觅明珠。秋澄镜面招凉早,佩解坡头记事无。
照去黑山青冢远,数来红粉赤心孤。相看老蚌银蟾斗,直欲狂吟碎唾壶。

屈洞寒烟

清·杨志标

寒烟暗淡倦晴空,泪洒浔阳一望中。秋菊秋兰渺无色,离骚志罢白云封。

五指列秀

清·高延榜

五峰突兀翠相连,巨手撑开界大千。每向掌中飞日月,却从腕底走云烟。
仙人凌汉常联袂,玉女拈花笑拍肩。野鹤欲招招不得,峻赠空有碧摩天。

扇岭啼猿

清·李华

岭若披图茂远林,绘猿绘扇杂仙心。五明样展朝横郭,三峡声多暮和砧。
寅好杨风凭惠赠,子规啼月共清咏。何当绝顶舒长啸,访得孙登载酒临。

扇岭啼猿

清·高文嵩

纤崖秀削入清虚,懒妇高蹲岭上呼。日暮溪畔和砧杵,春深小径长蘼芜。
巫云暗淡仙乡远,山雨凄凉客麑孤。尽道哀猿听不得,惊心何止滴铜壶。

仙侣春云

清·姚治纪

眺望青山拂翠环,彩云映日有无间。蓬莱仙子今何在,一叶兰舟天际还。

双戟摩空

清·姚臣

胜地剑气起丰城,扫尽烽烟细柳营。射中辕门推国手,铸为农器散乡兵。
云飞旷野收军幕,风响层颠奏凯笙。却喜功成归偃武,双双捧日著文明。

橘林驯鹿

清·丁志庠

剑尊三百暗流香,橘树阴浓见鹿王;连理枝衔千叶绿,满身花衬半林黄。
倦有云梦休疑马,小住蓬莱不是羊;最喜角仙饶韵事,一枰相对话衷肠。

第二节　近现代诗词

王昭君

董必武

昭君自有千秋在,胡汉和亲识见高;词客各摅胸臆蕴,舞文弄墨总徒劳。

昭君无怨

邓拓

初入汉宫待命,便报单于纳聘。不负女儿身,远和亲。塞外月圆花好,千里绿州芳草。巾帼有英才,怨何来。

昭君颂

老舍

亭台廊榭凌溪滨,南国嘉树越上林。千载芳魂归故土,万里轻舟要问津。

过西陵峡

郭沫若

秭归胜迹溯源长,峡到西陵气混茫。屈子衣冠犹有冢,明妃脂粉尚流香。

兴山高岚风景

韩克华

桂林高岚皆仙境,山光水色各不同。四处云峰极妙趣,犹如神笔绘丹青。

香溪

韶华

高岚天柱插北斗,宝坪香溪水长流。山清水秀洁灵地,屈子昭君子孙后。

浣纱

张良华

水色山光翠欲浮,溪生桃花入水游。昭君当年浣纱处,千古流香可消愁。

昭君故里怀古(二首)

王俊

宝坪

出塞番邦一片丹,舍身挂有汉蒙安。昔留青冢传千古,今日王嫱展玉颜。

香溪

清波临水镜,两岸桔花妍;凰辇出山寨,赢来香欲川。

游客尽兴不思归

张永康

阳泉棋盘亭相对,清风明月秀成堆。新街大桥山水画,南阳昭君明珠辉。
坡上柑熟枝头坠,水中鱼嬉浪花飞。小镇和谐情意浓,游客尽兴不思归。

附录

湖北省人民政府办公厅关于开展第二次全国地名普查的通知

鄂政办发〔2014〕32 号

各市、州、县人民政府,省政府各部门:

根据《国务院关于开展第二次全国地名普查的通知》(国发〔2014〕3 号)要求,为全面掌握我省地名基本信息,提高地名管理和服务水平,定于 2014 年 7 月至 2018 年 6 月开展第二次全国地名普查。现就有关问题通知如下:

一、目的和意义

地名普查的目的是查清地名基本情况,掌握地名基础数据,提高地名标准化水平,加强地名信息化服务建设,为社会提供全面准确的地名信息。

地名是基础地理信息,地名普查是一项公益性、基础性的国情调查。开展地名普查,有利于维护国家主权和领土完整、巩固国防建设,有利于经济社会协调发展,有利于社会交流交往、方便人民群众生产生活,有利于提高政府管理水平和公共服务能力。

二、范围和内容

第二次全国地名普查覆盖我省全部国土范围。普查内容包括:查清地名及相关属性信息,对有地无名的有地名作用的地理实体进行命名,对不规范地名进行标准化处理,设置标准规范的地名标志,建立、完善各级国家地名和区划数据库,加强地名信息化服务建设,建立地名普查档案。

三、时间安排

此次地名普查从 2014 年 7 月 1 日开始,到 2018 年 6 月 30 日结束,分三个阶段实施。普查标准时点为 2014 年 12 月 31 日。

第一阶段(2014 年 7 月至 2014 年 12 月)。完成组织动员、成立机构、搜集资料、制订方案、人员培训等各项准备工作。

第二阶段(2015 年 1 月至 2017 年 6 月)。完成全省普查和检查验收工作。各市(州)结合实际统筹安排各县(市、区)的普查和检查验收,既可以同时开展,也可以分期、分批进行。具体计划由各市(州)地名普查领导小组报省地名普查领导小组批准后实施。

第三阶段(2017 年 7 月至 2018 年 6 月)。完成成果完善、上报、汇总工作,建立档案,开展普查成果转化利用。

四、组织实施

成立湖北省第二次全国地名普查领导小组,负责制订全省统一的实施方案、工作规程和普查的组织实施,协调解决工作中的重大问题。领导小组办公室设在省民政厅,承担领导小组日常工作,负责全省地名普查工作的业务指导和督促检查(普查工作完成后领导小组即撤销)。

普查工作要按照"统一领导、分工协作、分级负责、共同参与"的原则组织实施。领导小组各成员单位要密切配合,共同做好普查工作。各市、州、县要相应成立地名普查领导小组及其办公室,负责组织本行政区域地名普查工作。

五、工作要求

各地、各有关部门要充分认识、广泛宣传第二次全国地名普查的重要意义,加强组织领导,进行周密部署,按照有关政策规定、工作规程和技术标准认真做好普查工作,确保普查数据真实可靠,确保普查任务顺利完成。要坚持边普查、边应用,规范地名命名、更名,建立健全城乡地名标志体系,加快推进地名信息化建设,传承弘扬优秀地名文化,不断提高地名管理服务水平。

兴山县人民政府办公室关于开展第二次全国地名普查工作的通知

兴政办发〔2014〕58号

各乡镇人民政府,县直政府各部门:

根据《国务院关于开展第二次全国地名普查的通知》(国发〔2014〕3号)、《湖北省人民政府关于开展第二次全国地名普查的通知》(鄂政办发〔2014〕32号)要求,为全面掌握我县地名基本信息,提高地名管理和服务水平,定于2014年7月至2018年6月开展第二次全国地名普查。现就有关问题通知如下:

一、目的和意义

地名普查的目的是查清地名基本情况,掌握地名基础数据,提高地名标准化水平,加强地名信息化服务建设,为社会提供全面准确的地名信息。

地名是基础地理信息,地名普查是一项公益性、基础性的国情调查。开展地名普查,有利于维护国家主权和领土完整、巩固国防建设,有利于经济社会协调发展,有利于社会交流交往、方便人民群众生产生活,有利于提高政府管理水平和公共服务能力,对地方经济社会发展具有重大意义。

二、范围和内容

第二次全国地名普查覆盖我县全部国土范围。普查内容包括:查清地名及相关属性信息,对有地无名的有地名作用的地理实体进行命名,对不规范地名进行标准化处理,设置标准规范的地名标志,建立、完善各级国家地名和区划数据库,加强地名信息化服务建设,建立地名普查档案。

三、时间安排

此次地名普查以县级政区为单位进行,根据国务院地名普查领导小组制定的"442"的任务完成目标,即 2015 年完成 40％的县(市区),2016 年完成 40％的县(市区),2017 年完成 20％的县(市区),2018 年全部完成地名普查工作任务。市根据省地名普查领导小组的要求,把我县纳入 2015 年年底完成任务的县(市区)。兴山县地名普查工作分三个阶段实施。

第一阶段(2014 年 7 月至 2014 年 12 月)。完成组织动员、成立机构、搜集资料、制订方案、人员培训等各项准备工作。

第二阶段(2015 年 8 月至 2015 年 11 月)。完成全县地名外业普查、资料整理、成果制作等工作。

第三阶段(2015 年 12 月)。县领导小组办公室组织专家审核,准备成果汇总、上报、验收等工作。建立档案,开展普查成果转化利用。

四、组织实施

县成立第二次全国地名普查领导小组,负责制订兴山县第二次全国地名普查工作实施方案、普查工作的组织实施,协调解决工作中的重大问题。领导小组办公室设在县民政局,承担领导小组日常工作,负责全县地名普查工作的业务指导和督促检查。工作人员从民政局、文化局、国土局、住建局、交通运输局抽调专业人员组成。

普查工作要按照"统一领导、分工协作、分级负责、共同参与"的原则组织实施。领导小组各成员单位要密切配合,共同做好普查工作。

五、工作要求

各乡镇、县人民政府有关部门要充分认识、广泛宣传第二次全国地名普查的重要意义,加强组织领导,进行周密部署,按照有关政策规定、工作规程和技术标准认真做好普查工作,确保普查数据真实可靠,确保普查任务顺利完成。要坚持边普查、边应用,规范地名命名、更名,建立健全城乡地名标志体系,加快推进地名信息化建设,传承弘扬优秀地名文化,不断提高地名管理服务水平。

附:兴山县第二次全国地名普查领导小组组成人员名单

兴山县第二次全国地名普查领导小组组成人员名单

组　　长:袁松松　县人民政府副县长

副组长:张学元　县政协副主席、县档案局局长

　　　　余首成　县人民政府办副主任

　　　　罗民昌　县人武部副部长

　　　　冯　淼　县民政局局长

成　　员:韩兴浒　县粮食局局长

　　　　余泽波　县编办主任

　　　　李永章　县发改局副局长

　　　　向恒胜　县经信局副局长

陈祖柱　县民政局副局长

严传铭　县教育局副局长

洪　伟　县公安局副局长

万忠献　县财政局副局长

邹学华　县国土资源局副局长

李述珍　县住建局副局长

李明泽　县交通运输局副局长

舒化昌　县水利局副局长

彭　权　县林业局副局长

董毅军　县文体局副局长

李永山　县卫生计生局副局长

陈行旺　县统计局副局长

周立明　县工商局副局长

钱　瑜　县旅游局副局长

简万兴　县农业局副局长

高光成　县档案局党组成员、办公室主任

易行国　兴发集团总经理

牛　涛　天星供电公司经理

刘　红　县电信公司经理

韩　清　县移动公司经理

袁　园　县联通公司经理

　　领导小组下设办公室，从县民政局抽调 2 人，县文化局、县国土局、县住建局、县交通运输局各抽调专业技术人员 1 名，组成常设办公机构，由县民政局局长冯淼兼任办公室主任，县民政局副局长陈祖柱兼任办公室副主任，负责协调有关单位和完成全县地名普查全部工作。

兴山县第二次全国地名普查领导小组办公室
关于成立兴山县地名图录典志编纂委员会暨编纂组的通知

兴地名普查办发〔2017〕1 号

各乡镇地名普查办，县直有关部门：

为贯彻落实《湖北省全国地名普查领导小组办公室关于全面推进地名图录典志编纂工作的通知》有关精神，做好地名普查的成果转化工作。根据省市要求，结合我县实际，经领导小组研究，决定成立兴山县地名图录典志编纂委员会暨编纂组，其组成人员如下：

主　任：余宏珊　　县人民政府副县长

副主任：黄　凯　　县人民政府办公室副主任

　　　　冯　淼　　县民政局局长

　　　　张　洪　　县档案局局长

成　员：袁选国　　县人大常委会办公室主任

　　　　韩兴浒　　县政协文史委员会主任

　　　　袁选洋　　古夫镇党委委员、副镇长

　　　　陶　刚　　昭君镇党委副书记、副镇长

　　　　杨仁华　　榛子乡党委委员、副乡长

　　　　余君亭　　峡口镇党委委员、组织委员

　　　　王育飞　　南阳镇党委委员、副镇长

　　　　周元权　　水月寺镇党委委员、副镇长

　　　　胡家更　　黄粮镇党委委员、副镇长

　　　　吴清辉　　高桥乡党委委员、副乡长

　　　　陈祖柱　　县民政局副局长

　　　　高光成　　县档案局党组成员、办公室主任

编纂组：王荣先　　县民政局地名办股长

　　　　李兴芹　　县民政局工作人员

　　　　李　琼　　县民政局工作人员

　　　　甘发宝　　县人大退休干部

　　　　陈爱平　　县教育局退休教师

　　　　万能学　　县公路局退休干部

　　　　杨正明　　古夫镇退休干部

委员会下设编纂办公室，办公地点设县民政局，陈祖柱同志任办公室主任。

兴山县第二次全国地名普查领导小组办公室
关于成立兴山县地名图录典志编辑部的通知

兴地名普查办发〔2017〕8 号

县第二次全国地名普查各成员单位：

根据《湖北省县市区地名志编纂规范》（鄂地名普查办发〔2017〕21 号）文件要求，经县地名普查领导小组研究决定，成立兴山县地名图录典志编辑部，现通知如下：

主　　　编　冯　淼

副 主 编　陈祖柱　程忠谊　李　琼　王荣先

编　　　辑　王荣先　甘发宝　杨正明　陈爱平　万能学

制　　　图　李　琼

摄　　　影　李　明　袁选国　李兴芹

资 料 员　龚　超

封面设计　李　琼

后记

　　《兴山县地名典故录》，是由政府直接领导，全县各乡镇、县直各单位全力支持与协调配合，县地名普查办公室负责撰稿，编纂出版的我县第一部地方地名文化丛书。

　　一、我县首部地方地名文化丛书的编辑出版，标志着地名文化已经发展到了一个崭新的历史时期，必将在兴山文化发展史上留下浓墨重彩的一笔，为后世的传承与发扬光大打下坚实基础。

　　二、本书旨在传承和弘扬兴山文化，倡导文明健康、积极向上的文化理念，促使人们友好交往，促进县域经济、社会发展，共建和谐、美好兴山。

　　三、本书的编纂，始于2015年8月。编辑出版《兴山县地名典故录》是全国第二次地名普查的一项重要工作任务，县人民政府高度重视，2015年8月25日在昭君山庄召开了兴山县第二次全国地名普查工作动员大会，成立了以副县长任组长、相关领导任副组长、各乡镇和县直各单位负责人为成员的"兴山县第二次全国地名普查领导小组"，办公室设县民政局，负责日常工作。

　　四、本书的出版，得到了武汉华中国土科技有限责任公司，全县各乡镇、县直各单位的鼎力相助和大力支持，在这里，谨对提供资料、数据、照片、图片以及相关信息的单位和社会各界人士表示诚挚的谢意！

　　五、热忱欢迎社会各界积极提供新的、健康的、有记载意义的地名文化故事，进一步丰富我县地名文化内涵。

　　六、地名来历故事及其文化内涵浩如烟海，由于时间仓促，又是第一次进行此项工作，再加上能力和水平有限，存在著一而疏千、瑕疵与疏漏，甚至错误之处在所难免，敬请读者谅宥，并恳请指正。

兴山县地名图录典志编辑部

2018年10月